HEIMATJAHRBUCH | OSNABRÜCKER LAND 2024

Dieses Buch wurde gefördert mit Mitteln
der Stiftung der Sparkassen im Landkreis Osnabrück.

HEIMATJAHRBUCH OSNABRÜCKER LAND 2024

IMPRESSUM

HERAUSGEBER:
Heimatbund Osnabrücker Land e. V., Georgsmarienhütte
Kreisheimatbund Bersenbrück e. V., Bersenbrück

REDAKTION:
Maria Kohrmann-Unfeld
Lütkeberge 18 49584 Fürstenau
E-Mail: m.kohrmann-unfeld@web.de

Uwe Plaß
Helgolandstraße14, 49324 Melle
E-Mail: uwe.plass@gmx.de

Lothar Schmalen
Bödefür 5 49186 Bad Iburg
E-Mail: aquisgran@aol.com

Tim Wagemester
Schorfteichstraße 31, 49584 Fürstenau
E-Mail: wagemester.tim@gmail.com

VERSANDSTELLE:
Geschäftsstelle des HBOL e. V.
Klosterpforte
Königstraße 1, 49124 Georgsmarienhütte
www.hbol.de

KHBB e. V.
„Altes Rathaus" – Bücherstube
Hasestraße 5, 49593 Bersenbrück
www.khb-bsb.de

GESAMTHERSTELLUNG:
Medienpark Werbeagentur GmbH
Im Walsumer Esch 2 - 4
49577 Ankum

ISBN:
978-3-941611-24-5

UMSCHLAGBILDER:
Moorfrösche, zwei Männchen. Foto: Friedel Zöfgen. Vgl. S. 212.

Elisabeth „Betty" Hamburger, Repro von 2015. Foto: Archiv Bernd Kruse. Vgl. S. 162.

Die älteste Urkunde im Archiv. Das Protokoll einer Gerichtsverhandlung vor dem Iburger Gogengericht von 1725. Foto: Lothar Schmalen. Vgl. S. 30.

VORWORT

Liebe Leserinnen und Leser!

Wieder ist ein Jahr rum. Vor Ihnen liegt das Heimatjahrbuch Osnabrücker Land 2024. Das Schwerpunktthema dieses Bandes ist diesmal die Geschichte der Heimatforschung in unserer Region. Seit Generationen beschäftigt sich eine Vielzahl von Menschen in den Städten und Dörfern mit diesem Thema. Die zahlreichen Heimatvereine und -museen, die teilweise über hundert Jahre alt sind, sind daraus hervorgegangen. Die heimatkundliche Literatur ist inzwischen kaum noch zu überschauen und genügt inzwischen teilweise wissenschaftlichen Ansprüchen. Auch das Heimatjahrbuch Osnabrücker Land und seine Herausgeber – Kreisheimatbund Bersenbrück und Heimatbund Osnabrücker Land – stehen in dieser langen Tradition.

Wie vielfältig das Thema Heimatforschung ist zeigt sich an den Beiträgen zum Schwerpunktthema. Zunächst werden wichtige Publikationsorgane – das Heimatjahrbuch und die Ankumer Heimathefte – in ihrer Entwicklung und Bedeutung dargestellt. Anschließend werden mit Schulchroniken und dem Heimatarchiv Glane exemplarisch wichtige Quellen für die lokale Forschung beleuchtet. Einen breiteren Raum nehmen Einzeldarstellungen zu wichtigen Pionieren der Heimatkunde aus verschiedenen Orten – Bramsche, Quakenbrück und Melle – ein. Neben der Vielfalt zeigt sich hierbei, dass Heimatforschung keineswegs altbacken ist. Sie ist immer ein Spiegel ihrer Zeit und einem stetigen Wandel unterworfen. Fragestellungen, Methodik und der Einsatz moderner Hilfsmittel sind heute anders vor Jahren. Geblieben ist die Motivation, Erkenntnisse über den eigenen „Lebensraum" zu gewinnen, zu bewahren und zu vermitteln

Neben dem Schwerpunktthema hält der vorliegende Band wieder ein breites Spektrum von Beiträgen zu anderen Bereichen bereit. Neben Geschichte und Persönlichkeiten finden auch Natur und Plattdeutsch ihren Platz. Gerade der Erhalt dieser Sprache ist ein besonderes Anliegen des Jahrbuchs. Sowohl eine inhaltliche als auch geografische Ausgewogenheit ist wieder erreicht worden. Besonderer Dank gebührt wie immer den Autorinnen und Autoren, die Jahr für Jahr mit viel Akribie ihre Aufsätze verfassen.

Auch in unserem Redaktionsteam hat es erhebliche Veränderungen gegeben. Nach dem Ausscheiden unseres langjährigen Kollegen Johannes Brand konnten mit Maria Kohrmann-Unfeld und Lothar Schmalen zwei neue Mitstreiter gewonnen werden. Auch in neuer Besetzung gilt: Wir wünschen allen Leserinnen und Lesern viel Freude bei der Lektüre des Heimatjahrbuchs Osnabrücker Land 2024!

Das Redaktionsteam des Heimatjahrbuchs

Uwe Plaß · Maria Kohrmann-Unfeld · Lothar Schmalen · Tim Wagemester

INHALTSVERZEICHNIS

Schwerpunktthema: Heimatforschung

Das Heimatjahrbuch Osnabrücker Land als Medium regionaler Heimatforschung   10
Johannes Brand

Heimathefte für Dorf und Kirchspiel Ankum   22
Georg Geers

In der Werkstatt der Heimatforschung. Das Heimatarchiv Glane besteht seit 20 Jahren   26
Lothar Schmalen

Schulmeister und ihre Schulchroniken –
Anfänge lokaler Heimatforschung auf dem Lande   36
Johannes Brand

Heimatforscherarchiv Herbert Schuckmann   49
Maria Kohrmann-Unfeld

„Das Dunkel der frühsten Stadtgeschichte aufhellen" –
Der Quakenbrücker Heimatforscher Richard Bindel (1851-1922)   52
Heiko Bockstiegel

Der „Allwissende" von Quakenbrück – Senator Louis Friedrich   59
Peter Hohnhorst

Die Brüder Hermann und Dr. Oskar Frommeyer aus Bramsche   62
Rainer Drewes

Friedrich Müller-Sondermühlen - Ein Pionier der Meller Heimatforschung   67
Uwe Plaß

Heimatforschung um die Hofstätte Herm-Stapelberg in Bramsche-Hesepe   76
Silke Grade

Suche der US-Amerikanerin Julie Macier nach ihren Wurzeln in Vechtel   80
Jürgen Schwietert

Geschichte

Die „Wehrkirche" St. Servatius und die Curia Berge: Eine Zusammenschau und
Neubetrachtung der bisherigen Heimatgeschichtlichen Veröffentlichungen zu
diesen Bauten. Teil 1: die Gründungsphase um 1200   82
Martin Bruns

Pest und Kirchenbau in Gehrde   94
Jürgen Espenhorst

Abgaben der Pfarreien Herzlake, Menslage und Berge an das
Zisterzienserinnenkloster Börstel   106
Wilfried Pabst

Düttingdorf   107
Wilfried Pabst

Das Kreuzherrenkloster Osterberg (1427-1593) im Tecklenburger Land *Jürgen Schwarz*	109
„Alte Kreimerei" in Hagen a.T.W. fast 500 Jahre alt – Dendrochronologische Altersbestimmungen belegen urkundliche Erwähnungen *Elisabeth Kreimer-Selberg und Norbert Ortmanns*	111
Die Tannenburg in Osnabrück-Schinkel am Ostende der Ebertallee *Dr. Gerd Ulrich Piesch*	113
Als es noch keinen Mähdrescher gab ... Eine kunsthandwerkliche Rückschau auf Gegenstände des täglichen Lebens auf dem Lande in den 1950er Jahren von Günter Borgelt *Ferdinand Joseph Gösmann*	129
Der Fall Weingart - Vor 125 Jahren: Das Ende einer Pastoren-Karriere in Osnabrück *Carsten Linden*	132
Das Modellschiff „Bremen" auf dem Mittellandkanal bei Bramsche und eine ‚fake'-Postkarte *Rainer Drewes*	146
Das Schicksal des Wilhelm Eckelmann aus Rieste - Ermordet im KZ Sachsenhausen *Jens Kotte*	149
Geschichte der jüdischen Familie Dirk Hamburger aus Fürstenau *Jürgen Schwietert*	160
Die Gebiets- und Verwaltungsreform aus Sicht der Gemeinden Hollage, Icker, Lechtingen, Pye, Rulle und Wallenhorst *Franz-Josef Hawighorst*	164

Persönlichkeiten und Erinnerungen

Bedeutende Persönlichkeiten aus Gehrde: Drei Twelbecks *Jürgen Espenhorst*	175
Robert Hülsemann - Werber für den Bergflecken Iburg *Horst Grebing*	178
Ein Schwagstorfer Original – Erinnerungen an den Schneidermeister August Elschen *Monika Hölmer*	192

Erinnerungen

Sommer 1953 - Erinnerung an ein Schützenfest von Heinz Müncher *Heinz Müncher †*	195

Archäologie

Archäologische Ausgrabungen und Ausstellugen 2022 *Stefan Burrmeister, Judith Franzen, Ellinor Fischer, Axel Friederichs, Katharina Ostrowski, Marc Rappe, Sara Snowadsky und Simon Stamer*	201

INHALTSVERZEICHNIS

Natur und Umwelt

Ein Loblied auf die Mistel „Immergrün" — 215
Jürgen Schwarz

Frösche im Artland — 216
Rainer Drewes

„Eine für den Forstmann nützliche Arbeit" –
Die Verjüngung der Rotbuche durch künstliche Absenker im Osnabrücker Land — 220
Andreas Mölder

Plattdeutsch

Gröinkauhltiet — 234
Elisabeth Benne

Wi domoals! — 236
Ulrich Gövert

Kommodiget Plätzken — 237
Helga Grzonka

De Rose vötellt — 238
Helga Grzonka

Sommertiet – Urlaubstiet — 239
Helga Grzonka

Dat kann ick nich affsäggen — 240
Agnes Varding

Onkel Bals un Tante Mariechen — 244
Elisabeth Benne

Lecht ut — 246
Helga Grzonka

Sterns an' n Himmel — 247
Agnes Varding

Heimat aktuell

70 Jahre Kreisheimatbund Bersenbrück (KHBB) - Eine Rückschau — 250
Franz Buitmann

Jahresbericht des Kreisheimatbundes Bersenbrück (KHBB) — 254
Franz Buitmann

Jahresbericht des Heimatbundes Osnabrücker Land (HBOL) — 261
Jürgen Eberhard Niewedde

Nachrufe

Ursula Terschlüssen † 263
Maria Kohrmann-Unfeld

Paul-Walter Wahl † 265
Johanna Kollorz

Gerhard Stechmann † 267
Jürgen Krämer

Literatur

Buchrezensionen 269
Johannes Brand, Maria Kohrmann-Unfeld, Uwe Plaß, Lothar Schmalen, Martin Schmitz und Tim Wagemester

Weitere Neuerscheinungen 2022/23 279
Dr. Gerd Ulrich Piesch

Hinweis auf das Heimatjahrbuch Osnabrücker Land 2025 286

Nachspann

Autorinnen und Autoren dieses Buches 287

Die Heimatbünde 288

SCHWERPUNKTTHEMA

Das Heimatjahrbuch Osnabrücker Land als Medium der regionalen Heimatforschung
Johannes Brand

50 Jahre Heimatjahrbuch Osnabrücker Land

Als 1972 die Landkreise Bersenbrück, Melle, Osnabrück und Wittlage zu einem großen Landkreis Osnabrück zusammengefügt wurden, bemühten sich Heimatfreundinnen und -freunde auch um eine Bündelung der vielen in lokalen Vereinen geleisteten Aktivitäten der Heimatpflege. Im Altkreis Bersenbrück gab es bereits den traditionsreichen Kreisheimatbund Bersenbrück, in den drei anderen Altkreisen fehlten zu diesem Zeitpunkt funktionierende Dachorganisationen. Hier wurde dann 1973 der Heimatbund Osnabrücker Land gegründet. Beide Heimatbünde haben seitdem viele gemeinsame Projekte realisiert.

Bereits im Herbst 1973 wurde erstmals unter dem Titel „Osnabrücker Land 1974 Heimat-Jahrbuch" ein Periodikum herausgegeben, das seitdem unter wechselnden, leicht variierten Titeln – Heimat-Jahrbuch 2000 Osnabrücker Land, Heimat-Jahrbuch Osnabrücker Land 2013, Heimatjahrbuch Osnabrücker Land 2022[1] – erscheint; im Herbst 2022 wurde der 50. Band vorgelegt.

In seinem ersten Vorwort schrieb 1973 der damalige Redakteur Heinz Böning als Zielsetzung des neuen Periodikums, dass es dazu beitragen solle, für den neuen „Großkreis Osnabrück", der wegen seiner angeblichen Unübersichtlichkeit auf viel Ablehnung stoße, ein „gewisses Zusammengehörigkeitsgefühl unter den Bewohnern der Altkreise herzustellen"[2]. Und er sah einen wichtigen historischen Anknüpfungspunkt, nämlich die Zugehörigkeit der Gebiete aller Altkreise zum Hochstift Osnabrück.

In der „Geschäftsordnung für den Redaktions-Ausschuss Heimat-Jahrbuch Osnabrücker Land" vom 5. Mai 2003 klingt das so:

> „Das Heimat-Jahrbuch soll den Heimatgedanken fördern und die Identifikation der Bevölkerung mit ihrer Region, dem Landkreis Osnabrück, stärken und jüngere Leser gewinnen; es soll darüber hinaus anregen, die Orte und Landschaften des Osnabrücker Landes zu besuchen."

Hier gilt es auf einen Unterschied hinzuweisen: Der Landkreis Osnabrück ist nicht identisch mit dem Osnabrücker Land; zu dem gehört nämlich auch die kreisfreie Stadt Osnabrück.[3]

Das Heimatjahrbuch hatte von Anfang an noch einen weiteren wichtigen Zweck. Es sollte „für die Heimatbünde und die angeschlossenen Heimatvereine [...] Medium für die Darstellung ihrer Arbeit und für die Mitglieder Publikationsforum [sein]."[4] Hier liegt ein wesentlicher Unterschied beispielsweise zu den Osnabrücker Mitteilungen. Das Heimatjahrbuch enthält nicht nur Beiträge zur Heimatforschung, sondern nähert sich der emotional als Heimat verstandenen Region eben auch in Erzählungen, persönlichen Erinnerungen, Gedichten, Betrachtungen. Das bedeutet, dass wir für unser Thema unterscheiden müssen zwischen Beiträgen mit einem Forschungsanspruch und allem anderen, was auch Platz in einem Heimatjahrbuch haben muss.

Was ist Heimatforschung?

Die knappste Antwort auf diese Frage bietet der Duden, der schlicht formuliert: „Erforschung von Natur und Geschichte der heimatlichen Landschaft"[5]. Schon Böning wollte in seinem ersten Vorwort 1973 das Buch nicht eingeengt wissen auf den Bereich der Heimatgeschichte, sondern nahm auch „aktuelle Gegenwartsfragen […], Naturschutz, Denkmalpflege und Umweltschutz" in den Blick. Das ist ganz im Sinne dessen, was ein Lexikon definiert: „Das Forschungsfeld des Heimatforschers umfasst sämtliche mit der Heimat in Verbindung stehende Bereiche."[6] Und so heißt es auch in der bereits genannten „Geschäftsordnung für den Redaktions-Ausschuss Heimat-Jahrbuch Osnabrücker Land" von 2003:

> „Folgende Themenbereiche sollen unter Berücksichtigung der Qualität und des überregionalen Interesses in angemessenem Verhältnis zu einander stehen: Geschichte, Geografie […], Geologie, Denkmäler, Archäologie, Familiengeschichte – soweit es sich um Personen handelt, die die Region geprägt haben, sowie von Künstlern der Region – Wirtschaft, Natur und Umwelt, Literatur – insbesondere niederdeutsche und mundartliche."

Nehmen wir noch kurz die Heimatforschenden in den Blick. Nach dem genannten Lexikonartikel arbeiten sie „in der Regel ehrenamtlich" und haben häufig „keine spezifische akademische Vorbildung". Dennoch verfügen sie über Qualifikationen, die Karl Schneider und Anna Quell aufgrund ihrer langjährigen Arbeit im Bereich der Fortbildung von Heimatforschern so beschreiben:

> „Oftmals kennen die ‚Heimatforscher' die Bestände von Archiven, haben Einblick in die private Überlieferung vor Ort und ein großes thematisches Fachwissen. Viele haben im Rentenalter ein Studium absolviert und in ihrer jahrelangen Arbeit Kenntnisse erworben, die vielen Universitätsabsolventen fehlen. Ihre ehrenamtliche Arbeit kann man somit als Citizen Science in ihrer Reinform bezeichnen."[7]

Mit Citizen Science wird genau das beschrieben, was wir im Folgenden unter Heimatforschung verstehen wollen:

> „Mit Citizen Science (auch Bürgerwissenschaft oder Bürgerforschung) werden Methoden und Fachgebiete der Wissenschaft bezeichnet, bei denen Forschungsprojekte unter Mithilfe von oder komplett durch interessierte Laien

SCHWERPUNKTTHEMA

durchgeführt werden. Sie formulieren Forschungsfragen, recherchieren, melden Beobachtungen, führen Messungen durch, publizieren oder werten Daten aus." [8]

Wir könnten in diesem Sinne bei den heimatforschenden Autorinnen und Autoren, die für das Heimatjahrbuch geschrieben haben, unterscheiden zwischen

- akademischen Laien, die sich im Sinne von Citizen Science für Forschungsarbeit qualifiziert haben;

- Akademikern, die wissenschaftliches Arbeiten beispielsweise in den Fachrichtungen Medizin, Theologie oder Jura gelernt haben, nun aber fachfremd sich mit lokaler oder regionaler Geschichte oder Geografie befassen; auch hier könnte man noch von Citizen Science sprechen;

- Wissenschaftlern, die beispielsweise als Historiker, Geografen oder Biologen sich mit lokalen oder regionalen Themen in ihren Fachbereichen befassen.

Sie alle finden wir in den Heimatjahrbüchern. Da aber bei einzelnen Autorinnen und Autoren der berufliche und wissenschaftliche Hintergrund nicht bekannt ist, soll diese Unterscheidung in der folgenden Untersuchung keine Rolle spielen.

Heimatforschung in den Heimatjahrbüchern – Stichproben

50 Heimatjahrbücher mit annähernd 17.000 Seiten und mehr als 3000 Beiträgen eingehend zu analysieren, übersteigt das, was im Rahmen dieses Aufsatzes zu leisten ist. Der Verfasser geht von der These aus, dass es im Laufe der Jahre eine Entwicklung gegeben hat von stärker erzählerischem Charakter der Beiträge hin zu mehr Präsentation von Ergebnissen ausgesprochener Heimatforschung. Um das zu überprüfen, sollen in einem ersten Durchgang einzelne Bände stichprobenartig herausgegriffen werden.

HJB 1974

Dieser erste Band will weitgehend den neuen Landkreis volkstümlich erzählerisch in vielen lokalen und thematischen Aspekten, dem Publikum nahebringen. Nur gelegentlich ist den meist kurzen Texten zu entnehmen, wie weit ihnen Heimatforschung im oben beschriebenen Sinne zugrunde liegt. Einige Beispiele dafür seien hier herausgegriffen: Günter Flake hat in seinem Beitrag über den Hüggelhof zumindest Quellen zur Person des Julius Hüggelmeyer ausgewertet.

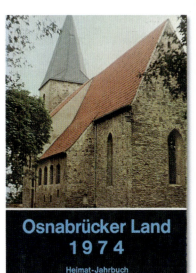

Abb. 1: Heimatjahrbuch 1974

H. Clauß hat Hausinschriften gesammelt und gedeutet. Günter Schotte zitiert in seinem Beitrag über den Fürstenauer Weg Quellen, ohne sie allerdings anzugeben. A. Kohnen führt seine kurze Diskussion über die Herkunft des Namens Artland durchaus auf wissenschaftlichem Niveau. Gudrun Kuhlmann beschreibt im ersten Teil ihres Aufsatzes die Siedlungsentwicklung in Quakenbrück mit siedlungshistorischen und siedlungsgeografischen Methoden. Gegen Ende des Buches ragen dann zwei Beiträge allein schon wegen ihrer Länge heraus: Der Aufsatz von B.-P. Potschien und H. Böning über die Kleinbahn Lingen-Berge-Quakenbrück beruht auf gründlicher Forschungsarbeit. Viele Quellen werden im Fließtext genannt, wenn auch noch die Hinweise fehlen, wo sie aufzufinden sind. Ganz anders geartet ist ein Vortragstext des damaligen Vorsitzenden des Heimatbundes Osnabrücker Land, Kaspar Müller, zum Thema „Die freie Heimat im freien Europa". Es handelt sich um einen Vortrag vor Vertriebenen-Verbänden, der in den politischen Zeithorizont der damaligen Diskussion der Ostverträge gehört. Aber Müller hat reichlich Literatur herangezogen und gibt diese auch an.

Zusammenfassend ließe sich sagen, dass in diesem ersten Band Heimatforschung weniger ins Auge fällt, wenn auch viele Autorinnen und Autoren offensichtlich sorgfältig recherchiert haben.

HJB 1984

Zehn Jahre später ist das HJB von 213 auf 356 Seiten[9] gewachsen. Erstmals im HJB 1978 war eine Gliederung in Rubriken eingeführt worden. Aber das Buch hat auch seinen Charakter verändert. Zwar sind immer noch etliche sehr kurze Beiträge – die kürzesten mit kaum ¼ Seite Text – enthalten, aber unverkennbar ist der Trend hin zur Darstellung von kleinen oder größeren Forschungsergebnissen. Von 54 Beiträgen in den Rubriken Lebendige Geschichte, Volkskundliches, Kunst und Denkmalpflege, Persönlichkeiten, Auswanderer und Umweltschutz und Natur[10] möchte der Verfasser bei großzügiger Auslegung der oben genannten Kriterien 25 vollständig und 15 teilweise oder in Ansätzen als Ergebnisse der Heimatforschung zuordnen. Zum Verfahren ist anzumerken, dass bei weitgehend fehlenden Quellen- und Literaturangaben allein aus der Lektüre Rückschlüsse auf Forschungsarbeit im Sinne von Citizen Science möglich waren, was mit vielen Unsicherheiten verbunden ist. Auffällig ist aber, dass zunehmend Autorinnen und Autoren Quellenangaben machen und auch Archiv- oder Feldforschung bei einigen Beiträgen zu erkennen ist.

Abb. 2: Heimatjahrbuch 1984

Und erstaunlich ist, dass sich in diesem Band fünf junge Autoren finden, die in den

Abb. 3: Heimatjahrbuch 1994

folgenden Jahrzehnten ihren Ruf als Heimatforscher festigen sollten und auch noch im HJB 2023, dem 50. Band, zu finden sind: Heiko Bockstiegel, Rainer Drewes, Horst Grebing, Karl-Heinz Neufeld und Gerd-Ulrich Piesch.

HJB 1994

Mit dem HJB 1993 war ein wesentlicher Fortschritt gemacht worden: Das Buch bekam ein größeres Format, wurde moderner und großzügiger gestaltet und war aufgrund des größeren und klareren Schriftbildes deutlich besser lesbar. Im Folgejahr trat eine weitere wesentliche Änderung ein: Mit Herbert Schuckmann und Alexander Himmermann wurde das Redaktionsteam dreiköpfig und Heinz Böning wesentlich entlastet.

Auffällig ist zunächst einmal, dass sich die Angabe von benutzter Literatur und zugrunde gelegten Quellen schon weitgehend durchgesetzt hat; auch Anmerkungsapparate sind in etlichen Aufsätzen bereits etabliert. Das allein lässt darauf schließen, dass im HJB zunehmend Heimatforschung ein Medium gefunden hat, mit dem die Forschungsergebnisse der interessierten Öffentlichkeit im Osnabrücker Land vermittelt werden. Von Anfang an fanden Beiträge zur Geschichte des Osnabrücker Landes besonders viele Autorinnen und Autoren; vermutlich war und ist auch das Interesse der Leserinnen und Leser dafür am größten und entsprechend ist ihre Erwartungshaltung. Nun aber ist zu erkennen, dass die Beiträge zur Geschichte fast komplett der Heimatforschung zuzuordnen sind. In den anderen Rubriken[11] finden sich in etwas größerem Umfang auch Berichte, Reportagen, Würdigungen oder Dokumentationen; oder aber auch mit dem Beitrag „Aktiv für Natur und Umwelt" von Rolf Wellinghorst eine Anleitung zu eigener Forschung im Heimatraum.

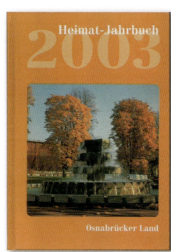

Abb. 4: Heimatjahrbuch 2003

HJB 2003

Nach nur sieben Bänden wurden mit dem HJB 2000 noch einmal wesentliche Änderungen vorgenommen: Es erhielt einen festen Umschlag, wodurch das Buch wesentlich aufgewertet wurde. Fadenheftung bedeutete eine wesentliche bessere Handhabung und Haltbarkeit. Der Satzspiegel mit zwei Textspalten wurde aufgegeben. Heinz Böning war bereits mit dem HJB 1998 nach 25 Jahren aus der Redaktion ausgeschieden und Bernhard Feige für ihn nachgerückt.

Insgesamt setzte sich der Trend zu längeren und damit oft auch gründlicher erforschten Beiträgen fort. Quellen- und Literaturangaben wurden immer mehr zur Selbstverständlichkeit. Die Mehrheit der Beiträge in den untersuchten Rubriken sind der Heimatforschung zuzuordnen.

Quo vadis Heimatjahrbuch?

Der Fokus soll aber hier auf eine Diskussion um die inhaltliche Ausrichtung des Heimatjahrbuches Osnabrücker Land gerichtet werden, die wohl Ende der 1990er-Jahre anfing, sich bis in die 2010er-Jahre hinzog[12] und innerhalb des Redaktionsteams, innerhalb der Vorstände der Heimatbünde und zwischen beiden Ebenen stattfand. Es ging um die Frage, ob das Buch vorwiegend als „heimattümlich" verstandene Plaudereien und Erzählungen enthalten solle oder der sachlichen Information über die Heimatregion – im weitesten Sinne durch Ergebnisse von Heimatforschung – dienen solle. Ausdruck fand Ersteres dann in den HJB 1999 bis 2001 in einer neuen Rubrik Schönes Osnabrücker Land. Durch Bilderseiten, kleine Reiseberichte und Ausflugsvorschläge sollten die Leserinnen und Leser angeregt werden das Osnabrücker Land zu entdecken. Neben Plaudereien gab es auch sehr viel historische und geografische Information, wenn auch weniger als neue Ergebnisse von Heimatforschung. Diese Rubrik mündete nahtlos in eine dreiteilige Reihe von Schwerpunktthemen: „Die Hase als verbindendes Element der Region" (HJB 2001), „Das Artland – eine besondere Region im Osnabrücker Land" (HJB 2002) und „Der Bädergarten des Osnabrücker Landes" (HJB 2004). In diesen Schwerpunktthemen überwiegt bereits wieder die Heimatforschung, mit teils sehr ausführlichen Beiträgen.

Kritiker der bisherigen Entwicklung des Heimatjahrbuches bemängelten vor allem

· die Länge vieler Beiträge, die die Aufmerksamkeit vieler Lesender strapaziere,

· die schwierige Lesbarkeit durch ausufernde Anmerkungsapparate und

· die nüchterne Wissenschaftlichkeit von Aufsätzen.

Ein Resultat der Diskussion war auch wohl die aus der Zeit um 2000 stammende erste Fassung der sogenannten Formalia – Hinweise der Redaktion an die Autorinnen und Autoren zur Gestaltung der Beiträge. Unverändert ist seitdem der Punkt 4. geblieben: „Die Beiträge sollen verständlich, sachlich richtig und überprüfbar sein." Das forderte von Forschungsberichten auch eine leserfreundliche Sprache und von volkstümlichen Plaudereien sachliche Überprüfbarkeit. Eine typische Kompromissformel, die bis heute nicht nur Grundlage für die Schreibenden ist, sondern auch für Planungen der Redaktion. Ein Kompromiss war auch Punkt 2: „Der Umfang des Textes soll im Regelfall nicht mehr als zehn Seiten umfassen." Zu erwähnen ist zum Beispiel, dass der oben genannte Aufsatz von B.-P. Potschien und H. Böning im allerersten HJB 1974 bereits 24 Seiten lang war.

SCHWERPUNKTTHEMA

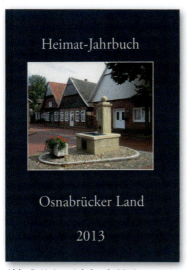

Abb. 5: Heimatjahrbuch 2013

HJB 2013

Mit dem HJB 2006 waren Johannes Brand und mit dem HJB 2008 Dr. Herbert Bäumer für die ausgeschiedenen Alexander Himmermann und Bernhard Feige in die Redaktion nachgerückt. Mit dem HJB 2013 folgten dann Dr. Martin Espenhorst und Dr. Rainer Drewes für den nun verabschiedeten Herbert Schuckmann. Diese neu formierte Redaktion schlug den Vorständen ein wieder neues Gesicht des Heimatjahrbuches vor. Es sollte mehr Eleganz ausstrahlen.

Schon das HJB 2011 hatte persönliche Erinnerungen von zwei Soldaten des Zweiten Weltkriegs enthalten. Nun lagen wieder einige persönliche Erinnerungen von Menschen des Osnabrücker Landes vor, nach Ansicht der Redaktion mit großem heimatgeschichtlichem Wert. So entschloss man sich zu einer neuen Rubrik Erinnerungen, die auch in den kommenden Jahren wichtige Texte brachte. Es handelte sich nicht um Ergebnisse von Heimatforschung, wohl aber um mögliche zukünftige Quellen dafür.

In den Rubriken Geschichte, Archäologie, Kunst und Denkmalpflege, Persönlichkeiten und Familien sowie Natur und Umwelt, also auf 229 von 320 Seiten waren nun weitgehend Ergebnisse von Heimatforschung zu lesen. Die durchschnittliche Länge dieser Beiträge betrug etwa 7 ½ Seiten (zwischen 2 und 15 Seiten), das bedeutet, dass die Autorinnen und Autoren einerseits ihr Thema gründlich in die Tiefe und Breite gehend bearbeitet haben, andererseits aber bemüht waren, sich an die in den bereits erwähnten Formalia genannte Grenze zu halten.

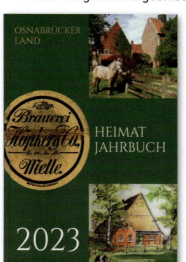

Abb. 6: Heimatjahrbuch 2023

HJB 2023

Es gab weitere Wechsel im Redaktionsteam: Mit dem HJB 2015 schied Dr. Martin Bäumer aus, ein Jahr später auch Dr. Martin Espenhorst. Für sie rückten Uwe Plaß und Tim Wagemester nach. Mit dem HJB 2022 verließ Dr. Rainer Drewes die Redaktion, ein Jahr später auch Johannes Brand.

Im Jahr 2021 kamen wieder einmal das Äußere und das Layout des Buches in die Diskussion. Zwischen Vorständen und Redaktion mit Unterstützung durch eine Mediengestalterin wurde ein Umschlaglayout entwickelt, das wieder stärker das Buch als eigene Marke herausstellt, und das Innenlayout modernisiert. Erstmals umgesetzt wurde es mit dem HJB 2022. Die Aufsätze aus den Rubriken Schwerpunktthema Gastronomie, Geschichte, Persönlichkeiten und Familien, Archäologie, Kunst und Denkmalpflege und Natur und Umwelt geben mit wenigen Ausnahmen Ergebnisse von intensiver Heimatforschung wieder.

Schwerpunktthemen – eine Auswahl

Thematische Schwerpunkte gab es bereits 1998 mit „350 Jahre Westfälischer Friede" und – wie bereits erwähnt – anschließend zu einzelnen Regionen des Osnabrücker Landes. Auch im HJB 2009 gab es einen Schwerpunkt zu „2000 Jahre Varusschlacht und im HJB 2012 zum 200. Geburtstag von Ludwig Windthorst. Seit dem HJB 2014 wurde dann aber eine feste Rubrik „Schwerpunktthema" eingeführt, für die das Redaktionsteam jeweils ein Jahr zuvor ein Thema festlegt. Nach zehn Jahren sollen sie einmal in den Fokus genommen werden, um zu sehen, welchen Ertrag sie für die Heimatforschung gebracht haben. Bisherige Schwerpunktthemen waren:

- HJB 2014 – 100 Jahre Erster Weltkrieg
- HJB 2015 – Kleinbäuerliche Schichten
- HJB 2016 – Hof- und Familiengeschichten
- HJB 2017 – 500 Jahre Reformation
- HJB 2018 – Strukturwandel
- HJB 2019 – Migration
- HJB 2020 – 200. Geburtstag von Justus Möser
- HJB 2021 – Bildung auf dem Lande
- HJB 2022 – 50 Jahre Kommunale Gebietsreform
- HJB 2023 – Gastronomie

Wie schon im HJB 2009 zum Thema Varusschlacht wurde für das HJB 2020 zu Justus Möser fachwissenschaftliche Expertise hinzugezogen mit der Folge, dass die meisten Beiträge Ergebnisse fachwissenschaftlicher Forschungen waren. Die anderen Schwerpunktthemen zeitigten aber ein erstaunliches Ergebnis. Sie fanden schnell das besondere Interesse der Leserinnen und Leser, die verstärkt mit Neugierde auf das nächste Thema warteten. Autorinnen und Autoren fühlten sich offensichtlich vielfach angeregt, nun Heimatforschung gezielt auf ein Thema hin zu betreiben. Das zeigt einerseits die Zahl der eingesandten Beiträge (zwischen 9 und 19) und anderseits der Umfang des Schwerpunktes mit durchschnittlich 103 Seiten (zwischen 76 und 134). Nachfolgend soll ein Blick in einige der Schwerpunktthemen geworfen werden.

SCHWERPUNKTTHEMA

Schwerpunkt HJB 2014: Erster Weltkrieg

Abb. 7: Heimatjahrbuch 2014

Die 18 Beiträge lassen sich in vier Gruppen einteilen:

Zunächst führt das Redaktionsmitglied Martin Espenhorst mit einem allgemein gehaltenen fachwissenschaftlichen Aufsatz in das Thema ein

· Sechs Beiträge bringen persönliche Erlebnisse von Weltkriegssoldaten in Auszügen aus Tagebüchern, Feldpostbriefen und sonstigen Erinnerungen.

· Elf Beiträge widmen sich ganz unterschiedlichen Einzelaspekten des Themas. Da geht es unter anderem um Militärtraditionen im Osnabrücker Land, die gezielte nationalistische Erziehung an Schulen, um die Schicksale von Juden, um Kriegsgefangene, um Brotmarken, die Rolle der Eisenbahn oder das Kriegsgedenken mit Kriegerehrenmalen. Zu derart vielfältiger Thematik wurden die Heimatforschenden angeregt.

· Darüber hinaus waren der Redaktion noch etliche Dokumente und Bilder zugegangen, ohne dass diese in einem Aufsatz verarbeitet wurden. Um diese wertvollen heimatgeschichtlichen Quellen nicht unter den Tisch fallen zu lassen und sie zukünftiger Heimatforschung zugänglich zu machen, wurde erstmals ein thematischer sogenannter „Bilder- und Dokumentensaal" in das Heimatjahrbuch aufgenommen. Besonders wichtig sind dabei die Bilder zu „Frauen- und Kinderarbeit im Ersten Weltkrieg".

Schwerpunkt HJB 2017: 500 Jahre Reformation

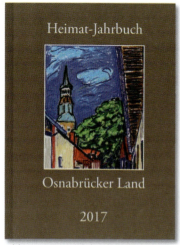

Abb. 8: Heimatjahrbuch 2017

Dies war einer der kürzesten Schwerpunkte und enthält auf 78 Seiten nur 10 Beiträge. Diese – durchweg Ergebnisse intensiver Heimatforschung – kann man in drei Gruppen gliedern:

· Die ersten vier Aufsätze befassen sich mit der eigentlichen Reformationsgeschichte des Osnabrücker Landes zwischen 1517 und 1650 mit ganz unterschiedlichen Themen. Nach einer allgemeinen Einführung zum Thema von Christian Peters geht es im Folgenden um Hermann Bonnus und seine Kirchenordnungen von 1543, die Reformation des Kirchspiels Lintorf und den Bissendorfer Vertrag von 1553, einem Ergebnis von Machtkämpfen im Gefolge des Schmalkaldischen Krieges.

- In der zweiten Hälfte geht es um lokale nachreformatorische Auseinandersetzungen, um Benachteiligung aus konfessionellen Gründen noch im 19. Jahrhundert in der Arbeitswelt und um die Geschichte evangelischer Schulen in einer katholischen Gemeinde.

- Schließlich findet sich im wieder aufgenommen Bilder- und Dokumentensaal noch ein Bildbeitrag zu den Reformationskirchen des Bramgaus.

Schwerpunkt HJB 2019: Migration

Es handelt sich um ein vielschichtiges Thema, wie sich im Folgenden zeigen wird. Und entsprechend finden sich neben Heimatforschung auch ganz andere Arten von Aufsätzen.

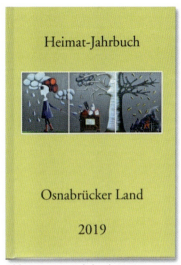

Abb. 9: Heimatjahrbuch 2019

- Was ist heute Heimat? Mit dieser eminent wichtigen Frage für alle Ein- und Auswandernden beschäftigt sich einleitend und grundlegend Fritz-Gerd Mittelstädt. Philosophisches Nachdenken ist im Heimatjahrbuch Osnabrücker Land selten, aber wir haben es hier mit einer ganz wesentlichen Form von Heimatforschung zu tun.

- Die folgenden Beiträge forschen zum Schicksal von Glaubensflüchtlingen aus dem Osnabrücker Nordland im 18. und Arbeitsmigranten im 19. Jahrhundert. Vielleicht war erwartet worden, dass die Auswanderung aus Deutschland nach Amerika im 19. und 20. Jahrhundert die meisten Forschungsberichte bringen würde. Aber dem Thema hatte man bereits in den HJB 1984 bis 1987 eine eigene Rubrik gewidmet. Nun bildeten Artikel zum Schicksal der Flüchtlinge und Vertriebenen in und nach dem Zweiten Weltkrieg einen Schwerpunkt im Schwerpunktthema. Unter dem Aspekt der Heimatforschung sind hier vor allem ein Grundsatzaufsatz zur Aufnahme dieser Migranten im Osnabrücker Land und ein weiterer über die Planung einer Siedlung vorwiegend für diese Bevölkerungsgruppe zu nennen.

- Zum Thema Gastarbeiter, Spätaussiedler und Flüchtlinge aus Syrien und Afghanistan findet sich keine Heimatforschung mehr, sondern ein Zeitzeugengespräch und Berichte über Veranstaltungen. Doch über ein besonderes Forschungsprojekt wird berichtet: Schülerinnen und Schüler der Lindenschule in Melle-Buer haben die

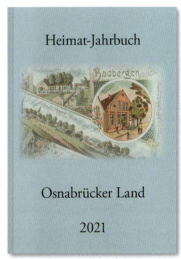

Abb. 10: Heimatjahrbuch 2021

Geschichten von Gastarbeitern in ihrem Ort erforscht und darüber zwei Bücher verfasst. Das ist Heimatforschung ganz besonderer Klasse.

Schwerpunkt HJB 2021: Bildung auf dem Lande

Die größte Überraschung war bei diesem Schwerpunktthema die breite thematische Streuung der eingereichten Beiträge. Nur zweimal wurde die Geschichte von Schulen erforscht, darunter war auch die landwirtschaftliche Lehranstalt in Badbergen. Es gab wie erwartet Porträts ehemaliger Lehrerpersönlichkeiten, aber eben unter den besonderen Gesichtspunkten ihrer Kompetenzen als Insektenkundler, Künstler oder als Herausgeber von heimatkundlichem Unterrichtsmaterial. Den Auftakt machte ein Überblick über kulturelle Bildung – außerhalb der Schule – im Landkreis Osnabrück. Dann gab es eine Darstellung zum Züchtigungsrecht in Schulen und die Untersuchung eines Unterrichtsfilms aus dem Jahr 1940 mit dem Titel „Vom Korn zum Brot". An zwei lokalen Beispielen wird die Entwicklung des Schulwesens nach dem Zweiten Weltkrieg untersucht: die Weiterentwicklung der Volksschulen zu den heutigen Grund- und Oberschulen und die Entstehung eines ganz neuen Schultyps, der Integrierten Gesamtschule. Alle diese Aufsätze sind ohne Einschränkung Ergebnisse von intensiver Heimatforschung.

Wertvolle Ergänzungen sind die Erinnerungen einer Jüdin an ihre Ausgrenzung in der Schule in den 1930er-Jahren und einer Autorin über ihre vierfache Benachteiligung im schulischen Betrieb, die sie in den 1960er-Jahre erlebt hat: wegen ihrer Konfession, ihres Geschlechts sowie ihrer Herkunft vom Lande und aus einer Arbeiterfamilie.

Fazit

Dem Verfasser ist bei seiner Suche in alten Heimatjahrbüchern wieder einmal so recht klar geworden, welche Fülle an intensiver Forschungsarbeit von Heimatfreunden des Osnabrücker Landes geleistet wurde und bis heute wird. Die Beiträge mit eher erzählendem und weniger forschendem Charakter sind von Anfang an in der Minderheit gewesen. Dennoch ist das Heimatjahrbuch kein wissenschaftliches Medium geworden, da es immer noch reichhaltig Platz für wichtige und interessante Beiträge anderer Art in den genannten und auch den übrigen Rubriken Erinnerungen, Plattdeutsch, Heimat aktuell und Literatur zur Verfügung stellt.

Allerdings ist der überwiegende Teil der Beiträge mit Heimatforschungscharakter dem Themenbereich Geschichte zuzuordnen. Da liegt der Verdacht nahe, dass der zugrundeliegende Heimatbegriff ein nostalgisch rückwärtsgewandter ist. Wenn wir Heimat als etwas verstehen, das man nicht hat, sonders als etwas Werdendes, etwas zu Gestaltendes, dann müsste eigentlich mehr Heimatforschung betrieben werden beispielsweise zur Geografie, Soziologie, Politik, Wirtschaft des Osnabrücker Landes. Das meint genau das, was oben bereits gesagt wurde: „Das Forschungsfeld des Heimatforschers umfasst sämtliche mit der Heimat in Verbindung stehende Bereiche."[13]

Zum Schluss zwei persönliche Bemerkungen:

· Der Verfasser konnte sich vergewissern, welch wertvolles Medium wir mit dem Heimatjahrbuch für die Heimatforschung in unserer Region besitzen

· Es hat viel Freude gemacht, in den alten Heimatjahrbüchern zu stöbern und so viel bereits geleistete und wertvolle Heimatarbeit wieder zu entdecken. Und dazu möchte der Verfasser alle Heimatfreunde des Osnabrücker Landes einladen.

---

1 Im Folgenden werden wir für den Titel des Heimatjahrbuches die Abkürzung HJB plus Jahreszahl verwenden.
2 HJB 1974, S. 7.
3 Genauer war da der Titel eines damals im Verlag Meinders und Elstermann erschienenen Periodikums: Heimat-Jahrbuch für Osnabrück Stadt und Land.
4 Geschäftsordnung für den Redaktions-Ausschuss Heimat-Jahrbuch Osnabrücker Land" vom 5. Mai 2003.
5 https://www.duden.de/rechtschreibung/Heimatforschung (17.11.2022).
6 Wikipedia Stichwort „Heimatforscher" (21.11.2022)
7 Vgl. Karl H. Schneider und Anna Quell: 30 Jahre Heimatforscherfortbildung in Niedersachsen. Bilanz und Ausblick. In: Kristin Oswald und René Smolarski Hrsg.): Bürger Künste Wissenschaft: Citizen Science in Kultur und Geisteswissenschaften, Erfurt 2016, S. 103-118, hier S. 104.
8 Wikipedia, Stichwort „Citizen Science" (19.11.2022).
9 Ohne Anzeigenteil.
10 Diese Rubriken und zusätzlich spätere Schwerpunktthemen werden auch im Folgenden auf Merkmale der Heimatforschung hin betrachtet. Erzählungen, Gedichte, plattdeutsche Beiträge und die Kritische Umschau werden hier und auch in den folgenden Stichproben nicht berücksichtigt, da sie sich selbst nicht als Beiträge zur Heimatforschung verstehen. Sie sind aber ein wesentlicher Beitrag zur Erfüllung der Ziele, die dem HJB gesetzt waren.
11 Seit dem HJB 1985 hat sich auch die Rubrik „Heimat aktuell" etabliert, die weniger Heimatforschung bietet, aber durchaus ausführlich über wichtige „aktuelle" Ereignisse und Vorgänge berichtet. Sie wird auch im Folgenden auch nicht in die Auswertung einbezogen.
12 Der Verfasser erlebte die Diskussion erst seit seinem Eintritt in die Redaktion im Jahr 2005 mit und war dann an ihr beteiligt.
13 Wikipedia Stichwort „Heimatforscher" (21.11.2022).

SCHWERPUNKTTHEMA

Heimathefte für Dorf und Kirchspiel Ankum
Georg Geers

Heimatverein schuf Plattform für aktuelle und historische Themen

Interessantes aus der Gegenwart schriftlich und bildlich festzuhalten, aber auch heimatkundliches Wissen, geschichtliche Fakten für die Nachwelt zu dokumentieren, das sind Aufgaben, die sich viele Heimatvereine in der Region satzungsgemäß auf die Fahnen geschrieben haben. Ohne dieses meist ehrenamtliche Engagement würde vielerorts ein Stück Heimatgeschichte verloren gehen. Stellvertretend für die Publikationen weiterer Heimatvereine soll es an dieser Stelle um die Erfolgsgeschichte der Heimathefte für Dorf und Kirchspiel Ankum gehen, die sich seit über einem Vierteljahrhundert zu einem Vorzeigeobjekt gemausert haben.

Ambitioniertes Vorhaben

Als bei einer Vorstandssitzung im Jahr 1996 im Heimatverein Ankum der Entschluss reifte, ein jährlich erscheinendes Heft mit heimatlichen Beiträgen zu veröffentlichen, war die Euphorie groß. Zwar existierten in verschiedenen Heimatvereinen der Region kleine Jahresberichte mit wenigen Seiten. In Ankum dachte man „größer".

Der damalige Vorsitzende Wilhelm Krümpelmann, Heinz von der Wall, Dr. Heinz Siemer, Thomas Oeverhaus und Franz Feldkamp hatten in der besagten Sitzung die Vision, eine jährlich erscheinende stattliche Broschüre mit heimatkundlichen Themen zu füllen und schlugen die Bildung eines Arbeitskreises vor. Dieser tagte am 7. März 1997 erstmalig im Sitzungssaal des Rathauses. Um ein möglichst breitgefächertes Themenspektrum in dem geplanten Heft abbilden zu können, hatte das Planungsteam im Vorfeld viele Ankumer angesprochen, sich an den Vorbereitungen zu beteiligen.

Breiter Themenmix

In der Arbeitskreissitzung unter Leitung von Wilhelm Krümpelmann wurden die Eckpunkte, was denn ein solches Vereinsmedium beinhalten sollte, diskutiert und festgelegt. Man verständigte sich darauf, neben plattdeutschen Beiträgen die Entwicklung Ankums und einen detailliert bebilderten Rückblick auf die Arbeit des Heimatvereins in das Heimatheft aufzunehmen. Ergänzt werden sollte der Inhalt um Artikel und Berichte Ankumer Heimatforscher, die in vergangenen Jahrzehnten bereits in Zeitschriften oder Zeitungen veröffentlicht wurden oder im Heimatarchiv als noch unveröffentlichtes Manuskript vorlagen. Mit einer Neuveröffentlichung derartiger Artikel sollte das Interesse in der Bevölkerung an historischen Themen neu geweckt werden. Aus diversen Vorschlägen für einen prägnanten Titel kristallisierte sich der Titel „Heimatheft für Dorf und Kirchspiel Ankum" heraus.

Finanzielle Aspekte

Um eine etwa einhundertseitige Schrift auch finanziell stemmen zu können, beschloss das Gremium, den Vereinsbeitrag auf 20,- Euro zu erhöhen und jedem Mitglied dafür ein Exemplar unentgeltlich zur Verfügung zu stellen. Die Versammlung beschloss, eine „Kommission zur Sammlung und Sichtung der Artikel" zu wählen. Man kam überein, potentielle Verfasser von Artikeln in der Bevölkerung anzusprechen, um diese für Beiträge für die Heimathefte zu gewinnen. Bei mehreren Redaktionssitzungen im Jahr sollten Artikel und zugelieferte Beiträge gesichtet werden. Eine Kostenerstattung oder ein Honorar für die Veröffentlichung sollte es nicht geben. Alle Autoren wie auch das Redaktionsteam arbeiten ehrenamtlich. Das Engagement zum Start dieses ambitionierten Vorhabens war groß. Nach fünf Redaktionssitzungen konnte das Team zum Redaktionsschluss am 20. Dezember 1997 einen interessanten Fundus für die Ausgabe Nummer eins vorlegen. Die 116-seitige, einfarbig gedruckte und rückengeheftete Broschüre mit farbigem Umschlag kam im Februar 1998 auf den Markt und wurde im Heimathaus vorgestellt. „Heimatkunde nicht nur für Ältere" titelte das Bersenbrücker Kreisblatt am 27. Februar 1998 über die Vorstellungspremiere. Überwältigt zeigte sich der damalige Bürgermeister Franz Dückinghaus über das, was das Redaktionsteam auf die Beine gebracht hatte. Als eine „ganz tolle Sache" bezeichnete der Vorsitzende des Kreisheimatbundes (KHBB) Franz Buitmann damals die Herausgabe der Heimathefte. Der Zuspruch und die Reaktion der Heimatfreunde und weiterer Redner, die der Vorstellung beiwohnten, war sehr positiv und spornte an.

Abb. 1: Cover der der ersten Ausgabe (Heimatverein Ankum)

Hohe Messlatte

Ob man das Potential, das mit der Ausgabe eins erschienen war, über mehrere Jahre aufrechterhalten könne, darüber gingen die Meinungen in der Gemeinde auseinander. Gibt es in jedem Jahr genügend Aufsätze, findet man Autoren, die sich für diese Sache ehrenamtlich engagieren und findet eine derartige Publikation in jedem Jahr eine solche Resonanz? Derartige Fragen und Zweifel waren in den Anfangsjahren in der Bevölkerung zu hören. Schon mit der Ausgabe zwei konnte das Redaktionsteam das Gros der Zweifler überzeugen. Erstmals erschienen nun einige farbige Abbildungen in dem Heft. Schwerpunktthemen der ersten Ausgaben waren die Vorstellung jeweils einer Bauerschaft im Kirchspiel Ankum. Sieben Ausgaben

Abb. 2: Große Beachtung findet alljährlich die Vorstellung der Heimathefte. (Foto: Georg Geers)

erschienen in den Folgejahren als rückengeheftete Broschüre. Ab 2005 erfuhren die Heimathefte als klebegebundene Ausgabe eine optische Aufwertung. Alle Fotos, in jeder Ausgabe weit über 100 an der Zahl, wurden nun farbig gedruckt. Versehen mit einem attraktiven Titelbild aus dem Kirchspiel und auf Bilderdruckpapier gedruckt, stiegen die Heimathefte in die „Champions-League der Heimatliteratur" auf. Bei der Vorstellung der Ausgabe am 28. Februar 2005 wählte Landtagsabgeordneter Reinhold Coenen diese Formulierung und unterstrich damit das Engagement des Redaktionsteams und die Hochwertigkeit der Heimathefte.

Mittlerweile sind es über 850 Artikel auf mehr als 3000 Seiten spannender Heimatliteratur, die von über 60 Autoren zu Papier gebracht wurden. Ein gewichtiger, schriftlicher Heimatschatz, der in gedruckter Form mehr als zehn Kilogramm auf die Waage bringt. Eine Publikation, die heute weit über Ankums Grenzen Beachtung findet und immer wieder in zahlreichen renommierten Rezensionen genannt wird.

Franz Feldkamp - „Vater" der Heimathefte für Dorf- und Kirchspiel Ankum

Einer, der sich über Jahrzehnte leidenschaftlich diesem „Sammeln und Konservieren" von regionalem Wissen verschrieben hat, ist Franz Feldkamp. Mit fundierten Heimatkenntnissen, seinem Interesse an Land und Leuten und dem Wissen um historische Beiträge, die in den unzähligen Schriften des Ankumer Heimatarchivs vorhanden sind, stand er dem Redaktionsteam 25 Jahre lang vor. Sein außerordentliches Wissen über seine Gemeinde Ankum, über geografische Zahlen oder Hofgeschichten sind beeindruckend. Immer wieder gerieten angesetzte Redaktionssitzungen zu sehr interessanten Reisen in die Geschichte, wenn Franz Feldkamp tief in die „Historienkiste" griff und spannende Anekdoten dann nur so sprudelten. Ohne sein Engagement und seinen Einsatz würde es die Heimathefte in der heutigen Ausführung sicherlich nicht geben. Zu dutzenden Redaktionssitzungen war er es, der einlud. Die weitaus meisten dieser Sitzungen fanden in seinem Wohnzimmer oder auf seiner Terrasse statt. Schon bei der ersten Redaktionssitzung in jedem Jahr hatte er einen Artikelfundus aus dem Heimatarchiv herausgesucht. Auch der Lokalteil des Bersenbrücker Kreisblattes, dessen redaktionelle Seiten Feldkamp seit Jahrzehnten sammelt und in dicken Bänden in seinem Keller aufbewahrt, diente ihm für seine Recherche als schier unerschöpfliche Quelle. In seinem „Redaktionsbüro" in der Falkenstraße liefen die Fäden für jede neue Ausgabe der Heimathefte zusammen. Dorthin mailten oder schickten die Autoren ihre Beiträge, die Feldkamp dann an die Mitglieder des Redaktionsteams zur Prüfung und Kenntnisnahme weiterleitete. Eine wertvolle Hilfe bei den Vorarbeiten war ihm dabei in all den Jahren seine Ehefrau Ursula. Viele tausend Seiten alter Chroniken, Beiträge und handschriftliche Manuskripte wurden von ihr in den zweieinhalb Jahrzehnten am Computer erfasst und so als digitaler Fundus für das Heimatarchiv aufbereitet.

Weit über einhundert Artikel verfasste Feldkamp selber, bereitete für die Heimathefte eine Fülle von Biografien von heimatlichen Schriftstellern und Chronisten wie Werner Dobelmann, Joseph Düsing, Alfred Eymann, Heinz von der Wall und viele andere auf. Mit der 25. Ausgabe der „Heimathefte für Dorf- und Kirchspiel" Ankum, die im November 2021 als 240-seitige Sonderausgabe erschien, gab Franz Feldkamp den Vorsitz der Redaktion an Elisabeth Irani ab.

Abb. 3: Vom Redaktionsteam der „Heimathefte für Dorf und Kirchspiel Ankum" wurde Franz Feldkamp bei seinem Abschied zum „Ehrenredaktionsleiter" ernannt. Das Foto zeigt ihn mit seiner Frau Ursula, dem Vorsitzenden des Heimatvereins Ankum, Günter Lonnemann, und der Geschäftsführerin des Landschaftsverbandes Osnabrücker Land, Dr. Susanne Tauss. (Foto: Georg Geers)

In der Werkstatt der Heimatforschung. Das Heimatarchiv Glane besteht seit 20 Jahren

Lothar Schmalen

Ein Archiv ist eine Einrichtung zur systematischen Erfassung, Erhaltung und Betreuung von Schriftstücken, Dokumenten, Urkunden, Akten, Bildern und Fotos, insbesondere soweit sie historisch, rechtlich oder politisch von Belang sind.[1] Archive sind damit, wie der Kulturmanager Oliver Scheytt formuliert, das politische, kulturelle, wirtschaftliche und alltagsgeschichtliche „Gedächtnis"[2] eines Staates, einer Kommune oder einer Region. Der Historiker und Archivar Ahasver von Brandt bezeichnete sie als „letzte und endgültige Etappe im Leben des Schriftguts"[3].

Für jede Beschäftigung mit der Vergangenheit sind Archive ein unverzichtbarer Fundus von Primär- und Sekundärquellen. Eine sachgerechte Aufbewahrung und systematische Erfassung dieser schriftlichen und bildlichen Quellen sind damit auch notwendige Voraussetzung für die Geschichtsschreibung.

Bei Heimatarchiven, wie sie inzwischen von vielen Heimatvereinen auch im Osnabrücker Land betrieben werden, sind Gegenstand und Zuständigkeit durch die Verwendung des schwer zu fassenden Begriffs „Heimat" nicht so eindeutig definiert wie beispielsweise beim Archiv einer Stadt, eines Bundeslandes oder gar eines ganzen Staates. Ein Heimatarchiv kann die engere oder die weitere Heimat zum Gegenstand wählen, also beispielsweise den Geltungsbereich des Heimatvereins oder der Kommune, in dem das Heimatarchiv ansässig ist. Im Heimatarchiv Glane, das inzwischen seit 20 Jahren besteht, haben die ehrenamtlichen Archivare, die die Einrichtung einst aufbauten und seitdem pflegen und weiterentwickeln, stets einen erweiterten Heimatbegriff angewandt. Heimat ist in diesem Sinne eben nicht nur das Kirchspiel bzw. der Ort Glane, sondern auch die politische Kommune Bad Iburg, zu der der Stadtteil Glane seit nunmehr 51 Jahren gehört, sowie das Osnabrücker Land, in dessen historischem Zusammenhang auch die Geschichte des Kirchspiels Glane zu sehen ist. Der Blick geht auch immer wieder ins benachbarte Westfalen, zu dem das Hochstift Osnabrück jahrhundertelang gehörte. Auch das nördlich gelegene Emsland haben die Glaner Archivare im Auge. Es versteht sich von selbst, dass trotz der Ausweitung des Blicks auf die weitere Umgebung die Sammlung von Büchern und Archivmaterial aus Glane und Iburg den Schwerpunkt der Archivarbeit bildet.

Gründung der Averbeck-Stiftung

Das Heimatarchiv Glane ist selbst ein Glückskind der Heimatgeschichte. Denn es verdankt seinen heutigen Standort und seine großzügige Ausstattung einem ungewöhnlichen Vorgang der Glaner Hofgeschichte.

1994 haben die Geschwister Maria und Adolf Averbeck, die keine Erben hatten, ihren landwirtschaftlichen Betrieb, die Grundstücke und Gebäude in eine gemeinnützige Stiftung, die den Namen Averbeck-Stiftung erhielt, eingebracht. Der Vollerbenhof Averbeck ist nachweislich einer der ältesten Höfe im heutigen Stadtgebiet von Bad Iburg. Erstmals erwähnt ist der Hof in einer Urkunde des Klosters Iburg aus dem Jahr 1088. Zum heutigen Hofbild gehören das alte Fachwerkwohnhaus aus dem Jahr 1766 mit dem im Jahr 1933 angebauten großen Wirtschaftsgebäude, die Remise und der ehemalige Speicher.[4] In der Satzung der neuen Stiftung wurden als Zweck der Stiftung die Förderung kultureller Zwecke, die Förderung der Heimatpflege und Heimatkunde, die Förderung der Jugendpflege und Jugendfürsorge, die Förderung der Altersfürsorge sowie die Förderung der öffentlichen Gesundheitspflege festgelegt.[5]

Die Stiftung hatte früh die Zusammenarbeit mit dem Heimatverein Glane und dem Verein für Orts- und Heimatkunde Bad Iburg gesucht und von dort tatkräftige Hilfe bekommen. Sowohl die Vereine als auch die Stiftung hatten erkannt, dass sie gemeinsam ihren jeweiligen Satzungszweck besser erfüllen können.

Als erste Baumaßnahme wurde der Speicher auf dem Hof Averbeck von der Averbeck-Stiftung für insgesamt 685.000 Mark restauriert und hergerichtet. 1998 konnte er der Öffentlichkeit als Heimatmuseum in Trägerschaft des Heimatvereins Glane übergeben werden. Das Museum in dem Speicher feierte also 2023 sein 25-jähriges Bestehen.

Nach dem Tod des Stifters Adolf Averbeck (2013) wurden 2015/16 auch der Wirtschaftstrakt und der Wohnbereich aufwendig restauriert, umgebaut und modernisiert. Die Stiftung investierte hierfür mehr als eine Million Euro. Averbecks Hof wurde zum Domizil des Heimatvereins Glane. In den früheren Stallungen, auf der Hile (also dem Heuboden über den Ställen) und im Dachgeschoss des ehemaligen Wirtschaftsgebäudes konnten schließlich die Bibliothek und die Archivmaterialien des Heimatarchivs Glane untergebracht werden. Der Verein für Orts- und Heimatkunde Bad Iburg entschied sich dafür, ein eigenes Archiv im Stein'schen Haus in Bad Iburg, fortan „Haus der Iburger Geschichte" genannt, einzurichten. Das alte Fachwerkgebäude hatte der Iburger Verein bereits im Jahr 2010 erworben.[6]

Die Anfänge der Archiv-Arbeit

Das Heimatarchiv Glane hatte bereits 13 Jahre früher, also 2003, seine Arbeit aufgenommen. Margret Zumstrull, die frühere Leiterin des Iburger Gymnasiums, hatte die Idee, neben dem Heimatmuseum in Glane auch ein Heimatarchiv einzurichten.[7] Im Heimatmuseum in Averbecks Speicher wurden zwar alte Möbel und Einrichtungsgegenstände, Trachten, Werkzeuge und anderes gesammelt, um anschaulich zeigen zu können, wie die Vorfahren gelebt und gewirkt haben. „Aber was geschieht mit den schriftlichen und bildlichen Zeugnissen der Vergangenheit? Sind diese nicht ebenso wichtig oder sogar noch wichtiger für das Verständnis unserer Geschichte?", so Margret Zumstrull damals. Wer die Aussage ernst nehme, dass die Kenntnis der Vergangenheit die Voraussetzung für das Verständnis der Gegenwart sei, der müsse eben auch noch vorhandenes Schriftgut sowie Bilder und Fotos vor der Vernichtung bewahren, sammeln und zur Nutzung durch Interessierte bereitstellen.

Abb.1: Der zum Kultur- und Begegnungszentrum umgebaute Hof Averbeck in Glane. Im Haupthaus befindet sich das Heimatarchiv Glane, rechts hinten der Speicher, in dem das Heimatmuseum untergebracht ist, das seit 25 Jahren besteht. (Foto: Helga Grzonka)

Gedacht – getan! Der Vorschlag der früheren Schulleiterin an den Heimatverein Glane, parallel zum Heimatmuseum auch ein Heimatarchiv aufzubauen, fand dort sofort volle Zustimmung. Und damit begann der Aufbau eines der wichtigsten Instrumente für die Heimatforschung.

Hatte das heimatkundliche Museum im historischen Speicher von Averbecks Hof bereits sehr angemessene Räume erhalten, musste sich das Heimatarchiv zunächst mit Notlösungen zufriedengeben. Die katholische Pfarrgemeinde St. Jakobus der Ältere Glane stellte zwei Räume einer leerstehenden Wohnung im ehemaligen Glaner Schwesternhaus zur Verfügung.[8] Die Einrichtung bestand ausschließlich aus gebrauchten Möbeln, die zum Teil noch aus dem Nachlass der früheren Hausbesitzer-Familie Große Schönepauck stammten. Für die Ausstattung setzten sich die Vorsitzende des Heimatvereins, Agnes Wiemann, und besonders ihr Ehemann Herbert Wiemann ein.

Nun galt es, die noch vorhandenen teils in Kellern und auf Dachböden von privaten Häusern lagernden Schriftstücke für das Archiv zu gewinnen. Die Mitglieder des Heimatvereins, aber auch alle anderen Glaner und Iburger wurden in den lokalen und regionalen Zeitungen sowie durch Mundpropaganda aufgerufen, alte Schriften, Bücher oder Fotos zur Verfügung zu stellen.

„Das Ergebnis war überwältigend", erinnert sich Margret Zumstrull. Schon bald stapelten sich Berge von Kisten und Kästen voller Papiere in den noch kahlen Räumen. Aber beim Auspacken stellte sich heraus, dass der Inhalt überwiegend aus Büchern bestand. Damit hatten die Initiatoren des Heimatarchivs nicht gerechnet. Ihr Anliegen war ja eigentlich eine Sammlung von nicht gebundenem und deshalb eher vom Verfall bedrohtem Schriftgut und nicht der Aufbau einer Bibliothek gewesen. Andererseits: Sind nicht auch Bücher Zeugnisse der Vergangenheit? Und zwar in doppelter Weise, einmal indem sie durch ihre Aussage und die Form ihrer Darstellung die Entstehungszeit spiegeln (Primärliteratur), zum anderen, indem sie über Vergangenes berichten (Sekundärliteratur) und es somit vor dem Vergessen bewahren. Das bedeutete den Aufbau auch einer Bibliothek als eine Abteilung des Glaner Heimatarchivs.

Die sieben Säulen des Heimatarchivs

Nach dem Aussortieren der für das geplante Archiv nicht geeigneten Papierberge (von Kriminal- und Groschenromanen über undatierte Zeitungsberichte bis hin zu leeren Schulheften) schälten sich fünf Gruppen heraus, die in Zukunft die zunächst **fünf** Abteilungen des Archivs bilden sollten:

1. Nicht gebundenes Schriftgut (Quellen) als das eigentliche Kernstück des Archivs, zum Beispiel Urkunden, Akten, Briefe und Postkarten, Chroniken, Protokolle, Zeitungsberichte und ähnliches. Ältestes Dokument dieser Abteilung ist eine Urkunde aus dem Jahr 1725. Sie stammt vom Hof Pohlmann in Glane-Visbeck. Es handelt sich dabei um das Protokoll einer Gerichtsverhandlung vor dem Iburger Gogericht, in dem es um einen Streit zwischen Bauer Johann Christian Pohlmann und dem Iburger Pfarrer Bonifatius Rupe ging. Bauer Pohlmann hatte bei der Pfarrei Schulden in Höhe von 40 Mark gemacht – damals ein kleines Vermögen, und der Pfarrer wollte das Geld zurück haben. Vor Gericht verpflichtete sich der Landwirt, die Schulden endlich zu begleichen und notfalls mit seinem gesamten Eigentum dafür zu haften.[9] Insgesamt lagern in den Regalen und Magazinen dieser Abteilung inzwischen mehr als 500 Kartons beziehungsweise Ordner.

2. Gebundene Schriftquellen, also Bücher und gebundene Zeitschriften. Das älteste Buch ist ein Missale Romanum von 1684, also ein Messbuch, vermutlich aus dem Kloster Iburg. Die Bibliothek umfasst inzwischen rund 5.000 Bände. Die wertvollsten Bestände sind dabei unter Verschluss in der sogenannten „Schatzkammer" untergebracht.

3. Karten, zum Beispiel historische, topografische und andere Karten, Grundriss- und Katasterblätter (insgesamt ca. 100 Exemplare).

4. bildliche Quellen, das heißt Bilder, Fotos, Dias, Filme, audiovisuelle Medien und ähnliches.

5. Totenzettel, der älteste stammt aus dem Jahr 1871. Die Sammlung umfasst ca. 8.000 Exemplare. Die Sammlung ist von enormer Bedeutung für Familien- und Ahnenforscher.

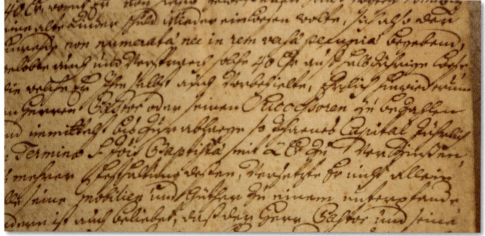

Abb. 2: Die älteste Urkunde im Archiv. Das Protokoll einer Gerichtsverhandlung vor dem Iburger Gogengericht von 1725. (Foto: Lothar Schmalen)

Abb. 3: Abteilung für nicht gebundenes Schriftgut. Auf dem Tisch nochmals die Urkunde. (Foto: Lothar Schmalen)

Abb. 4: Abteilung für gebundenes Schriftgut mit dem Messbuch von 1684. (Foto: Lothar Schmalen)

Später kam eine Abteilung mit geschlossenen Sammlungen von gebundenem Schriftgut und von Archivalien hinzu. Notwendig wurde zuletzt auch eine Abteilung für digitale Datenträger wie Disketten, USB-Sticks, CDs und DVDs, Videos und ähnliches mehr. Diese siebte, digitale Abteilung dürfte in Zukunft immer wichtiger werden.

Doch zurück zu den Anfängen: Um die unterschiedlichen Archivalien für Nutzer und Interessierte auffindbar zu machen, mussten sie zunächst in eine systematische Ordnung gebracht und katalogisiert werden. Besuche in vergleichbaren Einrichtungen ergaben sehr schnell, dass die dort verwendeten Ordnungssysteme für das Glaner Vorhaben nicht brauchbar waren. Also musste eine eigene Systematik her. Diese sollte übersichtlich und klar und soweit wie möglich für alle Abteilungen gleich sein; vor allem aber durfte sie nicht geschlossen, sondern musste offen für weitere Zugänge sein, da nicht voraussehbar war, welche Schätze dem Archiv noch übereignet würden. Gerade Letzteres hat sich in der Folgezeit als kluge Voraussicht erwiesen.

Nach dieser Systematik sind inzwischen die drei erstgenannten Abteilungen geordnet und katalogisiert; die Fotoabteilung und die geschlossenen Sammlungen sind vorläufig geordnet, aber noch nicht katalogisiert, die Totenzettel sind alphabetisch geordnet und katalogisiert.

Um Papiere vor dem Verfall zu schützen und dauerhaft aufbewahren zu können, müssen sie sachgerecht gelagert werden. Und noch ein Grundsatz war den ehrenamtlichen Glaner Archivarinnen und Archivaren stets wichtig: Das Archiv soll wissenschaftlichen Anforderungen entsprechen, aber auch für nicht vorrangig wissenschaftlich Interessierte attraktiv und hilfreich sein. Um dem hohen Anspruch gerecht zu werden, holen sich die Glaner deshalb Hilfe vom Landesarchiv Niedersachsen, Abteilung Osnabrück. Hilfreich zur Seite stand den Glanern besonders die damals im Landesarchiv für den Landkreis Osnabrück und die kreisangehörigen Kommunen zuständige Archivarin Stephanie Haberer.

Die damalige Leiterin des Landesarchivs, Birgit Kehne, hatte selbst darauf hingewiesen, dass das Osnabrücker Archiv es auch als seine Aufgabe ansehe, Vorhaben wie das Glaner Heimatarchiv zu unterstützen. Denn diese setzten die Arbeit zum Erhalt der Zeugnisse aus der Vergangenheit dort fort, wo die Arbeit des Landesarchivs ende. So hat das Osnabrücker Archiv den Glanern beispielsweise in der Anfangszeit archivtaugliche Mappen und Kartons zum Selbstkostenpreis überlassen. In einem besonderen Fall haben die Osnabrücker den Glanern sogar ein stark beschädigtes Buch restauriert, das auf Averbecks Hof gefunden wurde. Dabei handelt es sich um ein handgeschriebenes sogenanntes „Hausväterbuch" aus der Zeit um 1800. Nach Auskunft des Landesarchivs gibt es davon in Deutschland nur noch wenige Exemplare, die unbedingt erhalten werden sollten. Für die Lagerung der ebenfalls eingerichteten Totenzettelsammlung holen die Glaner Archivare sich Rat beim Diözesanmuseum Münster.

Umzug in Averbecks Hof

2011 konnte das Archiv in das inzwischen restaurierte ehemalige Wohnhaus der Familie Averbeck umziehen. Seitdem werden regelmäßige Öffnungszeiten angeboten. Zuvor war die Nutzung des Archivs nur nach telefonischer Absprache möglich gewesen. Die notwendigen Regale für den inzwischen weiter angewachsenen Bestand sponserte die Averbeck-Stiftung.

2016 erfolgte dann der wohl größte Schritt in der Geschichte des Glaner Heimatarchiv. Nach zweijähriger Umbauphase konnten Archiv und Bibliothek in das sich an das Wohngebäude anschließende Wirtschaftsgebäude von Hof Averbeck umziehen – auf zwei Etagen gibt es seitdem viel Platz, ansprechende Räume, ein kleines Büro mit zwei Arbeitsplätzen und einem weiteren Schreibtisch im Bibliotheksraum. Zu den Arbeitsbedingungen gehören außerdem ein Personal Computer (PC) mit Internetanschluss und WLAN-Empfang im gesamten Gebäude.

Die Arbeit im und am Glaner Heimatarchiv ist längst zu umfangreich geworden, als dass sie von einer Person allein gestemmt werden könnte. Seit etlichen Jahren schon gibt es nun im Heimatverein Glane einen „Arbeitskreis Heimatarchiv", dessen Mitglieder sich die Heimatforschung zu ihrem Hobby gemacht haben. Zu diesem Arbeitskreis gehören inzwischen neben Gründerin Margret Zumstrull drei weitere Personen. Alle Archivare sind ehrenamtlich tätig. Neben den personellen Ressourcen bildet auch die großzügige finanzielle Unterstützung durch die Averbeck-Stiftung eine wichtige Grundlage für die Glaner Archiv-Arbeit.

Abb. 5: Außenansicht des Glaner Archives im Wirtschaftsgebäude von Hof Averbeck. (Foto: Lothar Schmalen)

Das Archiv öffnet sich

Um wissenschaftliche Forschung einerseits, aber auch Nutzung durch Schüler und interessierte Laien andererseits zu ermöglichen, müssen Archive sich in der Öffentlichkeit präsentieren und die „Schätze des Archivs" sowie ihre spezifischen Kernaufgaben nach außen hin sichtbar machen.[10] Das Glaner Heimatarchiv tut dies auf unterschiedliche Art und Weise.

Die simpelste ist sicher die Tatsache, dass das Archiv, wie schon erwähnt, potenziellen Nutzern offensteht. Bücher und gebundene Zeitschriften aus der Bibliothek können für eine begrenzte Zeit kostenlos ausgeliehen werden. Das nichtgebundene Akten- und Archivmaterial kann – unter Begleitung der ehrenamtlichen Archivare des Heimatvereins - eingesehen werden. Nach Absprache können von vielen Archivalien auch Fotokopien angefertigt werden. Zur direkten Nutzung vor Ort steht das Archiv verlässlich jeden Mittwoch und Sonntag von 15 bis 17 Uhr interessierten Besuchern oder Nutzern offen. Darüber hinaus können auch telefonisch Besuchstermine vereinbart werden.

Eine weitere Form der Öffentlichkeitsarbeit sind die Vitrinen-Ausstellungen, die das Archiv-Team regelmäßig in Averbecks Hof präsentiert, nach dem Motto „klein – aber fein". Dabei wird eine Glas-Vitrine, die am Eingang zum Archiv in der Diele des Hof-Hauptgebäudes steht, regelmäßig mit Exponaten aus der Bibliothek und dem Archiv zu einem bestimmten Thema bestückt. Häufig gewählte Themen sind beispielsweise regionales oder lokales Brauchtum. Begleitet von einem erläuternden Text soll die kleine Vitrinen-Ausstellung auch immer Werbung für die Bibliothek und das Archiv im Hause machen.

Video-Clips, die überall in den Gebäuden des Hofes Averbeck per QR-Code auf dem Mobiltelefon aufgerufen werden können, gibt es natürlich auch über das Archiv. In insgesamt vier fünfminütigen Filmen erläutern die Glaner Archivare ihre Bestände und ihre Arbeit im Archiv und in der Bibliothek.

Weg ins digitale Zeitalter

Die Nutzung digitaler Medien aber schafft für Einrichtungen wie das Glaner Heimatarchiv ganz neue Chancen, ihre Arbeit noch öffentlicher und damit auch noch nutzbarer zu machen. Noch wichtiger als der offene Zutritt zum Archiv sind deshalb die Schritte in das digitale Zeitalter, die die Glaner inzwischen gegangen sind. So ist beispielsweise die Totenzettel-Sammlung im Archiv komplett digitalisiert. Jeder Totenzettel ist auf einer gesonderten Internetseite einsehbar. Die Glaner Archivare bedienen sich dabei eines externen Dienstleisters, der auch neu eintreffende Totenzettel, seien sie neu oder alt, laufend digital erfasst.

Zudem musste die dem Katalog zugrunde liegende thematische und geografische Systematik für die Computerarbeit programmiert werden. Auch dies erfolgte in ehrenamtlicher Arbeit aus dem „Arbeitskreis Heimatarchiv" heraus. In monatelanger Arbeit entstand durch die Übertragung der bislang lediglich in einer Kartei vorhandenen Informationen in das neue Computerprogramm ein digitaler Archiv-Katalog. Beide Kataloge, die Handkartei und der Digital-Katalog, können nun, je nach Bedarf, parallel nebeneinander genutzt werden.

Und die Arbeit an dem digitalen Katalog geht noch weiter. Zurzeit werden rund 400 Gebet-, Gesang- und Andachtsbücher erfasst. Bislang noch nicht katalogisiert sind tausende historische Fotos, die ebenfalls im Archiv lagern. Hier wartet auf die ehrenamtlichen Archivarinnen und Archivare in Glane noch ein weiteres großes Stück Arbeit.

Im 20. Jahr seines Bestehens hat das Heimatarchiv auf Averbecks Hof eine eigene Homepage bekommen: www.heimatarchiv-glane.de. Herzstück der neuen Internetseite ist eine Suchfunktion, mit der Interessierte die Bestände des Heimatarchivs im digitalen Katalog durchforsten können. Über Suchbegriffe lässt sich gezielt nach Material – Bücher, Karten oder Archivalien - zu einem bestimmten Thema forschen.

Die neue Homepage ermöglicht es potenziellen Nutzerinnen und Nutzern des Archivs, am eigenen PC, Laptop oder Tablet herauszufinden, ob in dem Archiv für sie interessante Bestände existieren – ohne das Archiv gleich selbst vor Ort aufsuchen zu müssen. Wer im digitalen Katalog fündig geworden ist, kann Kontakt mit dem Archiv aufnehmen und mit den Archivaren in Averbecks Hof einen Besuchstermin vereinbaren, um die entsprechenden Bestände einzusehen. Für entsprechende Anfragen ist eigens ein eMail-Account eingerichtet worden (heimatarchiv-glane@web.de).

Die zunehmende digitale Nutzung des Heimatarchivs bedeutet für die Glaner Archivarinnen und Archivare auch, dass sie Datenschutzbestimmungen noch mehr beachten müssen. Schließlich ist das digitale Find-Verzeichnis mit der Suchfunktion auf der archiv-eigenen Homepage für jeden einsehbar. Zahl und Art der Nutzerinnen und Nutzer sind nicht mehr kontrollierbar. Auch hier war für die ehrenamtlichen Archivarinnen und Archivare die Beratung durch Profis vom Osnabrücker Landearchiv wichtig.[11] Konkrete Angaben zu Personen sind besonders bei sensiblen Archivalien nicht erlaubt, um die Betroffenen zu schützen. Ein Beispiel: Im Glaner Archiv befindet sich ein Entnazifizierungsfragebogen der britischen Verwaltung nach Ende des Zweiten Weltkriegs – ohne Zweifel ein wichtiges historisches Dokument. Es versteht sich von selbst, dass im digitalen Katalog der Name der Person, die diesen Entnazifizierungsbogen ausgefüllt hat, nicht zu lesen ist.

Immer mehr externe Nutzer

Inzwischen zeitigt die digitale Öffnung des Heimatarchivs erste Erfolge. Schon seit den Anfangsjahren gab es immer wieder Anfragen an das Archiv. Seit der Einrichtung der eigenen Homepage hat sich der Einzugsbereich des Archivs deutlich vergrößert. Immer häufiger treten jetzt externe Nutzerinnen und Nutzer an die ehrenamtlichen Archivare in Averbecks Hof heran. Schüler und Schülerinnen der umliegenden Schulen kontaktieren das Archiv, wenn sie sich mit historischen Aufgaben beschäftigen. Ob es um das Wirken von Bischof Benno II., dem Gründer des Klosters Iburg im 11. Jahrhundert, oder um Quellen aus der Zeit des Nationalsozialismus geht, längst hat sich herumgesprochen, dass das Glaner Heimatarchiv eine wichtige Adresse für junge Forscher ist. Das Interesse beschränkt sich dabei nicht nur auf den Raum Iburg und Glane. Jüngste Beispiele sind eine Anfrage aus Ostwestfalen und sogar aus Colorado/USA, beide zum Thema deutschstämmige US-Amerikaner mit Wurzeln in Glane.

Immer wieder einmal erscheinen auch Publikationen, die aus Forschung und Quellenrecherche im Heimatarchiv Glane entstanden sind. Ein Beispiel: Nachdem der Glaner Schüler Lukas Everding Material über Wegekreuze und andere Glaubenszeugnisse in Glane, Sentrup und Ostenfelde aus dem Archiv zusammengetragen hatte, konnte wenig später ein kleines Büchlein unter dem Titel „Glaubenszeugnisse und Kulturdenkmale. Hof- und Wegekreuze und -kapellen im Kirchspiel Glane" erscheinen.[12] Zuletzt erschienen Aufsätze über die Geschichte des Kirchspiels Glane[13] und über den Grenzlandtag 1933 in Iburg[14], beide hervorgegangen aus der Arbeit im Heimatarchiv Glane.

Heimatarchive werden inzwischen von vielen Heimatvereinen betrieben. Manche haben sicher auch schon selbst eine längere Geschichte als das Glaner Archiv, und manche sind möglicherweise auch umfangreicher. Das Archiv auf Averbecks Hof in Glane sollte hier vor allem als ein Beispiel für derartige Einrichtungen betrachtet werden. Denn Heimatarchive sind so etwas wie die Werkstatt der Heimatforschung. Wer die dort vorhandenen Werkzeuge richtig zu nutzen weiß, dem öffnet sich ein immer neuer Blick auf die Vergangenheit der eigenen Heimat.

1   Bedeutung des Begriffs bei: duden.de, 2023.
2   Oliver Scheytt: Die Archive in der Kulturpolitik der Städte, in: Kulturpolitische Mitteilungen Nr. 99-IV/2002, S. 62 ff.
3   Ahasver von Brandt: Werkzeuge des Historikers. Eine Einführung in die Historischen Hilfswissenschaften. Stuttgart 1973, S. 113.
4   Zur Gründung der Averbeck-Stiftung vgl. Daniel Meyer: Der Hof Averbeck wird zur Stiftung, in: Averbeck-Stiftung 1994 – 2004. Bad Iburg 2004, S. 10ff.
5   Ebd., S. 20.
6   www.heimatkunde-iburg.de
7   Zu den Anfängen des Glaner Heimatarchivs vgl. Margret Zumstrull: Das Heimatarchiv Glane, in: Averbeck-Stifung 2015 bis 2017, Bad Iburg 2017, S. 87ff.
8   Das Schwesternhaus wurde 2020 abgerissen, um Platz für den Erweiterungsbau des benachbarten St. Franziskus-Kindergartens zu schaffen.
9   Akte Pohlmann, in Glaner Heimatarchiv, Signatur GlaFaHo 9
10 Flyer einer Weiterbildungsveranstaltung des Fachbereichs Fachhochschule Potsdam in einer Einführung in ein Weiterbildungsprogramm für Archiv-Mitarbeiter, www.fh-potsdam.de/studium-weiterbildung/weiterbildung/weiterbildungsangebote/archive-im-informationszeitalter)
11 Ein besonderer Dank für diese wichtigen Beratungsdienste gilt Anna Philine Schöpper vom Niedersächsischen Landesarchiv, Abteilung Osnabrück, die den Glaner Archivaren mehrmals mit Rat und Tat zur Seite stand.
12 Glaubenszeugnisse und Kulturdenkmale. Hof- und Wegekreuze und -kapellen im Kirchspiel Glane. Herausgegeben vom Heimatverein Glane. Bad Iburg 2011. 107 S.
13 Heimatjahrbuch Osnabrücker Land 2023. Herausgegeben vom Heimatbund Osnabrücker Land und vom Kreisheimatbund Bersenbrück. Ankum 2022. S. 101-110
14 Ebd. S. 175-182

SCHWERPUNKTTHEMA

Schulmeister und ihre Schulchroniken – Anfänge lokaler Heimatforschung auf dem Lande
Johannes Brand

1. Heimatkunde in den Volksschulen

Die Überschrift beinhaltet eine These: Vielfach begann örtliche Heimatforschung auf dem Lande Ende des 19. Jahrhunderts mit dem Anlegen von Schulchroniken. Das wäre zu prüfen. Dahinter steht zunächst einmal die Beobachtung älterer Menschen, dass in ihrer Schulzeit bis in die 1960er-Jahre hinein zahlreiche Volksschullehrer dem Fach Heimatkunde besonderes Interesse entgegenbrachten und ihrer Schülerinnen und Schüler dafür begeistern konnten. Hintergrund dieses Faches ist die „Allgemeine Verfügung des Ministers der geistlichen Unterrichts- und Medizinal-Angelegenheiten vom 15. Oktober 1872 über Einrichtung, Aufgabe und Ziel der preußischen Volksschule"[1], in der erstmals über Lesen, Schreiben, Rechnen und Religion hinaus so etwas wie Allgemeinbildung vorgesehen wurde. Lehrerinnen und Lehrer wurden inzwischen in Präparandie[2] und Lehrerseminar gründlich ausgebildet, waren in der Lage, auch die sogenannten Realien (Geschichte, Erdkunde, Naturkunde) zu unterrichten, und zeigten gerade darin oft bedeutendes Interesse und Qualifikation. Verstärkt kamen damit für Lehrende und Lernende auch Aspekte des eigenen Lebensraums in den Blick. Das tat auch bereits die „Allgemeine Verfügung" von 1872 in einzelnen Paragrafen über die Realien (§§ 31-35). Das eigene Fach für die Grundschulstufe wurde in der Folgezeit eingeführt. „Seit 1908 war Heimatkunde in den Volksschulen verbindlich. [...] Heimatkunde wurde in Deutschland in der Weimarer Republik erstmals zu einem durch Richtlinien anerkannten Unterrichtsfach."[3]

2. Einführung von Schulchroniken an Volksschulen

In der genannten Verfügung von 1872 heißt es in § 10 u. a.: „Der Lehrer hat eine Schulchronik [...] regelmäßig zu führen." Hierzu sind in den folgenden Jahren Ausführungsbestimmungen erlassen worden. In der Samtgemeinde Hagen, deren Schulchroniken diesem Aufsatz zugrunde liegen, begann die Führung der Chroniken 1883. Zumindest die katholischen Volksschulen benutzten ein einheitliches Buch, dem eine „Anweisung zur Anlegung und Führung der Schulchroniken im Regierungsbezirk Osnabrück" vorangeheftet war.[4] Vorgeschrieben wurde, dass „alle Ereignisse in Gemeinde und Schule, soweit sie für dieselben von Bedeutung und der Überlieferung werth sind, in die Chronik aufzunehmen [sind]" (Punkt 7.). Aber das ist nicht unser Thema. Zusätzlich verlangte die „Anweisung" bei Neuanlegung einer Chronik, zwei Abschnitte der eigentlichen fortlaufenden Berichterstattung voranzustellen:

„I. Abschnitt. Die Schulgemeinde bis zur Gegenwart." Hier sollten die geografischen und politischen Verhältnisse, die lokale Geschichte, die wirtschaftliche und soziale Struktur aufgearbeitet werden. Für den chronikführenden Lehrer bedeutete das ernsthafte lokale Heimatforschung.

„II. Abschnitt. Die Schule bis zur Gegenwart." Drei Unterkapitel sollten die „Entstehung der Schule", die „aeußere und innere Entwicklung der Schule" und den „gegenwärtigen Zustand der Schule" darstellen, wovon die beiden ersten für unser Thema von Bedeutung sind.

Diese beiden Abschnitte werden wir im Folgenden bei einigen Schulchroniken untersuchen.

Für die gesamte Chronik in allen ihren Teilen sind von großer Bedeutung die Punkte 6 und 8 der „Anweisung", die die Ernsthaftigkeit auch in heimatforschender Hinsicht beschreiben. Sie seien hier in Gänze zitiert:

> „6. Quellen für die Schulchronik bis zur Gegenwart sind, soweit als möglich, die Acten der Orts-, Schul- und Kirchenbehörden, sodann Ortsgeschichten, Ortsstatistiken, Erinnerungstafeln, Inschriften, die Traditionen älterer Familien, die persönlichen Erinnerungen älterer Gemeindemitglieder und des Chronikschreibers selbst und dergleichen. Auf die benutzten Quellen würde in Anmerkungen unter dem Texte hinzuweisen sein."

Zu Punkt 6 sei gesagt, dass in den untersuchten Schulchroniken keine einzige Fußnote zu finden ist. Nur ganz vereinzelt werden Quellen angegeben.

> „8. Der Stoff für die Schulchronik ist so auszuwählen und zu behandeln, daß die Entstehung, die Entwicklung und die Gestaltung zunächst der Schulgemeinde und darnach der Schule klar und deutlich zutage treten und daß die Chronik in der Schule bei Behandlung der Geographie und Geschichte der engeren Heimath, sowie auf Conferenzen und in kleineren und größeren Gesellschaften und Vereinen vorgetragen werden kann und den Sinn für die Geschichte der engeren Heimath und des weiteren Vaterlandes zu wecken und zu beleben geeignet ist."

Punkt 8 zeigt ganz deutlich den oben bereits angesprochenen Zusammenhang zwischen Schulchronik und Heimatkunde auf.

3. Schulchroniken in der Gemeinde Hagen a.T.W.

Für die folgende Untersuchung sollen die Schulchroniken herangezogen werden, die in der Gemeinde Hagen a.T.W. zwischen 1883 und 1902 angelegt wurden und bis heute aufbewahrt werden.[5] Sie sind zunächst daraufhin anzusehen, ob sie bezüglich der Abschnitte I und II den „Anweisungen" entsprechen und für unser Thema Relevanz haben. In der zeitlichen Reihenfolge des Beginns der Chronikführung sind dies:

- **die Schulchronik für die Volksschule zu Natrup-Hagen.**
Die Volksschule Natrup-Hagen war 1846 als kleine Konfessionsschule für den evangelisch-reformierten Bevölkerungsteil in Natrup-Hagen gegründet worden.[6] Sie nutzte bei der Anlage der Chronik im Jahr 1883 ein anderes Schema, das möglicherweise auf einen Erlass des noch bis 1885 existierenden Evangelischen Konsistoriums Osnabrück zurückgeht. Die beiden vorangestellten Kapitel lauten dort: „I. Abschnitt. Die Schule zu Natrup-Hagen" und „II. Abschnitt. Die Gemeinde zu Natrup-Hagen". Diese Kapitel wurden in zahlreiche Unterkapitel unterteilt, für die jeweils eigene Seiten angelegt wurden, um dort die sich ändernden Verhältnisse in Zukunft fortschreiben zu können. Die meisten Seiten sind allerdings leer geblieben, oder einige kurze Ausgangsnotizen wurden nicht fortgeschrieben. Insgesamt ist leicht erkennbar, dass die Chronik für uns nicht von Bedeutung ist.

- **die Schulchronik der Schulgemeinde zu Sudenfeld**
Der damals 20-jährige Lehrer Franz Stallkamp[7] war zum 1. November 1884 nach einer ersten halbjährigen Tätigkeit in Twistringen an die neugegründete Schule in der Bauerschaft Sudenfeld versetzt worden. Dem pflichtbewussten und engagierten Lehrer war es offenbar wichtig, gleich mit der neuen Schule eine Chronik zu beginnen. Er verzichtete allerdings auf eine Darstellung von Geografie und Geschichte der Schulgemeinde, von der er vielleicht noch nicht viel wusste, und begnügte sich auf den ersten sechs Seiten mit einem „Überblick" der kurz zuvor geschehenen Gründung der Schule. Auch hier ist Heimatforschung Fehlanzeige. Aber wir kommen auf Franz Stallkamp noch zurück.

- **die Chronik der Volksschule zu Hagen**
Hermann Wegmann (1841-1937) war von 1867 bis zu seiner Pensionierung 1907 Lehrer und Hauptlehrer an der ältesten Hagener Schule, der Volksschule im Dorf Hagen. Seine fortlaufende Schulchronik begann er mit dem Schuljahr 1888. Die Einleitung trennte er nicht in die beiden geforderten Kapitel, sondern schrieb nur ein Kapitel, das aber 34 Seiten lang ist; auf den halbseitigen Randspalten wurden später dann noch etliche Nachträge zu einzelnen Unterthemen gemacht. Da es sich um die älteste Hagener Schule handelt, ist diese Darstellung für uns von besonderem Interesse.

- **die Chronik der katholischen Volksschule in Hagen-Niedermark**
Franz Stallkamp hatte sich 1891 in einem ersten Karriereschritt von Sudenfeld aus auf die Stelle des Ersten Lehrers an der Volksschule in der benachbarten Bauerschaft Gellenbeck beworben. Dort war Arnold Heinrich Jürgens (1817-1895) im Alter von 74 Jahren in den Ruhestand gegangen, nach 50 Jahren Tätigkeit als Lehrer, davon 36 Jahre in Gellenbeck. Sicher hatte er in diesen Jahren umfangreiche Kenntnisse über Geschichte, Geografie und Natur seiner Gemeinde Gellenbeck und des ganzen Kirchspiels Hagen erworben, aber wohl altersbedingt nicht die Kraft aufgebracht, das noch in einer Schulchronik aufzuarbeiten. Der

neue Erste Lehrer Franz Stallkamp ließ sich – obwohl er bereits seit sieben Jahren in der Samtgemeinde Hagen zu Hause war, noch drei Jahre Zeit, bevor er sich daransetzte, die Schulchronik zu schreiben. Nun aber stellte er umfangreiche Kapitel über die Geschichte der Schulgemeinde (S. 1-15) und der Schule (S. 16-85) an den Anfang. Da es die Schulgemeinde seit 1808 und die Schule seit 1809 gab, hat er vor allem das 19. Jahrhundert im Fokus. Diese beiden Kapitel werden im Folgenden zu untersuchen sein.

· **die Chronik der katholischen Volksschule Mentrup**
Die Schule in der Bauerschaft Mentrup wurde erst im Jahr 1902 gegründet. Als erster Lehrer kam Rudolf Schlömann an die Schule, der auch bald die Schulchronik begonnen hat. Wie die Schule in Sudenfeld hatte diese noch keine Tradition, sodass Schlömann lediglich ein Kapitel „I. Abschnitt – Die Schulgemeinde bis zur Gegenwart" schrieb. Schlömann wurde bereits 1904 versetzt, in der Folge gab es schnell wechselnde Besetzungen der Lehrerstelle, bis dann 1910 Paul Heuermann (1874–1951) an die Schule kam und bis zu seiner Pensionierung 1936 blieb. Dieser ergänzte Schlömanns Darstellung um einen fünfseitigen Nachtrag.

4. Hermann Wegmann – die Hagener Schulchronik und seine Hagener Heimatkunde

Wegmann beginnt seine Chronik mit Überlegungen, ab wann es wohl eine Schule in Hagen gegeben habe, und kommt ohne Belege auf die Zeit um 1100, da es nachweislich bereits 1097 eine Kirche in Hagen gab. Und auch im Folgenden ist seine Darstellung vor allem auf die Geschichte der Hagener Schule konzentriert. Wenige Überlegungen stellt er nur zur Geschichte des Dorfes an, benennt einige mittelalterliche Urkunden, ohne sie auszuwerten, handelt in kurzen Nachträgen die nachreformatorischen Pfarrer und die Geschichte der Beckeroder Eisenhütte ab. Eine Geschichte der Reformationszeit wird zwar angefangen, aber nicht wirklich erarbeitet.

Abb.1: Hermann Wegmann in hohem Alter. Foto: Bildarchiv der Gemeinde Hagen a.T.W.

In seiner Schulgeschichte geht es ihm vor allem um die Lehrpersonen und – ganz wichtig – deren immer unzureichende Einkünfte. Er kennt den Küster als Dorflehrer und die Trennung von Küster- und Lehreramt in der ersten Hälfte des 18. Jahrhunderts. Dann aber behandelt er auf mehreren Seiten den schreibfreudigen Lehrer Ferdinand Joseph Schirmeyer (1752-1825, Lehrer in Hagen seit 1781), der sich 1887 detailliert über die vielfältigen und dennoch kargen Einkünfte äußerte und sich 1802

Abb.2: Das 1868 – ein Jahr nach Wegmanns Dienstantritt in Hagen – errichtete Schulgebäude. Links Ansicht von Nordosten, rechts Ansicht von Westen. Fotos: Bildarchiv der Gemeinde Hagen a.T.W.

und 1803 bitter über den erbärmlichen Zustand des Schulhauses beklagte. Dann folgen noch einige Informationen über den Schulneubau, die Lehrer des 19. Jahrhunderts, den Bau der Mädchenschule, die von 1827 bis 1911 bestand. Und etwa in der Mitte seines Kapitels ist er bei seiner Amtszeit als Erster Lehrer und Hauptlehrer angelangt und wir dürfen bei seinem eigenen Tun und Erleben nun nicht mehr von historischer Forschung sprechen.

Erkennbar sind in seiner Darstellung nur Ansätze einer Heimatforschung, da er kaum die Schulgemeinde insgesamt – bis 1809 war dies das ganze Kirchspiel – behandelt.

Und dennoch müssen wir noch einmal ganz anders den Heimatforscher, der Hermann Wegmann tatsächlich war, in den Blick nehmen. Zehn Jahre nach seiner Pensionierung erschien im Jahr 1917 eine kleine 47-seitige Schrift mit dem Titel: „Die Samtgemeinde Hagen Bezirk Osnabrück in topographischer und historischer Beziehung, ein Beitrag zur engeren Heimatkunde, bearbeitet von H. Wegmann Lehrer a. D."[8]

Wegmann beschreibt im Vorwort seine Absicht:

> „Den Stoff zu vorliegendem Schriftchen habe ich bei meiner langjährigen Tätigkeit in Hagen gesammelt und jetzt in meinen Mußestunden Schrift von Wegmann zu einem Werkchen verarbeitet, das ich [...] meinen lieben Hagenern darbiete, damit sie daraus nebst manchem bekannten auch noch manches Unbekannte lesen und sich merken und so die schön gelegene Heimatgemeinde, wenn möglich, noch lieber gewinnen und vor der Landflucht bewahrt werden."

Dem Heft legte er nun eine klare Gliederung zugrunde, mit der er eine umfassende Gesamtdarstellung zu erreichen hoffte, obwohl er in seinem Vorwort auf „Vollständigkeit sowie auf historische Genauigkeit [...] keinen Anspruch" erhebt.

I. „Lage, Größe, Grenzen, Bodenbeschaffenheit der Kirchspielsgemeinde bezw. Samtgemeinde." (S. 7-9)

II. „Schöne Aussichtspunkte, gesunde Luft." (S. 9-10)

III. „Die Bewohner mit ihren Charaktereigenschaften, ihrer Mundart usw." (S. 10-13)

IV. „Politische Einteilung der Kirchspielsgemeinde, frühere Eigenbehörigkeit der Bauern, Entwicklung der Gemeinde." (S. 14-21)

V. „Gründung der Kirche und Pfarre, Erweiterung und Einrichtung der Kirche, Kirchendiener." (S. 22-28)

VI. „Einführung der Reformation, Gegenreformation." (S. 29-30)

VII. „Gründung und Entwicklung der Schule in Hagen." (S. 30-35)

VIII. „Sagen, Märchen, Merkwürdigkeiten." (S. 36-40)

Abb. 3: Cover vom „Die Samtgemeinde Hagen Bezirk Osnabrück" des pensionierten Lehrers H. Wegmann

Anhang, u. a. mit Auszügen aus einem Schatzregister von 1723 (S. 41-47)

Wegmann, der sicher das Pfarrarchiv weitgehend kannte, nennt im Anhang auch sechs Quellen, die er im Staatsarchiv in Osnabrück eingesehen hat. Im Folgenden seien zu einigen Kapitel ein paar Anmerkungen gemacht über das Nebeneinander von Heimattümelei und Heimatforschung.

Zu I.: Wenn Wegmann die Hagener Landschaft beschreibt, mischen sich sachliche geografische Informationen mit dichterisch gemeinten Ergüssen, die heute eher komisch wirken. So schreibt er zum Beispiel über den Hagenbach in Natrup-Hagen:

„Eine Quelle, welche wohl ihre Adern im nördlich gelegenen Silberberge hat und auf einem Bauernhofe in unmittelbarer Nähe des Wohnhauses in einem Teich entspringt, wird nach ihrer Geburt sofort ins Joch gespannt und ist gleich so stark, daß sie ein Mühlwerk treiben kann. Der Hof hat wohl seinen Namen von dieser Quelle, hier Welle genannt, es ist der des Kolon Wellmann in Natrup. Das Wasser dieser jungen, soeben zur Welt geborenen ‚Welle' muß gleich darauf, etwa 30-40 Meter weiter auf dem Grundstück des Nachbars, Kolon Höpke, das zweite Mühlwerk treiben und tut das, trotz des jugendlichen Alters, wie eine erfahrene Alte."[9]

SCHWERPUNKTTHEMA

Zu III.: Aus der Mode gekommen sind heute Beschreibungen und Deutungen typischer lokaler Charaktereigenschaften, die man vor 100 Jahren durchaus als Forschungsergebnisse ansah. Uns sind sie zu Recht fremd geworden, da wir Charaktereigenschaften eher Individuen zusprechen und nicht derartig kleinen Gruppen, wie einer Dorfbevölkerung. Wegmann beschreibt die Hagener so:

> „Der Hagener ist im allgemeinen recht tätig, fleißig und weiß seinen Vorteil wahrzunehmen; er ist im ganzen nüchtern und solid, hat Sinn für das sinnlich Schöne, weniger für das Ernste, Gelehrte, ist zuvorkommend und freundlich gegen Fremde, hat ein mitleidiges Herz gegen Notleidende [...]. Er hat seine Religion lieb und tritt für dieselbe ein, ebenso für sein von ihm überaus geschätztes Heimatdorf, wenn ihm sein Gegner nicht gar zu gelehrt erscheint. Vor der Gelehrsamkeit scheint sich der Mann zu fürchten, während sich die Frau auf ihre größere Zungenfertigkeit bei der Verteidigung verläßt."[10]

Das Hagener Plattdeutsch, seine Besonderheit stellt er sachlich an vielen Beispielen dar und stellt Vermutungen darüber an, woher diese Eigenheiten kommen.

Zu IV.: Hier erweist sich Wegmann durchaus auf der Höhe des damaligen Wissensstandes über die Geschichte der ländlichen Verhältnisse. Er mischt aber auch sachfremde Themen hinein, wie den Bau der Kirche in Gellenbeck oder die Sage vom Meerpohl, in den die erste Hagener Kirche nach einem Mord versunken sein soll. Allerdings bestreitet er der Sage eine historische Aussage und vermutet, dass die Kirche einen neuen Standort erhielt, weil sich die Gemeinde weiter nach Westen entwickelt hat.

Zu VII.: Interessant ist es, dieses Kapitel mit der Darstellung in der Schulchronik zu vergleichen. Immerhin liegt zwischen der Anfertigung beider Texte ein Zeitraum von fast 30 Jahren. Wegmann hat Spekulationen über eine Entstehung der Schule um 1100 aufgegeben. Er erwähnt den Küster als Schulmeister und beginnt die Darstellung nun mit der Trennung von Küster- und Lehreramt, die er aufgrund der Quellenlage zwischen 1706 und 1755 einordnet. Er verzichtet auch auf die umfangreichen Darstellungen des Lehrereinkommens und die Klagen Schirmeyers über den „Schweinestall", als den dieser sein Schulgebäude bezeichnet hat. Wegmann konzentriert sich auf das Wachstum und die Baugeschichte der Hagener Schulen. Allerdings schreibt er vor allem die Geschichte „seiner" Schule, die Geschichte der Schulen in der Niedermark (Gellenbeck, Sudenfeld, Natrup) erwähnt er nur in wenigen Sätzen. Das mag erwartbar sein, entspricht aber nicht seinem Anspruch, die Samtgemeinde Hagen insgesamt darstellen zu wollen.

Hermann Wegmann war in seinen 40 Hagener Jahren eng mit dem Dorf verwachsen, es war ihm zur Heimat geworden. Dazu war es ihm wichtig, Geografie, Geschichte und soziale Verhältnisse in Hagen zu kennen und zu verstehen, womit wir den Antrieb für das haben, was wir Heimatforschung nennen. Ihm wurde Hagen zur Heimat, und das heißt auch, dass nicht nur wissenschaftliches Interesse seine Darstellungen prägte, sondern auch seine Gefühle für diese Gemeinde. Wenn er wünscht, dass die Hagener ihre Heimatgemeinde „noch lieber gewinnen" möchten, dürfen wir daraus schließen, dass er selbst Hagen längst lieb gewonnen hatte, auch wenn er nach seiner Pensionierung in Osnabrück lebte.

5. War Franz Stallkamp ein Heimatforscher? – Die Gellenbecker Schulchronik

Woher hatte Franz Stallkamp seine Informationen für die umfangreiche Darstellung seines Schulortes? Er war von Anfang an nicht nur in Sudenfeld und Gellenbeck, sondern im ganzen Kirchspiel gut vernetzt, wie wir aus seinen Erinnerungen wissen.[11] Zunächst teilte der Junggeselle in Gellenbeck noch mit seinem Vorgänger Jürgens für ein Jahr die Wohnung und dürfte von diesem viel über die Schulgeschichte erfahren haben. 1893 heiratete er die Gastwirtstochter Elisabeth Dammermann aus dem Dorf Hagen (Bauerschaft Beckerode). Er war Mitglied eines Kegelklubs im Dorf zusammen mit einigen Kollegen, dem Vikar, Kaufleuten, Wirtsleuten, u. a. seinem Schwager Konrad Dammermann, dem Tierarzt und anderen Honoratioren. Als kommunikationsfreudiger junger Lehrer hat er sicherlich eine Unmenge an Informationen zu Geschichte, Geografie und Wirtschaft seines Wirkungsortes gesammelt. Und ganz gewiss hat er, der so viel zwischen den Ortsteilen unterwegs war, sich ausgetauscht mit seinem älteren Kollegen Hermann Wegmann im Dorf Hagen.

Abb.4: Franz Stallkamp in seinem Hagener Kegelklub. Bildarchiv der Gemeinde Hagen a.T.W.

SCHWERPUNKTTHEMA

Bereits ein flüchtiger Vergleich zeigt dann, dass Stallkamp sich sogar die Chronik seines Kollegen Wegmann ausgeliehen hat, um die Einleitungskapitel zu schreiben. Und so hat er auch weitgehend das ganze Kirchspiel Hagen im Blick und nicht nur seine Schulgemeinde, nämlich Gellenbeck und Natrup-Hagen. Dazu hier ein Beispiel, wie Wegmann den Gewerbefleiß und das Handelsstreben der Hagener beschreibt und wie Stallkamp dies leicht variierend übernimmt.

> „Die Hagener haben überhaupt bedeutende Neigung zum Handel; wie manche verkaufen nicht in Osnabrück jahraus jahrein: Kirschen, Pflaumen, Bickbeeren, Kronsbeeren, Birnen, Nüsse, Zwiebeln, Äpfel, Gurken, Leitern, Sensenbäume, Schaufeln und Besenstiele, Heidebesen p. p. Sie sind wohl in jeder Weise ein betriebsames Völkchen, das bezeugen auch die Anlagen von Ziegeleien und Töpfereien."[12]

> „Die an der Hagener Bevölkerung beobachtete Neigung zum Handeln zeigt sich auch in der Niedermark in der verschiedenartigsten Weise. Wie manche verkaufen nicht in Osnabrück jahraus jahrein: Kirschen, Pflaumen, Heidelbeeren, Erdbeeren, Kronsbeeren, Nüsse, Äpfel, Birnen, Gemüse und Sämereien aller Art. Auch Besen, Holzschuhe, Leitern, Sensenbäume, Stiele u.s.w. werden von gewerbthätigen Hagener Männern und Frauen in großer Menge angefertigt und in den benachbarten Städten: Osnabrück, Lengerich und Münster verkauft. Töpfereien und Ziegeleien gab es von alters her in Hagen […]."[13]

Stallkamp aber führt diese Passage eigenständig weiter, indem er über den Niedergang des Ziegelei- und Töpfereigewerbes und die Ursachen dafür berichtet.

Diese Beispiele wurden zitiert als Ergänzung zur oben erwähnten Charakterisierung der Hagener Bevölkerung durch Wegmann. Dass Stallkamp hier auch eigene Akzente setzt, wird deutlich, wenn man liest, wie negativ er die hohen industriellen Arbeitseinkommen beurteilt. Da unterscheidet er sich von Wegmanns Charakterisierung ganz erheblich, verzichtet nun allerdings auch auf nüchterne Sachlichkeit: Zunächst beklagt er den guten Verdienst junger Arbeiter, der sie zur Verschwendungssucht verführt und in spätere Armut treibt. Und vor allem bei verbreiteter Trunksucht der Eltern führt das dann wiederum zu mangelhaften Leistungen der Kinder in der Schule.

Zwar legt er seine Kapitel anders an als Wegmann, hat einen großen Teil selbst und anders verfasst, hat aber auch ganze Passagen schlicht abgeschrieben. Das ist durchaus nicht verwerflich – warum soll alles ein zweites Mal recherchiert und verfasst werden? Aber für unsere Frage, ob Stallkamp ein Heimatforscher war, kommt der „I. Abschnitt" weniger infrage.

Auch in seinem „II. Abschnitt" hat Stallkamp noch ganze Passagen von Wegmann übernommen, so zum Beispiel die Gründungsgeschichte und das Kapitel über Schulversäumnisse. Während Wegmann die Entstehung der Schule in der Niedermark nur am Rande erwähnt, rückt diese Schule bei Stallkamp natürlich in den Mittelpunkt. Erstmalig wird deren Geschichte in Gänze dargestellt. Vor allem die große Auseinandersetzung um die Schulerweiterung in der zweiten Hälfte des 19. Jahrhunderts, die Forderung der Natruper Katholiken nach einer eigenen Schule, schließlich die Verlegung der Schule in das Gutsgebäude Spellbrink und die Gründung einer Schule in Sudenfeld stellt er erstmalig umfangreich dar. Das ist zwar im Jahr 1893, als er schreibt, jüngste Geschichte, aber er hat sich intensiv mit den Quellen und Dokumenten auseinandergesetzt. Hier endlich finden wir Stallkamp als Heimatforscher.

6. Paul Heuermanns Nachträge in der Mentruper Schulchronik und seine Geschichte des Kirchspiels Hagen

Rudolf Schlömann, der 1902 in das ihm fremde Mentrup gekommen war, hatte in seinem „I. Abschnitt. Die Schulgemeinde bis zur Gegenwart" lediglich die ganze Samtgemeinde im Blick und das Kapitel fast vollständig aus der Gellenbecker Schulchronik übernommen. Wenige Passagen ließ er aus, an einigen Stellen brachte er Aktualisierungen. Eigene Recherchen sind Fehlanzeige. Auf seine Schulgemeinde Mentrup ging er gar nicht ein, ließ aber einige Seiten dafür frei, bevor er die eigentliche fortlaufende Chronik mit dem Schuljahr 1902 begann. Die Lücke füllte dann nach 1910 Paul Heuermann, und damit wollen wir uns beschäftigen.

Paul Heuermann (geb. 13.01.1874, gest. 02.02.1951) beschrieb zunächst auf zwei Seiten die Gründung der Mentruper Schule, die ja nur wenige Jahre zuvor erfolgt war. Unterlagen und Zeitzeugen gab es reichlich. Die drei weiteren freien Seiten füllt er dann mit einigen für eine Schulchronik ganz ungewöhnlichen Grafiken: zunächst eine ganzseitige maßstabsgetreue Kartenskizze der Gemeinde Mentrup mit sparsamen Informationen (Berggipfel, Straßen, Mühlenteich, Schule, Haus Kollage); dann zwei Umrisse der Samtgemeinde, einmal mit den Ortsteilen und

Abb.5: Die Schule in Mentrup, wie sie von 1902 bis zur Erweiterung 1928 aussah. Postkarte Bildarchiv der Gemeinde Hagen a.T.W.

Abb.6: Paul Heuermanns Karte von seiner Schulgemeinde Mentrup in der unpaginierten Schulchronik Mentrup zwischen den Chroniken der Schuljahre 1915/16 und 1916/17.

dann mit dem Gewässernetz. Es folgen einige Diagramme mit statistischen Daten zum Vergleich der Ortsteile (Fläche, Einwohnerzahl, Bevölkerungsdichte). Flächen und Einwohnerzahlen stellt er in Quadraten dar, die er akribisch berechnet und gezeichnet hat. Da er die Einwohnerzahlen von 1925 zugrunde legt, wissen wir, dass diese Darstellungen erst danach angefertigt worden sind. Wahrscheinlich hat er sie entworfen für sein Opus magnum, die „Hagener Pfarrchronik", in der diese Darstellungen ebenfalls zu finden sind.

Abb.7: Paul Heuermann. Foto im Familienbesitz.

Zwischen den Chroniken der Schuljahre 1915/16 und 1916/17 füllt er noch einmal eine Doppelseite mit zwei Karten: Zunächst bettet er Hagen ein in den Raum zwischen dem südlichen Teutoburger Wald und der Stadt Osnabrück; dann stellt er in einer Karte seine Schulgemeinde dar, die nur Teile von Mentrup, aber auch drei Familien in Altenhagen umfasste. Die 77 Hausstätten der Schulgemeinde hat er mit winzig kleinen Zahlen in das Straßen- und Wegenetz eingetragen und in einer Legende benannt. Warum Heuermann hier diese Informationen zwischen den Schuljahren eingebaut hat, ist unklar, auch ob er sie tatsächlich 1916 gezeichnet hat oder später zwei Seiten, die versehentlich freigelassen worden waren, gefüllt hat.

Aber damit sind wir bei dem leidenschaftlichen Heimatforscher Paul Heuermann, als der er sich hier zunächst im Bereich der Geografie zeigt. Alle seine diesbezüglichen Leistungen aufzuzählen und zu würdigen, ist hier nicht der Platz und auch nicht die Absicht. Genannt seien nur einige markante Aktivitäten, die seinen Rang als Heimatforscher beschreiben:

· Im Jahr 1928 ergriffen der Mentruper Schulleiter Paul Heuermann und der Gastwirt Rudolf Kriege aus dem Dorf Hagen die Initiative zur Gründung eines „Verkehrs- und Heimatvereins Hagen".[14] Diesem sehr aktiven Verein mit dem Vorsitzenden Paul Heuermann war wegen der „Gleichschaltung" ab 1933 keine lange Lebensdauer beschieden. Wichtig für unseren Zusammenhang ist, dass Heuermann gelegentlich in den Vereinsversammlungen Vorträge hielt. So sind die Themen von zwei Vorträgen dem Jahr 1931 überliefert: Am 23. Februar sprach er über „Familienforschung" und am 31. August über „die Geschichte von Altenhagen und Große Heide". – Engagiertes Mitglied war Paul Heuermann auch im 1928 gegründeten Heimatverein für den Kreis Iburg und dem 1947 gegründeten Heimatbund für den Landkreis Osnabrück und dessen Ortsgruppe in Holzhausen-Ohrbeck, wo er nach seiner Pensionierung wohnte.

· Paul Heuermann schloss „in der Pfingstzeit 1930" sein wohl größtes Forschungsprojekt, die „Hagener Pfarrchronik", ab. Er spricht allerdings von dem „Teil meiner ortsgeschichtlichen Forschung über Hagen, der sich auf Kirche und Schule bezieht" [15], woraus wir schließen können, dass seine Forschungsarbeit wesentlich weitere Bereiche umfasste. Das einzige handgeschriebene Exemplar wurde in Leder gebunden und wird im Pfarrarchiv Hagen aufbewahrt. Es umfasst 242 Seiten, von denen viele der geraden Seiten zunächst frei gelassen wurden für spätere Nachträge. Denn er schreibt in aller Bescheidenheit: „Mein Versuch bedarf noch sehr der Ergänzung und sicherlich auch der Berichtigung." Seine unglaubliche Fleißarbeit zeigt sich schon auf den Seiten 4-19, wenn er zunächst Hunderte von Quellen auflistet, die er in den Staatsarchiven Osnabrück und Münster, im Archiv des Generalvikariats in Osnabrück und im Hagener Pfarrarchiv eingesehen und ausgewertet hat.

- In Paul Heuermanns Familie ist die Erinnerung an einen Vater und Großvater geblieben, der jede freie Minute in Archiven in Hagen, Osnabrück und Münster zugebracht hat. Ein Ergebnis dieser Arbeit sind zum Beispiel zahlreiche Hof- und Familienchroniken, die er für Mentruper Höfe und Familien, aber auch für seine Verwandtschaft geschrieben hat.[16]

- 1951 gab der Heimatbund für den Landkreis Osnabrück ein 332 Seiten starkes Heimatbuch heraus, das sich nicht nur an die „Alteingesessenen, die hier auf Generationen zurückblicken, sondern auch an die Entwurzelten, denen unser Kreis eine neue Heimat werden soll"[17] wandte. Das Verzeichnis der 40 Autorinnen und Autoren enthält nicht nur die komplette Elite der seinerzeitigen Heimatforscher im damaligen Landkreis Osnabrück, sondern darunter auch 24 Lehrerinnen und Lehrer; einer von ihnen war Paul Heuermann. Er schrieb für dieses im damaligen Landkreis Osnabrück weitverbreitete Buch einen Beitrag zum Thema „Familiengeschichte" (S. 119-122) und Ortsporträts über Holzhausen und Ohrbeck (S. 245-249) und Hagen (294-299). Das Erscheinen des Buches erlebte Paul Heuermann allerdings nicht mehr.

7. Fazit

Am Anfang stand die These, dass lokale Heimatforschung vielfach mit der Anlegung der Schulchroniken ab den 1880er-Jahren begann. Die Überprüfung dieser These anhand der in der Gemeinde Hagen angefertigten und aufgehobenen Schulchroniken führte zu überraschenden Erkenntnissen. Da ist zunächst einmal die Feststellung zu machen, dass tatsächlich nur sehr begrenzt für die Anfangskapitel der Chroniken Heimatforschung betrieben wurde. Sogar das Weiterreichen und Abschreiben wurde zur Arbeitserleichterung praktiziert. Dann aber hat sich der Autor intensiver mit den beiden Darstellungen von Hermann Wegmann über die Samtgemeinde Hagen und von Paul Heuermann über das Kirchspiel Hagen beschäftigt und hier interessante Forschungsergebnisse gefunden und vor allem Paul Heuermann als intensiven Heimatforscher entdeckt. Der in vielen anderen Bereichen hoch engagierte Franz Stallkamp hat sich in seinem weiteren Leben nicht signifikant heimatforschend betätigt, wie seinen Erinnerungen zu entnehmen ist.[18]

Die Schulleiter zwischen 1880 und dem Ersten Weltkrieg haben damit in Hagen eine schulmeisterliche Tradition begründet. Vor allem nach dem Zweiten Weltkrieg forschten dann die Lehrer Hermann Herkenhoff, Konrad Hinze, August Suerbaum, Alfons Stillig, Edgar. F. Warnecke, Hermann Weßels über Hagener Geschichte, Geografie und Brauchtum. Viele Ergebnisse von Wegmann und Heuermann sind heute überholt, weitergeführt und aktualisiert durch die inzwischen jahrzehntelange Forschungsarbeit des Hagener Heimatforschers Rainer Rottmann. Zu nennen sind da dessen große Ortschronik und die Forschungen zur Beckeroder Eisenhütte und zur ehemaligen Martinuskirche. Und Rottmann ist nicht Lehrer, sondern Jurist.

Interessant ist vielleicht noch, dass die meisten der oben genannten heimatforschenden Lehrer nicht in Hagen geboren wurden, sondern als Ortsfremde nach Hagen kamen und diesen Ort als ihre neue Heimat gewannen. Und da möchte sich der Verfasser dieses Beitrags in aller Bescheidenheit – vielleicht als Letzter einer langen Tradition – mit einreihen.

1	Vgl.: Gesetze und Verordnungen über das Volksschulwesen, insbesondere im Regierungsbezirk Arnsberg, zusammengestellt von Johann Sahler. Schwelm 1888, hier: S. 15-24, in: http://sammlungen.ulb.uni-muenster.de/hd/content/titleinfo/839768 (27.01.2023).
2	Eine Präparandenanstalt (Präparandie) war vom 18. bis ins frühe 20. Jahrhundert hinein die untere Stufe der Volksschullehrerausbildung. Sie bereitete auf den Besuch der Lehrerseminare vor, daher kommt die Bezeichnung Präparand (lat. ein Vorzubereitender) für die Schüler dieser Einrichtung. https://de.wikipedia.org/wiki/Präparandenanstalt (12.04.2023)
3	https://de.wikipedia.org/wiki/Heimatkunde_(Schulfach) (27.01.2023).
4	Zu finden sind diese Anweisungen in den Chroniken der Volksschulen Hagen, Sudenfeld und Gellenbeck.
5	Die Mädchenschule Hagen, die von 1827 bis 1911 existierte, hat keine eigene Schulchronik geführt.
6	Siehe dazu: Johannes Brand: Evangelische Volksschulen in der katholischen Gemeinde Hagen. Konfessionelle Minderheiten und ihre Selbstverständnisse. In: Heimatjahrbuch Osnabrücker Land 2017, S. 73-82, hier S. 75-79.
7	Aus Franz Stallkamps Lebenserinnerungen brachte das Heimatjahrbuch Osnabrücker Land vier umfangreiche Auszüge: 2017 S. 199-206; 2018 S. 178-185; 2020 S. 233-243; 2022 S. 208-219.
8	Hermann Wegmann: Die Samtgemeinde Hagen Bezirk Osnabrück in topographischer und historischer Beziehung, ein Beitrag zur engeren Heimatkunde, Osnabrück 1917. Im Folgenden: Wegmann, die Samtgemeinde Hagen.
9	Wegmann, Die Samtgemeinde Hagen, S. 8.
10	Wegmann, Die Samtgemeinde Hagen, S. 11.
11	Siehe: Heimat-Jahrbuch Osnabrücker Land 2017, S. 202 ff.
12	Schulchronik Hagen S. 19.
13	Schulchronik Hagen-Niedermark S. 14 f.
14	Siehe dazu: Rainer Rottmann: Geschichte der Vorgängervereine des Heimatvereins Hagen a.T.W. In: Hagener Geschichten, Hagen a.T.W. 2011, S. 55-64.
15	Pfarrarchiv Hagen: Hagener Pfarrchronik, S. 3.
16	Freundliche Mitteilung von Frau Annegret Heuermann, einer Enkelin von Paul Heuermann.
17	Unsere Heimat. Heimatbuch für den Landkreis Osnabrück. Osnabrück 1951, S. 5.
18	Siehe dazu Anm. 6.

Heimatforscherarchiv Herbert Schuckmann

Maria Kohrmann-Unfeld

Vor einem Jahr gab Herbert Schuckmann nach 55 Jahren seinen Vorsitz im Heimatverein Badbergen ab. 13 Jahre gehörte er dem Redaktionsteam des Heimatjahrbuchs Osnabrücker Land an. Zudem widmete er fast seine gesamte Freizeit der Familienforschung und dokumentierte neben der Badberger Dorf- und Kirchengeschichte auch die Historie der Dörfer Schwagstorf und Hollenstede.

In 40 Jahren mühevoller Arbeit hat Schuckmann ein umfangreiches Archiv aufgebaut. Es beinhaltet Familiengeschichten, Ortshistorie, das Schicksal der Auswanderer sowie Höfe- und Kirchengeschichte rund um Schwagstorf und Hollenstede mit den einzelnen Ortsteilen. Im Herbst 2022 hat er dem Heimatverein Schwagstorf sein umfangreiches Archiv kostenlos überlassen. Insgesamt fanden 21 Kisten, angefüllt mit hochinteressanten, wertvollen historischen Dokumenten, im Archiv des Schwagstorfer Heimathauses einen neuen Platz. „Wir können uns glücklich schätzen, dass er uns die Unterlagen hat zukommen lassen", freut sich Peter Krehe, der Vorsitzende des Heimatvereins. Bei einem Besuch in Badbergen bedankte er sich bei Herbert Schuckmann für den historischen Schatz und erfuhr mehr über dessen Archivarbeit und seine Beweggründe.

Abb. 1: Herbert Schuckmann und seine Ehefrau Maria mit historischen Unterlagen. Foto: Maria Kohrmann-Unfeld.

> „Man muss mal Abschied nehmen können von lieb gewordenen Dingen", meint Herbert Schuckmann. „Nachdem meine Kräfte nachlassen, habe ich mich entschieden, das Archiv dem Heimatverein Schwagstorf zu überlassen."

Der Heimatforscher wurde 1938 in Osnabrück geboren. Nach dem Volksschulabschluss absolvierte er eine Malerlehre. Kurz vor der Meisterprüfung bot sich ihm die Chance, an der Pädagogischen Hochschule in Vechta zu studieren. Seine erste Lehrerstelle trat er in Quakenbrück an, um dann von 1970 bis zu seinem Ruhestand in Badbergen die Schüler und Schülerinnen der Jahrgänge 1 bis 9 zu unterrichten. Seine Ehefrau Maria lernte er im Studium kennen. Die beiden haben einen Sohn und zwei Töchter.

Die Kriegsjahre verbrachte Herbert Schuckmann gemeinsam mit seiner Mutter im Haus der Großeltern in Hollenstede. Hier wurde er 1944 auch eingeschult. In der Nachkriegszeit war er dann häufig mit seinem Vater dort auf der Heuerstelle und half seinem Onkel bei der Ernte. Hier lernte er auch die plattdeutsche Sprache, die er heute noch sehr gerne spricht.

Nach der Geburt seines Sohnes machte die Familie Schuckmann Urlaub in Hollenstede. „Da begann für mich das Interesse, die eigene Familiengeschichte zu erforschen", erinnert sich Herbert Schuckmann. Er begann in Archivbüchern zu stöbern. Der damalige Schwagstorfer Pastor Wilhelm Kotten unterstützte ihn dabei und stellte ihm für seine Arbeit Kirchenbücher zur Verfügung. Vor ihm hatte Paul Krajewski bereits Abschriften aus den Büchern gemacht und Karteikarten mit Geburtsdaten, Taufe, Heirat, Tod und Begräbnis der einzelnen Familien angelegt. Damit war

Abb. 2: Der Vorstand des Heimatvereins Schwagstorf mit den Archivunterlagen, in Kisten verpackt. Foto: Maria Kohrmann-Unfeld.

sein Forscherdrang geweckt. "Hollenstede hat einige interessante Persönlichkeiten hervorgebracht", weiß er zu berichten. Dazu gehörten zum Beispiel ein Bildhauer, Zimmer- und Baumeister und Mühlenbaumeister.

Mit den Jahren nahm die Archivarbeit einen derartigen Umgang an, dass sich die historischen Aufzeichnungen und Urkunden nicht nur bis unter die Decke des Arbeitszimmers stapelten sondern im ganzen Haus verteilt waren. Ferien und Wochenenden verwendete er für die Archivarbeit. Ehefrau Maria blieb gelassen und unterstützte ihn sogar dabei.

Bis zur „Abpfarrung" im Jahr 1921 gehörte Hollenstede zum „Glockenschlag" Schwagstorf. „Glockenschlag ist ein Synonym für Kirchspiel", erläutert der Archivar.

Die Orte, in denen die Kirchenglocken zu hören waren, gehörten zum sogenannten Kirchspiel. Die Bauern aus Schwagstorf und Hollenstede waren verwandtschaftlich miteinander verwoben, stellte er bei seinen Nachforschungen fest.

Über Jahrhunderte hinweg hatten die Höfe feste Hausnummern. Die ersten Hausnummern hatten die sogenannten Vollerben; es folgten die Halberben, die Erbkötter, Markkötter, und nach der Markenteilung entstanden die Neubauern.

Die Aufzeichnungen in den Steuerlisten des Osnabrücker Fürstbistums aus dem Jahr 1772 nahm Herbert Schuckmann als Grundlage für den systemischen Aufbau des Archivs. „Die Ziffern in der Abfolge der Höfeklassen habe ich stringent übernommen und danach das gesamte Kirchspiel Schwagstorf geordnet und aufgebaut", so Schuckmann. Er übergibt Peter Krehe eine Sammlung von Erbfolgetafeln, in denen Familien und Besitzfolgen aufgeführt sind. Zudem erhält das Schwagstorfer Archiv Kartenmaterial aus der Zeit der Markenteilung, Aufzeichnungen des Kartografen Du Plat, private Tagebücher, Auswandererlisten, die Schulchronik Hollenstede, und Hausinschriften.

Ein weiteres Steckenpferd von Herbert Schuckmann ist die Archäologie. So hat er zum Beispiel die Badberger St. Georgs-Kirche vom Turm bis ins Erdreich vermessen und gezeichnet und dabei erstaunliche Entdeckungen gemacht.

Vielen Familien war er bei der Ahnenforschung behilflich und ordnete deren historische Aufzeichnungen und Urkunden.

Neben all den Aktivitäten machte das Ehepaar wiederholt Urlaub in Indonesien und war unter anderem mit Freunden in Borneo und Sumatra unterwegs.

„Das Dunkel der frühesten Stadtgeschichte aufhellen" – Der Quakenbrücker Heimatforscher Richard Bindel (1851-1922)

Heiko Bockstiegel

Sich für Geschichte und Kultur seiner Heimat zu interessieren, das fasziniert bis heute. Heimat – diesen Begriff zu deuten, darüber gibt es viele Definitionen und Aphorismen, etwa: „Heimat ist da, wo ich geboren bin" oder „Heimat ist da, wo es mir gut geht". Heimat meint Geborgenheit, Vertrautheit mit der Einordnung in einen Umkreis, in eine Nachbarschaft, an einem Ort, der überschaubar ist. Noch deutlicher äußerten sich die Römer mit dem Leitspruch „Turpe est in patria vivere et patriam ignorare", frei übersetzt: „Es ist eine Schande, in der Heimat zu leben und sie nicht zu kennen".

Geschichte ist, „was geschah im Zusammenhang der Zeiten", so formulierte es J. H. von den Berg in „Metabletika, Grundlinien einer historischen Psychologie" (Göttingen 1960). Das sei in der Geschichte einer einzigen Stadt möglich, wenn sie genau und ausführlich aus den Quellen geschrieben werde. Heimatbewusste, engagierte Lehrer und junge Historiker haben zu allen Zeiten die jeweilige Stadtgeschichte ihres Wirkungskreises erforscht und die Erkenntnisse publiziert. So heißt es in den Leitsätzen des Reichsschulausschusses vom April 1922 über Schule und Heimat: „Die Lehrer sind mit der Heimaterkundung und Heimatforschung durch wissenschaftliche Einrichtungen vertraut zu machen". Und weiter: „Will also der Lehrer seiner Aufgabe gerecht werden, muss er sich der Heimatforschung zuwenden".[1] Ein gutes Beispiel dafür ist der Direktor des Realgymnasiums Quakenbrück, Professor Richard Bindel, dessen Forschungsergebnisse zur Geschichte der Burgmannstadt bis heute von großem heimatkundlichem Wert sind. Mit seinen Arbeiten hat sich Bindel in der Osnabrücker Geschichtsschreibung und Landeskunde etabliert. Er war zweifellos einer der gründlichsten und besten Ortsmonographen seiner Zeit im Umland.

Abb.1: Richard Bindel auf einem Foto um 1900. Foto: Archiv Stadtmuseum Quakenbrück

Richard Bindel, am 11. August 1851 als Sohn des „Schönfärbers" Franz Bindel und seiner Ehefrau Wilhelmine, geborene Kehrs, in Unna geboren, wuchs in die „große Zeit" des deutschen Kaiserreiches hinein.[2] Nach Besuch der Volksschule Unna von Ostern 1857 an wechselte er zu Ostern 1862 auf die Realschule Unna und schließlich zu Ostern 1866 auf das Königliche Gymnasium Hamm. 1871 begann er nach der Reifeprüfung in Marburg sein Philologie-Studium, das er

1874 in Leipzig beendete. Anschließend nahm er eine Stelle als Privatlehrer der Familie Scholl-Engberts in St. Petersburg/Russland ein, wo er anderthalb Jahre blieb. Von seiner Militärzeit ist nur wenig bekannt; so wurde er 1871 Einjährig-Freiwilliger bei der 1. Kompanie des Hessischen Jäger-Bataillons Nr. 11 in Marburg und erhielt 1878 nach Ableistung der Dienstpflicht und mehrerer Übungen das Patent als Leutnant der Reserve. Noch im gleichen Jahr heiratete er Elise Simons (1853-1927), die aus St. Johann/Saar stammte und mit der er fünf Kinder hatte.

Richard Bindels Name ist maßgeblich mit dem Aufbau der ehemals „Höheren Bürgerschule Quakenbrück", dem späteren Realgymnasium, verbunden. Hier wurde er nach der Staatsprüfung in Münster zu Ostern 1877 fest angestellt, zunächst als wissenschaftlicher Hilfslehrer, dann als Oberlehrer („Professor") in den Fächern Deutsch, Religion und Französisch. Laut Wikipedia unterschieden sich die Aufgaben des Gymnasialprofessors kaum von denen eines heutigen Studiendirektors: „Auch er nahm die Aufgabe eines Fachberaters oder eines Fachleiters an der Schule wahr oder war mit anderen Sonderaufgaben der Schulverwaltung betraut".[3]

Abb.2: Das Realgymnasium Quakenbrück um 1910. Foto: Archiv Stadtmuseum Quakrenbrück

Die Schule vollzog damals unter ihrem Direktor Theodor Gessner eine dynamische Entwicklung. Gessner gelang es trotz einer Vielzahl von Schwierigkeiten, die bisherige „Höhere Bürgerschule" innerhalb weniger Jahre in die Zahl der sogenannten „Vollanstalten" des Königreiches Preußen einzureihen. 1878 wurde sie ein Realgymnasium. Nach zehn arbeitsintensiven Jahren hatte Gessner sein gestecktes Ziel erreicht: Die erste Abiturprüfung konnte stattfinden, nachdem bereits 1874 der repräsentative Schulneubau an der Kleinen Mühlenstraße Wirklichkeit geworden war.

Ob es Gessner war, der Richard Bindels Interesse an der Geschichte der Stadt Quakenbrück weckte, kann nur Vermutung bleiben. Vorbild wird er ihm zweifellos in mehrfacher Hinsicht gewesen sein. Jedenfalls ist von Gessner eine interessante Deutung der Herkunft des Ortsnamens Quakenbrück überliefert, nachdem er bereits eine „Geschichte der Stadt Schleusingen", seinem vorherigen Wirkungsbereich, veröffentlicht hatte.[4] Wie später auch Bindel widmete er sich dem öffentlichen Leben mit viel Zeit und Energie. So bekleidete Gessner zahlreiche Ehrenämter, war Kirchenvorsteher, Stadtverordneter und Förderer der gemeinsamen Lehrerkonferenzen aller Schulen der Stadt. Auch Bindel nahm zahlreiche öffentliche Funktionen wahr, sei es als Vorsitzender des Kriegervereins, Vorstands- und Ehrenmitglied des Deutschen Kriegerbundes (Bezirk Osnabrück) oder als Kirchenvorsteher von St. Sylvester. Und er galt als hervorragender Redner.

Im Terminus der damaligen Zeit schrieb sein Schüler, der spätere Wirtschaftspolitiker und Reichstagsabgeordnete Dr. Otto Hugo, über ihn:

> „Manche feierlichen Tage sind verzeichnet, an denen Bindel seine wie aus Marmor gemeißelten Reden an die Bürger der Stadt hielt [...] Zu erwähnen ist nur die Rede Bindels aus Anlass der Einweihung des Kriegerdenkmals auf dem Marktplatze, die in den Herzen aller Hörer haften blieb". Überliefert sind Reden zu „Kaisers Geburtstag" und zum Sedantag.[5]

Die Geschichte des Realgymnasiums wurde insbesondere durch die ab 1869 vorliegenden Schulprogramme intensiv dokumentiert. Sie stellen eine Fundgrube für Schulhistoriker dar, die bisher auch nicht annähernd ausgeschöpft worden ist. Die frühen Schulprogramme enthalten wie auch seine öffentlichen Vorträge Bindels Abhandlungen zu verschiedensten Themengebieten: „Philosophie und Poesie"[6], „Drei Hauptwerke Gogols"[7] und „Die Erkenntnistheorie Hugos von St. Viktor. Ein Beitrag zur Geschichte der Theologie des 12. Jahrhunderts".[8]

Zur Erforschung der Quakenbrücker Stadtgeschichte muss er dann einen besonders engen Bezug gefunden haben. Bindel begann intensiv zu recherchieren und wurde ein nahezu ständiger Gast im Lesesaal des Staatsarchives in Osnabrück, wo er insbesondere Unterstützung durch die Archivdirektoren Dr. Friedrich Philippi und Dr. Max Bär erhielt. Seine ersten durch intensive und bis heute verlässliche Grundlagenforschung entstandenen Beiträge gelangten zunächst in den Schulprogrammen des Realgymnasiums zum Abdruck: „Nachrichten über die Gilden der Stadt Quakenbrück" (zwei Teile, 1895/96)[9] und die umfassende Auswertung „Die Stadtbuch-Chronik von Quakenbrück" (1902).[10]

Das Vorwort zu den „Gilden" legt auch Bindels Forschungsmethode offen. Er hatte die Veröffentlichung für dringend notwendig erachtet,

> „weil für die ältere Geschichte unserer Stadt bis jetzt herzlich wenig gethan ist [...] Denen, die der Ortsgeschichte Teilnahme entgegenbringen, habe ich das Lesen der Urkunden durch Hinzufügung der Interpunktion, durch Einteilung in Paragraphen, Inhaltsübersichten sowie durch Wort- und Sacherklärungen zu erleichtern versucht; alle von mir gemachten Zusätze innerhalb eines Textes sind in [ ] eingeschlossen".

Im Quakenbrücker Verlag Heinrich Buddenberg erschienen rasch darauf in Buchform sein ursprünglich im Verein für Geschichte des Hasegaues gehaltener Vortrag „Kirchen und Kapellen in Quakenbrück" (1903) und vor allem seine grundlegende „Geschichte der Höheren Lehranstalt in Quakenbrück" (1904). Nachdem Schuldirektor Dr. Richard Winter im Schul-Osterprogramm 1887 die erste schulgeschichtliche Abhandlung veröffentlicht hatte, sich jedoch lediglich auf die Aktenlage des sich damals noch in Quakenbrück befindlichen städtischen Archivs gestützt hatte, forschte Bindel zu seinem umfassenden Werk, das anlässlich des 550-jährigen Bestehens der Schule 1904 herauskam, ausführlich in den Osnabrücker Archivalien. Im Vorwort dazu schreibt er:

> „Unser Realgymnasium ist aus einer seit Jahrhunderten, bestehenden Lateinschule hervorgegangen. Der Umstand, dass ihrer im Jahre 1354 zum ersten Mal urkundlich Erwähnung geschieht, hat die Veranlassung dazu gegeben, eine Gedenkfeier in Aussicht zu nehmen, die den Bewohnern der Stadt Quakenbrück und ihrer Umgebung zum Bewusstsein bringen soll, wie viel sie der hiesigen höheren Lehranstalt verdanken und wie sehr das Wort unseres berühmtesten Stadtkindes, Hermann Bonnus, berechtigt ist, der 1548 sagte: ‚An der schole is lant und luden mercklick und grot gelegen'. Das Kuratorium hat mich ersucht, zu der auf den 30. September anberaumten Gedenkfeier eine ‚Geschichte der höheren Lehranstalt in Quakenbrück' zu schreiben, und gern habe ich den Auftrag übernommen. Eins aber wolle der freundliche Leser, der meiner Arbeit seine Aufmerksamkeit zuwendet, nicht außer Acht lassen - nämlich das, dass der außerordentliche Mangel an Urkunden der Darstellung namentlich für die alte Zeit etwas Lückenhaftes geben musste".

Bindel äußerte weiterhin

> „den lebhaften Wunsch, dass der Zufall dem, der nach mir sich daran macht, die Geschichte unsrer Schule zu schreiben, noch das eine oder andere Stück in die Hände spielen möge, aber ich fürchte sehr, dass das meiste schon längst unwiederbringlich verloren ist. Wenn ich trotzalledem die Darstellung breit angelegt habe, so habe ich das getan, um die Geschichte unsrer Anstalt in Verbindung zu setzen - einerseits mit der allgemeinen Geschichte der Stadt Quakenbrück, für die bisher noch herzlich wenig geschehen ist, andererseits mit der Entwickelung des Unterrichtswesens überhaupt und insbesondere im Osnabrücker Lande".

Auch die Osnabrücker Mitteilungen des Vereins für Geschichte und Landeskunde von Osnabrück („Historischer Verein") enthalten mehrere seiner Beiträge, die einen reichen Quellenfundus darstellen: „Bonnus' Familie"[11], „Quakenbrücker Chroniken"[12] und „Quakenbrück bis zum Jahre 1257"[13].

Darüber hinaus sind von ihm zahlreiche historische Beiträge für Zeitungen und Zeitschriften, Reden in vielen Vereinen und Manuskripte für detaillierte Vorträge in Quakenbrück und im weiteren Umkreis überliefert. Es würde eine langwierige, aber auch lohnenswerte Aufgabe sein, den umfangreichen Nachlass Richard Bindels im Niedersächsischen Landesarchiv, Standort Osnabrück, zu sichten, auszuwerten und zu veröffentlichen. Dieser enthält nicht nur handschriftliche Manuskripte zu verschiedensten Themen der Quakenbrücker Stadtgeschichte und Urkundenübersetzungen, sondern auch Zeitungsartikel, Festchroniken, Kartenmaterial, Postkarten-Alben und eine Zusammenstellung von Akten des Staatsarchivs Osnabrück betreffend Quakenbrück sowie Beiträge zu einzelnen Artland-Gemeinden.[14]

Abb.3: Das Lehrerkollegium des Realgymnasiums Quakenbrück 1908 bis 1910 mit Direktor Richard Bindel (unten Mitte sitzend). Foto: Archiv Stadtmuseum Quakenbrück

1908 wurde Richard Bindel Direktor des Quakenbrücker Realgymnasiums. Die Ernennungsurkunde unterzeichnete Kaiser Wilhelm II. am 6. Juli 1908 in Travemünde „an Bord M.Y. „Hohenzollern". Die Stadt Quakenbrück als anstellende Behörde erwartete dabei mit Datum 13. Juni 1908 von ihm,

> „daß er nicht nur Treue und Gehorsam gegen S. Majestät den Kaiser und König, gewissenhafte Beobachtung der Verfassung und sonstigen Gesetze gebührende Folgeleistung gegen seine Vorgesetzten, sondern auch in jeder Beziehung einen nachahmenswerten Wandel, wie er einem pflichttreuen, rechtschaffenen Direktor und Lehrer der Jugend geziemt, allezeit betätigen werde". [15]

Über Bindel als Pädagogen heißt es, er sei „ein warmer Freund der Jugend" gewesen, „ein glühender Patriot und in allem eine der markanten Persönlichkeiten des beschaulich stillen Hasestädtchens".[16]

Das Direktorenamt musste er jedoch nach schwerer Erkrankung bereits zum 1. Oktober 1910 wieder abgeben. Er wurde in den Ruhestand versetzt und erhielt zum Abschied vom Kaiser den Roten Adler-Orden 4. Klasse. Magistrat und Bürgervorsteherkollegium der Stadt nahmen in ihrem Dankesschreiben vom 18. Januar 1911

Bezug auf die von Bindel verfasste Schulchronik und hoben hervor, dass diese „ein Ruhmesblatt unserer Stadt bildet" und „ein beredtes Zeugnis" dafür sei, „mit welcher Liebe und mit welchem Fleiße Sie das Dunkel unserer frühesten Stadtgeschichte aufzuhellen verstanden haben". [17] Bald darauf ernannte ihn der „Verein ehemaliger Quakenbrücker Schüler" zu seinem ersten Ehrenmitglied.

Die Familie Bindel wohnte in der Nähe der St.-Sylvester-Kirche im historischen Burgmannshof Pfaffenstraße 18, der ursprünglich der Familie von Dincklage gehörte. Im Jahre 1905 war das Gebäude mitsamt Garten durch Erbschaft von den Geschwistern Theis, die auch an anderer Stelle in Quakenbrück und der Kirchengemeinde als großzügige Stifter aufgetreten sind, zum damaligen Evangelischen Krankenhaus gekommen und ist dann mehr als 50 Jahre lang als Wohnung an evangelische Bürger der Stadt, darunter eben Bindel und den Chefarzt des Krankenhauses, Kreismedizinalrat Dr. Karl Strangmeier, vermietet worden.

Abb.4: Der Burgmannshof in der Quakenbrücker Pfaffenstraße – das Wohnhaus der Familie Bindel. Foto: Archiv Stadtmuseum Quakenbrück

Der Verlauf des Erstes Weltkrieges war es dann, der Bindels ohnehin angeschlagener Gesundheit weiter zusetzte. Sein ältester Sohn Theodor Bindel hatte ihm geraten, er solle nach der Abgabe aller Ehrenposten doch seine heimatgeschichtlichen Arbeiten fortführen, wenngleich die Söhne selbst wohl kaum an dem „Aktenkram" des Vaters interessiert waren: „Richard Bindel führte zum Teil für seine Söhne die Vermögensverwaltung durch, aber leider waren weder Theodor noch sein Vater Kaufmann genug, um an eine andere Geldanlage als an ein Sparbuch zu denken". Vor allem hatte der Senior „als guter Patriot die in Deutschland angesammelten Ersparnisse ... in Kriegsanleihen gezeichnet und nichts angelegt ... Die Pension des Direktors a. D. Richard Bindel war auch nur bescheiden".[18]

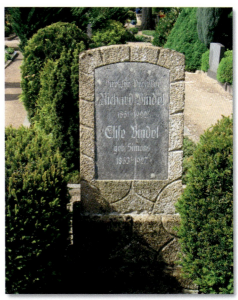

Abb.5: Das Grab von Richard Bindel auf dem Evangelischen Friedhof Quakenbrück (2010 aufgelöst). Foto: Heiko Bockstiegel

SCHWERPUNKTTHEMA

Als letzte Lebensarbeit hatte er es sich nicht nehmen lassen, gemeinsam mit Dietrich Juel, dem Kassenwart des Ehemaligenvereins, noch ein großes Werk zu schaffen: das „Heldenbuch des Realgymnasiums Quakenbrück". Der heute im Landesarchiv Osnabrück archivierte Band, in Schweinsleder gebunden, enthält die Portraitfotos und handgeschriebenen Lebensläufe der im Krieg gefallenen ehemaligen Schüler mit Angabe ihrer Zugehörigkeit zur Schule.[19] 1923 beschloss der Ehemaligenverein, Bindels Andenken durch ein Portrait-Ölbild zu ehren, dessen Ausführung dem bekannten Kunstmaler Heinrich Klingenberg in Lohne i. O. übertragen wurde. Das Bild hängt noch heute in der Galerie der Direktorenbilder des Artland-Gymnasiums.[20]

Direktor Professor Richard Bindel ist am 12. Juli 1922 nach nur eintägiger Krankheit in Quakenbrück an einer Thrombose verstorben. Sein Grab auf dem Evangelischen Friedhof blieb leider nicht erhalten.

1	http://jensbemme.de/2022/10/der-lehrer-als-heimatforscher-aus-dem-lande-belgard-1924/
2	Heinz Bindel, „Die Quakenbrücker Bindel-Familie", begonnen 1906 bis 1910 von Richard Bindel Quakenbrück, zusammengestellt und beendet 1994 bis 1999 von Heinz Bindel Weinheim (Privatdruck)
3	https://de.wikipedia.org/wiki/Gymnasialprofessor, 16. März 2023
4	Erschienen 1861 im Selbstverlag des Verfassers
5	Dr. Otto Hugo, „Bindel-Ehrung", in: Festschrift zum 25jährigen Stiftungsfest Ehemaliger Quakenbrücker Schüler, verbunden mit dem 50jährigen Jubiläum des Realgymnasiums und dem 575jährigen Bestehen der Lateinschule zu Quakenbrück am 31. Aug. 1. und 2. Sept. 1929, Quakenbrück 1929, S. 26-27
6	Schulprogramm Nr. 275, Ostern 1878, S. 1-11
7	Schulprogramm Nr. 304, Ostern 1884, S. 3-21
8	Schulprogramm Nr. 316, Ostern 1889, S. 3-17
9	Schulprogramm Nr. 342, Ostern 1895, S. 3-26, und Nr. 344, Ostern 1896, S. 3-22
10	Schulprogramm Nr. 367, Ostern 1902, S- 3-31
11	20. Band 1895, Verlag und Druck J.G. Kisling, Osnabrück 1896, S. 359-367
12	29. Band 1904, Verlag und Druck J.G. Kisling, Osnabrück 1905, S. 169-232
13	37. Band 1912, Verlag und Druck J.G. Kisling, Osnabrück 1913, S. 108-153
14	Niedersächsisches Landesarchiv Standort Osnabrück, Dep. 50 b I 16.01
15	Vgl. Anm. 2
16	Vgl. Anm. 5, S. 12
17	Vgl. Anm. 2
18	Vgl. Anm. 2
19	Niedersächsisches Landesarchiv, Standort Osnabrück, Rep 730 Akz 44/97 Nr. 134
20	Vgl. Anm. 5, S. 26

Der „Allwissende" in Quakenbrück – Senator Louis Friedrich
Peter Hohnhorst

Straßennamen sagen oft etwas über alte Ortstrukturen, Flurbezeichnungen oder die Persönlichkeiten einer Stadt aus. Nicht anders ist es auch in Quakenbrück, in der es eine Friedrichstraße und einen Friedrichsplatz gibt. Doch warum? Wer war dieser Friedrich? Warum tragen gleich zwei Orte diesen Vornamen? Schon an dieser Stelle ist es Zeit für eine erste Korrektur, denn es handelt sich nicht um einen Vornamen, sondern um den Nachnamen des in den Annalen der Stadt verzeichneten, in mehrfacher Hinsicht verdienstvollen Postmeisters und Senators Louis Friedrich.

Geboren am 28. April 1842 in einem niederschlesischen Dorf im Kreis Steinau an der Oder, zog Friedrich nach einigen Wohnungswechseln mit seinen Eltern nach Liegnitz, wo er 1864 in den preußischen Postdienst eintrat. Über den Reichspostdienst und mit der Einführung der Preußischen Postdienstordnung wurde er zunächst in das Großherzogtum Oldenburg versetzt. Nach weiteren Stationen in Osnabrück und Wittmund wurde ihm zum 1. Dezember 1889 die Leitung des „Kaiserlichen Postamtes" in Quakenbrück übertragen[1]. Er wurde also Postmeister, widmete sich aber gleichzeitig der Lokalpolitik und amtierte in seiner Funktion als Magistratsmitglied (Senator) zeitweise auch als stellvertretender Bürgermeister. Vor allem aber ist sein Wirken als verlässlicher Heimatforscher überliefert.[2]

Abb.1: Senator Louis Friedrich (1842-1928), 1889 bis 1909 Leiter des Kaiserlichen Postamtes in Quakenbrück. Foto: Archiv Stadtmuseum Quakenbrück

Was ist überhaupt ein Heimatforscher? Ein Blick ins Internet[3] verrät uns, dass sich ein solcher in der Regel ehrenamtlich und ohne akademische Vorbildung der Erforschung der heimatlichen Umgebung verschrieben hat. Dafür muss er sicherlich eine gewisse Heimatliebe entwickelt haben, denn auch Neugierde zeichnet ihn aus. Heimatforscher halten lokale Begebenheiten für nachfolgende Generationen fest und ihre Bücher, Artikel und Aufzeichnungen dienen späteren Generationen oft als Basis für die weitere Kultur- und Heimatforschung. So ist es auch bei den „Hinterlassenschaften" von Louis Friedrich, die auch noch Jahrzehnte nach seinem Tod oft zitiert werden, vor allem in Form von heimatkundlichen Beiträgen für die Mitteilungen des Kreisheimatbundes Bersenbrück oder im „Bersenbrücker Kreisblatt".

Beispielhaft sollen an dieser Stelle einige Arbeiten erwähnt werden, die noch heute für das Bild einer typischen norddeutschen Kleinstadt um die Wende vom 19. Jahrhundert zum 20. Jahrhundert stehen und als verlässliche Quelle für weitere Veröffentlichungen dienen. So ist im ersten Heft der Mitteilungen des Kreisheimatbundes Bersenbrück (KHBB) aus dem Jahr 1935 sein Beitrag über „Die Pforten in Quakenbrück" zu finden. Im Heimatjahrbuch des KHBB 1978 ist der Besuch des letzten han-

Abb.2: „Friedrichstraße" – das Foto zeigt das Schild am ehemaligen Kleinbahnhof in Quakenbrück. Foto: Heiko Bockstiegel

noverschen Königs Georg V. in Quakenbrück nach den Aufzeichnungen von Louis Friedrich beschrieben. Der Heimatforscher Heinrich Böning zitiert in seinem Buch „Die Geschichte einer norddeutschen Kleinstadt"[4] die Arbeiten von Friedrich über das Telegraphenwesen der Stadt Quakenbrück, und 1985 dienten seine Aufzeichnungen über das Vereinswesen im Jahre 1897 Heiko Bockstiegel als Grundlage für einen Artikel im „Bersenbrücker Kreisblatt".[5] Demnach waren die damals rund 3.000 Einwohner der Stadt in 43 Vereinen aktiv.

Über seine Forschertätigkeit hinaus engagierte sich Louis Friedrich in der Öffentlichkeit und war gefragt; so zwischen 1901 und 1909 als Mitglied des Bürgervorsteherkollegiums. Den Senatorentitel erwarb er in seiner Amtszeit als Magistratsmitglied von 1909 bis 1919, wobei er während des Ersten Weltkrieges den gleich nach Kriegsbeginn gefallenen Bürgermeister Rost vertreten musste. Darüber hinaus wirkte Friedrich als Amtsanwalt beim hiesigen Amtsgericht und als Vertreter des erkrankten Sparkassen-Rendanten.[6]

Besondere Verdienste erwarb sich Louis Friedrich, übrigens zusammen mit Carl Hensel, nach dessen Vornamen die Carlstraße im seinerzeit neu entstandenen Stadtteil Neustadt benannt wurde, durch sein Mitwirken im Vorstand und als Schriftführer des gemeinnützigen Spar- und Bauvereins Quakenbrück. Auf Anregung des damaligen Bürgermeisters Gustav Wagenschein, der am 5. November 1893 vor dem Evangelischen Arbeiterverein über die Wohnverhältnisse und hohen Mietpreise für Arbeiterwohnungen referierte, gründete sich drei Jahre später, auch aufgrund der massiven Unterstützung und Forderung des neuen Bürgermeisters Dr. Max Willmann, eine Genossenschaft. Zwei Baugebiete konnten erworben werden, und es entstanden günstige und „gesunde" Einfamilienhäuser sowie ein Doppelhaus, die nach und nach in das Eigentum der Bewohner übergingen.[7] Der Verein ging später in der gemeinnützigen Kreisbaugenossenschaft auf.

Nach seinem Ausscheiden aus dem Postdienst am 30. November 1909 genoss Friedrich, nicht untätig, den Ruhestand in seiner Villa an der Wohldstraße 30 in Quakenbrück, die im Volksmund nur „Friedrichsruh" genannt wurde. In der Stadtgeschichte verwurzelt bleiben also sowohl die fachlichen als auch persönlichen Qualitäten Louis Friedrichs, der am 5. September 1928 starb und zweifellos eine

Abb.3: Senator Louis Friedrich (sitzend in der Mitte) mit seinen Kollegen vom Kaiserlichen Postamt. Foto: Archiv Stadtmuseum Quakenbrück

volkstümliche Erscheinung in Quakenbrück war. Denn wenn man zu seinen Lebzeiten wichtige Fragen hatte, dann hieß es zumeist: „Goh man to usen Postmester, dä wät beter Beschaid as use ollen Börgers."

So ist es also nicht verwunderlich, dass eine Straße und besagter Platz in Quakenbrück den Nachnamen des verdienstvollen Heimatforschers Louis Friedrich tragen.

1   vgl. Heiko Bockstiegel: „Use Postmester" war eine bekannte Persönlichkeit, „Bersenbrücker Kreisblatt" vom 19.09.1988.
2   vgl. Werner Dobelmann: „Lebensbilder aus dem Osnabrücker Nordland", Schriftenreihe des Kreisheimatbundes Bersenbrück, Heft 8/1962.
3   www.wikipedia.org, Aufruf vom 06.03.2023.
4   vgl. Heinrich Böning: „Quakenbrück – Geschichte einer norddeutschen Kleinstadt", 1972, Verlag Theodor Thoben.
5   vgl. Heiko Bockstiegel: „Immer fröhlich vereint in Vereinen: „Zur treuen Wacht" und „Wanderlust"", „Bersenbrücker Kreisblatt" vom 31.08.1985.
6   vgl. Anm. 1.
7   vgl. Heiko Bockstiegel: 100 Jahre Evangelischer Arbeiterverein Quakenbrück – 1892-1992, S. 29-31.

SCHWERPUNKTTHEMA

Die Brüder Hermann und Dr. Oskar Frommeyer aus Bramsche
Rainer Drewes

„In der Liebe zur angestammten Heimat", so titelte Wilhelm Wallrabenstein, Vorstandsmitglied des KHBB, sein Vorwort zu einem Nachdruck eines Werkes von Hermann Frommeyer.[1] Unter diesem Motto ist das Lebenswerk der beiden Brüder Hermann und Oskar einzuordnen. Es soll im Folgenden ausgebreitet werden.

Die Brüder Hermann (geb.1878) und Oskar (1886) wurden ebenso wie ihre Brüder Friedrich und Ernst in dem nicht mehr bestehenden Haus Brückenort Nr. 9 geboren. In dem großen, zweigeschossigen Neubau etablierten die Frommeyers um 1930 ein bekanntes Textilgeschäft. Neben diesem „Manufakturwarendetailgeschäft" umfasste die Firma Hermann Frommeyer eine Fleischwarenfabrik (Westfälische Spezialitäten) und eine Eier- und Buttergrosshandlung. Bis gegen 1900 wurden auch einige Kolonialwaren geführt.[2] Hermann Frommeyer erhielt im elterlichen Betrieb eine Ausbildung zum Textilkaufmann und war darin von 1896 bis 1912 tätig. Dann siedelte er nach seiner Heirat mit Auguste Gerling nach Fürstenau über. Wie sein Bruder Oskar in seiner „Chronik" schreibt, führte er dort „das Geschäft seines verstorbenen Schwiegervaters", des Eier- und Buttergroßhändlers Fritz Gerling und dessen Ehefrau Catharina Bruns. Später entstand daraus ein Landhandel. Seine ganze freie Zeit widmete er der Heimatforschung."[3]

Abb. 1: Hermann Frommeyer 15.7.1878 bis 13.2.1957.

Hermann Frommeyer

Hermann Frommeyer hat in fünf „wertvollen" Werken die „Früchte seines Fleißes"[4] gedruckt vorgelegt. Es sind:

1. Das Osnabrücker Nordland in Geschichts-, Kultur- und Landschaftsbildern. Verlag Kisling, Osnabrück 1921.

2. Das Osnabrücker Nordland in seiner geschichtlichen Entwicklung. Verlag R. Kleinert, Quakenbrück 1950.

3. Die Stadt Fürstenau und ihre Bürgerschaft. Selbstverlag des Verfassers 1952.

4. Gau und Stadt Bramsche. Verlag Rudolf Gottlieb, Bramsche 1955.

5. Der Bramscher Gau und seine Siedlungen. Selbstverlag Bramsche und Fürstenau 1955.

Abb. 2: Dr. Oscar Frommeyer 16.10.1886 bis 19.11.1954.

Abb. 3: Hermann Frommeyer Schriften Nachdrucke von 1986 und 1989.

Hermanns zweite Veröffentlichung zur Heimatgeschichte findet man im „Adressbuch der Stadt- und Landgemeinden des Kreises Bersenbrück. Südausgabe"[5] Er verfasste hier ein „Vorwort". 1942 erfolgte eine Reihe von Aufsätzen in den „Neuen Volksblättern", Osnabrück, unter dem Titel „Der Bramscher Stillstand und seine Zeit".[6] Dann folgten die oben angeführten Bücher über Fürstenau und die Stadt Bramsche. Aus allen diesen Publikationen sind immer wieder Teile oder ganze Kapitel in der heimatlichen Literatur abgedruckt worden. So auch in der Beilage „Am heimatlichen Herd" des Kreisheimatbundes Bersenbrück, der Stadtgeschichte Bramsche oder in den Heimatheften für Ankum.[7] Anlässlich der 550-Jahrfeier von Fürstenau wurde Hermann Frommeyer zum Stadtschreiber ehrenhalber erhoben. Nach seinem Tod benannte der Stadtrat eine Straße nach ihm. Er gehörte fast dreißig Jahre dem evangelischen Kirchenvorstand in Fürstenau an und war von 1929 bis 1933 Mitglied des Kreistages.

Trotz seines Wohnsitzes in Fürstenau blieb Hermann Frommeyer in seinen Lebenswurzeln ein eingefleischter Bramscher. Dies wird deutlich in den dem Nachdruck seiner Schrift „Der Bramscher Gau und seine Siedlungen" hinzugefügten „Liebe(n) Erinnerungen an Alt-Bramsche".[8]

Dr. jur. Oskar Frommeyer

In dem Vorwort von Gerhard Rudolf Twelbeck, Vorsitzender des KHBB von 1951 bis 1956, heißt es:

> „Der Verfasser, Dr. jur. Oskar Frommeyer aus Bramsche, hat Jahrzehnte seines Lebens in unermüdlichem Fleisse verwandt, alle nur erreichbaren Quellen heranzuziehen, um ein möglichst geschlossenes Bild der Stadt Bramsche und ihrer Bewohner zu bringen. (...) Leider war es dem Verfasser nicht vergönnt, seine Aufzeichnungen zu korrigieren und die Veröffentlichung seiner Lebensarbeit zu erleben. (...) In mühevoller Sichtung der vielen Manuskripte vollendeten Gattin und Tochter das Werk" mit wesentlicher Unterstützung durch Dr. Rudolf Twelbeck.

Oskar, so schrieb er über sich selbst: „siedelte 1933 nach Bramsche über, nachdem seine Tätigkeit als Geschäftsführer der Deutschen Volkspartei in Münster ihr Ende gefunden hatte. Er war verheiratet mit Gertrud Sanders, Tochter des Fabrikanten und späteren Rentners Emil Sanders und dessen Ehefrau Maria, geborene Blaß aus Elberfeld, Haus 69. Er war in dieser Tätigkeit als politischer Funktionär auch Schriftleiter, also verantwortlicher Redakteur der „Deutsch-Volksparteiliche(n) Nachrichten für Münster und das Münsterland".

Abb. 4: Das Stammhaus der Familie Frommeyer am Brückenort
Federzeichnung von E. Busch

Oskar, der jüngste der vier Brüder, besuchte in Osnabrück und Gütersloh die höhere Schule. An der Universität Erlangen promovierte der Student der Volkswissenschaften zum Dr. jur. Seine Dissertation erschien erst 1929 im Druck. Oskar nahm im Ersten Weltkrieg als Kompanieführer teil. Er stand sowohl im Westen bei Verdun als auch im Osten in Galizien im Feld. Viermal verwundet, erhielt er als hohe Auszeichnung den Hausorden der Hohenzollern mit Krone und Schwertern. Nach dem Rückzug aus dem Berufsleben und der politischen Arbeit stand der konservativ ausgerichtete Mann noch jahrelang als Kirchenvorsteher an der Spitze der Kirchenvertretung der evangelischen Kirchengemeinde.

Sein umfangreiches Werk „Chronik der Bramscher Familien im Spiegel ihrer Häuser" mit über 453 Seiten liegt in zwei typoskribierten Bänden in nur wenigen Exemplaren vor. Frommeyer hat den Inhalt wie folgt gegliedert:

- Der Brückenort
- Die Kirchhöfer (jetzt Kirchhofstraße)
- Am Platz (jetzt „Am Markt")
- Die Grosse Straße (1. Teil)
- Kurzregister
- Hausregister
- Stadtplan von Bramsche aus dem Jahre 1875.

Er begann seine Chronik um das Jahr 1840. In Fortsetzungen veröffentlichten die „Bramscher Nachrichten" bereits zu seinen Lebzeiten einen Ausschnitt dieser Arbeiten unter der Überschrift: „Bramsche vor hundert Jahren". Er selbst nannte sie immer die „Häusergeschichte", und als solche stellt sie ein einmaliges Dokument in der Heimatliteratur dar.[9]

Es wurde auch an die Herausgabe von zwei weiteren Bänden gedacht, die sich aber aus finanziellen Gründen nie realisieren ließen. Noch viele weitere Manuskripte warteten damals auf ihre Publikation:

- Geschichte des Meyerhofes (2 Bände)
- Geschichte der Tuchmacher
- Handwerk und Gewerbe
- Bramsche und das Bergische Land
- Bramsche und Bremen
- Bramsche und das Ausland (Geschichte der Auswanderer).

Sie erblickten nie das Licht der Öffentlichkeit. Nachweisbare Veröffentlichungen von Oskar sind seine Dissertation zum Thema „Die geschichtliche Entwicklung des Verbrechens des Landfriedensbruchs"[10] und der Aufsatz „Bramscher Kirchenglocken im Wandel der Jahrhunderte"[11]. Ähnlich wie sein Bruder arbeitete Oskar weitgehend ohne Quellenangaben und Literaturnachweise. Er unterschied sich dabei nicht von den meisten anderen Regionalhistorikern seiner Zeit. Woher er sein Wissen über die einzelnen Hausstellen und ihre Bewohner hernahm, bleibt offen. Sein Hauptwerk diente im Übrigen dem Arbeitskreis „Bramsche in Worten" als Grundlage für die zwischen 1991 und 2006 erschienenen Bände über die Häuser und Straßen der Bramscher Altstadt.[12]

Oskar Frommeyer starb am 19. November 1954. Wie sein Bruder Hermann wurde er am 23. Juni 1951 auf einer Festtagung in Fürstenau zum Ehrenmitglied des Kreisheimatbundes Bersenbrück ernannt. Zusammen mit dem bereits erwähnten Gerhard Twelbeck und Professor Hermann Rothert erkannte man ihre großen Verdienste um die Förderung des Heimatgedankens an. Bei Hermann hob man seine „Veröffentlichungen über das Osnabrücker Nordland" und viele heimatgeschichtliche Arbeiten, insbesondere Abhandlungen über die alten Fürstenauer Bürgerhäuser und ihre Familien" hervor, bei Oskar „seine in mühseliger Forschungsarbeit zusammengetragene Geschichte der Häuser seiner Vaterstadt Bramsche".[13]

Beide Brüder unterließen es nicht, an geeigneten Stellen auf die Arbeiten des anderen zu verweisen. Insofern ist davon auszugehen, dass das gemeinsame Steckenpferd auch immer einen regen geistigen Austausch zur Folge hatte. Es ist sicher nicht übertrieben, die beiden Brüder als bedeutende Heimatforscher in eine Reihe mit Hermann Rothert, Werner Dobelmann oder Kurt Heckscher zu stellen.

Dank ist zu sagen bei der Recherchehilfe dem Team des Zeitungsarchivs des Heimat- und Verkehrsvereins Bramsche, Michael Gottlieb, Karin Frommeyer und Günter Nannen (Stadtbücherei Bramsche).

1	Der Bramscher Gau und seine Siedlungen. Verlag: Rud. Gottlieb, Bramsche, o. J. (1986), n. p.
2	Oskar Frommeyer: Chronik der Bramscher Familien im Spiegel ihrer Häuser. Bramsche: Selbstverlag 1957, S. 63.
3	Ebenda, S. 65.
4	So W. Wallrabenstein: Hermann Frommeyer, der Heimatforscher. In: siehe Anmerkung 1.
5	Verlag Rud. Gottlieb. Bramsche 1938 (2. erw. Auflage), S. 3 – 29.
6	Neue Volksblätter vom 20.5., 7. 6. 26. 7., 20. 9. und 22. 11. 1942.
7	Beilage „Am heimatlichen Herd": Die Besiedlung der Fürstenauer Stadtflur, 5 -. 6/1951; Der Friesenweg – eine neue Wanderstrecke, 12/1951 (auch im „Adressbuch 1938); Der Gau um Bramsche, 7/1954; Die Gemeinde Bippen, 4/1955. In: Am heimatlichen Herd. Heimatblatt. Reproduktion der Jahrgänge 1(1950) bis 12 (1960), bearb. von Martin Joseph (= Mitt. des KHBB, Bd. 30). Bersenbrück 2009. Bramsche – Eine Stadtgeschichte: Die Gartenstadt. Hg. von Alfred Gottlieb. Bramsche 1999, S. 139. Heimat – Hefte für Dorf und Kirchspiel Ankum: Gemeinde Druchhorn. Ausgabe 2002, S. 8 – 11; Gemeinde Holsten. Ausgabe 2003, S. 9 – 12.
8	N. p.
9	Bramscher Nachrichten vom 7. 12. 1957: Chronik Bramscher Familien. Eine Stadtgeschichte, wie sie in dieser Form selten geboten wird. In den Bramscher Nachrichten erschienen in der Beilage „Feierabend am heimatlichen Herd" Auszüge (15. 8., 26. 9., 25. 11. und 2. 12. 1950 sowie 27. 2. und 20. 4. 1951).
10	Münster: Verlag Th. Greule 1929, 59 S.
11	Heimatblatt des Bersenbrücker Kreisblattes vom 13. 4. 1951, auch in „Am heimatlichen Herd", 7/1951, siehe Anmerkung 7.
12	Historischer Arbeitskreis „Bramsche in Worten": Bramsche einst und jetzt. 8 Bände. Verlag: Rud. Gottlieb Bramsche 1991 passim.
13	Am heimatlichen Herd. Reproduktion der Jahrgänge 1 (1950) bis 12 (1960). Bearb. von Martin Joseph (= Mitt. des KHBB Bd. 30). Bersenbrück 2009, S. 84.

Weitere Literatur:

Werner Dobelmann: Lebensbilder aus dem Osnabrücker Nordland (= Schriftenreihe des KHBB; Heft 8). Quakenbrück: Kleinert 1962, S. 13.

Rainer Hehemann (Bearb.): Biographisches Handbuch zur Geschichte der Region Osnabrück. Bramsche: Rasch 1990, S. 97f.

Arnold Beuke/Jutta Böning: Erinnerung bewahren – Heimat gestalten – Wandel begleiten. Der Kreisheimatbund Bersenbrück und seine Geschichte. Norderstedt: Books on Demand 2007.

Friedrich Müller-Sondermühlen – Ein Pionier der Meller Heimatforschung

Uwe Plaß

Friedrich Müller-Sondermühlen ist heute weitgehend in Vergessenheit geraten. Dabei hat er echte Grundlagenarbeit für die (Heimat-)Geschichte Melles geleistet. Nie zuvor hatte sich jemand an eine Überblickgeschichte des gesamten Amts Grönenberg – also der heutigen Stadt Melle – gewagt. Natürlich sind die Standards im Umgang mit historischen Quellen heutzutage völlig anders. Man tut aber jedem unrecht, wenn man ihn mit späteren Maßnahmen beurteilt. Müller-Sondermühlen hat als Autodidakt wichtige historische Werke verfasst. Das schriftstellerische Talent muss er überdies an seine Kinder weitervererbt haben. Zeit für eine kurze Darstellung und Würdigung von Leben und Werk Müller-Sondermühlens.

Familie und Ausbildung

Georg Friedrich Müller erblickte am 24. August 1800 als ältester Sohn des Osnabrücker Stadtförsters und Ratsvogts Johann Friedrich Müller das Licht der Welt in der Hasestadt. Der junge Müller ergriff denselben Beruf wie sein Vater. Nach dem Besuch des Osnabrücker Ratsgymnasiums studierte er in Clausthal. Daran schloss sich eine ausgedehnte Studienreise in die Forstgebiete an Rhein, Main und Mosel sowie Franken und Schwaben an. Der Tod des Vaters veranlasste ihn 1821 zur Rückkehr nach Osnabrück, wo er dessen Stellen als Förster und Ratsvogt übernahm. 1823 trat er in den Dienst des Königreichs Hannover über.[1]

Müller war mit der aus einer Pastorenfamilie stammenden Elisabeth Gerding verheiratet. Der in Neuenkirchen (Melle) wirkende Pastor Gerding war ihr Bruder. Das Paar hatte 12 Kinder. Am 7. Oktober schrieb Müller an seine in Osnabrück weilende Frau von einem „Anfall des gastrischen Fiebers", welches ihn befallen hätte. Der Arzt verordnete ihm Bettruhe. Für den naturverbundenen Müller, der nach einigen Tagen eine Besserung verspürte, war dies eine echte Strafe.[2] Der Oberförster verstarb zu Sondermühlen am 4. November 1848 und wurde am 7. November auf dem Meller Friedhof beigesetzt. Als Todesursache wurde im Kirchenbuch der ev.-luth. St.-Petri-Kirchengemeinde Melle Nervenfieber vermerkt. Nach Müllers Tod 1848 verzog die Witwe mit ihren Kindern zunächst zu ihrem Bruder nach Neuenkirchen, später nach Rothenfelde. Ihren letzten Wohnsitz nahm sie in Osnabrück.[3]

Der Tod des Ehemanns, Vaters und Versorgers traf die kinderreiche Familie hart. Die Witwe beantragte daher bei den Behörden finanzielle Unterstützung für sich und Ihre Kinder. Die Bedürftigkeit wurde vom königlichen Amt Grönenberg, in dessen Sprengel sich das Gut Sondermühlen befand, voll bestätigt. Der Leiter der Behörde schilderte Anfang 1849 in seinem Bericht an die königliche Domänen-Kammer die Dringlichkeit, dem Gesuch um Unterstützung stattzugeben.[4]

SCHWERPUNKTTHEMA

Abb. 1: Das Gut Sondermühlen (Meller Kreisblatt 5. April 1952).

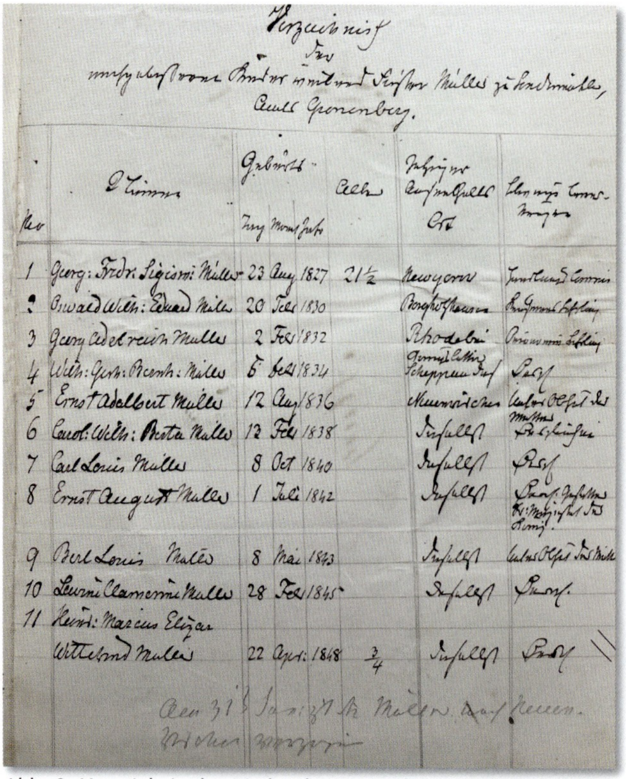

Abb. 2: Verzeichnis der Kinder des verstorbenen Friedrich Müller Anfang 1849 (NLA OS Rep 583 Nr. 79).

Die staatliche Unterstützung war noch jahrelang erforderlich. Die entsprechende Akte endet erst 1860. Durch Abschluss von Berufsausbildungen oder auch durch Todesfall waren im Laufe der Zeit immer weniger Kinder zu versorgen. Ein Sohn, der Apotheker Carl Louis Müller, wanderte im Sommer 1857 ohne Konsens nach Amerika aus. Einige seiner Geschwister – wie etwa Fritz, der bei Verwandten Gerdings in New York lebte – waren diesen Schritt bereits zuvor gegangen. Obwohl alleinerziehend mit elf unversorgten Kindern eine unglaubliche Herausforderung war, gelang es ihr, diesen eine gute Bildung zu ermöglichen. Frau Müller begründete auch mit besseren Ausbildungsmöglichkeiten den Umzug von Neuenkirchen nach Rothenfelde.[5]

Beruflicher Werdegang

Zu Müllers Aufgaben als hannoverscher Förster gehörten neben Verwaltung und Pflege der Forsten auch Vermessung und Kartografie der staatlichen Ländereien. Zunächst war er in Freren im Emsland tätig. 1835 ergab sich die Möglichkeit, königlicher (Ober-) Förster auf dem damals staatlichen Gut Sondermühlen bei Melle zu werden. Der alte Rittersitz mit seiner schönen Lage wird ihn und seine wachsende Familie gereizt haben. Hinzu kam, dass dort von 1816 bis zu seinem Tod der berühmte Friedrich Leopold Graf zu Stolberg gelebt hatte. Dieser bedeutende Literat hatte durch seine Konversion zum Katholizismus ein gesellschaftliches Erdbeben in den protestantischen Kreisen Deutschlands ausgelöst. Gut möglich, dass der kulturell bewanderte Müller die Verbindung zu Stolberg durchaus spannend fand.[6] Müller erhielt also seine Bestallung für die Försterstelle in Sondermühlen.[7] Über die Besetzung und Besoldung der Forstaufseherstelle in Sondermühlen liegt eine umfangreiche – aber leider stark beschädigte – Akte vor.[8] Trotz seiner Sondermühlener Aufgaben wurde er auch für Aufgaben außerhalb seines Tätigkeitsbereichs angefordert. So war er beispielsweise bei Maßnahmen gegen die Ausbreitung des Flugsandes in der Plantlünner Mark und Aufforstung mit Nadelbäumen beteiligt, wobei sicherlich seine Fähigkeiten als Vermesser und Zeichner besonders gefragt waren.[9]

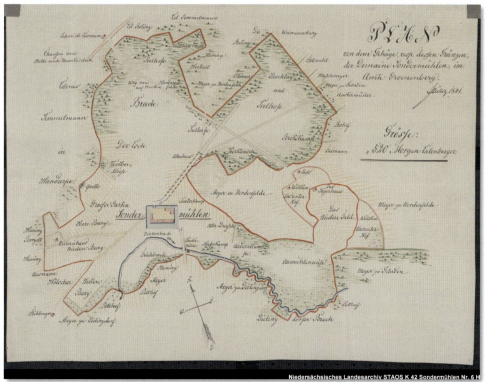

Abb. 3. Grenze der Domäne Sondermühlen gezeichnet von Friedrich Müller (NLA OS K 42 Sondermühlen Nr. 6 H)

Müller freundete sich mit dem Sondermühlener Vikar und Administrator Hoberg an, der ebenfalls auf dem Gut lebte. Dieser starb allerdings bereits 1840. Es folgte eine längere Erbauseinandersetzung mit den Erben des Vikars, die mit einem Vergleich endete.[10] 1841/42 wurden das baufällige Herrenhaus und die Försterei abgerissen.[11] Die Familie Müller zog daraufhin in die ehemalige Administratur. Neben seinem Hauptberuf beantragte er 1836 eine Konzession als Auktionator, um private

Holzverkäufe – wie sein Vorgänger auch – durchführen zu dürfen. Das Amt Grönenberg hatte keine Bedenken dagegen. Da auch seine Vorgesetzten dies bewilligten, wurde er entsprechend vereidigt. 1839 wurde die Konzession auf die Versteigerung beweglicher und unbeweglicher Sachen ausgeweitet.[12]

Ludwig Bäte bezeichnet Friedrich Müller wie folgt: „Er ist der Typ des norddeutschen Achtundvierzigers, konservativ bei allem Fortschrittswillen, geschichtlich eingestellt (wenn auch nicht immer gerade wissenschaftlich) und ganz erdbeständig. Stüve war bei weiteren Horizonten aus gleichem Kernholz geschnitten." Bäte berichtet auch über einen umfangreichen Briefwechsel mit dem Schriftsteller Heinrich Zschokke. Darüber hinaus soll er die Wahl Erzherzog Johanns zum Reichsverweser im Zuge der Revolution von 1848 mit einem großen Familienfest auf Sondermühlen gefeiert haben.[13] Trotz mancherlei Ausschreitungen sah Müller offenbar eine Aufbruchstimmung in seinem Vaterland. Zahlreiche Mythen kursierten in der Meller Landbevölkerung wegen seiner Mitgliedschaft bei den Freimaurern.

Geschichtliche Forschungen

Bei manchen Leuten stellt sich die Frage, wie sie das alles machen. Friedrich Müller-Sondermühlen gehört ganz sicher dazu. Als zwölffacher Familienvater ging er einer verantwortungsvollen und mit viel Außenterminen verbundenen Tätigkeit als Förster nach. Zusätzlich – also als Nebentätigkeit – war er als Auktionator konzessioniert. Das sollte an sich reichen. Dennoch fand er Zeit, eine sehr umfangreiche schriftstellerische Tätigkeit zu entfalten, die sich insbesondere der Lokalgeschichte widmete. Dafür bedurfte es zeitintensiver Recherchen.

An dieser Stelle stellt sich die Frage, auf welche Quellen er sich berufen konnte bzw. welche ihm zugänglich waren. Die einschlägigen Schriften zur Osnabrücker Geschichte beispielsweise von Justus Möser oder Johann Eberhard Stüve waren ihm sicherlich bekannt. Er muss darüber hinaus aber auch lokale Quellen aus dem Grönegau genutzt haben, die vermutlich heute verloren sind. Sicherlich hat er auch Erzählungen und Hörensagen einfließen lassen. Auf die Sondermühlener Archivalien, die zunächst der Vikar Hoberg verwaltet hatte, konnte er unbestreitbar zurückgreifen. Vielleicht konnte er auch Einsicht in die Archive der adeligen Güter und der Kirchengemeinden nehmen.

Auch wenn seine Quellenkritik heutigen Standards nicht gerecht werden kann und manche Ergebnisse spekulativ oder inzwischen gar widerlegt sind, leistete er doch eine erhebliche Pionierarbeit. Damals waren Belege mittels Quellenangaben und wissenschaftliches Zitieren noch unüblich. Allerdings sind auch die Quellen zu Müller-Sondermühlen schwierig zu greifen. Ludwig Bäte und Hermann Jellinghaus erwähnen bzw. zitieren aus einem offenbar sehr umfangreichen Nachlass bestehend aus zahlreichen Briefen und unveröffentlichten Manuskripten. Bäte wollte diesen sogar veröffentlichen. Leider verliert sich die Spur der Dokumente.

Problematisch ist bei der Beschäftigung mit Friedrich Müller-Sondermühlen auch die unterschiedliche Schreibweise bei seiner Autorenschaft. Üblich ist als Vorname in der Regel nur Friedrich statt Georg Friedrich. Beim Nachnamen ist es schon deutlich schwieriger. In der Literatur tauchen Müller, Müller-Sondermühlen oder Müller zu Sondermühlen auf. Dazu schrieb er selber oft unter dem Pseudonym Fritz vom Walde oder Waldlieb.

Schon in jungen Jahren wurde Müller schriftstellerisch tätig. In der Aschaffenburger Jagd- und Forstzeitung erschienen „Auszüge aus meinem Tagebuch".[14] Seinen Durchbruch als Schriftsteller und Historiker erzielte er 1839 mit einer Schrift zur Geschichte der Burg Ravensberg bei Borgholzhausen.[15] Für diese Publikation sprach ihm König Friedrich Wilhelm IV. von Preußen, zu dessen Königreich Borgholzhausen gehörte, seine Anerkennung aus. König Ernst August von Hannover übernahm aus diesem Anlass die Patenschaft für Müllers gleichnamigen Sohn Ernst August.[16] Die Thematik des alten Stammsitzes der Grafen von Ravensberg beschäftigte ihn auch später. 1845 erschien ein Werk über die Erstürmung der Burg.[17] Ein weiteres altes Adelsgeschlecht, dem er sich widmete, waren die Grafen von Tecklenburg. Eine entsprechende Veröffentlichung dazu erschien 1842.[18]

Müllers geschichtliche Arbeiten fanden weit über seine Heimat hinaus bemerkenswerte Anerkennung. Neben den geschichtlichen Themen untersuchte Müller auch aktuelle Probleme seiner Zeit. Mit diesen Schriften nahm er sogar an Preiswettbewerben teil. Hervorzuheben ist hierbei eine Beschreibung der Landwirtschaft im Fürstentum Osnabrück aus dem Jahre 1843.[19] Diese Arbeit wurde von der Königlichen Societät der Wissenschaften zu Göttingen mit einer Dotation von 12 Dukaten gewürdigt. Die Westfälische Gesellschaft zur Beförderung Vaterländischer Kultur ernannte ihn daraufhin zum Mitglied. Im Historischen Verein für Niedersachsen war er ebenfalls Mitglied und als Obmann für den Bezirk Osnabrück tätig.[20]

Abb. 4 und 5: Titelblatt der Geschichte des Burgschlosses Ravensberg in Westfalen, Osnabrück 1839; Zeichnung der Burg Ravensberg von Friedrich Müller (aus Geschichte des Burgschlosses Ravensberg in Westfalen, Osnabrück 1839).

Später bewarb er sich mit einer Abhandlung zu Ursachen und Wirkung der deutschen Auswanderung im 19. Jahrhundert um einen Preis der Brüsseler Akademie. Diese Studie wurde zunächst als Fortsetzungsgeschichte in diversen Ausgaben der Allgemeinen Auswanderungs-Zeitung im Sommer 1847 abgedruckt. Im Anschluss daran erschien die komplette Schrift als Sonderdruck.[21] Weitere Veröffentlichungen erwähnt Jellinghaus in seinem Nachruf.[22]

Sein Hauptwerk ist die „Geschichte des Amtes Groenenberg in Westfalen", welche allerdings von ihm nicht mehr veröffentlicht wurde. Allerdings liegen maschinengeschriebene Abschriften des Manuskripts vor. Darin heißt es auf der ersten Seite: „Es wird der Druck dieses Werkes genehmigt, und nach Vollendung des Druckes die Einsendung des Censur-Exemplares gewärtigt. Osnabrück, den 2. Oktober 1847. Königl. Kannoversches Evangl. Consistorium."[23] Das umfangreiche Original-Manuskript, welches 728 Seiten umfasst haben soll, lag später offenbar bei dem Osnabrücker Verleger Adolf Meinders. Der bedeutende Sprachforscher und Volkskundler Hermann Jellinghaus nahm sich dieses Textes an und veröffentlichte daraus 1920 den Teil über die Rittersitze und Edelhöfe sowie die Höfenamen. Gedruckt wurde dieses beim Verlag Meinders & Elstermann in Osnabrück. Im Vorwort wird darauf verwiesen, dass Müllers fast 70 Jahre altes Werk immer noch einen großen Wert hätte – trotz einiger Schwächen in stilistischer und historischer Hinsicht.[24] Viele Jahre später nahm sich die Meller Historikerin Maria Heilmann erneut des Stoffes an. Sie veröffentlichte eine von ihr bearbeitete Version, in zwei Teilen. 1966 erschien die Geschichte des Amts „Groenenberg in Westfalen" und 1967 „Rittersitze und Edelhöfe im Grönegau".[25] Allein diese Versionsgeschichte zeugt von der Bedeutung dieser ersten Gesamtdarstellung zur Geschichte des Grönegaus und damit Melles. Die Auflage der in Heftform erschienenen beiden Teile war hoch.

Berühmte Söhne

Zwei seiner Söhne brachten es ebenfalls zu Prominenz: Ernst August und Ludwig Johann. Besonders die Biografie des Erstgenannten ist archivalisch und literarisch gut dokumentiert.[26]

Ernst August wurde am 1. August 1840 geboren, wobei der König von Hannover die Patenschaft übernahm. Ihn verschlug es als Kaufmann nach Berlin. Er nannte sich Müller von Sondermühlen, wobei er meist nur den Vornamen Ernst verwendete. Ähnlich seinem Vater tat auch er sich als Schriftsteller historischer Themen hervor. Neben Aufsätzen in Zeitungen schrieb er eine Geschichte der Stadt Osnabrück.[27] Sein besonderes Interesse galt jedoch der Varusschlacht und deren Lokalisation. Die beiden Bücher „Aliso und die Gegend der Hermannsschlacht" (1875) und „Spuren der Varusschlacht" (1888) geben die Ergebnisse seiner Überlegungen bzw. Forschungen wieder.[28] Im Vorwort zu letzterer Publikation wartet er mit zwei hochkarätigen Prominenten auf, die seine Arbeit würdigen: Dem wohl bedeutendsten Historiker seiner Zeit – Theodor Mommsen – und Feldmarschall Helmuth Graf von Moltke als Chef des Großen Generalstabs. Darüber hinaus stand er im regen Austausch mit dem Troja-Entdecker Heinrich Schliemann. Ernst August war vor allem auch zeichnerisch tätig. Zahlreiche Zeichnungen insbesondere mit Berliner Motiven aber auch einige mit Ansichten aus dem Osnabrücker Land sind erhalten geblieben. Sie befinden sich im Besitz der Staatsbibliothek Berlin und des Kulturgeschichtlichen Museums Osnabrück. Anlässlich des 750-jährigen Jubiläums der Stadt Berlin 1987 erschien eine Edition seiner Berliner Zeichnungen.[29] Ernst Müller von Sondermühlen starb am 10. Januar 1907 in Berlin.[30]

Auch sein Sohn Ludwig Johann, der am 10. Mai 1842 geboren wurde, erlangte überregionale Bekanntheit, wie schon sein Eintrag im Lexikon der deutschen Dichter und Prosaisten vom Beginn des 19. Jahrhunderts bis zur Gegenwart belegt. Nach der Beschulung durch einen Hauslehrer ging er nach Holland, um dort bei einem Bekannten eine kaufmännische Lehre zu machen. 1863 kehrte er nach Deutschland zurück und trat in eine Magdeburger Fabrik ein, deren Leitung er später übernahm. 1870 machte er sich selbständig und gründete eine Fabrik für Kirchenheizungen. Er starb in der Elbmetropole am 7. April 1931. Aufgrund eines besonderen Interesses für Jagd und Natur, welches sicherlich seinem familiären Hintergrund geschuldet war, wurde er literarisch auf diesen Gebieten tätig. Ludwig Bäte verglich dessen lebendig-humorvollen Schreibstil mit Hermann Löns. Zahlreiche Zeitungsaufsätze und Jagdgeschichten stammen aus seiner Feder. Sein Hauptwerk „Humoristische Erzählungen aus dem Jägerleben" (1901) verfasste er unter dem Pseudonym Rellüm. Ludwig Johann Müller verkehrte aufgrund seines wirtschaftlichen Erfolgs und seines schriftstellerischen Schaffens in den besten Kreisen. Zu seinem 80. Geburtstag gratulierte sogar Ex-Kaiser Wilhelm II. aus seinem niederländischen Exil.[31]

Der Grabstein

Müllers Grab auf dem damals noch neuen kommunalen Meller Friedhof wurde später mit einem gewaltigen Findling versehen. Die Initiative dazu soll von seinem Sohn Ernst August ausgegangen sein. Auf diesem Stein wurden einige rätselhafte Runen eingemeißelt, deren Vorbilder von

Abb. 6: Grabstein Friedrich Müller-Sondermühlen auf dem Meller Friedhof (Uwe Plaß).

einem in Jütland oder auf Rügen ausgegrabenen Silberbecher stammen sollen. Angeblich bedeuten die Worte: OYDUN – YUL – SAYFAT – HAGET (dt.: Odin, Jul, Seefahrt, bestimmen). Die Grabstätte ging später in den Besitz der Familie Timmersmann über. Den Grabstein Müllers beließ man dort. Es wäre vermutlich auch ein zu großer Aufwand gewesen, ihn zu entfernen. Allerdings verdeckte man die bisherige Inschrift mit einer Bronzeplatte, um an einen Gefallenen aus der Familie Timmersmann aus dem I. Weltkrieg zu erinnern. Dieses Recyceln wurde 1923 in der Zeitungsbeilage des Meller Kreisblatts sehr stark kritisiert, da dadurch Müllers Andenken in Vergessenheit geriete. Das war auch so. Erst um 1970 wurde die Grabstätte an die Stadt Melle zurückgegeben. Bei der Entfernung der Platte stieß man wieder auf den Originaltext. Angesichts von Müllers Bedeutung übernahm die Stadt die Pflege der Grabanlage. Mit Einrichtung des historischen Friedhofs in Melle wurde der Grabstein dorthin versetzt.[32]

1	Zur allgemeinen Biografie vgl.: Jellinghaus, Hermann, Nachruf. Friedrich und Ernst Müller-Sondermühlen, in: OM 32 (1907), S. 340-342; Lindemann, Ilsetraut, Art. Müller, Georg Friedrich, in: Biographisches Handbuch zur Geschichte der Region Osnabrück, bearb. von Rainer Hehemann, Bramsche 1990, S. 211 f.
2	Bäte Ludwig, Friedrich Müller zu Sondermühlen. Ein Grönenberger Lebensbild aus der ersten Hälfte des 19. Jahrhunderts, in: Meller Kreisblatt vom 1. April 1920.
3	Heilmann, Maria, Bedeutende Menschen des Grönegaus. Friedrich Müller-Sondermühlen (1800-1848), in: Der Grönegau in Vergangenheit und Gegenwart. Heimatbuch des Landkreises Melle, Melle 1968, S. 404 f.
4	NLA OS Rep 350 Grö Nr. 1973.
5	NLA OS Rep 583 Nr. 79.
6	Fredemann, Wilhelm, Einkehr in Sondermühlen. Bilder aus den Tagen der Romantik (Grönenberger Heimathefte 6), Melle 1974.
7	NLA OS Rep 350 Grö Nr. 1966.
8	NLA OS Rep 560 VII Nr. 108.
9	NLA OS Rep 360 Akz. 2010/058 Nr. 163
10	NLA OS Rep 563 Nr. 88.
11	Bäte Ludwig, Friedrich Müller zu Sondermühlen. Ein Grönenberger Lebensbild aus der ersten Hälfte des 19. Jahrhunderts, in: Meller Kreisblatt vom 30. März 1920.
12	Zu seiner Tätigkeit als Auktionator: NLA OS Rep 350 Grö Nr. 1651.
13	Bäte, Ludwig, Die Müllers von Sondermühlen, in: Land und Leute Nr. 38 vom 23. November 1954.
14	Jellinghaus, Nachruf, S. 340-342; Lindemann, Ilsetraut, Müller, Georg Friedrich, S. 211 f.
15	Müller, Friedrich, Geschichte des Burgschlosses Ravensberg in Westfalen, Osnabrück 1839.
16	NLA HA Cal. Br. 15.
17	Müller, Friedrich, Die Erstürmung der Burg Ravensberg. Historische Erzählung aus den Zeiten des Faustrechts, Halle in Westphalen 1845.
18	Müller, Friedrich, Geschichte der alten Grafen von Tecklenburg in Westfalen, Osnabrück 1842.
19	Müller, Friedrich, Beschreibung der Landwirtschaft im Fürstenthume Osnabrück. Eine von der Königl. Socie-

	tät der Wissenschaften zu Göttingen 1842 gekrönte Preisschrift, in: Hannoversches Magazin Nr. 5-9 (1843), S. 35-70.
20	Vgl. u.a. Sechste Nachricht über den historischen Verein für Niedersachsen, Hannover 1843, S. 6.
21	Müller, Friedrich, Ursachen und Wirkungen der deutschen Auswanderungen im neunzehnten Jahrhundert (aus der allg. Auswanderungs-Zeitung besonders abgedruckt), Rudolstadt 1847.
22	Jellinghaus, Nachruf, S. 340-342
23	Müller, Friedrich, Geschichte des Amtes Groenenberg in Westfalen, unveröffentlicht 1847 [masch. Abschrift des Manuskripts].
24	Müller zu Sondermühlen, Friedrich, Die Rittersitze und Edelhöfe des Kreises Melle im Reg.-Bezirk Osnabrück mit einem Anhang über dessen Höfenamen, bearb. von Hermann Jellinghaus, Osnabrück 1920.
25	Müller, Friedrich, Geschichte des Amtes Groenenberg in Westfalen (Grönenberger Heimathefte 10), bearb. von Maria Heilmann, Melle 1966; Ders., Rittersitze und Edelhöfe im Grönegau (Grönenberger Heimathefte 11), bearb. von Maria Heilmann, Melle 1967.
26	NLA OS Erw A 38 Akz. 46/1996 Nr. 55; NLA OS Rep 350 Ibg Nr. 6010; Jellinghaus, Nachruf, S. 340-342; Lindemann, Ilsetraut, Art. Müller, Ernst August, in: Biographisches Handbuch zur Geschichte der Region Osnabrück, bearb. von Rainer Hehemann, Bramsche 1990, S. 211.
27	Müller von Sondermühlen, Ernst, Geschichte der Stadt Osnabrück nach den besten Quellen und Urkunden, Berlin 1868.
28	Müller von Sondermühlen, Ernst, Aliso und die Gegend der Hermannsschlacht, Berlin 1875; Ders., Spuren der Varusschlacht, Berlin 1888.
29	Müller von Sondermühlen, Ernst, Berlin 1870-1890. Zeichnungen, bearbeitet von Waltraud Volk, Leipzig 1986.
30	Freiherr von Richthofen, von, Karl-Friedrich, Die Schlacht am Teutoburger Wald aus Meller Sicht, in: Der Grönegau. Meller Jahrbuch 14 (1996), S. 101-106; Lindemann, Ilsetraut, Unterwegs mit dem Zeichenstift. Aus dem Vermächtnis des Ernst August Müller von Sondermühlen, in: Heimat-Jahrbuch Osnabrücker Land 1987, S. 245-250.
31	Art. Müller, Ludwig Johann, in: Lexikon der deutschen Dichter und Prosaisten vom Beginn des 19. Jahrhunderts, bearb. von Franz Brümmer, 6. Auflage, 5. Bd.: Minuth bis Risch, Leipzig 1913, S. 66; Bäte, Die Müllers von Sondermühlen.
32	Blotenberg, Heinrich, Schicksal eines Grabmales, in: Der Grönegau 6. Januar 1923; Lührmann, K. A., Zum „Schicksal eines Grabmales", in: Der Grönegau 27. Januar 1923.

Heimatforschung um die Hofstätte Herm-Stapelberg in Bramsche Hesepe
Silke Grade

Unter der heutigen Adresse Stapelberg 2 in Bramsche Hesepe ist der Hof Herm-Stapelberg[1] zu finden, als Endpunkt einer asphaltierten schmalen Straße.

Abb.1: Hofanlage von Norden (Foto: Silke Grade).

Linkerhand hinter einem Mauerabschnitt aus Bruchsteinplatten kann man das bruchsteinerne Backhaus von 1754 sehen. Rechterhand - umgeben vom Garten und einer ebensolchen Mauer - ist der in der zweiten Hälfte des 19. Jahrhunderts aus Ziegelsteinen erbaute Wohnteil der Anlage zu erahnen. Mittig im Hintergrund sind mit rot gedecktem Dach und grünen Toren die ziegelsteinernen Scheunen- und Stallgebäude aus den 1950er Jahren zu erkennen.

Als Wanderer erschließt sich ein ganz anderer Blick aus südlicher Richtung auf die Hofstätte: Der auch als „Apfelstraße" bezeichnete Weg führt zwischen Feldern zum gepflasterten Hofraum, der rechts von den bereits genannten Scheunen- und Stallgebäuden begrenzt wird. Links liegt

Abb. 2: Hofanlage von Süden (Foto: Silke Grade).

der heute als Hühnerhaus genutzte ehemalige Schafstall aus Fachwerk. Herzstück der Hofanlage ist der giebelständige Zweiständerbau von 1737 mit seinen in Ziegelbauweise erneuerten Gefachen.

An diesen Giebelbau schließen sich jeweils quer dazu ein bruchsteinerner Schweinestallanbau von 1897 und, im Vergleich dazu zurückgesetzt, der bereits erwähnte Wohnbereich der Hofstätte an.

Abb. 3: Hauptgebäude mit Schweinestallanbau und Wohnteil von Osten (Foto: Silke Grade).

Die Geschichte dieser Hofstätte, des Prädiums, reicht aber sehr viel weiter zurück als die Gebäude alt sind. Aus diesem Grunde rückte der Hof Herm-Stapelberg – auch zusammen mit den anderen Stapelberger Hofstätten Wessel Stapelberg (heute: Selke-Stapelberg) und Gerd Stapelberg (heute nicht mehr existent) - bereits mehrfach in den Blick der Heimatforschung.

Neben allgemeinen Abhandlungen über Bauernhöfe oder Hofstätten im Raum Bramsche (oder auch Landkreis Osnabrück)[2], in denen auch die Herm-Stapelberger Hofstätte Eingang fand, beschäftigte sich bereits in den 1930er Jahren Gustav Bodensieck intensiver mit allen drei Stapelberger Hofstätten.[3]

Als erstes trug Bodensieck in einer kurzen Abhandlung Siedlungsgeschichtliches über diese drei Höfe zusammen, deren Anfänge er spätestens im 8. Jahrhundert vermutete.[4] Bezugnehmend auf die Siedlungsforschungen seiner Zeit[5] ordnete Bodensieck die Höfe aufgrund ihrer Flurgestaltung als ein kleines Eschdorf und damit der vorkarolingischen Zeit zu.[6] Weitergehend beschrieb Bodensieck die seit altersher bestehende Zugehörigkeit zu Hesepe und listete die Abhängigkeits- und Zuständigkeitsverhältnisse der Höfe auf – wann sie wem eigenbehörig waren und mit wem (welchen anderen Heseper Hofstätten) sie Spanndienste zu leisten hatten. Daraus schlussfolgerte er, dass die Stapelberger Höfe zu Beginn der karolingischen Zeit von besonderem Interesse gewesen sein mussten. Dieses wiederum suchte er mit der Erläuterung der Bezeichnung „Stapelberg" als Gerichtsstätte am Berg zu vorkarolingischer Zeit zu erklären.[7]

Eher nebensächlich ging Bodensieck auf die vorgestellten Zusatzbezeichnungen der Hofstätten „Gerd", „Wessel" und „Herm" ein. Diese Zusätze führte er auf Vornamen zurück, die jedoch erst ab dem 17. Jahrhundert zur Unterscheidung der Höfe benutzt wurden. Dem ist jedoch hinzuzufügen, dass die Bezeichnungen aber auch ab dieser Zeit nicht regelmäßig, sondern eher sporadisch in Schriftstücken zu finden sind.

Dieser ersten Abhandlung ließ Bodensieck neben einer sorgfältigen und detaillierten Genealogie noch Beiträge zur Rechtsgeschichte (Schwerpunkt: Eigenbehörigkeit) sowie zur Wirtschaftsgeschichte der Hofstätten folgen.[8] Zu der Genealogie gehörten neben Stammtafeln der drei Stapelberger Familien Wessel, Herm und Gerd ab ca. Ende 17. Jahrhunderts auch Stammtafeln, die „nur" Stapelberger Familien ohne den Zusatz der Kenntlichmachung der Höfe aufweisen. Für Herm-Stapelberg gab es zwei Stammbäume, die sich aufgrund des Freikaufs der Hofstätte 1784 erklären.

Im rechtsgeschichtlichen Beitrag erläuterte Bodensieck gut verständlich und schwerpunktmäßig die Rechtsverhältnisse der Eigenbehörigen, da alle drei Stapelberger Höfe nach den ältesten Nachweisen eigenbehörig waren.[9]

In den nächsten Jahrzehnten stand – so der bisherige Wissenstand - keiner der Stapelberger Höfe mehr im Fokus der (Heimat-)Forschung.

Erst in der 2022 herausgebrachten und dankenswert umfangreichen Datensammlung zur Gemeinde Hesepe von Heinrich Gosmann finden sich als „Vollerbenhöfe" unter Nr. 2 Herm Stapelberg, Nr. 13 Wessel Stapelberg und unter Nr. 14 Gerd Stapelberg.[10] Bereits im Vorwort verweist Gosmann auf die große Bedeutung aller alten Hofanlagen als „Fundament der Bauernschaften". Ebenfalls an dieser Stelle stellt er seine Sammlung als Hilfswerk für weitere Hof- und damit Heimatforschung dar.

Nach einer einleitenden Kurzerläuterung zu Hesepe und einer dazugehörenden Zeittafel erstellte Gosmann schwerpunktmäßig zu allen aufgeführten Heseper Höfen und Häusern jeweils ein chronologisches Gerüst mit Quellenangaben. Daran schlossen sich kurzgefasste Informationen zu anderen Gebäuden in Hesepe an. Auch dem Bereich Auswanderung im 18. und 19. Jahrhundert trug Gosmann mit vorangestellten Texten und alphabetischer Auflistung der aus Hesepe ausgewanderten Personen Rechnung.

Ebenso aus dem Jahr 2022 ist der vom Heimatbund Osnabrücker Land und dem Kreisheimatbund Bersenbrück herausgegebene Bildband, in dem der Hofanlage Herm-Stapelberg eine Doppelseite gewidmet ist.[11]

Auf dieser Basis können in den folgenden Jahren weitere, sehr spannende Forschungsbeiträge zur Hofstätte Herm-Stapelberg folgen. Archivalien der heutigen Hofbesitzerin Mareile Herm-Stapelberg aber auch aus dem Niedersächsischen Landesarchiv Standort Osnabrück ermöglichen z.B. eine detaillierte Aufschlüsselung des bereits oben erwähnten Freikaufs der Hofstätte 1784. Neben interessanten Fakten, wie ein solcher Freikauf eines eigenbehörigen Colonats, einer Hofstätte, noch vor der Bauernbefreiung vor sich gegangen ist, bieten diese Archivalien aber auch Einsicht in soziale Strukturen in ländlichen Gegenden Ende des 18. Jahrhunderts.

1	In diesem Beitrag wird der Name mit Bindestrich geschrieben, da auch die heutige Besitzerin einen Bindestrich im Namen trägt. Dieser hat sich aber erst im letzten Jahrhundert „eingeschlichen". In Archivalien wird der Name hingegen in der Regel ohne geschrieben.
2	Z. B. Hasemann, Wilhelm: Norddeutsche Bauernhöfe in der Geschichte: die Siedlungen im Kirchspiel Bramsche, Bezirk Osnabrück und die wirtschaftlichen Verhältnisse der Höfe bis Ende des 18. Jahrhunderts, Bramsche 1933. – Frommeyer, Hermann: Der Bramscher Gau und seine Siedlungen, Bramsche 1955.
3	Zu Gustav Bodensieck s.: Borgfeld-Lexikon. Von Aalfang bis Zur Waldschänke (Heimatarchiv Bürgerverein Borgfeld, Bremen 1912, S. 16f. Online unter: https://silo.tips/download/borgfeld-lexikon-von-aalfang-bis-zur-waldschnke-herausgegeben-fr-das-heimatarchi, abgerufen am 10.01.2023. G. Bodensieck (* 1901 in Hildesheim, † 1980 in Bremen) zog 1907 mit seiner Familie nach Bremen. Nach dem Abitur und seiner Ausbildung am städtischen Lehrerseminar in Bremen unterrichtete er bis zur Pensionierung an verschiedenen Bremer Schulen. In den 1930er Jahren wohnte er in Burgdamm/ Bremen, 1958 Umzug zum Brandenhof in Borgfeld/ Bremen. Nach Jahren der Familienforschung beschäftigte er sich mit der Borgfelder Heimatforschung („Die Kirchengemeinde Borgfeld" u.a.). Heute ist eine Straße in Bremer Stadtteil Borgfeld nach ihm benannt. Wie er zur Erforschung der Stapelberger Höfe kam, ist nicht schlüssig nachzuvollziehen. Eine Vermutung ist Folgende: Die Mutter von Bodensieck war eine geborene Stapelberg aus Osnabrück, deren Familienzweig wiederum ursprünglich von einem Stapelberg aus Hesepe abstammte. In Bodensiecks Genealogie unter „Stapelberg F" taucht ein Gustav Louis Heinrich Bodensieck (*12.09.1862, gest. 2.11.1942 Bremen (letzteres handschriftlich in den Unterlagen von Mareile Herm Stapelberg angefügt)) auf, Direktor a.D. der Taubstummen-Anstalt in Bremen, verheiratet mit Sophie Karoline Margarethe geb. Stapelberg (*13.10.1874, gest. 16.03.1938 in Bremen (letzteres wieder handschriftlich in den Unterlagen von Mareile Herm Stapelberg)).
4	Bodensieck, Gustav: Über den siedlungsgeschichtlichen Ursprung der Stapelberger Vollerbenhöfe, Burgdamm 1934.
5	Z.B.: Rothert, Hermann: Die Besiedelung de des Kreises Bersenbrück. Ein Beitrag zur Siedlungsgeschichte Nordwestdeutschlands, Quakenbrück 1924.
6	Bodensieck: Siedlungsgeschichtlicher Ursprung, S. 2.
7	Ebd., S. 8.
8	Ders.: Genealogisches Material zur Geschichte der Stapelberg-Sippen, Burgdamm 1935.- Ders.: Beiträge zur Rechtsgeschichte der Stapelberger Vollerbenhöfe; aufgrund der Archivarbeiten von Oberstleutnant a.D. Petiscus – Osnabrück (nebst Nachtrag), Burgdamm 1935. – Ders. Beiträge zur Wirtschaftsgeschichte der Stapelberger Vollerbenhöfe; aufgrund der Archivarbeiten von Herrn Oberstleutnant a.d. Petiscus – Osnabrück, Burgdamm 1936. – Unter den genannten Titeln finden sich diese maschinenschriftlichen Abhandlungen in der Dienstbibliothek des NLAOS wie auch in den Akten des Hofes Herm Stapelberg; eine Veröffentlichung durch einen Verlag ist demzufolge nicht erfolgt. Zu Max Petiscus (*1873 †1952), einem von 1925 bis 1952 in Osnabrück lebenden freiberuflichen Genealogen, s.a.: https://www.arcinsys.niedersachsen.de/arcinsys/detailAction?detailid=b3655, abgerufen am 10.01.2023.
9	Eigenbehörige Bauern waren unfrei, sie waren mit ihrer Hofstätte, ihrem Prädium, an ihren Grundherren/Gutsherrn gebunden. Sie mussten Dienste und Abgaben ableisten, konnten keine Veränderungen an Gebäuden, am Bestand der Höfe ohne Zustimmung des Grundherrn erwirken, konnten auch die Höfe nicht mit Schulden belasten. Ebenso abhängig vom Grundherrn waren Abzug vom Hof oder auch Einheiratung auf den Hof. Einheiratende Männer mussten den Hofnamen übernehmen. Entweder wurde man als Eigenbehöriger von einer ebensolchen Mutter geboren, man konnte sich aber auch freiwillig in dieses Verhältnis begeben. Nebst diesen Pflichten und Einschränkungen war das bedeutendste Recht die Vererbung der Ansässigkeit auf der Hofstätte. Dieses Anerbenrecht gebührte im Osnabrücker Land dem Jüngsten der Kinder. Vgl. auch: https://drw.hadw-bw.de/drw-cgi/zeige?index=lemmata&term=eigenbehoerigkeit&firstterm=eigenbehoerige; https://drw.hadw-bw.de/drw-cgi/zeige?index=lemmata&term=hoerigkeit#H%C3%B6rigkeit-2.0; https://drw.hadw-bw.de/drw-cgi/zeige?index=lemmata&term=leibeigenschaft#Leibeigenschaft; abgerufen am 15.05.2023. Dazu s.a.: Ipsen, Jörn: Grundherrschaft und Bauernbefreiung. Die rechtliche Lage der ländlichen Bevölkerung im Königreich Hannover, Göttingen 2021.
10	Gosmann, Heinrich: Hesepe. Eine Datensammlung zu Ort, Höfen, Häusern und Auswanderungen, Bohmte 2022, S. 42-51 (Herm Stapelberg).
11	Niewedde, Jürgen Eberhard/ Pentermann, Hermann: Zwischen Tradition und Moderne. Markante Bauernhöfe im Osnabrücker Land, Belm 2022, S. 34f.

SCHWERPUNKTTHEMA

Suche der US-Amerikanerin Julie Macier nach ihren Wurzeln in Vechtel

Jürgen Schwietert

Es ist spannend, seine eigenen Wurzeln zu erkunden. Immer mehr Menschen beschäftigen sich damit, ihre Ahnen zu erforschen. Genealogie ist ein interessantes Feld. Wer sich einmal auf die Spurensuche macht, kommt von diesem Thema nicht wieder los. So weilte kürzlich die 71-jährige Julie Macier aus Green Bay am Lake Michigan im Bundesstaat Wisconsin in den Vereinigten Staaten von Amerika (USA) in Vechtel (Bippen) auf den Spuren ihrer Ahnen. Sie war unter anderem zu Besuch bei der Familie Kamper auf dem Hof Klaus. Von dieser Familie stammt ihr Urururgroßvater Hermann Heinrich Klaus ab. Dabei erleichterten historische Bilder die Wurzelsuche.

Derzeit bewirtschaften Karin, Tochter des Hofes Klaus, und ihr Ehemann Friedhelm Kamper den Hof, auf dem momentan vier Generationen wohnen. Unter Moderation von Wilfried Holthaus vom Heimatverein Bippen tauchten Julie Macier und die Familie Kamper tief in die Familiengeschichte ein.

Abb. 1: So manches Familienrätsel ist durch alte Bilder, hier betrachtet von Michael, Friedhelm, Karin und Carsten Kamper sowie Julie Macier, Wilfried Holthaus und Heinz Klaus (von links), lösbar. (Foto: Jürgen Schwietert)

Hermann Heinrich Klaus, der 1845 geboren wurde, war der Sohn von Dietrich Johann Klaus. Dieser musste sein Leben als Heuermann bestreiten, da sein älterer Bruder Colon Hermann Heinrich Klaus den Familienhof erbte. So war in der Region seinerzeit die Erbfolge geregelt. Damit wurde eine Zerstückelung der landwirtschaftlichen Flächen, wie sie andernorts die Regel war, verhindert. Hermann Heinrich Klaus heiratete die Schalerin Johanna Margarete Speller (geb. 1848 in Schale) und wanderte mit ihr und drei gemeinsamen Kindern 1882 in die USA aus. In den USA bekamen sie zwei weitere Kinder.

Seinerzeit wanderten zahlreiche Deutsche über Bremerhaven aus und sahen die neue Welt erstmals auf der Insel Ellis Island vor New York. Jeder Auswanderer, der zunächst nach New York wollte, musste hier eine Einreiseprüfung über sich ergehen lassen. Ob die Ausreise aber über Bremerhaven und New York führte, konnte noch nicht verifiziert werden. Wie Wilfried Holthaus ermittelt hat, soll die Einreise in die Staaten über Baltimore erfolgt sein. In Amerika angekommen, ging die Familie nach Chigaco, Illinois. Sie lebten dann später im Stadtteil Itasca, Addison Township, in die Nähe des Flughafens von Chicago. Dort starb Hermann Heinrich, genannt Henry, am 8. Februar 1927.

Julie Macier, ehemals Lehrerin, kam über Erzählungen in der Familie, in der Mutter und Großmutter über 90 Jahre alt wurden, sowie über die Erstellung ihres Stammbaumes sowie weiterer Familienstammbäume auf die Idee, ihre Wurzeln in Deutschland zu erforschen. Die Großmutter trug weiterhin den Namen Klaus. Eine amerikanische Reisegesellschaft bietet zu diesem Zweck eigens Reisen nach Deutschland an. Im Rahmen einer entsprechenden Reise (Familienstammbaumtouren) gelang sie auch nach Schale und erforschte die Lebensgeschichte des Zweiges Speller, dem Schaler Familienteil.

Julie Macier hat einem Sohn und eine Tochter, die sich über die Ambitionen ihrer Mutter zur Erforschung der Familiengeschichte freuen und sich ebenfalls dafür interessieren. Ihr Mann stammt aus dem französisch sprechenden Teil Kanadas. Seine Wurzeln liegen vermutlich ebenfalls in Deutschland. Seine Vorfahren wanderten im 18. Jahrhundert aus. Das aber ist eine andere Geschichte.

GESCHICHTE

Die „Wehrkirche" St. Servatius und die Curia Berge: Eine Zusammenschau und Neubetrachtung der bisherigen heimatgeschichtlichen Veröffentlichungen zu diesen Bauten. Teil 1: Die Gründungsphase um 1200

Martin Bruns

Einleitung

Als mir zum ersten Mal etwas zur katholischen Kirche in Berge erzählt wurde, tauchte darin der Begriff „Kirchburg" auf. Diese sollte als Festung des Grafen Simon von Tecklenburg gedient haben, und wäre um 1180 gebaut worden. Ich kannte Kirchenburgen bisher nur aus Siebenbürgen. Hier, so wusste ich, stehen schwer befestigte Kirchen und Kirchhöfe. Diese wurden meiner Erinnerung nach im Spätmittelalter errichtet, und zwar von freien Bauern zum Schutz gegen die Osmanen. Daher stellte ich mir im ersten Moment auch genauso eine ähnliche Anlage vor, nur eben im Baustil des 12. Jahrhunderts: Eine Wehrmauer mit Zinnen, viele Speichergebäude, vielleicht einen vorgelagerten Graben. Die Abbildung 1 illustriert meine damaligen Vorstellungen.

Abb. 1: Hat die katholische Kirche in Berge so am Ende des 12. Jahrhundert ausgesehen? Wir werden sehen, wie wahrscheinlich das ist. (Rekonstruktion des Autors).

Kurze Zeit später kamen mir aber Zweifel: Warum sollte ein Graf eine Kirche befestigen? War so was überhaupt erlaubt? Zudem war der Platz für eine Burg nicht sehr gut gewählt: Der Hügel, auf dem die Kirche steht, ist nur sanft ansteigend und bietet so kein natürliches Annäherungshindernis. Eine Burg im Tal bei Dalvers wäre viel einfacher zu befestigen gewesen. Hier gibt es Bachläufe, sogar ein Niedermoor. Ein Wassergraben wäre hier einfach zu realisieren gewesen. Das Moor bietet zudem für sich allein genommen schon einen sehr guten Schutz vor Angreifern, die bei einem Angriff hier stecken bleiben würden. War die katholische Kirche also Teil einer Kirchenburg?

Glücklicherweise haben sich mehrere Autoren bereits mit der Kirche St. Servatius in Berge beschäftigt, so dass ich auf ihre Texte zurückgreifen kann. So haben Werner Dobelmann (1981), August Schröder (1986) und Annette Lömker-Schlögell (1998) etwas zur Geschichte der katholischen Kirche veröffentlicht.

Zur Beantwortung der oben genannten Fragestellungen über die Existenz einer Kirchburg werden die Aussagen dieser Autoren in der chronologischen Reihenfolge ihrer Textveröffentlichung kritisch betrachtet. Aussagen der Autoren zu der Kirche werden zudem erläuternd weitergedacht, wenn es sinnvoll erscheint. Hierfür wird dann weitere Literatur bzw. Quellenmaterial herangezogen. Parallel wird im Laufe des Textes auch die bauliche Entwicklung der Kirche St. Servatius erläutert, sofern diese zu rekonstruieren ist.

Erster Teil: War die katholische Kirche um 1200 Teil einer Befestigung der Tecklenburger Grafen?

W. Dobelmann (1981) vermutet, dass die katholische Kirche um 1180 von Simon von Tecklenburg gegründet wurde. Aus dieser Gründungszeit soll vermutlich der steinerne Turm aus Findlingen und Bruchstein stammen. Weiterhin weiß er zu berichten, dass die Kirche zwischen 1221 und 1251 zu einer Pfarrkirche erhoben wurde. In der zweiten Hälfte des 13. Jahrhunderts soll dann ein neues frühgotisches Kirchenschiff gebaut worden sein. Dieses Kirchenschiff soll bis zu Anfang des 20. Jahrhundert existiert haben. Der Turm der Kirche soll 1652 umfassend repariert worden sein. Über Befestigungen der Kirche St. Servatius schreibt er dagegen nichts in seinem Buch.[1]

A. Schröder (1986) bezeichnet die katholische Kirche in Berge dagegen als Wehrkirche der Grafen von Tecklenburg. Sie soll neben der Curia den Ort Berge „umwehrt" haben.[2]

Annette Lömker-Schlögel (1998) liefert die genauesten Informationen für die Gründungsphase der Kirche: Nach ihren Überlegungen muss die katholische Kirche nach 1186 und vor 1202 auf dem Grund der Curia in Berge gegründet worden sein. Sie geht davon aus, dass der Turm an ein bereits bestehendes Langhaus, das vermutlich aus Holz bestand, angefügt wurde. Dieser Turm, 6,5 mal 6,5 Meter im Grundmaß, hat fast 2 Meter dicke Mauern.[3]

Aber was ist eine Wehrkirche genau? Was soll eine Curia sein? Die Klärung des Begriffs Curia ist wichtig, weil sie die oben genannte Umwehrung von Berge besser diskutieren lässt. Da der Begriff Curia im Gegensatz zu Kirchenburg (im Osnabrücker Land gerne auf Kirchburg verkürzt[4]) oder Wehrkirche ein in der Geschichtswissenschaft und der Archäologie fest definierter Begriff ist, erscheint es einfacher, mit der Curia zu beginnen. Zudem ist die Curia älter, die Kirche jünger.

Die Curia Berge

In der Urkunde, in der der Ort Berge zum ersten Mal erwähnt wird, wird Berge als Curia bezeichnet. Nach A. Verhulst ist eine Curia typischerweise ein mit Wall und

GESCHICHTE

Graben umschlossener Großhof. Dieser dient als Verwaltungszentrum eines Grundherrn für die umliegenden Ländereien. Alternativ kann er auch das Zentrum eines Wirtschaftsbetriebs sein. Die Curia ist zudem Sitz des grundherrschaftlichen Gerichts. Der Begriff wird in Quellen üblich ab dem 10. Bis 11. Jahrhundert.[5]

Aussagen von H. Hinz sind hierbei ergänzend und ausschärfend, was Wall und Graben angeht: Hiernach ist eine Curia keine Burg. Sie hat nur leichte Befestigungen. Die Nachfolgebezeichnungen für eine Curia ist der Gräftenhof (in Westfalen üblich), eine Hoffeste (im Rheinland gebräuchlich) oder ein umwallter Hof (in Flandern verwendet)[6]. Was sind aber leichte Befestigungen?

Nach dem Sachsenspiegel (ca. 1230), der hier als Quelle sachdienlich ist, sind leichte Befestigungen solche, die nicht unter das Burgenbaurecht fallen. Es wird hierbei recht anschaulich erklärt, was für Befestigungen dies sind:

- Gräben nicht tiefer, als ein Mann Erde mit einem Spaten herauswerfen kann, ohne einen Schritt zu tun (also ca. 1,80 Meter bis 2 Meter tief und ca. 3 Meter breit).

- Gebäude, die nicht mehr als drei Geschosse haben. Von diesen ist eins binnen der Erde (also ein Keller, komplett unterirdisch). Neben dem Keller darf ein solches Gebäude somit noch ein Erdgeschoss und einen ersten Stock haben.

- Türen, die nicht höher als ein Knie hoch über dem Boden liegen.

- Mauern, Zäune oder Wälle, die nicht höher sind als ein Mann, der auf einem Pferd sitzt, reichen kann (ca. 3 Meter)

- Mauern oder Zäune ohne Brustwehr oder Zinnen.[7]

Die Curia Berge ist archäologisch nicht untersucht worden. Dennoch kann man sich nun diese leichten Befestigungen der Curia Berge vorstellen. Wie sieht aber der Gebäudebestand eines solchen befestigten Hofes aus? Zum einen werden auf einem solchen Hof die Gebäude gestanden haben, die auch auf anderen Höfen gestanden haben. Sie werden als Fachwerkbauten errichtet worden sein. Es wird weiterhin einen Brunnen und einen Getreidespeicher gegeben haben. Als Beispiel für eine solche Ansammlung von Gebäuden kann die ergrabene Flach-Siedlung des Husterknupps (siehe Abbildung 2) dienen. Das Hauptgebäude kann sich aber von den üblichen Bauernhäusern in Größe und Form unterscheiden. Als Beispiel hierfür kann die ergrabene Curia in Bissendorf dienen.

Hierbei wurde ein Gebäude mit den Maßen 16,5 x 6,5 Meter erfasst, welches einen Anbau mit dem Maßen 5 x 2 Meter hatte. Das Gebäude war Steinfundamentiert, aber ohne Mörtel errichtet: Die als Fundament verwendeten Kalksteinplatten sind in Lehm gelegt worden.

Das Erdgeschoss des Gebäudes war etwa 50 Zentimeter in den Boden eingegraben. Auf dem Kalksteinfundament ist vermutlich ein Lehmfachwerkbau errichtet worden. Parallel zu den Längsseiten des Hauses verlaufen Holzbohlen. Diese dien-

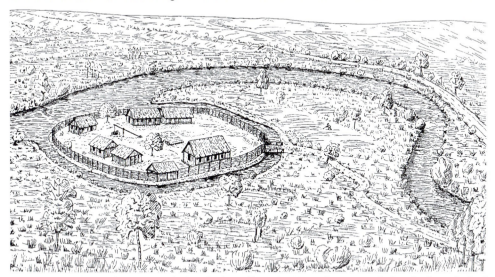

Abb. 2.: Ein Rekonstruktionsversuch der Flach-Siedlung des Husterknupps nach dem Grabungsbefund der Siedlungsphase I. Die Statik der Gebäude wird durch in den Boden eingegrabene Holzpfosten erreicht. Die Löcher sind im Grabungsbefund erkennbar und erlauben die Rekonstruktion der Gebäude. Hans Wilhelm Heine: Burgen in Niedersachsen, in: Hans Wilhelm Böhme (Hrsg.) Burgen der Salierzeit, Teil 1, Sigmaringen 1991.

ten als Träger eines Holzdielenbodens im Erdgeschoss. Die Wände des Fachwerks waren vermutlich von außen mit Mörtel verputzt.[8]

Freie Rekonstruktion der Curia Berge

Die Curia Berge soll in der Rekonstruktion einen etwa 1,80 m tiefen Graben haben. Die hierfür ausgeschachtete Erde wird dabei zum Errichten eines Erdwalls um den Hof herum verwendet. Dieser wird etwas nach Innen versetzt aufgeworfen, um das Hineinrutschen der ausgeworfenen Erde in den Graben zu vermeiden.

Die Innenseite des Grabens kann mit Sturmpfählen zusätzlich gesichert sein. Sturmpfähle sind schräg in den Boden gerammte, angespitzte Holzpfähle. Sie werden in Abständen von etwa 10 bis 30 Zentimeter in den Boden gerammt. Derart angebrachte Sturmpfähle verhindern, dass man auf die Idee kommt, den Graben überspringen zu wollen. Bei einem Sprung würde man zwangsweise in diese Pfähle hineinspringen.

Die Wallfront kann hierbei mit Grassoden versteift sein, um den Erdwall steiler auf der Außenseite errichten zu können.

GESCHICHTE

Auf dem Erdwall wird ein Fecht- oder Totholzzaun rekonstruiert, der etwa 1,80 Meter hoch ist. Im Ganzen sind Zaun und Erdwall damit unter 3 Meter hoch.

Als Hauptgebäude wird ein zweigeschossiges Gebäude ohne Keller angenommen. Es ist verputzt und weiß gestrichen. Sein Dach soll mit Holz-Schindeln gedeckt sein. Neben diesem Hauptgebäude sollen Pfahlbauten auf dem Hof zu finden sein, welche in der Flachsiedlung I des Husterknupps ergraben wurden.

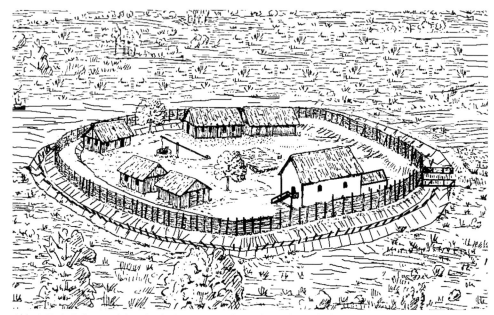

Abb. 3: Freie Rekonstruktion der Curia Berge. Da keinerlei Grabungsbefunde vorliegen, ist die Rekonstruktion idealtypisch und nicht ortsspezifisch. Zudem ist sie mit einem Maximum an Befestigung dargestellt. Teile der Befestigung können auch deutlich kleiner dimensioniert sein. Am vorderen Rand das weiß gestrichene Herrenhaus. Es verfügt über zwei Eingänge. Ein Eingang ist ebenerdig zur Hofseite zu denken, der andere erschließt über die außen liegend dargestellte Treppe das Obergeschoss. Neben diesem Haupthaus sind eine Anzahl von weiteren Gebäuden gezeichnet, die im Wesentlichen als Wirtschaftsgebäude, z.B. als Ställe, Werkstätten oder Scheunen dienen. Ein Graben und ein Erdwall umschließen die Hofanlage. Auf dem Wall ist ein Flechtzaun zu erkennen. Die Berme zwischen Wall und Graben ist mit Sturmpfählen gesichert. Der Zugang zum Hof geschieht über die Brücke rechts auf dem Bild. Ein Brunnen und eine Gerichtslinde oder Gerichtseiche runden die Rekonstruktion der Curie ab (Verändert aus: Hans Wilhelm Heine, Burgen in Niedersachsen, in: Hans Wilhelm Böhme (Hrsg.) Burgen der Salierzeit, Teil 1, Sigmaringen 1991).

War die katholische Kirche um 1200 eine Wehrkirche?

Nachdem nun die Befestigungsweise einer Curia klar eingegrenzt ist, welche der wichtigste Gebäudekomplex zur Verwaltung und militärischen Sicherung des Grafen von Tecklenburg in Berge war, betrachten wir den Begriff der Wehrkirche näher. Die Begriffe Wehrkirche oder Kirchenburg stammen im Gegensatz zu Burg und Curia nicht etwa aus dem Mittelalter, sondern werden erst seit dem 19.[9] beziehungsweise 20. Jahrhundert[10] verwendet. Was man darunter in Veröffentlichungen versteht, ist unklar, da eine klare Abgrenzung der Begriffe, welche allgemein und seit langer Zeit Verwendung finden, fehlt[11]. Generell kann eine Wehrkirche oder eine Kirchenburg Wehrmauern, Türme und ein befestigtes Tor haben. Der Kirchturm der Kirchenburg kann bergfriedartig sein und hat dann Wehreinrichtungen (Schießscharten, Wehrplattform oder Wehrgang, Pechnase). Auch das Kirchenschiff kann, wenn auch seltener, befestigt sein. Innerhalb der Mauern der Kirchenburg können Speicherbauten vorhanden sein.[12] Die Betonung liegt hierbei auf den Wörtern „kann" und „können". In den 1920er, 1930er und 1940er Jahren hat man die Kirchen in Osnabrücker Land und Westfalen in Anlehnung an Kirchenburgen in Siebenbürgen und Franken oft als befestigt oder wehrhaft gedeutet, wenn eine Ummauerung des Kirchhofs vorhanden war und man Speicherbauten gefunden hat. Tatsächlich findet man in Westfalen aber in der Regel keine Befestigungen von Kirchhöfen wie sie in Siebenbürgen oder Franken zu finden sind.[13]

Funktional ist eine Kirchenburg eine Fluchtburg für die Gemeindemitglieder und hat keine Verwaltungsaufgaben in der Landesverwaltung wie eine Curia, keine Burgmannschaft wie eine Feudalherrenburg (zum Beispiel die Tecklenburg) oder eine Burg zur Durchsetzung von politischen Interessen (zum Beispiel Burg Arkum bei Essen/ Oldenburg).[14]

Kirchenburgen sind seit dem 10. Jahrhundert im Osten und Südosten des Heiligen Römischen Reiches als Selbsthilfe der ländlichen Bevölkerung errichtet worden. Daneben findet man Kirchenburgen in größeren Gruppen in Friesland, Ungarn, Frankreich, besonders aber in Österreich und Siebenbürgen.[15]

W. Dobelmann schreibt, dass die Bauern in Berge nach der Eroberung durch die Franken zu Hörigen wurden und ihre Freiheit verloren hatten.[16] Dieser Sachverhalt spricht gegen eine Kirchenburg in Berge nach der oberen Definition.

Wie oben angemerkt, soll nach A. Schröder die Wehrkirche aber gar nicht den Berger Bauern zum Selbstschutz errichtet worden sein, sondern sie soll dem Grafen von Tecklenburg gehört haben. Entsprechend passt die obere Definition einer Wehrkirche nicht zu einer Wehrkirche des Grafen von Tecklenburg. Gab es deswegen keine Wehrkirche? Durfte ein Feudalherr, wie der Graf von Tecklenburg, eine Kirche als Befestigung nutzen? Wie kann der Graf von Tecklenburg der Eigentümer einer Kirche sein?

S. Hesse meint, dass in Niedersachsen befestigte Kirchhöfe mit steinernen Speicherbauen weit verbreitet sind.[17] Ein befestigter Kirchhof in Berge mit irgendeiner Zeitstellung ist nach dieser Aussage also denkbar und passt in den schwammigen Wehrkirchenbegriff hinein. Aber was ist mit den beiden anderen offenen Fragen:

GESCHICHTE

Ist der Graf von Tecklenburg der Eigentümer der Berger Kirche gewesen? Diente der Kirchhof der Kirche als Befestigung des Tecklenburger Grafen?

Tatsächlich konnten Kirchen bis ins 12. Jahrhundert religiösen Laien gehören. Eine Kirche, die eine Person auf seinem eigenen Land gebaut hatte, betrachtete diese Person auch als sein Eigentum. Wie auch anderes Eigentum konnte man sie vererben, verkaufen, verschenken oder verpfänden[18] - eben alles, was man mit seinem Eigentum so machen kann. Nach dem Investiturstreit zur Zeit der Salier wurden ab 1139 die Rechte des Kircheneigentümers aber massiv eingeschränkt.[19] Aus Eigentümern der Kirchen wurden Patronatsherren.[20] Das sind faktisch Stifter der Kirchen, die aber keine Eigentumsrechte mehr an der Kirche haben. So wurde beispielsweise die Einsetzung eines Priesters durch den Eigentümer verboten.[21] Bei einem Verstoß gegen diese neue Rechtslage drohte die Exkommunikation.[22]

Faktisch hätte der Graf von Tecklenburg die Kirche nach 1139 nicht als militärische Befestigung nutzen können, weil er maximal ihr Stifter wäre, aber nicht der Eigentümer des Grundstücks und des Gebäudes, sobald er darauf eine Kirche errichtet hat.

Außerdem ist das Geschlecht derer von Tecklenburg in Berge erst im Jahre 1141 begütert, weil der spätere Graf Heinrich I. von Tecklenburg zur Beilegung einer Fehde mit dem Oldenburger Grafengeschlecht die Tochter von Graf Egilmar von Oldenburg, Eilika von Oldenburg, heiratete. Diese hat dann die im Osnabrücker Raum liegenden Güter als Mitgift in die Ehe eingebracht.[23] Wie oben angeführt, soll die Kirche zudem erst zwischen 1186 und 1202 gegründet worden sein.

Somit waren die Grafen von Tecklenburg rechtlich nie Eigentümer der Kirche in Berge (im Sinne einer Eigenkirche), sondern maximal ihre Stifter. W. Dobelmann und A. Schröder gingen offenbar in ihren Texten zur Berger Geschichte davon aus, dass das ältere Eigenkirchenrecht aus dem Frühmittelalter galt, als sie ihre Texte schrieben.

Selbst wenn wir die oben dargelegte Rechtslage weglassen, erscheint der Bau eines befestigten Kirchhofs, der zum Schutz der Gemeindemitglieder diente, aus Sicht der Grafen von Tecklenburg oder eines anderen einflussreichen Feudalherrn nicht sinnvoll:

Im ausgehenden 12. Jahrhundert gab es drei große Lehnsherren, die in Berge Güter und Rechte hatten. Die Grafen von Tecklenburg[24], die Grafen von Oldenburg[25], der Bischof von Osnabrück[26].

Um 1200 galt noch das Fehderecht[27], um durch adelige Selbsthilfe zu seinem Recht zu kommen. Um sein Recht durch das Führen einer Fehde zu bekommen, setzte man beispielsweise die folgenden Gewalt-Mittel ein:

- Man versuchte, gegnerische Familienmitglieder gefangen zu nehmen.
- Man versuchte, mit dem Fehdegegner verbündete Adelige gefangen zu nehmen.
- Gegnerische Bauernhöfe werden gebrandschatzt.
- Gegnerische hörige Bauern werden vertrieben, getötet oder gefangen gesetzt.
- Man versuchte, gegnerischen Bauern die Teile der Ernte abnehmen, welche sie an ihren Herren abliefern müssten. Oder man nahm sich auch die ganze Ernte.
- Man versuchte, das Vieh des Gegners zu stehlen.
- Man versuchte feste Plätze (Burgen und Curien) des Gegners einzunehmen oder zu zerstören.

Kurzum: Man setzte Gewalttaten ein, um die Einkünfte des Gegners zu schmälern, oder um Lösegeld für Gefolgsleute und Familienmitglieder zu erhalten. Ziel war hier, dass man seinen Gegner zwang einen Vertrag zu unterzeichnen und zu besiegeln. Dieser Vertrag sollte einem die Rechte zugestehen, die man aktuell als verletzt ansah. Dass dies unter Zwang geschah, war im Fehderecht vorgesehen und daher legal. Faktisch erklärt das dem Adel vorbehaltene Fehderecht[28], warum Wohnburgen des Adels im Hoch- und Spätmittelalter gebaut wurden. Sie sollten die verheerenden Auswirkungen, die eine Fehde mit sich brachte, verringern oder vermeiden helfen.

Im Falle einer Fehde des Grafen von Tecklenburg mit einer der beiden anderen Parteien und der Existenz einer vom Grafen von Tecklenburg gebauten befestigten Kirchhofs wären...

- gegnerisches Vieh und Vorräte ggf. in dem befestigten Kirchhof oder der Kirche.
- gegnerische Bauern innerhalb des befestigten Kirchhofs oder der Kirche.

Die Kirche und der Kirchhof galten nach dem Sachsenspiegel[29] zudem als Orte, an dem keine Fehden geführt werden dürfen. Es sind also nach einem im Reich gültigen Gesetz Orte des Friedens. Der Friedensbrecher würde also gegen geltendes Recht verstoßen. Da eine Fehde dazu diente, innerhalb des geltenden Rechts einen Rechtsanspruch durchzusetzen, würden fehdeführende Parteien einen Angriff auf eine Kirche unterlassen, um nicht als Gesetzesbrecher zu gelten.

Fazit des ersten Teils

Der Graf von Tecklenburg oder ein anderer Feudalherr hätten also Kosten für den Bau einer Burg auf dem Gelände einer Kirche mit Nachteil, dass die hörigen Bauern der gegnerischen Fraktion im Fehdefall sich genau in dieser Befestigung verschanzen, bezahlen müssen und eine solche bauen lassen. Er hätte sprichwörtlich „Mist gebaut". Würde er die gegnerischen Bauern hier trotzdem angreifen, würde er geltendes Reichsgesetz brechen.

Hätte der Graf von Tecklenburg also eine Burg in Berge bauen wollen, hätte er sicher nicht das Gelände seiner Patronatskirche dazu ausgewählt, sondern einen anderen Ort, wo er die vollen Nutzungsrechte gehabt hätte und wohin seine Hörigen hätten fliehen können. Dass in Börstel vermutlich eine Burg der verbündeten Oldenburger stand, welche die Burg des Bischofs von Osnabrück in Aselage konterte, erklärt, warum in Berge keine Burg der Tecklenburger um 1200 gebaut wurde. Die so eingesparten Mittel konnten für die Besatzung und den Ausbau von Burg Arkum in Essen (Oldenburg) verwendet werden, wo es neben der Burg auch eine Klostergründung und eine befestigte Siedlung gab. Dieser Herrschaftsschwerpunkt war zur Sicherung der Rechte in den nördlichen Besitzungen der Tecklenburger gegen die Bischöfe von Osnabrück gedacht. Entsprechend zerstörte Bischof Engelbert(?) zu einem Zeitpunkt nach 1223[30] die Burg und Siedlung und siedelte die Bewohner der Siedlung in Quakenbrück an.[31] Die Burg in Quakenbrück wurde 1227 erbaut.[32]

Was ist aber mit der Dorfbefestigung, von der A. Schröder 1986 schreibt? Da Berge in einer Moorrandlage liegt, ist im 12. Jahrhundert mit einer Streubesiedlung zu rechnen: Einzelhöfe, die über das Land verteilt sind. Wer heute durch die Bauerschaften der Gemeinde Berge fährt, sieht, dass es heute noch so ist. Es ist also nicht mit einem Haufendorf zu rechnen, dass man leicht mit einem Wall oder einem Zaun hätte umgeben können.[33] Auch heute noch ist Berge mehr ein Straßendorf. Um 1772 bestand das Dorf Berge um die katholische Kirche aus nur sechs Wohngebäuden mit 32 Einwohnern.[34] Dieses Dorf war umgeben von den Einzelhöfen der Bauerschaften. 1815 hatte das Dorf Berge sogar nur 27 Einwohner.[35] Daher gab es um 1200, wo die Bevölkerungsdichte deutlich geringer war als um 1800, vermutlich noch kein Dorf, dass man hätte befestigen können.[36] Es ist vielmehr damit zu rechnen, dass nur Einzelhöfe über das Gemeindegebiet verteilt lagen. In Bezug auf eine Befestigung dieser Einzelhöfe (wenn schon keine Dorfbefestigung) ist denkbar, dass die Einzelhöfe mit einer dornigen Wallhecke oder nur einer Hecke versehen waren. Die Höfe der hörigen Bauern werden nicht besser geschützt gewesen sein als die Curia Berge selbst.

Eine Frage bleibt aber noch zu klären: Warum baut der Graf von Tecklenburg einen steinernen Kirchturm an eine hölzerne Kirche, während von seiner Curia keine steinernen Gebäude bekannt sind? Um einen Glockenturm an eine Kirche zu bauen, hätte es ein billigerer Holzturm doch auch getan. Gab es doch eine Burg, vielleicht für den Grafen selbst oder einen seiner Vasallen? Hier durfte man doch keine Fehden führen und wäre hervorragend rechtlich geschützt.

Der Kirchturm weist, wie oben erwähnt, massive Mauern auf. Diese massiven Mauern reduzieren den Innenraum des Turms auf 2,5 Meter mal 2,5 Meter. Um den vielen Menschen von den Einzelhöfen Schutz durch dicke Mauern zu gewähren, wäre deutlich zu wenig Platz. Auch gab es seit 1123 ein Befestigungsverbot von Kirchen für Fehdeberechtigte, zu denen der Graf von Tecklenburg gehörte. Man durfte als fehdeberechtigter Graf und religiöser Laie nicht seinen Wohnsitz auf ein bestehendes Kirchengelände verlegen.[37] Der Turm wird also nicht als Wohnraum für die gräfliche Familie oder einen Vasallen der Grafen von Tecklenburg genutzt worden sein.

Warum steht der Turm dann aber nicht auf der Curie selbst, wo er eine solche Funktion hätte erfüllen können? Wie oben aufgeführt, können Burgen als Mittel dienen, um politische Interessen an Rechten in einem Gebiet durchzusetzen. In Raum Berge hatte der Graf von Tecklenburg aber außer Streubesitz nur diese Curie. Vermutlich wäre es zu einer unerwünschten Fehde mit anderen Feudalherren gekommen, wenn die Grafen von Tecklenburg ihre Curia in Berge zu einer Burg ausgebaut hätten.[38] Denn ein solcher Turm wäre ein Element, das laut Sachsenspiegel eine Curia von einer genehmigungspflichtigen Burg unterscheidet.[39]

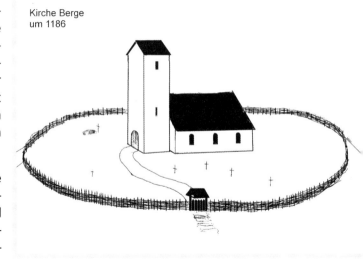

Abb. 4: Rekonstruktionszeichnung des Autors zur Berger Kirche um 1186.

Einzig plausibel ist daher die Überlegung, dass dieser steinerne Turm als weitgehend feuerfester Tresor für Wertgegenstände, wie zum Beispiel die Abgaben der hörigen Bauern, gedient hat.[40] Hierfür ist der Innenraum des Turms groß genug. Er ist zudem auch für gesetzlose Banden, Räuber oder Diebe schwer zu „knacken", aufgrund seiner dicken Mauern, kleinen Lichtscharten und der sehr wahrscheinlich massiven und metallverstärkten Tür, mit der man den Turm verschließen konnte. Die Wertgegenstände sind zudem im gesetzlich gefriedeten Bereich einer Kirche vor dem Zugriff einer verfeindeten fehdeführenden Fraktion geschützt, weil diese das Kirchengelände nicht angreift, um nicht selbst als offensichtlicher Rechtsbrecher zu gelten. Der Turm braucht so nicht einmal eine Besatzung, die ihn verteidigt.

GESCHICHTE

1	Werner Dobelmann: Berge. Geschichte einer Landgemeinde, Berge 1981.
2	August Schröder: 800 Jahre Berge 1186-1986 Die Urkunde Bischof Arnolds von Osnabrück aus dem Jahre 1186 in orts- und raumgeschichtlicher Sicht. In: 800 Jahre Berge, Quakenbrück 1986.
3	Annette Lömker-Schlögell: Befestigte Kirchen und Kirchhöfe im Mittelalter, Osnabrück 1998.
4	Bodo Zehm: Kirchburgen im Osnabrücker Land – Orte des göttlichen Schutzes und der Abwehr weltlicher Gefahren. In: Fritz-Gerd Mittelstädt, Karsten Mosebach: Kirchen und Kirchenburgen im Osnabrücker Land. In der Reihe: Schriften zur Kulturgeschichte des Osnabrücker Landes, Belm 2015.
5	A. Verhulst: Curia 1. Begriffsbestimmung. In Lexikon des Mittelalters CD-ROM Ausgabe, Tübingen, 2000.
6	H.Hinz: Curia 2.Archäologie In Lexikon des Mittelalters CD-ROM Ausgabe, Tübingen, 2000.
7	Quelle: Eike von Repgow: Sachsenspiegel (1220 bis 1230).
8	Daniel Lau: Bericht über die archäologischen Ausgrabungen auf dem alten Gut Bissendorf 2012, in Heimatjahrbuch Osnabrücker Land 2014, Ankum 2014.
9	Bodo Zehm: Kirchburgen im Osnabrücker Land – Orte des göttlichen Schutzes und der Abwehr weltlicher Gefahren. In: Fritz-Gerd Mittelstädt, Karsten Mosebach: Kirchen und Kirchenburgen im Osnabrücker Land. In der Reihe: Schriften zur Kulturgeschichte des Osnabrücker Landes , Belm 2015.
10	Bernhard Ernst: Kirche und Friedhof als Wehranlage. Ein Beitrag zu Terminologie, Typologie und Chronologie. In Mitteilungen der DGAMN: Archäologie mittelalterlicher Burgen, Bd. 20, 2008 am 07.01.2023 aufgerufen von der Internetseite: https://journals.ub.uni-heidelberg.de/index.php/mitt-dgamn/article/view/17428.
11	Ebenda und Bodo Zehm: Kirchburgen im Osnabrücker Land – Orte des göttlichen Schutzes und der Abwehr weltlicher Gefahren. In: Fritz-Gerd Mittelstädt, Karsten Mosebach: Kirchen und Kirchenburgen im Osnabrücker Land. In der Reihe: Schriften zur Kulturgeschichte des Osnabrücker Landes, Belm 2015.
12	G.Binding: Kirchenburgen. In: Lexikon des Mittelalters CD-ROM Ausgabe, Tübingen, 2000.
13	Werner Freitag: Dorfkirchhöfe in Westfalen im Spätmittelalter: Polyfunktionalität und Gemeindebildung, in: Vorträge und Forschungen, hrsg. vom Konstanzer Arbeitskreis für mittelalterliche Geschichte, Bd. 77: Die Pfarrei im späten Mittelalter, hrsg. von Enno Bünz und Gerhard Fouquet, Ostfildern 2013. Abgerufen am 07.01.23 von der Internetseite: https://journals.ub.uni-heidelberg.de/index.php/vuf/issue/view/1863.
14	G.Binding: Kirchenburgen. In: Lexikon des Mittelalters CD-ROM Ausgabe, Tübingen 2000.
15	Ebenda
16	Werner Dobelmann: Berge. Geschichte einer Landgemeinde, Berge 1981.
17	Stefan Hesse: Ländliche Steinwerke in Niedersachsen. In: Michael James Hurst, Bruno Switala, Bodo Zehm (Hrsg.): Steinwerke – ein Bautyp des Mittelalters? Vorträge des Kolloquiums Steinwerke vom 2. bis 4. März in Osnabrück. Schriften zur Archäologie des Osnabrücker Landes 6. Bramsche 2008, 65–80.
18	R.Schieffer: Eigenkirchenwesen. In: Lexikon des Mittelalters, CD-ROM Ausgabe, Tübingen 2000, und R.Puza: Patronatsrecht. In: Lexikon des Mittelalters CD-ROM Ausgabe, Tübingen 2000.
19	R.Schieffer: Eigenkirchenwesen. In: Lexikon des Mittelalters, CD-ROM Ausgabe, Tübingen 2000.
20	R.Puza: Patronatsrecht. In: Lexikon des Mittelalters CD-ROM Ausgabe, Tübingen 2000.
21	R.Schieffer: Eigenkirchenwesen. In: Lexikon des Mittelalters, CD-ROM Ausgabe, Tübingen 2000.
22	Ebenda
23	Diana Zunker: Adel in Westfahlen, Strukturen und Konzepte von Herrschaft 1106-1235. In der Reihe Historische Studien Band 472, Husum 2003.
24	Werner Dobelmann: Berge. Geschichte einer Landgemeinde, Berge 1981, und Renate Oldermann: Gotteslob und Tagewerk, Osnabrück 2014 S. 16.
25	Ebenda
26	Werner Dobelmann: Berge Geschichte einer Landgemeinde, Berge, 1981 und Hans Wilhelm Heine: Burgen in Niedersachsen, in: Hans Wilhelm Böhme (Hrsg.) Burgen der Salierzeit, Teil 1, Sigmaringen 1991.
27	A. Brookmann: Fehde, Fehdewesen. In: Lexikon des Mittelalters CD-ROM Ausgabe, Tübingen 2000.
28	Ebenda.
29	Quelle: Eike von Repgow: Sachsenspiegel (1220 bis 1230).
30	Internetpräsenz des Institut für Geschichtliche Landeskunde Rheinland-Pfalz e.V.. Die Bischöfe von Osnabrück. Unter: https://www.regionalgeschichte.net/bibliothek/glossar/regententabellen/kirchenfuersten/bischoefe-von-osnabrueck.html. Aufgerufen am 29.08.2022.
31	Diana Zunker: Adel in Westfahlen, Strukturen und Konzepte von Herrschaft 1106-1235. In der Reihe Historische Studien, Band 472, Husum 2003.

32 Ursula Machtemes: Burgenbau im 13. und 14. Jahrhundert und die Entstehung des bischöflichen Territorialstaats in Burgen und Befestigungen, Bramsche, 2000.

33 16) Werner Freitag: Dorfkirchhöfe in Westfalen im Spätmittelalter: Polyfunktionalität und Gemeindebildung, in: Vorträge und Forschungen, herausgegeben vom Konstanzer Arbeitskreis für mittelalterliche Geschichte, Bd. 77, Die Pfarrei im späten Mittelalter, Ostfildern 2013.
Aufgerufen am 07.01.23 von der Internetseite:
https://journals.ub.uni-heidelberg.de/index.php/vuf/issue/view/1863.

34 Werner Dobelmann: Berge. Geschichte einer Landgemeinde, Berge 1981.

35 Ebenda

36 https://de.statista.com/statistik/daten/studie/1066248/umfrage/geschaetzte-entwicklung-der-weltbevoelkerung/, aufgerufen am 08.02.2023.

37 Annette Lömker-Schlögell: Befestigte Kirchen und Kirchhöfe im Mittelalter, Osnabrück 1998.

38 Ebenda

39 Quelle: Eike von Repgow: Sachsenspiegel (1220 bis 1230).

40 Werner Freitag: Dorfkirchhöfe in Westfalen im Spätmittelalter: Polyfunktionalität und Gemeindebildung, in: Vorträge und Forschungen, herausgegeben vom Konstanzer Arbeitskreis für mittelalterliche Geschichte, Band 77, Die Pfarrei im späten Mittelalter, Ostfildern 2013. Aufgerufen am 07.01.2023 von der Internetseite: https://journals.ub.uni-heidelberg.de/index.php/vuf/issue/view/1863.

Pest und Kirchenbau in Gehrde

Jürgen Espenhorst

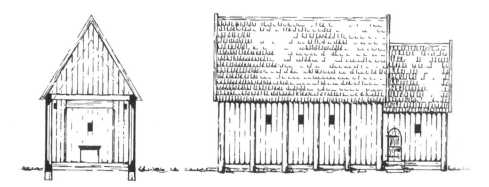

Abb. 1: Die oben dargestellte Kirche in Holzbauweise wird als Holzschwellenkirche bezeichnet. Die oben abgebildete Kirche weist sechs Schwellen auf, die jeweils nicht direkt in den Boden gegründet waren. Ein älterer Typ gründete die Kirche tief auf vier Pfosten.[1] Bei hohem Grundwasserstand vermoderten diese Pfosten rasch.

1. Problemstellung für die lokale mittelalterliche Forschung

Es geht um die Frage, wie das kleine Dorf Gehrde zu einer Kirche aus Ueffeler Sandstein kam. Dabei wird davon ausgegangen, dass es schon vorher eine Holzpfostenkirche gegeben hat. Folgt man den Überlegungen zur Nachbarkirche in Badbergen, kam danach eine Holzschwellenkirche, die dann in einem dritten Schritt durch eine Kirche aus Sandstein überbaut wurde (siehe Abb. 1). In Badbergen gelang es nicht, diese drei Phasen zu datieren. In dem folgenden Text wird für Gehrde der Versuch unternommen, den Baufortschritt von einer Kirche aus Holz zu einer Kirche aus Stein zu datieren. Dabei geht es nicht darum nur ein Datum zu ermitteln, sondern auch um den Bauprozess möglichst detailliert zu erfassen.

Methodisch gesehen stellt sich dabei die Frage nach der Aussagekraft von heimatkundlichen Recherchen, die ohne spezielle archäologische Forschungen auskommen müssen. Die Archäologen sind häufig zu sehr mit anderen Fragen beschäftigt, als den Bauprozess einer kleinen Gemeindekirche untersuchen zu können. Wenn außerdem die Schriftquellen schon seit Jahrhunderten ausgewertet worden sind[2] und selbst die Bauhistoriker ihre Fachkunde schon eingebracht haben – kann man dann hoffen, zu neuen Erkenntnissen zu kommen? Die folgenden Abschnitte sollen zeigen, dass man mit detektivischen Mitteln durchaus einen Vorschlag entwickeln kann, der auf einer Kombination von Indizien basiert, die allein für sich genommen ziemlich nebensächlich erscheinen.

Im Folgenden werden Indizien aus neun Bereichen kombiniert:

- Zufällig bei Bauvorhaben entstandene Anschnitte von Erdschichten (1985 – 2022)
- Zufällig dabei entstandene Fotos der Anschnitte
- Bauhistorische Datierung auf Grund von Stilentwicklung bei Dorfkirchen.[3]
- Geologische Untersuchungen zu Steinbauten im Osnabrücker Nordland und den Nachbargebieten.[4]
- Existenz eines sonst nicht beachteten Nebenaltars in der Gehrder Kirche[5]
- Merkwürdige Datierung der Gehrder Kirmes[6]
- Pest in der Mitte des 14. Jahrhunderts
- Landesvermessung 1784-1790 (1788)[7]
- Neuzeitlicher Ortsplan[8]

Diese neun Hinweise sind für sich nicht allein aussagefähig. Erst durch die Kombination der einzelnen Indizien ergibt sich Folgendes in Kurzfassung:

Im Dorf Gehrde gab es seit 1226 eine kleine Fachwerkkirche, die einst am Margarethentag 1226 der Patronin Margarethe geweiht wurde. Im 14. Jahrhundert wurde es üblich, dass die Kirchen aus Holz durch solche aus Stein ersetzt wurden. Im Fall Gehrde geschah dies anlässlich der drohenden Vernichtung durch die Pest. Zur Abwehr schworen die Gehrder: Wenn uns die Pest verschont, dann überbauen wir unsere Kirche aus Holz mit einer auf Ewigkeit ausgerichtete Kirche aus Stein. Zum Transport dieser Steine schufen sie einen Wasserweg und baten den „bärenstarken und wasserbeherrschenden" Pestheiligen Christopherus um Segnung dieses riesigen Transportvorhabens. Wenn es gelänge. würde man die neue Steinkirche ihm weihen. Und so geschah es. Daher findet man in Gehrde immer wieder Reste eines Wasserweges, jüngst im Frühjahr 2022. Weitere Funde wären möglich. Der heutige Ortsplan zeigt an, wo man weitere Spuren davon finden könnte.

2. Die Sage vom Rettungseid in Gehrde

In den Jahren 1346/53 zog eine Pestwelle durch Europa. „Die demographischen Folgen des Schwarzen Todes waren verheerend. Rund 30% der Gesamtbevölkerung dürften der Pest zum Opfer gefallen sein, wobei von Stadt zu Stadt und Region zu Region erhebliche Unterschiede – im Durchschnitt zwischen 10% und 60% – zu verzeichnen waren."[9] Um die Jahreswende 1349/50 erreichte die Pandemie auch

GESCHICHTE

Abb. 2: St. Christophorus Kirche in Gehrde. Foto: Verfasser

das Osnabrücker Land. Insbesondere in der Stadt Osnabrück wütende die Pest so schlimm, dass angeblich nur sieben Ehen ungetrennt blieben.[10] Auch die folgenden Jahrzehnte brachten immer wieder neue Pestepidemien. Insgesamt führte das „zu einem starken Bevölkerungsrückgang, der in der 1. Hälfte des 15. Jahrhunderts einen Höhepunkt erreichte, als die europäische Gesamtbevölkerung unter die Hälfte des Niveaus von 1348 sank. Gegen Ende des 15. Jahrhunderts setzte ein Bevölkerungsanstieg ein, der im 16. Jahrhundert die eingetretenen Verluste wettmachte."[11]

Angesichts des drohenden Untergangs suchte die Bevölkerung Trost im Glauben. Buß- und Bittprozessionen zogen durch die Straßen der Städte. Sich selbst kasteiende Flagellanten versuchten, in Massenumzügen Buße zu tun. Man versuchte alles, um die Pest von sich abzuwenden. Die Anrufung „bestimmter Heiliger (besonders Maria [Schutzmantelmadonna], Sebastian und Christophorus) [...] Kapellenstiftungen, Legate an Kirchen und Armen usw. blieben über die ganze Zeit gängige <Gegenmittel> gegen die Pest und zeugten von einem gewandelten Frömmigkeitsverhalten."[12]

Wann wurde wohl aus einer Holzschwellenkirche ein Steinbau? Die Kunsthistoriker und Geologen[13] meinen Mitte des 14. Jahrhunderts. Aber wie kam es dazu? So schworen offenbar die Gehrder (einschließlich der Personen aus den Bauerschaften Rüsfort und Drehle), wenn die Pest sie verschone, dann würden sie eine Kirche aus Stein bauen und dem Pestheiligen Christophorus weihen. Die Pest zog an der Gemeinde um 1350 vorüber und der Eid rief nach Erfüllung.

Dass die Wahl des Kirchenpatrons auf den Heiligen Christophorus (= Christusträger) fiel, mag auch einen Hinweis geben auf die Art, wie Gehrde vor der Pest bewahrt wurde. Er gehörte nicht nur zu den Pestheiligen, sondern war auch insbesondere der Heilige der Reisenden, die er durchs Wasser bringt.[14]

3. Das regionale Umfeld

Insgesamt war es im Nordwesten „modern geworden" eine Kirche aus Stein zu erbauen. Zieht man zum Zeitpunkt der Pest eine zeitliche Grenze, so gab es etwa neun kirchliche Bauten, die älter sind. Betrachtet man die engere Umgebung wie das Tal der Hase einschließlich der Hügel im Westen (Ankum) und Osten (Damme), so gab es in der Mitte des 14. Jahrhunderts erst fünf Kirchen aus Stein[15]:

- **Bippen**: St. Georg, wohl Ende 10. Jahrhundert. Ursprünglich ganz aus Findlingen erbaut.
- **Wallenhorst**: Alte St. Alexander-Kirche, 11. - 15. Jahrhundert
- **Lübbecke**: St. Andreas, Mitte 12. Jahrhundert
- **Malgarten**: Kloster, Turm: bis Mitte des 12. Jahrhundert
- **Merzen**: St. Lambertus, Turm: ausgehendes 12. Jahrhundert. Der Turm ist bis Beginn der Spitze nur aus Findlingen erbaut.
- **Quakenbrück**: St. Sylvester, 1235
- **Alfhausen**: St. Johannis, wohl frühes 13. Jahrhundert, Turm noch weitgehend ursprünglich, im Turmbereich Findlinge.
- **Damme**: St. Viktor, Turm: 13. Jahrhundert.
- **Rieste-Lage**: (Kommende-Lage) St. Johannes der Täufer (1245)

Gehrde lag mitten im Wasserland der Hase und war oft nur auf gefahrvollen Wegen zu erreichen. Man versuchte zwar immer wieder die von Jahr zu Jahr unterschiedlichen Wege durch Reisigbündel zu markieren. Darauf deutet der Name der Bauerschaft Rüsfort hin. Obwohl man also mit Hilfe von Reisigbündeln Übersicht zu behalten, gab es immer wieder Probleme mit der Orientierung.

Ein Beispiel dazu: Im Winter 1866/67 war Gehrde durch Hochwasser für drei Monate fast ununterbrochen von Badbergen abgeschnitten (LB 155)[16]. Wenn man bedenkt, dass die Pest im Winter 1350 Osnabrück erreichte und sie bis zum Ende des Sommers dieses Jahres wieder abgeklungen war[17], könnte es sein, dass Gehrde durch ein länger andauerndes Hochwasser vor der Pest bewahrt worden ist. Doch was hat das mit einem Steingebäude zu tun? In den folgenden Abschnitten wird der Weg beschrieben, den vermutlich die Gehrder beschritten, um ihren Eid voll Dankbarkeit zu erfüllen. Da es darüber keine schriftlichen Nachrichten gibt, muss man sich mit Indizien begnügen. Aber solche gibt es genug. Im Herbst 2022 kamen Funde hinzu, die als Belege dienen können. Ist es also nicht ein Märchen, das hier beschrieben wird, sondern ein Tatsachenbericht? Jede und jeder möge sich selbst ein Urteil bilden.

4. Die Spuren der Bautätigkeit

Als in der Mitte des 14. Jhs die Pest das Hasebecken erreichte, gab es schon vorher in Quakenbrück und Alfhausen (siehe obige Liste) die Tendenz, die sicherlich vorher vorhandenen Fachwerkkirchen durch Steinbauten zu ersetzen. Von daher war es für die Gehrdern naheliegend, sich dieser Tendenz anzuschließen.

Eine neue Kirche aus Stein zu errichten, war leichter versprochen als getan. Dabei geht es nicht nur um den großen Arbeits- und Kostenaufwand. Durch die Pest war auch die Dombauhütte in Osnabrück in Mitleidenschaft gezogen worden. Es fehlte nicht nur an Handwerkern, sondern auch an der Bauleitung. Außerdem geriet das Land unter dem gelehrten, aber praktisch unfähigen Bischof Johann Hoet (1349-1366) in eine Phase von Misswirtschaft und Fehden aller Art. Auch der Nachfolger Melchior von Braunschweig (1369-1376) war unfähig. Er geriet 1372 im Kampf an der Badberger Hasebrücke gegen den Grafen von Hoya in Gefangenschaft. Nach der Befreiung wurde er Anfang 1376 nach Schwerin versetzt.[18] In der Zeit dieser regierungs-unfähigen Bischöfe machte sich im Land die Fehde breit. Viele Ritter, insbesondere im Süden des Bistums paktierten mit auswärtigen Grafen und bekriegten sich untereinander. Aber offenbar wurde in Gehrde gebaut. Die archäologischen Befunde sind eindeutig.

Vor diesem machtpolitisch unsicheren Hintergrund war die Einlösung des Versprechens, eine Kirche aus Stein zu bauen, nicht einfach. Wer mag die Initiative ergriffen haben? Otto zu Hoene hat in seiner 2001 erschienenen Beschreibung der Gehrder Kirche vorgeschlagen, in dem damaligen Ortspfarrer Johannes von Molendino den Bauherren zu sehen.[19] Er war mindestens von 1352 bis 1385 Pastor in Gehrde.[20] Kunsthistorisch passt diese Einschätzung.[21]

Doch hatte ein einfacher Pastor, der vermutlich aus dem Osnabrücker Bürgergeschlecht van der Molen stammte[22], Einfluss genug, um einen solchen Kirchenbau durchzusetzen? Aber jedenfalls wird er die Osnabrücker Kirchen gekannt und Kontakte zur Dombauhütte besessen haben. Kamen als Bauherrn auch Adlige in Betracht? Sie hatten normalerweise Geld, Einfluss und wegen begangener Untaten oft auch Anlass genug, sich, nach dem Glauben dieser Zeit, durch fromme Werke Gnade im Jenseits zu verschaffen.

Damals lebten auf der Wasserburg in Gehrde als kleine Grundherren die Familie von Sutholte. Bekannt sind Johan I. von Sutholte (†~1375) und seine Söhne Herbord und Johan II. von Sutholte (†~1393). Sie führten die Namenergänzung anders geheten van Geerde (U 371, 373) und waren seit 1359 in Gehrde nachweisbar (U 351). Sie gehörten zur Dienstmannschaft des Bischofs von Münster. Dementsprechend stammten sie aus dem heutigen „Oldenburger Münsterland" (Südholz). Insofern waren sie nicht direkt in die Osnabrücker Wirren eingebunden. Ihr Besitz im Kirchspiel Gehrde war nicht bedeutend und ihre wirtschaftliche Existenz prekär.[23] Die Gehrder Linie starb um 1390 aus. Die Herren von Knehem (aus der Gegend nordöstlich von Löningen) wurden 1394 die Nachfolger (U 390). Daher können die Herren von Sutholte schwerlich als Bauherren angesehen werden. Das Geschlecht war zwar in der fraglichen Zeit in Gehrde präsent, war aber nicht im Besitz des Patronats über die Gehrder Kirche und insofern auch verwaltungsmäßig einflusslos.

Das Gehrder Patronat lag bei der Äbtissin des Klosters Bersenbrück. Das Kloster besaß zwar im Kirchspiel Gehrde viele Höfe, aber daraus kann direkt kein Interesse an einem Kirchenbau abgeleitet werden. Insofern liegt es nahe, zu prüfen, ob die Gehrder Kirchengemeinde samt den dort lebenden kleinen Grundherren eventuell von sich aus die Initiative für den Bau aus Stein ergriffen haben. Im Folgenden soll diese Möglichkeit näher untersucht werden, um in der Kirchengemeinde selbst den Bauträger und Initiator zu suchen. Mit Johannes von Molendino stand ihnen evtl. der passende Manager zur Seite.

Abb. 3: Baugrube für das ÖPNV Gebäude in Gehrde. Blick nach Norden auf die Gemeindeverwaltung in einem Gebäude von 1819, das, wie auch das Nachbarhaus, nicht zum alten Kern des Dorfes Gehrde gehörte. Gestrichelt ist das Profil eines Grabens markiert. Man sieht deutlich wie in den an sich sandigen Untergrund eine Mulde eingetieft worden war, die offenbar später wieder mit anderer Erde gefüllt wurde. Foto: Verfaser, ca. 1985

An dieser Stelle muss betont werden, dass es für die folgende Darstellung der Gehrder Verhältnisse keinerlei schriftliche Hinweise gibt. Nur Sachlogik und die umseitig abgebildeten Bodenprofile sprechen für den beschriebenen Ablauf. Insgesamt gibt es eine Fülle von archäologischen,

GESCHICHTE

Abb. 4: Blick in die Baugrube nach Süden in die Lange Straße im Dorf Gehrde. Mittig im Hintergrund der Giebel von NW14/15, links die Häuser von NO 4 bis NO 8. Deutlich schneidet sich ein Grabenprofil in die umgebenden eiszeitlichen Sandschichten. Offenbar gab es an der Nordwestecke des alten Kirchhofes einen Graben. Die Tiefe ergibt sich annähernd im Vergleich zu dem gehenden Bauarbeiter (links). In der Baugrube, etwa unter dem Arbeiter, stand einst die Büschermühle (siehe Abb. 1). Foto: Verfasser, ca. 1985

schriftlichen und kartographischen Hinweisen. Sie müssen allerdings zu einem Gesamtbild zusammengeführt werden, das den nur auf Urkunden basierten Forschungsansatz überwindet. Heimatkunde muss heute breiter fundiert sein. Die rein urkundliche Analyse ist in den Jahrhunderten nach Veröffentlichung des Lagerbuches (1867) an eine Grenze gestoßen, die man nur durch Kombination mit weiteren Fakten überwinden kann.

Wie groß war die Aufgabe für die Gehrder Bauern, wenn es darum ging, die vorhandene kleine Holzschwellenkirche mit einem Gebäude aus Stein zu überbauen? Der Gehrder Ingenieur Gerhard Twelbeck hat 1952 zusammen mit dem Gehrder Maurermeister Keck ermittelt, dass zum Bau der Kirche 2.500 qm Steine erforderlich sind. Diese hätten ein Gewicht von 5.500 t.[24]

> „Wir wissen nicht, wie groß die Tragfähigkeit der damaligen Wagen war. Wenn wir heute die Belastung von 1,5 cbm annehmen, dann wären 1670 Wagenladungen erforderlich gewesen. Die damaligen Wagen trugen sicherlich höchstens ein Drittel dieser Menge. Nehmen wir weiter an, dass täglich ein Wagen aus Gehrde abfuhr und einer in Gehrde ankam, dann musste dreimal 1670 Tage hindurch gefahren werden. Das sind 14 Jahre, wenn ununterbrochen gefahren wurde, und zwar nicht nur an Wochentagen, sondern auch an Sonn- und Feiertagen, im Winter und Sommer, bei gutem und schlechtem Wetter. Dabei ist zu bedenken, dass es in unserer Gegend befestigte Wege damals noch nicht gab."[25]

In seiner geologischen Studie betonte Horst Klassen auf S. 187 die großen Transportprobleme:

> [...] Nicht zuletzt die heute kaum vorstellbaren ungeheuren verkehrstechnischen Probleme im 13. und 14. Jahrhundert gebieten daher, von der kürzesten Entfernung der Bruchsteine in den historischen Bauten zu ihrem Gewinnungsort auszugehen. Dabei ist aber zu berücksichtigen, dass die Hase mit den angrenzenden anmoorigen Feuchtgebieten zweifellos eine kaum überwindbare Transportbarriere bildete. Folgerichtig ergibt sich für den Gesamtbereich der Ankumer Höhen eine Anfuhr der Gesteine allein aus dem Abbau-Gebiet im westlichen Gehn. Für diese Annahme sprechen auch in den Kirchen von Alfhausen, Bersenbrück und Badbergen die Verwendung von Wiehengebirgsquarzit

Die Gehrder sahen das anders. Für sie war die Hase ein vertrautes Gewässer, das für den Transport der Steine auf dem Wasserweg gute Möglichkeiten bot. Östlich des Dorfes verlief von Süden nach Norden ein Bach, hier „Gehrder Bach" genannt. Könnte man diesen Bach als Grundlage für den Wasserweg benutzen? Das Problem war aber, dass der Bach nicht direkt zum Bauplatz führte.

Die Gehrder ließen sich daher etwas Neues einfallen, um die 16 km lange Strecke von den Steinbrüchen in Ueffeln bis ins Dorf Gehrde zu bewältigen. Sie ergruben sich einen Kanal, der den Bauplatz mit der Hase verband. Der Transport großer Lasten mit flachgehenden Kähnen auf Binnengewässern hat eine lange Tradition. Schon die Römer nutzten solche Prahme zur Versorgung ihrer Truppen bei deren Vorstößen in das alte Germanien. Im Jahr 1991 hat man bei Xanten einen Prahm mit einer Länge von 14,79 m und einer Breite von 2,60 m gefunden. Mit 10t Ladung hatte er einen Tiefgang von 50 cm.[26] Wenn man für den Transport der Steine nach Gehrde nur einen halb so großen Kahn benutzt hätte, wären immer noch 1.100 Ladungen nötig gewesen. Bei diesem Umfang hätte es sich zweifellos gelohnt, die nötige Verkehrsinfrastruktur zu schaffen.[1]

Aber wie sollte man vorgehen? Das Dorf Gehrde war klein. Die Skizze 1 zeigt: In der zweiten Hälfte des 14. Jahrhunderts bestand das Dorf Gehrde nur aus fünf Kotten, die in der Südostecke lagen. Hinzu kamen neun Speicher am Kirchhof. Das Pastorat lag im Nordwesten abseits in einer Gräfte, die vom Gehrder Bach entwässert wurde. Von dort ging es weiter durch den Retern (das heutige Gehrder Gewerbegebiet) zur Hase.

Auf Skizze 1 wird gezeigt, wo die Gehrder parallel zum vorhandenen Bach (blau) den alten Wasserlauf durch einen gegrabenen Kanal (grün) ergänzten. Der vorhandene Gehrder Bach floss nach wie vor an der Ostseite des Dorfes nach Nordwesten und

---

[1] Beim Bau der Kirche in Ankum musste sicherlich noch eine größere Menge an Steinen transportiert werden. Aber dieser Transport führte über hügeliges, trockenes Gelände. Insgesamt fällt auf, dass viele Kirchen entlang der Hase gebaut wurden: Alfhausen, Bersenbrück, Badbergen und Quakenbrück. In all diesen Fällen wird der Wasserweg genutzt worden sein.

GESCHICHTE

erreichte das wasserumgebene Pastorat. Von da aus ging es weiter zur Hase. Das war kein Fluss mit unverändertem Flussbett. Daher lässt sich heute nicht mehr feststellen, wo der Gehrder Bach die Hase erreichte.

Bevor es zu dieser Baumaßnahme kam, können wir davon ausgehen, dass die Fläche zwischen den östlichen Kirchhofspeichern und dem alten Gehrder Bach zur Wordstelle Kemenade gehört hat (Skizze 2, heute östlich der Langen Straße). Die Wordstelle muss allerdings schon vor 1300 geteilt worden sein, da damals im Lehnsakt von mehreren Häusern gegenüber dem Kirchhof die Rede war (U 300).

Die Steine aus Ueffeln wurden von den Steinbrüchen an die Hase gebracht und dort auf Kähne verladen, die auf der Hase abwärts gestakt wurden.[27] Für den Transport von der Hase zum Dorf galt es, den Wasserweg möglichst nahe an den Bauplatz d. h. Kirchhof zu bringen. Warum den Gehrder Bach nicht entsprechend verlegen? Doch dann wäre man immer von dem witterungsbedingten Wasserstand des Baches abhängig gewesen. Indem man einen alternativen Abfluss über den Kanal anbot, war es leichter möglich, den Wasserstand so zu regulieren, dass die schwer beladenen Prähme immer möglichst nahe an den Bauplatz geleitet werden konnten. Die oben gebotenen Fotos (Abb. 3 und 4) zeigen das Profil des Kanales ganz in der Nähe des runden Kirchhofes.

Damit war es möglich, die Steine für die Kirche auf dem Wasserweg direkt an die Baustelle zu transportieren. Etwas südlich der Landestelle entstand später die Büschermühle. Vermutlich stand an dieser

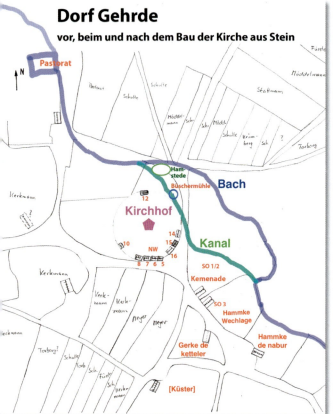

Abb. 5: Auf Basis der Karten von DuPlat lässt sich die Grundstruktur vom Dorf Gehrde aus der Zeit um 1788 nachweisen. In der Skizze 1 ist der nach Norden weisende Lauf des Gehrder Baches in Blau eingezeichnet. Rechts unten, also im Südosten hinter den Häusern der Feldstraße bildete jeweils der Bach die Grundstücksgrenze nach Osten. Der Bach strömte schließlich nach Nordwesten, um dann hinter dem Pastorat weiter in Richtung Hase zu fließen. Damit man die Steine direkt an den Bauplatz bringen konnte, gruben die Gehrder einen in grün eingezeichneten Kanal. Er verlief etwa dort wo die Büschermühle dann tätig war, wenn man den Kanal nicht zum Steintransport benötigte.

Stelle eine Mühle, die eine zeitlang von dem Wasser aus dem Kanal betrieben wurde. Damit wurde der Kanal nicht nur für den Steintransport benutzt, sondern in der Bauzeit konnte man das Wassergefälle so nutzen, dass mitten im Dorf eine Wassermühle betrieben werden konnte.

Es gibt noch einen weiteren, sehr versteckten Hinweis, auf Bach und Kanal. Im Jahr 1657 erstellte der damalige Gehrder Pastor Caspar Werneccius eine Be-

Abb. 6: Die Lage im Kirchdorf zu Beginn des 16. Jahrhunderts. Man beachte den windungsreichen Bach, der weit entfernt vom Kirchhof nach Norden floss.

schreibung der Häuser rund um den Kirchhof, also nicht nur der Kirchhöfer selbst (U 657). Dabei erwähnte er das „große Haus" von Johan Deitmar (später Dettmar). Zu ihm gehöre ein kleines Plätzlein, die Hanffstede genannt. Dahinter steckt die Flurbezeichnung Hamstede. Ein Ham ist ein leicht erhöhter Ort zwischen zwei annähernd parallelen Wasserläufen im Sinne von „spitzig abknickend, ein Dreieck".[28] Genau das trifft die Lage in Gehrde. Man vergleiche dazu auch den Namen „Hamburg".

An der Hamstede konnten die für den Neubau der Kirche bestimmten Steine direkt an der Baustelle entladen werden. Die Spuren dieses Kanals kamen bei der Sanierung von Gehrder Häusern zu Tage; siehe die obigen Fotos (Abb. 3 und 4).

Das alte Bachbett lässt sich heute nur noch an den 1788 genau verzeichneten verwinkelten Grundstücksgrenzen auf der Ostseite des alten Dorfes ablesen. Zeichnet man dieses Bachbett in die Karte von 1788 ein, so wird der merkwürdige Verlauf der Flurgrenzen erklärlich (Abb. 6).

Als einige Jahre vorher im Dorf eine Kanalisation verlegt wurde, fand man östlich des Kirchhofes entlang der Langen Straße Knüppeldämme. Sie weisen darauf hin, dass irgendwann der Kanal wieder verfüllt wurde. Bei tief durchnässtem Boden reicht es nicht aus, nur Sand aufzufüllen. Man muss die Erde mit festem Material stabilisieren. Sonst blieb der Weg grundlos.

GESCHICHTE

Abb. 7: Bei den Baumaßnahmen für den Neubau eines Kindergartens wurde 2022 erneut ein Bachprofil gefunden.
Foto: Günther Vosskamp.

Urkundlich hat der Kanal auch seine Spuren hinterlassen. Noch 1607 ist von einer Buschermühle die Rede, die einem Johan Heseding gehörte (U 605). Sie lag an der Stelle, an der heute das ÖPNV-Gebäude steht. Diese Mühle wurde als ein Neubau in den Lehnbüchern aufgeführt. Im Jahr 1458 wurde für Gehrde eine molen off de dar tymmvet worde erwähnt (U 451), die im Jahr 1427 noch nicht erwähnt wurde (U 421). Man kann davon ausgehen, dass um 1450 am Kirchhof eine Mühle errichtet wurde. Da die Herren von Knehem nicht in Gehrde lebten, war vermutlich seit 1393 die Wassermotte nicht mehr bewohnt und zerfiel. Damit wurde es mittelfristig nötig, die sich an den Wasserstau anschließende Mühle zu ersetzen. Die alte Mühle blieb aber noch bis 1569 im Lehnsregister stehen (U 560). Ob sie bis dahin in Betrieb war, darf bezweifelt werden.

Zum Schluss sei einigen Gehrdern gedankt. Otto Burzlaff, Günther Vosskamp und Joachim Fiedler aus der Nachbarschaft. Der Dank ist auch deshalb nötig, weil der Verfasser nur die ersten 12 Lebensjahre in der damals noch selbständigen Gemeinde Rüsfort verbracht hat. Nur im letzten Jahrzehnt des 21. Jahrhunderts waren der Verfasser mit seiner Frau Brigitte häufiger in Rüsfort tätig. Dabei gelang es aber nicht alle Personen aufzuspüren, die ihrerseits noch weiter Informationen beitragen könnten, um so die sagenhafte Geschichte der Gehrder Steinbauten verbessern könnten. Hinweise bitte per Mail an pan@schwerte.de.

1   Herbert Schuckmann, Wolfgang Schlüter, Ulrike Heuer: Sankt Georg Badbergen, Beiträge zur Baugeschichte einer Pfarr- und Stiftskirche im Osnabrücker Nordland, Schriftenreihe des Kreisheimatbundes, Nr. 34, Badbergen 2000. Skizzen der Holzbauten S. 78.
2   Gerhard Rudolf Twelbeck: Lagerbuch für das Kirchspiel Gehrde im Amte Bersenbrück, Gehrde 1867, erweiterter Nachdruck, Schwerte 1998, S. 129ff. und Gerhard Twelbeck: Die Kirche in Gehrde, Privatdruck Gehrde 1951.

3   Otto zu Hoene: Die Kirche in Gehrde, ein Gang durch 750 Jahre, Schwerte 2001.

4   Horst Klassen in https://www.lwl.org/wmfn-download/Geologie_und_Palaeontologie_in_Westfalen/GuP_Heft_82_Seite_147-195.pdf

5   Gerhard Rudolf Twelbeck, (1867/1998), S. 133.

6   In dem Reichskalender für das Jahr 1779 wurden auch die vier Gehrder Märkte aufgeführt. Dabei wird ausdrücklich festgestellt, dass die „gewöhnliche Kirchmeß" am Montag nach „Sieben Brüder" durchgeführt wurde.

7   Günther Wrede: Du Plat, Landesvermessung des Fürstentums Osnabrück, Reproduktion der Reinkarte 1:10000 mit Erläuterungstext, 1. Lieferung: Die Kirchspiele Badbergen und Gehrde, Osnabrück 1955. Ergänzend: Gerhard Twelbeck: Farbige Nachzeichnung der Orginalkarte.

8   Zur Verfügung gestellt vom Gehrder Heimstforscher Otto Burzlaff.

9   Bulst, N.: Art. „Pest" in: Lexikon des Mittelalters, Bd. VI (1999), Sp. 1915f.

10   Rothert, Hermann: „Geschichte der Stadt Osnabrück im Mittelalter, 1. Teil", in Osnabrücker Mitt. 57 (1937) S 1-325; S. 206.

11   Bulst, N.: Art. „Pest", a.a.O., Sp. 1916. Allerdings liegen für das Osnabrücker Nordland keine Hinweise dafür vor, dass hier die Landbevölkerung abnahm. Vgl. Vincke, Johannes: Die Lage und Bedeutung der bäuerlichen Wirtschaft im Fürstentum Osnabrück während des späten Mittelalters (August Lax, Hildesheim u. Leipzig 1938), S. 2, 21.

12   Bulst, N.: Art. „Pest", a.a.O., Sp. 1916.

13   Horst Klassen in https://www.lwl.org/wmfn-download/Geologie_und_Palaeontologie_in_Westfalen/GuP_Heft_82_Seite_147-195.pdf

14   Das traf auch auf die Bauerschaften Wehdel und Grönloh zu. Sie mussten in Zeiten der Überschwemmung ihre in der Zwischenzeit Verstorbenen auf einem Notfriedhof begraben. Nachdem der Kirchhof in Badbergen wieder erreichbar war, wurden sie ausgegraben und in einer Prozession zum Friedhof gebracht. Gegenüber dem Wehdeler Tor war an der Außenwand der Badberger Kirche ein Fresko mit dem Bild des Heiligen Christophorus angebracht (freundl. Mitt. von Herbert Schuckmann, Badbergen).

15   Ebd. S. 195.

16   LB bezieht sich auf das Lagerbuch zu Gehrde von Twelbeck.

17   Am 27. September hielt der Osnabrücker Bischof Johannes Hoet in Osnabrück einen Lehntag ab (Rothert, Osnabrück, a.a.O., S. 206). Die Einladung muss drei Wochen vorher ergangen sein. Demnach war die Pest in Osnabrück offenbar schon Ende August 1350 abgeklungen.

18   Rothert, Hermann: „Geschichte der Stadt Osnabrück im Mittelalter, 1. Teil", in Osnabrücker Mitt. 57 (1937) S 1-325; hier S. 215.

19   Zu Hoene, Otto: Die Kirche in Gehrde, Ein Gang durch 750 Jahre 1251-2001 (Pangaea Verlag, Schwerte 2001), S. 12f.

20   NSAO Rep 15 Nr 185, 230, 232.

21   Nöldeke, Arnold: Die Kunstdenkmale der Provinz Hannover (Hannover 1915), Heft 13, S. 132 und Mitthoff, W.H.: Kunstdenkmale und Alterthümer im Hannoverschen, Bd. 6 (Helwigsche Buchhandlung, Hannover 1879), S. 52.

22   Zu Hoene, Otto: Kirche in Gehrde, a.a.O., S.13.

23   Im Jahr 1379 verkauften sie einen Hof im Kirchspiel Gehrde (U 374).

24   Das spezifische Gewicht von Sandstein beträgt durchschnittlich 2,2 g je Kubikzentimeter. https://www.hausjournal.net/sandstein-gewicht (abgerufen Februar 2020)

25   Twelbeck, Gerhard: Gedanken zur Gehrder 700 Jahr-Feier, Material- und Kostenberechnung einer Kirche, in: Am heimatlichen Herd, Beilage der vereinigten Heimatzeitungen im Kreis Bersenbrück, 2. Jg. (1951), Nr. 16; Reprint S. 103.

26   Bremer, E.: Die Nutzung des Wasserweges zur Versorgung der römischen Militärlager an der Lippe, in: Siedlung und Landschaft in Westfalen, (Münster 2001) Bd. 31, S. 63ff. Zitiert nach Brepohl, Wilm: Arminius gegen Germanicus (Münster, Aschendorff 2008), S. 42.

27   Schon seit dem frühen Mittelalter wurde ein großer Teil des Warenverkehrs nicht über Land- sondern über Wasserwege abgewickelt. Vgl. Schlüter, Wolfgang: „Die Translatio S. Alexandri und die Verkehrswege des frühen Mittelalters in Nordwestdeutschland" in: Queckenstedt, Hermann (Hrsg): Heilige Helfer, Die Reliquien Alexanders und Reginas im Spiegel der Osnabrücker Bistumsgeschichte (Osnabrück 2001), S. 65-80, hier S. 69-72.

28   Schütte, Leopold: Westfalen, a.a.O., S. 299.

Abgaben der Pfarreien Herzlake, Menslage und Berge an das Zisterzienserinnenkloster Börstel
Wilfried Pabst

Anmerkungen: Das Zisterzienserinnenkloster Börstel besaß die Patronatsrechte über die Pfarreien Herzlake, Mensalge und Berge. Dieses wird auch aus der folgenden aus dem Lateinischen übersetzen Abgabenordnung von 1310 deutlich.

Wir bezeugen öffentlich

Wir haben die begründete Notlage des in unserer Diözese gelegenen Zisterzienserinnenklosters Börstel bedacht und bezüglich der Zahlungen, die die Pfarrkirchen in Herzlake, Menslage und Berge an das Kloster, das bekanntlich das Patronatsrecht über diese Kirchen hat, zu leisten haben, Folgendes bestimmt:

Der Pfarrer der Kirche in Herzlake soll, wenn er die Kirche erhalten hat, dem Kloster zum Unterhalt der Nonnen, die in diesem Kloster leben und Gott darin Tag und Nacht dienen, in jedem Jahr vier Mark gewöhnlichen Geldes zahlen, zwei Mark am Osterfest und die anderen zwei Mark am nächstfolgenden Fest des hl. Apostels Andreas (30.11.).

Der Pfarrer der Kirche in Menslage aber wird jedes Jahr 30 Schilling des gleichen Geldes zahlen, 15 Schilling am Fest des hl. Martin im Winter (11.11.) und die anderen 15 Schilling am nächstfolgenden Pfingstfest.

Der Pfarrer der Kirche in Berge aber soll 18 Schilling des gleichen Geldes jährlich zahlen, am Fest des hl. Michael (29.9.) neun Schilling und neun Schilling am nächstfolgenden Osterfest.

Von diesen Einkünften soll man den Nonnen jedes Jahr während der Advents- und der 40tägigen Fastenzeit – Zeiten, zu denen man sich natürlich dem Gottesdienst mehr und aufmerksamer widmen muss – besseres Bier als das alltägliche brauen und nahrhafteres Essen auftragen, damit sodann das Lob und die Verehrung Gottes und seiner glorreichen Mutter wachse, die Kräfte ihrer Diener hingegen nicht ermatten noch versiegen.

Quelle: H. Sudendorf, Beiträge zur Geschichte des Landes Osnabrück bis zum Jahre 1400. Osnabrück 1840, S.98f., Nr. 49.

Düttingdorf
Wilfried Papst

Anmerkungen: 1252 überträgt die Äbtissin von Herford den Hof Duettincdorp (Düttingdorf) an das Benediktinerinnenkloster auf dem Gertrudenberg in Osnabrück; es ist gleichzeitig die erste urkundliche Erwähnung von Düttingdorf. Im 19. Jahrhundert entstand aus dem Zusammenschluss von Düttingdorf und Baringdorf der Name Bardüttingdorf, seit 1969 ein Ortsteil der Stadt Spenge im Kreis Herford.

1252 August 24

Ida, dank Gottes Gnade Äbtissin von Herford, widmet allen, an die das vorliegende Schreiben gelangt, Gebete im Herrn.

Taten verblassen recht schnell im Dunkel des Vergessens. Wenn wir sie nicht schriftlich aufzeichnen und in die Erinnerung zurückrufen, gehen sie völlig unter. Daher wollen wir, dass allen, die jetzt sowie künftig leben, bekannt ist:

Ritter Gerlach von Borbeke und seine Erben haben den Hof Duettincdorp, Kirchspiel Wallenbrück, den derselbe Ritter von einem „Hildebrand" und seinen Erben früher für sich gekauft hatte, an denselben „Hildebrand" zurückgegeben, und derselbe „Hildebrand" hat mit seinen Erben diesen Hof bald darauf in freier Entscheidung in unsere Hände übergeben. Wir aber haben sodann auf gemeinsamen, einmütigen Beschluss des Konvents und unserer Dienstmannen diesen Hof in Duettincdorp dem Kloster auf dem Gertrudenberg in Osnabrück im Hinblick auf die Güte Gottes in einer Schenkung auf ewige Zeiten übertragen; das Kloster soll ihn in voller Unversehrtheit mit allen Erträgen und Diensten auf ewige Zeiten besitzen, allerdings mit dem Vorbehalt, dass man an uns und unsere Kirche eine Rente von 12 Denaren jährlich zahlen soll.

Damit nun niemand die fromme Schenkung unserer Freigebigkeit schmälern noch arglistige Rechtsverdreher sie irgendwie stören können, haben wir das vorliegende Schreiben für den genannten Konvent zum ewigen Zeugnis mit unserem Siegel festigen lasen.

Verhandelt wurde dies in unserer Kirche Herford im Jahre des Herrn 1252 am 24. August in Anwesenheit dieser Unterzeichneten, deren Namen folgende sind:

Udo von Braken, Truchsess Johannes von Brochusen, Volmont von Wervingen, Johannes von Paderborn, Johannes von Herford, Johannes von Arnholte, Johannes von Quernheim, Meinrich Monoculus, Berner von Varencampe, Rolf Nagel, Gograf Reiner, Wessel Lupus (alle Ritter); Hermann, Kaplan der Äbtissin; Notar Segnend, Gograf Johannes, Hermann von Herford, Eberhard von Dreno, Wessel von Thornham.

GESCHICHTE

Am 21.9.1252 bestätigen die Pröpstin, die Dechantin und das ganze Stift die Übertragung des Hofes.

Mechthild, Pröpstin, Beatrix, Dechantin, und der ganze Konvent der Kirche in Herford widmen dem Propst, der Priorin und dem ganzen Konvent des Klosters auf dem Gertrudenberg bei Osnabrück fromme Gebete in Christus.

Nachdem die in Christus zu verehrende Mutter und Herrin, unsere Äbtissin Ida, den in Duetttincdorp im Kirchspiel Wallenbrück gelegenen Hof im Blick auf die Güte Gottes in voller Unversehrtheit mit allen Erträgen und Diensten euch und eurer Kirche zum ewigen Besitz übertragen und sich und unserer Kirche nur eine Rente von 12 Denaren von dem besagten Hof vorbehalten hat, gewähren wir der genannten Schenkung in allem unsere fromme Zustimmung und haben als Zeugnis unserer Zustimmung für euch und eure Kirche das vorliegende Schreiben mit dem Schutz unseres Siegels festigen lassen.

Gegeben in Herford im Jahre des Herrn 1252 am 21. September.

Quellen: OUB III Nr. 59/60. Vgl. auch Ravensberger Regesten Nr. 493

Das Kreuzherrenkloster Osterberg (1427-1653) im Tecklenburger Land

Jürgen Schwarz

In den Tecklenburger Auen
War ein Kloster einst zu schauen,
Das in jenen alten Zeiten
für den Glauben sollte streiten.

Gutes war darin gegeben
Im gemeinschaftlichen Leben.
So, dem Land und Volk verbunden,
Wurd's am Osterberg gefunden.

Doch nicht viel hat von dem Alten
Sich am Osterberg erhalten.
Denn das meiste wie wir wissen,
Wurd' vor Zeiten abgerissen.

Nur der Geist ist nicht verloren,
den die Mönche sich erkoren,
Die, selbst wenn sie Freiheit fühlten,
Stets sich an „die Kirche" hielten.

Eigen war ihr fester Wille,
Dass sich alles so erfülle,
Wie es Christus einstmals lehrte,
Als man ihn zum Herrn begehrte:

Es war Menschlichkeit und Liebe.
Und dass so's auch weiter bliebe,
Zählte nun in all den vielen
Jahren zu den höchsten Zielen.

Steng von „Devotion" geleitet
Hat sich's damals ausgebreitet.
Im Kreuzherrenorden waren
Sich hier alle dess' im Klaren.

Ihre Bindung blieb vorhanden
Immer zu den Niederlanden,
Wo in klerikalen Banden
Gleicher Glaube war vorhanden.

GESCHICHTE

„Heil im Kreuz" – so war's zu hören.
Und das schien bei allen Lehren
Als das Wichtigste geboten,
um's im Herzen auszuloten.

Fleißig hieß es sich zu regen:
Hände in den Schoß zu legen
War für eben solch ein Leben
Nicht das richtige Bestreben.

Nah beim Kloster stand für viele
Mönche darum eine Mühle,
Dass man - auch wenn Hunger quälte –
Einen Weg zum Brot sich wählte.

Und es weist an ihrer Pforte
Heut' noch eine Apfelsorte,
Die durch den Geschmack erfreute,
Auch des Klosters Land und Leute.

Fest bleib ihnen das Versprechen,
Niemals ganz mit Rom zu brechen.
Sodass schließlich Protestanten
Sie aus ihrem Land verbannten.

Denn wir wissen, dass den Glauben,
Ihnen keiner konnte rauben,
Weil sie streng als Menschen lebten,
Die das ew'ge Heil erstrebten.

Und so spüren es noch jene,
Die das weiterhin so schöne
Tecklenburger Land bewohnen
Und mit ihrem Fleiß belohnen.

Anmerkung: Über die Geschichte des Klosters Osterberg hat Wilfried Pabst im Heimatjahrbuch 2023 ausführlich berichtet.

„Alte Kreimerei" in Hagen a.T.W. fast 500 Jahre alt – Dendrochronologische Altersbestimmungen belegen urkundliche Erwähnungen

Elisabeth Kreimer-Selberg und Norbert Ortmanns

Das Gebäude in der Dorfstraße 6 (früher: Beckerode Nr. 35) in Hagen a.T.W., „Alte Kreimerei" genannt, kann auf eine fast 500-jährige Geschichte zurückblicken, wie neueste Untersuchungen während der Renovierungsarbeiten im Jahre 2022 ergaben.

Der in der Bauernschaft Beckerode gelegene Markkotten „de Kremer" wird erstmals 1550 im Steuerregister urkundlich erwähnt. 1557 besitzt Heinrich Kremer eine Kuh und ein Schwein, er selbst ist nicht leibeigen, sondern von „fürstlich Gnaden frey", sein Haus steht „auf Kirchgudt".

Sein Sohn Johan Kremer war 1591 Hagener Untervogt und als solcher darum bemüht, die Hagener Bevölkerung vor plündernden Soldatenhorden des spanisch- niederländischen Krieges zu warnen und zu schützen.

Abb.1: Das heutige Geschäftshaus Kreimer in der Dorfstraße 6 (früher: Beckerode Nr. 35) in Hagen a.T.W. Foto: Reinhard Frauenheim

Im 30-jährigen Krieg (1618-1648) verarmte der Markkötter Kreimer zunächst, dann brannte im Jahre 1626 das kleine Fachwerkhaus ab. Für den Wiederaufbau fehlten kriegsbedingt die Mittel und so lag die Hausstätte noch im Jahr 1667 unbewohnt da.

Der Markkötter und Steinhauer Johann Christopher Kreimer (1715-1762) legte im Haus einen eigenen Brunnen an.

1723 kam es zum ersten großen Brand von Hagen, bei dem auch das Kreimersche Haus nebst Hausrat verbrannte. Der Wiederaufbau erfolgte um das Jahr 1725. Die nachfolgenden Generationen Kreimer betätigten sich unter anderem als „Holzschuhmacher", also als Schuhmacher, so auch Christoph Joseph Kreimer (1819-1898). Er bekleidete etliche Jahre das Amt des Vorstehers in Beckerode, dann das Amt des Samtgemeindevorstehers.

Im Jahre 1865 zog Christoph Joseph Kreimer in ein vom ihm errichtetes kleines Fachwerkhaus auf dem Grundstück „Iburger Weg" (heute Iburger Straße 11), ein Geschenk der Gemeinde Hagen im Jahre 1592 an seinen Vorfahren, dem Untervogt Johan Kremer, als Dank

GESCHICHTE

Abb.2: Christoph Josef Kreimer (1819-1898) und seine Ehefrau Catharina Maria Kreimer, geborene Kleine-Wördemann (1827 – 1893). Foto: Familienarchiv Kreimer-Selberg.

für dessen treue Dienste[1]. Fünf Jahre später beantragt er für die Hausstätte an der Dorfstraße 6, „ein theilweise neues Haus" zu errichten. Die Baugenehmigung wurde ihm am 10. Februar 1870 vom Amt Iburg erteilt, das alte Fachwerkhaus größtenteils abgebrochen und ein massiv gemauertes Wohn- und Geschäftshaus errichtet.

Sein Sohn Herrmann (1856 -1936) führte die Kaufmannstradition der Familie Kreimer im Jahre 1887 nach seiner Rückkehr aus Holland zusammen mit seiner Frau Maria, geborene Herkenhoff vom „Gibbenhoff", in Hagen fort, jedoch mit einem modernen Ladengeschäft für Kolonialwaren und Dingen des täglichen Gebrauchs in der Dorfstraße 2. Dieses Hausgrundstück hatte sein Vater Christoph Josef im Jahre 1885 von seinem übernächsten Nachbarn Anton Müller, der in die Niederlande nach Arnheim übergesiedelt war, für 21.000 Mark gekauft und an ihn vererbt.

Erbin der „Alten Kreimerei", wie Dorfstr. Nr. 6 nun zur Unterscheidung von Nr. 2 im Volksmund genannt wurde, war Enkelin Agnes. Sie beauftragte im Rahmen einer Renovierung einen Neuanstrich der Fassade. Bei den Vorarbeiten wurde die Tragfähigkeit des sich unter einer Putzschicht befindlichen Fachwerks geprüft und zum Teil erneuert. Die alten Holzstücke wurden dem Bauforschungsinstitut der Pressler GmbH Gersten/Emsland zur dendrochronologischen[2] Untersuchung übergeben. Die Untersuchung von vier verschiedenen Holzstücken ergab ein erstaunliches Ergebnis: Der älteste Balken ist von ca. 1584, ein weiterer von 1640. Zwei andere Balken wurden ungefähr auf die Jahre 1746 und 1790 datiert. Verschiedene Bohrungen lassen die Vermutung zu, dass diese Balken mindestens schon zum zweiten Mal eingebaut wurden.[3]

Die Ergebnisse vermitteln der Chronik der Familie Kreimer, seit Jahrzehnten von Elisabeth Kreimer-Selberg und Rainer Rottmann in vielen Archiven recherchiert und zusammengetragen, eine neue, historisch fundierte Faktizität und sind gleichzeitig Anlass für das Kreimer-Selberg-Museum in Georgsmarienhütte-Holzhausen eine umfangreiche Dokumentation zu planen.

Vorerst informiert ein Schild an der Hausfassade über die wesentlichen Aspekte der 500-jährigen Geschichte dieses einzigen bis heute erhaltenen Querdielenhauses im Dorfkern von Hagen a. T. W.

1 Urkunde im Hagener Pfarrarchiv.
2 Die wissenschaftliche Methode der Dendrochronologie ermöglicht es, mittels der Jahresringe das Alter eines Holzstückes zu ermitteln. www.praehistorische-archaeologie.de/wissen/datierung/dendrochronologie/, aufgerufen am 23. Mai 2023.
3 vgl. Altersbestimmung der Pressler GmbH vom Dezember 2022.

Die Tannenburg in Osnabrück-Schinkel am Ostende der Ebertallee

Gerd-Ulrich Piesch

Die Tannenburgstraße zwischen Oststraße und Weberstraße ist eine der längsten Straßen in Osnabrück-Schinkel und daher wohl jedem Bewohner dieses Stadtteils bekannt. Dazu trägt auch die gleichnamige Bushaltestelle an ihrer Kreuzung mit der Schützenstraße bei. Aber wer Näheres über die Tannenburg erfahren will und in das einschlägige Schrifttum Einblick nimmt, findet über dieses Anwesen kaum Angaben.

Die Tannenburg lag nahe der Südwestecke Wesereschstraße/Heiligenweg etwa 20 Meter südlich der Ebertallee im Bereich des Hauses Ebertallee 66. Sie war ungefähr 70 Meter westlich vom Heiligenweg entfernt und gehörte bis kurz nach 1770 zu den Besitzungen des Osnabrücker Domkapitels. Manchmal wird sie auch – plattdeutsch – Dannenburg genannt.

Die Tannenburg auf einer Karte der Grundstücke des Osnabrücker Domkapitels von 1770/1830

Die Tannenburg ist erstmals auf einer von vier Karten der bei der Stadt Osnabrück liegenden Grundstücke des Osnabrücker Domkapitels von 1770/1830 nachgewiesen. Jene Karten stammen von dem Geometer und Mathematiker Christian Ludolf Reinhold (1739-1791) und wurden 1830 von dem Landbauinspektor Johann Friedrich Christian Doeltz ergänzt und auf den neuesten Stand gebracht.

Die Tannenburg umfasst auf dieser Karte zwei rechteckige Gebäude. Der östliche Bau ist ungefähr nord-südlich ausgerichtet. Das westliche Bauwerk steht annähernd in Richtung Ost-West im rechten Winkel zum Ostbau und beginnt etwa in Höhe des Nordendes des Ostgebäudes. Zwischen beiden Bauten führt knapp zehn Meter östlich des westlichen Gebäudes eine Zufahrt nach Norden. Sie endet an einer Straße, die in Höhe des Westendes des westlichen Tannenburggebäudes von der Wesereschstraße abzweigt und

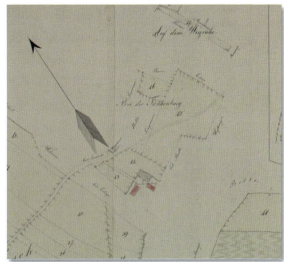

Abb. 1: Die Tannenburg auf der Karte der bei der Stadt Osnabrück liegenden Grundstücke des Osnabrücker Domkapitels von 1770/1830 (NLA OS: K 62 b Nr. 1 H. Bl. 2, Ausschnitt). Das später verschwundene östliche Gebäude ist noch vorhanden.

nach Südosten zur verlängerten Windthorststraße und zur Belmer Straße verläuft. Kurz nach 1900 ist diese Straße verschwunden.

Nordöstlich des östlichen Bauwerks erstreckt sich anscheinend ein rechteckiger Garten. Das Gelände nordöstlich der Tannenburg zwischen der Schinkelbergstraße und der Straße von der Wesereschstraße zur Belmer Straße, das teilweise aus Äckern besteht, heißt auf der Karte von 1770/1830 „Bei der Tannenburg". Und südwestlich der Tannenburg ist dort um die Tannenburgstraße bis ungefähr zur Jägerstraße ein „Tannenburger Kamp" eingezeichnet.

Die Osnabrücker Patrizierfamilien Pagenstecher und Gosling als Besitzer der Tannenburg am Ende des 18. Jahrhunderts

Wie aus einem Verzeichnis der exemten Güter in der Obervogtei Osnabrück und der Vogtei Wallenhorst von Mai 1781 hervorgeht, gab es zu jener Zeit in der Bauerschaft Schinkel an solchen steuerfreien Besitzungen außer der Crispinsburg und

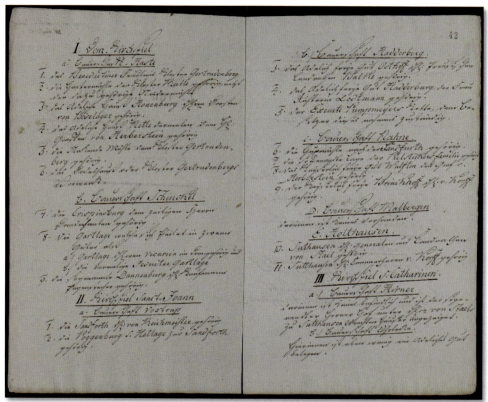

Abb. 2: Die Erwähnung der „Dannenburg" als Besitztum des Kaufmanns Pagenstecher in einem Verzeichnis der exemten Güter von Mai 1782 (NLA OS: Rep 100 Abschnitt 88, Nr. 183. S. 42 links, sechste und siebte Zeile von unten).

dem Haus Gartlage auch „die sogenannte Dannenburg", die damals dem „Kaufmann Pagenstecher" gehörte. Die Familie Pagenstecher zählte vom 17. bis ins 19. Jahrhundert zu den führenden Osnabrücker Oberschichtfamilien und ist heute den meisten Osnabrückern wohl hauptsächlich durch die Pagenstecherstraße bekannt, die als Hauptverkehrsstraße in den Stadtteil Eversburg führt.

Die Tannenburg bildete also Ende des 18. Jahrhunderts anscheinend nicht mehr ein Eigentum des Osnabrücker Domkapitels, sondern war aus unbekannten Gründen in bürgerliche Hände übergegangen.

Wenig später aber im Februar 1786 befand sich die Tannenburg im Besitz der Osnabrücker Patrizierfamilie Gosling (oder Gösling). In dem obigen Verzeichnis der exemten Güter ist nämlich ungefähr um diese Zeit „die Dannenburg" als „Goslings haus am Schinkel" bezeichnet. Das dortige Gebäude wurde nach dieser Akte erst 1770 erbaut. Es lässt sich aber keineswegs ausschließen, dass es anstelle eines älteren Vorgängerbaus entstanden ist. Darauf deutet insbesondere auch die Endsilbe -burg hin.

Da er für das „am Schinkelberge" gelegene „Goslingsche Haus die Dannenburg genannt" den Rauchschatz an das Amt Iburg zahlen sollte, hatte der damalige Besitzer der Tannenburg, wie der Obervogt Anton Joseph Theodor Nieberg (1761-1784) schon 1781 mitteilte, eine „schriftliche Vorstellung" an die Fürstbischöfliche Kanzlei mit der Bitte um eine Befreiung von der Schatzung gerichtet. Diese wurde aber abschlägig beschieden. Aus einem Bericht an Niebergs Nachfolger, den Obervogt Dr. Adolf Theodor Rohde, der auf eine Weisung von Februar 1786 erfolgte, geht dann hervor, dass hierzu zurzeit keine Unterlagen vorhanden waren; daher sollte der Besitzer der Tannenburg regelmäßig den Rauchschatz bezahlen. Eine etwaige spätere Verordnung bliebe dann abzuwarten.

Die Steuerfreiheit (Exemtion) der Tannenburg war also keineswegs allgemein anerkannt, sondern galt zumindest Ende des 18.Jahrhunderts als durchaus umstritten.

Die Tannenburg auf der Du Plat'schen Landesvermessung des Fürstbistums Osnabrück aus dem Jahre 1789 und auf den Osnabrücker Ämterkarten von etwa 1798

Wenig später – 1789 auf der Du Plat`schen Landesvermessung des Fürstbistums Osnabrück und zwar auf der südlichen Karte der Bauerschaft Schinkel – ist das östliche der beiden Tannenburggebäude verschwunden und nur noch der westliche Bau vorhanden. Etwa 45 Meter südlich dieses Bauwerks setzt sich auf der obigen Vermessung das Tannenburggrundstück („der Kamp") in rechteckiger Form nach Westen fort. Dieser ländliche südliche Grundstücksteil ist annähernd 300 Meter lang und ungefähr 80 Meter breit. Er erstreckt sich bis etwa 40 Meter nördlich der Tannenburgstraße und annähernd 25 bis 75 Meter südlich dieser Straße bis zur

GESCHICHTE

Verbindungsbahn und von Osten nach Westen ab etwa 180-230 Meter westlich des Heiligenweges bis ungefähr in Höhe der Thomasburgstraße. Jener längliche Abschnitt des Tannenburggrundstücks entspricht nahezu ganz dem „Tannenburger Kamp" auf der Karte von 1770/1830. Er ist auf der Du Plat-Karte in sinniger Weise durch eine Tanne gekennzeichnet, die nach der Kartenlegende die Signatur für die „Dannenburg" bildet. Ebenso findet sich das Tannenzeichen bei der Tannenburg in den zugehörigen Vermessungsregistern und dem Schatzungsregister.

Abb. 3: Die Tannenburg (Mitte) auf der Du Plat'schen Landesvermessung des Fürstbistums Osnabrück von 1789 (NLA OS: K 100 Nr. 1 H IV. Bl. 10 b, Ausschnitt). Das östliche Gebäude ist jetzt verschwunden.

Die Tannenburg zählt nach der Legende der Du Plat-Karte zu den „Schatzfreien und Auswärtigen" Gütern. Ihre Exemtion war also 1789 im Gegensatz zu den obigen, nur wenige Jahre jüngeren Akten des späten 18. Jahrhunderts, anscheinend nicht mehr zweifelhaft.

Auch auf den sogenannten Ämterkarten des Fürstbistums Osnabrück von etwa 1798 aus der Hand des Leutnants C.A.F. von Witzleben sind die „Danneburg" und ihr Grundstück eingezeichnet, und zwar auf der Karte des Nordwestlichen Amtes Iburg und der Karte der Bauerschaft Schinkel. Der östliche, sich von Norden nach Süden erstreckende Grundstücksabschnitt, zeigt auf der Schinkel-Karte eine hellbraune Farbe und bildet wohl eine Wiese, während das längliche Ost-West-Grundstück weiß dargestellt ist und deshalb offenbar als Acker genutzt wurde.

Abb. 4: Die Bauerschaft Schinkel auf einer der sogenannten Ämterkarten des Fürstbistums Osnabrück von etwa 1798 aus der Hand des Leutnants C.A.F. von Witzleben. Eingezeichnet sind auch der südöstliche Nebenzweig der Bremer Straße zwischen Hunteburger Weg/Schützenstraße und der verlängerten Schinkelbergstraße sowie nördlich der „Danneburg" der Weg von der Wesereschstraße zur Windthorststraße in Höhe der Gesamtschule Schinkel (Staatsbibliothek zu Berlin: N 26734. Bl. 11, Ausschnitt).

Die Tannenburg auf der Güterkarte aus der Zeit um 1805 und ihr Verkauf an den Neubauern Sommer im Zuge der Säkularisation

Wohl im Zuge der Säkularisation 1802/03 wurde das Wohnhaus der Tannenburg mit dem zugehörigen Garten an einen Neubauern Sommer verkauft, der im ältesten Osnabrücker Adressbuch von 1837 „auf der Tannenburg" erwähnt ist. Das längliche Ackergrundstück der Tannenburg hingegen verblieb zunächst bei der Familie Gosling und befand sich 1805/06 in deren Besitz. Dies geht aus dem Brouillon-Vermessungsregister und dem Schatzungsregister der Du Plat-Vermessung sowie zwei dem letzten Register beigefügten Nachträgen hervor.

Als in napoleonischer Zeit die Steuerfreiheit von Adel und Kirche ein Ende fand, entstanden zur Ergänzung der Du Plat`schen Landesvermessung um 1805 Pläne von Gütern und

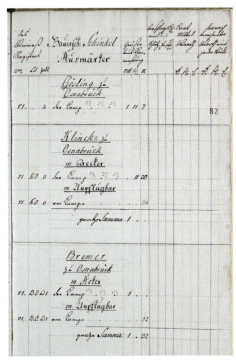

Abb. 5: Das Schatzungsregister der Du Plat`schen Landesvermessung des Fürstbistums Osnabrück von 1805. Als Besitzer des Tannenburggrundstücks („der Kamp") ist „Gösling zu Osnabrück" angegeben (NLA OS: Rep 100 a, IV Nr. 10 a. S. 82, erste bis dritte Zeile von oben).

GESCHICHTE

schatzfreien Höfen mit ihrer Hovesaat (= steuerfreies Land von Adelssitzen). Auch von der „Crispinsburg und Dannenburg" wurde eine derartige Karte angefertigt. Außer der Tannenburg ist also auf dieser Karte auch die Crispinsburg eingezeichnet, die zwischen Mindener Straße und Hase ungefähr im Bereich der Einmündung der Straße „Am Schützenhof" in die Bessemerstraße lag und ehemals einen Landsitz des Domdechanten bildete.

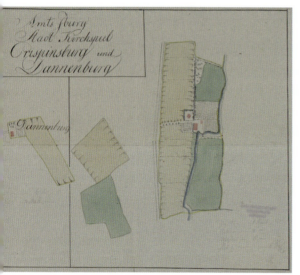

Abb. 6: Die Crispinsburg und die „Dannenburg" auf einer der Güterkarte aus der Zeit um 1805 (NLA OS: K 100 Nr. 2 H. Bl. 18).

Die Tannenburg ist nahezu genauso wie bei Du Plat und auf den beiden Witzleben-karten dargestellt. Der südliche längliche Grundstücksabschnitt weist jetzt eine gelbliche Farbe auf und ist damit wohl erneut als Acker gekennzeichnet. Östlich der Tannenburg erstreckt sich ein kleines Gehölz aus fünf Nadelbäumen, und südlich von ihr liegt zunächst ein Garten oder eine Wiese. Der südlich anschließende Ostabschnitt des Tannenburggrundstücks bildet einen Teil des Ackers auf dem länglichen Ost-West-Abschnitt.

Auch auf dem betreffenden Blatt der annähernd gleichzeitig erschienenen Nordwestdeutschlandkarten des preußischen Generalmajors Karl Ludwig v. Le Coq (1754-1829) aus dem Jahre 1805 fehlt die Tannenburg nicht. Sie heißt dort „Danneburg". Dass sie auch auf einer so großräumigen Karte eingetragen ist, deutet zweifellos ein wenig auf ihre vielleicht nicht geringe Bedeutung hin.

Der Heuerling Brockhoff als Bewohner der Tannenburg von 1837 bis nach 1845

Der Neubauer Sommer hat die Tannenburg indes anscheinend nicht allzu lange allein bewohnt. Denn von 1837 bis nach 1845 findet sich auf der Tannenburg ein Anton Rudolph Brockhoff (*1804) als Heuermann überliefert. Brockhoff war Ostern 1837 von der Vierten (Grafschen) Blumenhalle (auch Achelkamp genannt) im Osnabrücker Stadtteil Wüste an der heutigen Alfred-Delp-Straße 37 „zum Kolon Sommer auf der Dannenburg in der Bauerschaft Schinkel" gezogen. Letzterer hatte ihm die Wohnung und das zugehörige Land auf vier Jahre verheuert. Anschließend wurde dieser Vertrag um weitere vier Jahre verlängert. Nach Ablauf jener Frist war Brockhoff das Wohnen auf der Tannenburg nur noch bis Michaelis (29. September) 1845 gestattet.

Da Brockhoff als Tagelöhner in der Stadt Osnabrück arbeitete, bat er am 16. August 1845 in einem Schreiben den Osnabrücker Magistrat, sich wieder in Osnabrück niederlassen zu dürfen. Nach seiner Meinung hatte er durch seine Geburt in der Vierten Blumenhalle ein Wohnrecht („Domicil") im Stadtbezirk Osnabrück erworben und dieses auch durch den zeitweiligen Aufenthalt in der Bauerschaft Schinkel nicht verloren. Indes antwortete die Osnabrücker Landdrostei am 18. November 1845, dass die Bauerschaft Schinkel dem Heuerling Brockhoff bei seiner Verheiratung im Jahre 1836 die Niederlassung in Schinkel bewilligt und das königliche Amt diese durch die Erteilung des Trauscheins genehmigt hatte. Seitdem habe der Heuerling Brockhoff sein Wohnrecht im Schinkel und nicht mehr in Osnabrück.

Die Tannenburg auf dem Urkataster von November 1871

Auch auf der „Gaußschen Landesaufnahme der 1815 von Hannover erworbenen Gebiete" von 1841/49 und im „Topographischen Atlas des Königreichs Hannover und des Herzogtums Braunschweig von August Papen" aus dem Jahre 1844 finden sich die Tannenburg und ihr Grundstück nachgewiesen. Der Bereich südlich der Tannenburg bis zum Beginn des länglichen Grundstücks zeigt auf der Landesvermessung von Gauß eine grüne Farbe und bildet daher wie auf der Witzlebenkarte von ungefähr 1798 und der Güterkarte von etwa 1805 eine Wiese oder eher einen Garten.

Ebenso findet sich auf dem Urkataster von November 1871 das rechteckige Gebäude der Tannenburg wieder eingezeichnet und dort wie schon auf der Du Plat-Karte kartographisch sehr exakt und genau dargestellt. Es ist etwa 24 Meter x 10 Meter groß.

Die westliche Schmalseite der Tannenburg springt nun in der Mitte auf ungefähr drei Meter Länge um annähernd vier Meter zurück. Im Norden und Süden finden sich daher dort gleichsam zwei etwa drei bis vier Meter breite Vorbauten. Die Tannenburg ist deshalb vermutlich ein etwas altertümliches Fachwerkhaus mit einem Schleppwalm oder Kübbungswalm gewesen. Derartige Bauten sind heute auch im Osnabrücker Land nahezu völlig verschwunden, lassen sich aber noch häufig auf alten Bildern und Fotografien nachweisen wie etwa im Osnabrücker Stadtgebiet in der Dodesheide.

Weiter sind um die Tannenburg mittlerweile vier Nebengebäude entstanden, die wohl als Ställe, Scheunen oder Remisen dienten. Nördlich der Tannenburg steht in ihrer Osthälfte in ungefähr sechs Meter Entfernung ein längliches rechteckiges und schmales Gebäude von etwa zehn x vier Meter Seitenlänge. An der Nordhälfte seiner westlichen Schmalseite besitzt es einen annähernd quadratischen, ungefähr drei x drei Meter großen Vorbau. Unmittelbar westlich an die Südwestecke der Tannenburg ist ein kleines, rechteckiges und längliches Gebäude angebaut, das eine nord-südliche Ausrichtung zeigt und annähernd zehn x vier Meter groß ist. Etwa

GESCHICHTE

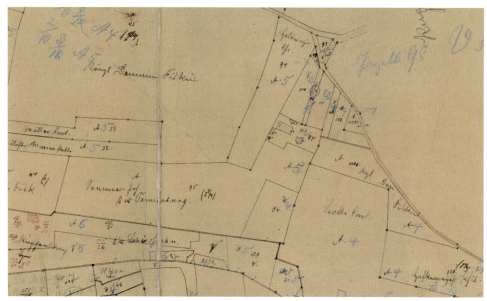

Abb. 7: Die Tannenburg auf dem Urkataster von November 1871 mit ihren vier neuen Nebengebäuden (NLA OS: Rep 540 Osn-Land. Nr. 44. Kartenblatt 7. Blatt 1, Ausschnitt). Das südliche längliche Tannenburggrundstück gehört jetzt einem Jos. Sommer.

vier Meter südsüdwestlich dieses Nebengebäudes findet sich auf dem Urkataster ein weiteres kleines rechteckiges und längliches Bauwerk von ungefähr fünf x zwei Meter Seitenlänge, das ebenfalls in Richtung Südsüdwest steht. In annähernd zehn Meter Entfernung von der Südostecke der Tannenburg liegt schließlich ein ost-westlich ausgerichtetes, breitrechteckiges und etwa neun x sieben Meter großes Gebäude. Es besitzt am Ostende der Nordseite und in der Westhälfte der Südseite je einen kleinen, annähernd zwei x zwei Meter umfassenden quadratischen Vorbau.

Der südliche längliche Grundstücksabschnitt um die Tannenburgstraße, der jetzt den Flurnamen „Die Tannenburg" trägt, befindet sich nun nicht mehr im Gosling'schenen Besitz, sondern gehört einem Jos. Sommer. Die letztere Familie hatte also mittlerweile das ganze frühere Tannenburggelände erworben.

Das zweite neue Gebäude der Tannenburg auf der Preußischen Landesaufnahme von 1895

Auf der Preußischen Landesaufnahme aus dem Jahre 1895 sind die obigen Nebengebäude wieder verschwunden. Dafür ist annähernd 30 Meter südlich des alten Gebäudes zwischen Ebertallee und Tannenburgstraße auf dem heutigen Grundstück Tannenburgstraße 107 ein weiteres rechteckiges Bauwerk entstanden, das ebenfalls eine ost-westliche Ausrichtung aufweist. Es zeigt eine Länge von etwa 35 Meter und besitzt eine Breite von annähernd zehn Meter. Nach Osten ist es ungefähr zehn Meter länger als das alte nördliche Gebäude. Weiterhin findet sich etwa 15 Meter östlich des südlichen neuen Hauses ein kleines, annähernd quadratisches Nebengebäude von annähernd 10 x 15 Meter Seitenlänge. Beiderseits der Zufahrt stehen anscheinend bis zur Straße Wesereschstraße-Belmer Straße Bäume, die dort ein kleines Waldstück bilden.

Das Grundstück der Tannenburg und sein länglicher Südabschnitt sind auch auf der Preußischen Landesaufnahme noch erkennbar. Der längliche Südabschnitt bildet weiterhin bis zur Thomasburgstraße wohl einen Acker und der östliche Teil südlich des Neubaus eine Wiese.

Der Plan des „Bezirks Schinkel" aus dem Osnabrücker Adressbüchern von 1899 und 1900/01

Wohl der südliche Neubau der Tannenburg und sein östliches Nebengebäude sind auf einem Plan des „Bezirks Schinkel" eingezeichnet, der sich in den Osnabrücker Adressbüchern von 1899 und 1900/01 findet.

Der Zufahrtsweg von der Wesereschstraße zur Tannenburg setzt sich dort südlich der Tannenburg nach Südosten fort und mündet zunächst beim Heiligenweg in die Belmer Straße. Sein Südabschnitt entspricht annähernd dem heutigen Bruchdamm bis zu seiner Biegung nach Westen. Anschließend stimmt dieser Weg von der Tannenburg südlich der Belmer Straße mit dem jetzigen Heilgenweg überein und endet an der Mindener Straße wenig östlich des alten Schinkeler Wasserwerks.

Die Teilstrecke vom Bruchdamm bis zur Mindener Straße ist schon auf der Preußischen Landesaufnahme von 1895 und der Gaußschen Landesaufnahme von 1841/49 sowie im Papen-Atlas des Königreichs Hannover aus dem Jahre 1844 vorhanden.

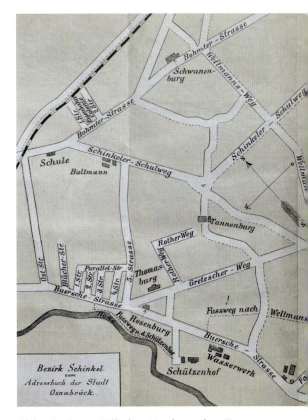

Abb. 8: Der südliche Neubau der Tannenburg und sein östliches Nebengebäude auf einem Plan des „Bezirks Schinkel" aus den Osnabrücker Adressbüchern von 1899 und 1900/01. Südlich der Tannenburg beginnt der Rothe Weg. Die Wesereschstraße heißt hier noch Schinkeler Schulweg, die Belmer Straße Gretescher Weg und die Schützenstraße 5.Strasse.

GESCHICHTE

Unmittelbar südlich der Tannenburg zweigt außerdem von der obigen Straße eine weitere Straße ab, die auf dem genannten Stadtplan von 1899 und 1900/01 „Rother Weg" heißt. Diese verläuft zunächst nach Westsüdwesten und biegt dann rechtwinkelig nach Südsüdosten um. Wenig östlich der Franzstraße mündet der Rothe Weg dann in die Belmer Straße. Er entspricht annähernd der Ebertallee und der Jägerstraße. Sein südlicher Abschnitt stimmt nahezu völlig mit der heutigen Thomasburgstraße überein. Auch auf einem anderen Schinkelplan, der sich mit Unterbrechungen in den Osnabrücker Adressbüchern von 1878 bis 1897/98 vorfindet, fehlt dieser Südteil des Rothen Weges nicht. Und auf einem weiteren Stadtplan in den Adressbüchern von 1902, 1903/04, 1905 und 1906/07 heißt die jetzige Thomasburgstraße „Rother Weg". Auch auf der Preußischen Landesaufnahme von 1895 ist der Südabschnitt des Rothen Weges als Straße und sein Nordabschnitt als Fußweg eingezeichnet.

Im Osnabrücker Adressbuch von 1879/80 findet sich ein Maurer Wilhelm Sommer genannt, der im Hause Schinkel 136 wohnte. Dahinter steht in Klammern „Rotherw.". Dies könnte daher vielleicht die Hausnummer der alten Tannenburg gewesen sein. Als Eigentümer des Hauses Rotherweg 136 ist damals indes eine Person mit Namen Burchel genannt, die in Hagen und damit wohl im unweit von Osnabrück gelegenen in Hagen a. T.W. ansässig war.

Das Adressbuch aus dem Jahre 1884 nennt anscheinend denselben Maurer Wilhelm Sommer von der „Tannenburg" als Eigentümer des Hauses Schinkel 156, das bei der Ausflugsgaststätte Schwanenburg (Bremer Straße 101) lag. Als Bewohner des Hauses Schinkel 156 sind in diesem Adressbuch die Bremser Wilhelm Wendt und Wilhelm Schläfke angegeben. Bei Schläfke indes steht einmal hinter der Hausnummer 156 in eckigen Klammern gleichfalls das Wort „Tannenburg", so dass dieser vielleicht doch dort wohnte oder ansonsten eine Beziehung zur Tannenburg hatte.

Die Unklarheit über das Alter, das Aussehen und die Bedeutung der Tannenburg

Offenbar sind der Nordteil des Rothen Weges und der Nordabschnitt des Weges von der Tannenburg über den Bruchdamm zur Belmer Straße bei der Verkoppelung des Weserechs 1899/1900 verschwunden, die den Bereich von der damaligen Stadtgrenze an der Oststraße bis zur Weberstraße und das Gebiet zwischen Bremer Straße und Buerscher Straße umfasste.

Dasselbe gilt wohl auch für die Straße von der Weserechstraße über die verlängerte Windthorststraße zur Belmer Straße sowie nicht zuletzt vielleicht auch für das alte Gebäude der Tannenburg. Letzteres könnte beseitigt worden sein, als im Zuge der obigen Verkoppelung die Ebertallee entstand. Denn auf einem „Plan von Osnabrück-Schinkel" aus dem Jahre 1914 sucht der Betrachter das alte Tannenburggebäude vergebens. Ebenso besteht anscheinend als Folge der Verkoppelung auf dieser Karte die alte Grundstücksaufteilung um die Tannenburg mit dem länglichen Südabschnitt nicht mehr.

Leider lässt sich aus den erwähnten Nachrichten und alten Plänen nur recht wenig und nichts völlig Sicheres über Alter, Aussehen, Bedeutung und Aufgabe der Tannenburg feststellen. Wurde sie wirklich erst 1770 als Landsitz einer Osnabrücker Oberschichtfamilie errichtet, oder gab es sie schon vielleicht vorher als ehemalige Burg und späteren selbstständigen Adelssitz mit einem kleinen Herrenhaus? Gehörte sie womöglich zur Crispinsburg oder stand zumindest mit ihr in einem Zusammenhang und einer Beziehung? Stellte sie vielleicht nur ein Nebengebäude oder einen Wirtschaftshof der Crispinsburg dar? Denn für eine Burg fehlt eigentlich bei der Tannenburg der für eine Wasserburg und eine Befestigung unumgängliche Bach. Vielleicht ist aber ein solcher nur nicht mehr nachweisbar. Allerdings reicht auf der geologischen Übersichtskarte eine Ausbuchtung der Butterbachniederung zwischen Belmer Straße und Tannenburgstraße bis etwa 400 Meter östlich der Schützenstraße und endet damit unweit vor der Tannenburg. Und auch die nahen Straßen Bruchdamm und Tiefstraße sowie die Wiese südlich des länglichen Tannenburggrundstücks deuten auf ein früheres Feuchtgebiet hin. Bildete die Tannenburg weiter ein Fachwerkhaus oder einen Steinbau oder gar ein Steinwerk? Welche Aufgabe hatte das später verschwundene östliche Gebäude auf der Karte von 1770/1830?

Die Lage der Tannenburg an der nördlichen Schinkeler Landwehr

Sehr bedeutsam und wichtig erscheint, dass die Tannenburg an oder nur wenig südlich der nördlichen Schinkeler Landwehr lag. Dies zeigt die Landesaufnahme des Fürstbistums Osnabrück von von dem Bussche/Benoit aus den Jahren 1765/67 und auch die daraus hervorgegangene sogenannte Generalkarte des Fürstbistums Osnabrück von 1774. Ferner ist der vollständige Osnabrücker Landwehrring auf zwei Atlaskarten des Hochstifts Osnabrück aus der Hand des österreichischen Verlegers und Kartographen Franz Johann Joseph Reilly (1766-1820) aus der Mitte des 18. Jahrhunderts eingetragen.

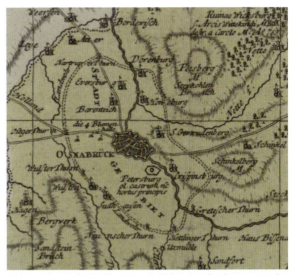

Abb. 9: Der vollständige Osnabrücker Landwehrring mit der Landwehr im Schinkel auf einer Karte des Fürstbistums Osnabrück aus dem Jahre 1753 von Johann Heinrich Meuschen (1697-1760) (NLA OS: K 104 Nr. 5 H, Ausschnitt)

GESCHICHTE

Etwa gleichzeitig nachweisen lässt sich die an der Tannenburg vorbeiführende nördliche Landwehr im Schinkel auf einer Karte des Fürstbistums Osnabrück aus dem Jahre 1753, die von dem Osnabrücker Arzt und Hobbykartographen Johann Heinrich Meuschen (1697-1760) stammt.

Weiter verzeichnet findet sich der Osnabrücker Landwehrring mit der nördlichen Schinkeler Landwehr wenig später auf einer französischen, in Paris erschienenen Karte des Bistums Osnabrück, die in zwei weitgehend gleichen Fassungen von 1757 und 1759 vorliegt. Sie wurde Kartographen und Architekten Georges-Louis Le Rouge (um 1707- um 1790) geschaffen und stammt aus einem „Atlas Portatif Des Militaires Et Des Voyageurs" (Handatlas der Soldaten und Reisenden).

Die Wesereschstraße und der Heiligenweg, an deren unmittelbarer Nähe die Tannenburg lag, bilden heute bekanntlich reine und bloße Wohnstraßen und die benachbarte Schinkelbergstraße stellt jetzt nur noch einen etwas breiteren beschaulichen und reizvollen Gartenweg dar. Dies war aber nicht immer so.

Denn bis zum Bau befestigter Chausseen im 19. Jahrhundert besaßen die allermeisten Fernstraßen mehrere Zweige, die abwechselnd je nach Jahreszeit und Witterung benutzt wurden. Dies traf auch auf die Nebenstränge der unweit der Tannenburg verlaufenden Bremer Straße zu, die bis kurz nach 1800 hauptsächlich als Straße über Belm, Wulften und Mönkehöfen nach Wehrendorf nach Minden genutzt wurde. Außerdem diente sie seit dem späten 17. Jahrhundert als Poststraße von Osnabrück über Bohmte nach Hamburg und Hannover.

Die Nebenzweige der Bremer Straße nahe der Tannenburg über die Wesereschstraße, die Schinkelbergstraße und die Windthorststraße

Ein südöstlicher Nebenzweig der Bremer Straße ist auf der von von dem Bussche/Benoit geschaffenen Landesaufnahme aus den Jahren 1765/67 und auf den beiden Ämterkarten des Fürstbistums Osnabrück von etwa 1798 nachgewiesen. Dieser trennte sich ungefähr in Höhe Hunteburger Weg/Schützenstraße vom Hauptstrang und verlief annähernd 120 bis 170 Meter südöstlich von ihm entfernt. Bei von dem Bussche/Benoit vereinigte er sich ungefähr an der Nordstraße wieder mit der Bremer Straße und stimmt nordöstlich des Kurzen Weges wohl mit dem Waldweg überein, der den amtlichen Straßennamen „Belmer Fußweg" trägt. Auf den Ämterkarten hingegen geht der obige Nebenzweig auf dem Schinkelberg nordöstlich des Kurzen Weges in die Straße nach Minden über, die die verlängerte Schinkelbergstraße benutzte und am Nordwestrand des Campingplatzes Niedersachsenhof vorbeiführte.

Außerdem trennte sich auf der Landesaufnahme von 1765/67 ein weiterer Nebenstrang von der Bremer Straße, der über die Wesereschstraße und damit unweit der Tannenburg verlief und sich anschließend über die Schinkelbergstraße fortsetzte. Wenig südwestlich oder nordöstlich des Kurzen Weges mündete er dann in den vor-

Abb. 10: Die nördliche Schinkeler Landwehr, der südöstliche Nebenzweig der Bremer Straße zwischen Hunteburger Weg/Schützenstraße und Nordstraße sowie der Nebenstrang über die Weseresckstraße und die Schinkelbergstraße auf der Landesaufnahme des Fürstbistums Osnabrück von von dem Bussche/Benoit aus den Jahren 1765/67 (British Library London: K 91 67(I). Bl. 10, Ausschnitt).

genannten Nebenstrang der Bremer Straße und ging mit ihm in den Belmer Fußweg oder auch in die verlängerte Schinkelbergstraße über.

Auf den Witzlebenkarten und auch auf der betreffenden Nordwestdeutschlandkarte von Le Coq aus dem Jahre 1805 verläuft die Weseresckstraße außerdem weiter nach Ostsüdosten zur Windthorststraße, in die sie am verlängerten Kurzen Weg zwischen den beiden Gebäuden der Gesamtschule Schinkel einmündet. Die einstige Fortsetzung der Windthorstraße führt dann als Nebenzweig der Straße nach Minden weiter über den Südostrand des Schinkelberges (Belmer Berg) und den Friedhofsweg nach Belm.

Weseresckstraße und Schinkelbergstraße sowie auch die Windthorststraße waren also noch Ende des 18. Jahrhunderts Zweige zweier der bedeutendsten Fernverbindungen in Norddeutschland nach Norden und Osten und damit gewissermaßen Vorläufer der Autobahnen A 1 und A 30. Die Tannenburg lag also nahe der Trennung zweier alten Zweige der Straße von Osnabrück nach Minden und damit keineswegs abseits des Verkehrs. Vielleicht geht auch der Straßenname „Heiligenweg" auf einen dieser beiden Straßenstränge zurück, da sich in seiner Nähe die Flurnamen „Der Hellweges Kamp" und „Das Hellweges Stück" nachweisen lassen.

Die neue Tannenburg auf dem Grundstück Tannenburgstraße 107 und die „Mechanische Tischlerei" des Tischlermeisters August Tebbe

Später soll die Tannenburg im 19. Jahrhundert eine Gaststätte gewesen sein, was aber nicht sicher erwiesen ist.

GESCHICHTE

In dem Buch „Die Namen der Straßen und Plätze in der Stadt Osnabrück" von 1913 aus der Feder des Seminaroberlehrers Ludwig Hoffmeyer (1845-1935) findet sich beim Stichwort „Tannenburgstraße" erwähnt, dass in der „Besitzung Tannenburg … jetzt eine Tischlerei betrieben wird."

Erstmals im Osnabrücker Adressbuch 1931/32 ist dann bei der Tannenburgstraße vermerkt, dass die „frühere Besitzung Tannenburg" jetzt die Hausnummer 107 trägt. Diese Angabe wird bis heute in allen folgenden Ausgaben des Adressbuches beibehalten und ist auch in der neuesten Ausgabe von 2022 vorhanden. Nach dem Adressbuch 1929/30 war die Tannenburg damals lediglich ein „einfaches Wohnhaus".

Tatsächlich befand sich, wie schon erwähnt, auf dem Grundstück Tannenburgstraße 107 das neuere südliche Gebäude der Tannenburg. Dieses Grundstück liegt nicht unmittelbar nördlich der Tannenburgstraße, sondern in der nördlichen Mitte zwischen Tannenburgstraße und Ebertallee etwa 80 bis 90 Meter westlich des Heiligenweges. Im Zweiten Weltkrieg fiel das dortige südliche Tannenburggebäude dann dem Bombenkrieg zum Opfer. Heute stehen auf diesem Grundstück zwei kleine einstöckige Bauten und in seiner inzwischen abgetrennten Nordwestecke seit 2006 das zweistöckige Wohnhaus Ebertallee 62. Jedoch findet sich auf dem Anwesen Tannenburgstraße 107 keine Tischlerei nachgewiesen. Aber im südlich benachbarten Haus Tannenburgstraße 109 an der Nordseite dieser Straße ist in den Osnabrücker Adressbüchern von 1908, 1909/10 und 1911 ein Tischlermeister Tebbe verzeichnet. Und von 1912/13 bis 1925/26 erwähnen die Adressbücher dann auf dem etwa 30 Meter östlich entfernten und abermals an der nördlichen Straßenseite liegenden Grundstück Tannenburgstraße 117 unweit der Nordwestecke Tannenburgstraße/Heiligenweg eine „Mechanische Tischlerei", die von dem Tischlermeister August Tebbe betrieben wurde. Dies macht die Angaben in Hoffmeyers Straßennamenbuch verständlich.

Die „Gastwirtschaft zur Tannenburg" an der Südostecke Heiligenweg/Tannenburgstraße und die Schusterburg zwischen Agnesstraße und Annastraße

Wenig südöstlich davon erbaute 1909 schräg gegenüber der Tischler August Tebbe an der Südostecke Heiligenweg/Tannenburgstraße das Haus Heiligenweg 114. In dessen Erdgeschoss eröffnete er die „Gastwirtschaft zur Tannenburg", die bis zu seinem Tode 1925 von ihm und danach bis zum Zweiten Weltkrieg von seiner Frau Maria betrieben wurde. Anschließend war die Gaststätte verpachtet, bis sie 1990 geschlossen wurde (Pächter: 1952/53: Karl Duwendag, 1954/55-1962/63: Bernhard Lepper, 1964/65-1970/71: Egon Buschmeyer, 1972-1989: Waltraud Tuswald) .

Zwischen der Mechanischen Tischlerei Tebbe an der Tannenburgstraße 117 und dem 1908 errichteten Verwaltungsgebäude der Gemeinde Schinkel an der Nordwestecke Heilgenweg/Tannenburgstraße entstand 1909/10 das Spritzenhaus der 1905 gegründeten Freiwilligen Feuerwehr Schinkel, zu deren erstem Hauptmann August Tebbe gewählt wurde. Südöstlich im Anschluss an die neue Tannenburg war also damals zusammen mit der Gaststätte Tebbe eine Art Verwaltungsmittelpunkt der Gemeinde Schinkel im Entstehen begriffen.

Nicht unerwähnt bleiben darf, dass auf der Karte der Besitzungen des Osnabrücker Domkapitels von 1770/1830 die Flurbezeichnung „Die Schusterburg" eingetragen ist, und zwar westlich der Schützenstraße und nördlich der Buerschen Straße zwischen Agnesstraße und Annastraße im früheren Bereich der Firma Rawie (Fabrik für Eisenbahnbedarf). Westlich daneben zwischen Grenzweg und Nelkenstraße verzeichnet diese Karte den „Schusterburger Kamp".

Der Name „Schusterburg" könnte zweifellos auf eine alte Wehranlage hindeuten. Vielleicht stand sie mit der westlichen Schinkeler Landwehr an der Oststraße in einer Verbindung, zumal die Schusterburg am Ostrand der Butterbachniederung liegt. Aber auch ein Zusammenhang mit der unweit gelegenen Crispinsburg und der Tannenburg ist nicht unmöglich. Nicht ganz ausgeschlossen erscheint auch eine Beziehung zur erstmals 1186 erwähnten Ortschaft Schlagvorde und der 1253 nachgewiesenen Schlagvorder Mühle.

Nachweise und Schrifttum

- Adressbuch der Stadt Osnabrück 1837-2022 (wechselnde Titel), insbesondere:
  1837, S. 79; 1878, Ortsplan nach S. 38; 1879/80, S.40, 122, Ortsplan nach S. 40; 1884, S. 40, 118, 125, 138, 156, Ortsplan nach S. 40; 1897/98, Ortsplan vor S. 57; 1899, Ortsplan vor S. 1; 1900/01, Ortsplan vor S. 1; 1902, S. 63, 192, 230, Ortsplan vor zweiter Seite vor S. 1; 1906/07, Allgemeiner Geschäftsanzeiger, Ortsplan vor S.1, Einwohnerverzeichnis S. 82, 149, 193; 1908, Straßenverzeichnis S. 89, Einwohnerverzeichnis S. 158, 205; 1909/10, Straßenverzeichnis S. 90, 93, Einwohnerverzeichnis S. 166, 215; 1911, Straßenverzeichnis S. 93, 97, Einwohnerverzeichnis S. 174, 224; 1912/13, Straßenverzeichnis S. 98, 103, Einwohnerverzeichnis S. 185, 236; 1914, Straßenverzeichnis S. 104, 109, Einwohnerverzeichnis S. 197, 251; 1919, S. 32, 105, 106, 220, 280; 1922/23, Straßenverzeichnis S. 35, 118, Einwohnerverzeichnis S. 254, 325; 1925/26, S. 39, 130, 467, 492; 1926/27, S. 41, 137, 429, 486, 517; 1929/30, S. 64, 209, 211, 535, 638; 1931/32, S.70, 223-225, 564, 642, 709; 1932/33, S. 72, 229, 231, 232, 561, 637, 705; 2022, S. 688.
- Denkschrift anläßlich des vierzigjährigen Bestehens des Bürgervereins Osnabrück- Schinkel. Osnabrück 1952, S. 17 f., 30, 42, 54, 66-68.
- Heimat-Jahrbuch für das Osnabrücker Land 2005, S. 97 f.
- Hoffmeyer, Ludwig: Die Namen der Straßen und Plätze in der Stadt Osnabrück. Osnabrück 1913. S. 12, 45.
- 75 Jahre Freiwillige Feuerwehr Osnabrück. Ortsfeuerwehr Schinkel. Osnabrück 1980, S. 11, 13, 15.
- 1150 Jahre Wallenhorst. Menschen, Natur und Geschichte. Wallenhorst 2001. S. 732, 739 (Beitrag Martin Joseph).
- Jellinghaus, Hermann: Nachrichten über Dörfer und Bauernhöfe um Osnabrück. Osnabrück 1924, ² Osnabrück o. J. (2004), S.73, 75 f., 79.
- Klassen, Horst (Hg.): Geologie des Osnabrücker Berglandes. Anlageband. Osnabrück 1984. Geologische Übersichtskarte 1: 200 000. Blatt CC 3910 Bielefeld.
- Kohstall, Philipp: Aus der Chronik von Schinkel. Osnabrück 1914, S. 25 f., 28f.
- Müller, Kaspar: Die Osnabrücker Landwehr. Bericht über die Untersuchungen der Technikerschule für Bauwesen Osnabrück. Osnabrück 1974, S. 2 f.
- Neue Deutsche Biographie. Band 21. Berlin 2003, S. 334 (Beitrag Johannes Dörflinger).
- Nieberg, Karl F. J.: Niebergischer Stammbaum nebst Erläuterung. Köln 1892, S. 19, Tafel I. Zweite Auflage unter den Titel: Niebergische Stammtafel nebst Erläuterungen. Görlitz 1917, S. 68 f., 89, Zweite Tafel II.
- Österreichisches biographisches Lexikon 1815-1950. Band IX. Wien 1988. S. 39 f. (Beitrag Kurt Adel).

GESCHICHTE

- Osnabrücker Freizeit-Handbuch. Redaktion: Günter Horstmann. Osnabrück 1974, S. 167.
- Osnabrücker Land. Heimat-Jahrbuch 1985, S.119-129; 1986, S. 120, 124-127, 130; 1999, S.63-67, 71 f.; 2013, S. 64-66, 72; 2020, S. 156-166.
- Das Osnabrücker Land in alten Karten, Plänen und Bildern. Ausstellungskatalog Städtisches Museum Osnabrück. Text: Ottokar Israel, Walter Borchers, Osnabrück 1959, S.4 f., 9, 13-17.
- Osnabrücker Mitteilungen 63 (1948), S. 272 f., 279-302 (Beitrag Joseph Prinz).
- Peucker, Hartmut: Von Wällen und Gräben. Die Osnabrücker Landwehr. Osnabrück o. J. (2000), S.13, erste Umschlagseite.
- Poppe, Roswitha: Das Osnabrücker Bürgerhaus, Oldenburg i. O. 1944, S. f., 115.
- Riecken, Helmut: Osnabrücker Stadtgeschichte auf historischen Ansichtskarten. Kaffeehäuser, Gaststätten, Hotels von A-Z. Osnabrück 2015, ² 2018, ³ 2020, S. 191, 199.
- Schinkeler Geschiche(n). Redaktion: Erich K. Brundiek, Frank Schumacher. Osnabrück 1990, S. 87-89, 148-150, 159 f., 167 f., 191-195, 211 f., 235, 240, 242, 257, 261, 309.
- Schinkel im Wandel der Zeit. Festschrift zum 100-jährigen Bestehen des Bürgerverein Schinkel von 1912 e. V. Redaktion: Carsten Friderici, Heinrich Grofer, Matthias Sandfort, Osnabrück 2012, S. 8, 24 f., 27, 29-32, 67 f., 134 f., 155.
- Spratte, Wido (Hg.): Alt-Osnabrück. Bildarchiv fotografischer Aufnahmen bis 1945. Band 2, Osnabrück 1996, S. 271.
- Stüve, Johann Eberhard: Beschreibung und Geschichte des Hochstifts und Fürstenthums Osnabrück. ² Osnabrück 1978, Siebte Seite vor S.1, Karte nach S. LXXIII.
- Topographische Karte des Fürstenthums Osnabrück nach den trigonometrischen Vermessungen des Hofraths Gauß. Faksimile-Ausgabe mit Register. Osnabrück 2007, Bl. 38 f.
- Wallenhorst. Eine Neubildung aus vier alten Gemeinden. Zusammenstellung: Kurt Jünemann, Osnabrück 1980, S. 121 (Beitrag Franz Vincke).
- Wrede, Günther: Geschichtliches Ortsverzeichnis des ehemaligen Fürstbistums Osnabrück, Band 2, Hildesheim 1977, ² Osnabrück 2002, S. 177 f., 188, 193.
- Gaußsche Landesaufnahme der 1815 durch Hannover erworbenen Gebiete. VII. Fürstentum Osnabrück 1834-1850. Neudruck Hannover 1979. Bl. 56 f.
- Königl. Preuss. Landes-Aufnahme 1895. Hg. 1897, Bl. 3714.
- Topographischer Atlas des Königreichs Hannover und des Herzogtums Braunschweig von August Papen, Neudruck Hannover 1999, Blatt 45.
- Topographische Carte in 22 Blättern, den größten Theil von Westfalen enthaltend. Hg. von General-Major von Le Coq im Jahre 1805, Neudrucke Münster 1958 und Hannover 1984, Bl. 9.
- British Library London: K 91 67(I), Bl. 10 (Fotokopie im Niedersächsischen Landesarchiv. Abteilung Osnabrück (künftig: NLA OS) K 100 Nr.6 H. Bl. 17).
- Staatsbibliothek zu Berlin: N 26734 Bl. 11, N 27075 Bl. 5 (Fotokopien im NLA OS K 100 Nr.7 H. Bl. 20, 32).
- NLA OS Rep 100 Abschnitt 88, Nr. 183, S.41 f., 44-48, 55, 61, 71 f., 83; Rep 100 a, IV Nr.10 I. S.1, 3 f., 17, 40; Rep 100 a, IV Nr. 10 II a. S. 1, 21, 46; Rep 100 a, IV Nr.10 II b. S.1, 20 (Flur VI, Parzelle 4), 45; Rep 100 a, IV Nr. 10 a. S.1, 3, 64, 77 f., 82; Rep 110 I Nr. 350, S. 217-222; Rep 540 Osn-Land. Nr. 44. Kartenblatt 7 (Blatt 1);
- Dep 3 b IV, Nr. 1293, 3830; Erw A 14 Nr. 35, S. 194; K 62 b Nr.1 H. Bl. 2; K 100 Nr.1 H IV. Bl. 10 a, b; K 100 Nr.2 H. Bl. 18; K 104 Nr.5 H, 6 H, 7 H (Blatt 1, 3), 10 H (Generalkarte des Fürstbistums Osnabrück, 1774. Neudruck als Faksimile-Ausgabe. Osnabrück o. J. (2004); K Akz. 2010/040 Nr. 25 H (Druck in: Schinkel im Wandel der Zeit..., S. 25); K Akz. 2011/028 Nr.1 H; K Akz. 2013/107 Nr.1 H.
- https://hallernet.org/data/person/00660;
- https://de.wikipedia.org/w/index.php?title=Georges_Louis_Le_Rouge&oldid=216455700;
- https://www.roemerfrerunde-weser.info.

Als es noch keinen Mähdrescher gab …
Eine kunsthandwerkliche Rückschau auf Gegenstände des täglichen Lebens auf dem Lande in den 1950er Jahren von Günter Borgelt

Ferdinand Joseph Gösmann

Günter Borgelt, fast 90-jährig, ist in Natrup, einem Ortsteil von Hagen am Teutoburger Wald, aufgewachsen und hat in den 1950er-Jahren die vorindustrielle Landwirtschaft noch kennengelernt und offensichtlich auch verinnerlicht. Nach der Schulzeit absolvierte er eine Schuhmacherlehre. Um die Lebensmitte entdeckte er die Schnitzkunst für sich. Autodidaktisch drang er in dieses Kunsthandwerk ein und erzielte mit der Zeit respektable Resultate. Zunächst waren es Kruzifixe und Madonnen, sodann entdeckte er das weite Feld der Weihnachtskrippe. Die klassischen Krippenfiguren – die Heilige Familie mit den Hirten und den Heiligen Drei Königen – ergänzte er mit Bauern, Handwerkern, Landfrauen, Kindern, Knechten und Mägden. Auch eine Anzahl verschiedener Tiere wie Pferde, Hunde und Kamele tummeln sich neben den Schafen der Hirten bei der Krippe. Da man von seinen kunsthandwerklichen Fähigkeiten offenbar allgemein überzeugt war, erhielt Günter Borgelt den Auftrag für den Corpus Christi zweier Wegkreuze in der Gemeinde.

Abb. 1: Günter Bogelt zu seiner Diamanthochzeit 2022 (Foto: Marion Althaus und Karin Frese).

Ein weiterer Zweig seines künstlerischen Schaffens basiert auf der Beobachtung des täglichen Lebens auf dem Lande, so dass er dokumentarisch genau den Landmann, der mit Ross und Pflug seine Furchen zieht, nachbildete. Zu bemerken ist dabei, dass der Pflug en miniature dem Original authentisch nachgebaut wurde.

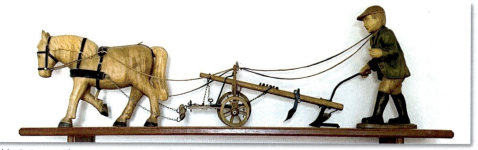

Abb. 2: Der Landmann mit Ross und Pflug (Foto: Marion Althaus und Karin Frese).

Auch die sich damals bei praktisch jedem Haus befindende Schiebkarre (plattdeutsch: Schuufkoarden) regte ihn an, sie hier abzubilden, zudem die Konstruktion eines Handwagens jener Epoche.

GESCHICHTE

Abb. 3: Die Schiebkarre eignete sich vor allem zum Transport mittelschwerer Gegenstände (Foto: Marion Althaus und Karin Frese).

Abb. 4: Die Konstruktion eines Handwagens (Foto: Marion Althaus und Karin Frese).

Landwirte, die sich kein Pferd leisten konnten, spannten zum Ziehen ihre Kuh ein. Auch das speziell für die Kuh konzipierte Kummetgeschirr ist hier zu sehen.

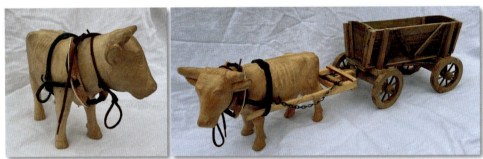

Abb. 5: Kühe mit Kummetgeschirr (Foto: Marion Althaus und Karin Frese).

Abb. 6 und 7: Holzreliefs über das Schärfen der Sense mit dem Dengelhammer (links) und die Herstellung von Holzschuhen (rechts) (Foto: Marion Althaus und Karin Frese).

Abb. 8: Holzrelief über das Spinnen von Wolle am Spinnrad (Foto: Marion Althaus und Karin Frese).

Zudem zeigt ein Relief den Mäher, der vor seinem Dengelamboss hockt und mit dem Dengelhammer das Sensenblatt schärft. Aber auch der Holzschuhmacher darf in diesem Rahmen nicht fehlen, zumal Günter Borgelt auch selbst das Handwerk des Holzschuhmachers beherrscht.

Ein weiteres Relief zeigt ein Spinnrad samt Spinnerin, wobei zu erwähnen ist, dass Borgelts Ehefrau Luzia nicht nur im Besitze eines Spinnrads aus der Zeit ist, sondern nach Bedarf auch noch Wollgarn darauf spinnt.

Heute leben wir in einer digitalisierten Welt. Vieles macht für uns der Computer oder es besorgen andere moderne Hilfsmittel. Was Günter Borgelt uns hier vor Augen geführt hat, ist nicht billige Nostalgie, sondern es sind Zeugnisse unserer heimatlichen Kultur von ehedem.

GESCHICHTE

Der Fall Weingart - Vor 125 Jahren: Das Ende einer Pastoren-Karriere in Osnabrück
Carsten Linden

„Das ist auch der höchste Gottesdienst nach der Schrift, dass man denselbigen Jesum Christum in allen Nöten und Anliegen von Herzen suche und anrufe."[1]

Confessio Augustana

„Religiöse Bedenken kommen mir auch bei den häufigen an die Person Jesu Christi gerichteten Gebeten. Die einzige Adresse meines Gebets kann für mich nur Gott der Vater sein."[2]

Hermann Weingart

„Es handelt sich eben jetzt um ein bewusstes und grundsätzliches Abweichen von Grundlehren des Bekenntnisses der Kirche."[3] So der Tenor eines Urteils der ev.-luth. Landeskirche Hannovers, das Hermann Weingart, Pastor auf der dritten Pastorenstelle an St. Marien Osnabrück, im Jahr 1899 aus seinem Amt entfernte. Erst seit 1898 war der junge evangelische Pastor Weingart auf dieser Stelle tätig gewesen und schon ein Jahr nach Amtsantritt hatte ihm die kirchliche Obrigkeit ein Verfahren wegen Irrlehre angehängt, das mit seiner Entlassung endete. Zunächst im evangelischen Osnabrück, dann über entsprechende Artikel in der Reichspresse - also deutschlandweit - wurde der Vorgang besprochen und mitreflektiert, wurde er zum Skandal. Im Fokus des Interesses stand die Frage, wie es sich denn die Kirche erlauben könne, an der Schwelle zum modernen 20. Jahrhundert allen Ernstes einem Pastor einen Prozess wegen Irrlehre anzuhängen. Das wurde als völlig unzeitgemäß bewertet.[4]

Nach Karl Otto Hondrich gibt es vier Erkennungsmerkmale eines Skandals[5]:

1. Jemand begeht eine Verfehlung.
2. Diese Verfehlung wird enthüllt.
3. Es folgt eine kollektive Empörung.
4. Dieser Empörung schließt sich eine Folge für denjenigen an, der die Verfehlung begangen hat.

Worin die Verfehlung des Pastors Weingart lag, wie diese enthüllt wurde, die kollektive Empörung und die Folge für ihn, sein berufliches Aus in Osnabrück, soll nachfolgend dargestellt werden. Der Skandal selbst wird eher kurz dargestellt werden. Die beiden Schwerpunkte sind vielmehr die Vorgeschichte und die Folgen des Skandals für das evangelische Osnabrück.

Eine Beschäftigung mit der Vorgeschichte ist hilfreich, um abzuschätzen, ob der Weingart-Skandal abrupt und unerwartet kam, oder ob der junge Pastor Weingart nicht vielmehr etwas austrug bzw. an ihm abgearbeitet wurde, das ohnehin in der Luft lag.

Die weitere Vorgeschichte

Immer wieder gibt es in der evangelischen Kirche inhaltliche Richtungen, die sich manchmal viele Jahrzehnte halten. Für die nähere Vergangenheit beispielsweise sei bemerkt, dass bei Mitgliedern der evangelischen Kirche seit den ausgehenden 1960er Jahren die Einstellung vorherrschend war, dass man zwar gläubig und Kirchenmitglied sei, zugleich aber Wert auf eigene Einwände verschiedenster Art lege. Auf einen Begriff gebracht: distanzierte Kirchlichkeit.[6] Seit 2014 ist rein statistisch eine andere Gruppe unter den Kirchenmitgliedern vorherrschend, nämlich die religiös Indifferenten, zu Deutsch: die gegenüber Religion und Kirche Gleichgültigen. Man ist in der Kirche und man nimmt an kirchlichen Hochzeiten, Gottesdiensten und anderen Angeboten teil, einfach weil man das so macht, etwa im Sinne von Kurt Tucholskys Aphorismus: „Die meisten Leute feiern Weihnachten, weil die meisten Leute Weihnachten feiern.". Kirche wird also als etablierte Marke wahrgenommen und ihre Rituale und vielleicht Hilfe in bestimmten Lebenssituationen werden mit mehr oder weniger Wohlgefallen angenommen. Hinzu kommen noch weitere Motive, wie etwa, dass die Kirche viel sozial Gutes unternehme.

Eine dieser Richtungen in der zweiten Hälfte des 19. Jahrhunderts bis zum Ersten Weltkrieg war der kirchliche Liberalismus. Der kirchliche Liberalismus hatte das Anliegen, alle Kirchenmitglieder zu erreichen, was gerade in Blick auf die sprunghaft anwachsende Industriearbeiterschaft in Städten, auch in Osnabrück, zu einer bestimmten Form des alltäglichen Handelns und der Predigt der liberalen Pastoren führte.[7] Was die Art der Predigt betrifft, brachte es ein zeitgleich zu Weingart in Osnabrück tätiger Pastor so auf den Punkt:

> „Bei der Auslegung der Schrift ist der ewige religiöse Gehalt herauszustellen unter Ablehnung veralteter Dogmen, die wohl früher von Bedeutung waren, aber vom Standpunkt der Wissenschaft in diesem Sinne nicht mehr festgehalten werden können."[8]

Ziel war es, den Menschen das „Wort des Lebens"[9], das „Wort vom Heil der Gotteskindschaft"[10] zu verdeutlichen. Für den Einzelnen sollte Religion das bedeuten, was der Grabspruch von Pastor Weingart selbst gut auf den Punkt bringt: „Frei sei der Geist und ohne Zwang der Glaube".[11]

Die Aufgabe des liberalen Pastors war es also, den Gläubigen zu eigener Erschließung seines Glaubens zu ermutigen und kirchlichen Zwang hierbei hintenan zu stellen. Im Alltag unterschieden sich die liberalen Pastoren keineswegs von ihren

GESCHICHTE

konservativen Kollegen[12]; man beschränkte sich auf den Umgang mit den im Kaiserreich zu Wohlstand kommenden Bürgern, und bediente deren Bedürfnis nach Kirche als Ort der persönlichen Erbauung. Diese fehlende, jedenfalls wenig ausgeprägte face-to-face-Auseinandersetzung mit der Arbeiterschaft führte zu Wirklichkeitsverlust unter den liberalen Pastoren, welcher auf die abrupte Abkehr großer Teile der Arbeiterschaft von der Kirche im Ersten Weltkrieg auch keine Antwort mehr hatte. So löste sich die Richtung des kirchlichen Liberalismus mit dem Ersten Weltkrieg praktisch auf.[13]

Kirchenpolitisch waren die liberalen Kirchenmitglieder, sowohl Pastoren als auch Laien, daran interessiert, dass eine Landeskirche möglichst weitgehend durch Kirchenparlament wie Kirchenvorstände und eine Landessynode geleitet werde. Hinzu kam, dass liberale Kirchenmitglieder und Pastoren eine Zusammenlegung der getrennten evangelischen Hauptkonfessionen, der lutherischen und der reformierten, zu einer Union befürworteten.[14] Doch genau dieser Standpunkt sollte den Liberalen zumindest im Bereich der evangelisch-lutherischen Landeskirche Hannovers zum Hemmschuh bei ihrer weiteren Entfaltung werden.

Der Deutsche Krieg von 1866 brachte nicht nur das Ende des Königreichs Hannover mit sich, das nun Teil des Kriegsgewinners Preußen wurde, sondern machte auch die Aufhebung sowohl der bislang selbständigen Hannoverschen Landeskirche als auch besonders des lutherischen Bekenntnisstandes – in Preußen galt für die kirchlichen Körperschaften die Union – wahrscheinlich. Das traf dann zwar nicht ein, denn die Hannoversche Landeskirche durfte selbständig und lutherisch bleiben, aber fortan hatten liberale Pastoren wegen ihres Eintretens für die Union keine Chance mehr, Karriere zu machen. Ihnen blieb dauerhaft der für einen echten Lutheraner inakzeptable Geruch haften, weiterhin die Union einführen zu wollen.[15]

Da Osnabrück eine schnell wachsende Industriestadt war, die Neigung der evangelischen Kirchengemeinden, liberale Pastoren einzustellen, groß war, und die Kirchengemeinden anders als heute das alleinige Recht hatten, Pastoren selbst einzustellen, war gegen den Trend in der Breite der Landeskirche über die zweite Hälfte des 19. Jahrhunderts hinweg stets die Mehrheit der Osnabrücker Pastoren liberal. Schon weil also Osnabrück Hochburg des Liberalismus war, aber auch weil die liberale Mehrheit von Pastoren und Laien in Osnabrück über Jahrzehnte im Dauerstreit mit der kirchlichen Obrigkeit in Hannover lag, galt Osnabrück als „enfant terrible' innerhalb der hannoverschen Landeskirche"[16]. Entsprechende Nadelstiche erfolgten seitens der ganz und gar nicht liberalen Kirchenleitung und -verwaltung in Hannover über Jahrzehnte hinweg, meist über eine Vorenthaltung von Ansprüchen. Wenn allzu liberale Predigten der Pastoren in Hannover bekannt wurden, wurden Lehrzuchtverfahren in Aussicht gestellt, einmal sogar eingeleitet.[17] Hinzu kamen einmalige Vorgänge. Beispielsweise lehnte es die Kirchenleitung ab, dem liberalen Osnabrücker Pastor Spiegel[18] im Jahr 1877 die Ernennungsurkunde zum Superintendenten auszustellen, was ihn nicht davon abhielt, das Amt bis zu seinem Tod 1895 wahrzunehmen.[19] Da diese Unterlassung von der Kirchenleitung nie inhaltlich begründet, allerdings wiederholt ausdrücklich bekräftigt wurde, muss formal offen bleiben, warum Superintendenten-Urkunde nicht ausgestellt wurde. Es fällt jedoch auf, dass der liberale Spiegel in den Jahren vor 1877 durch Publikationen hervorgetreten war, die direkt die Zusammenlegung von lutherischer und reformierter Konfession, also die Union, forderten.[20]

Die nähere Vorgeschichte

Der 1866 geborene Karl Ludwig Hermann Weingart hatte die ersten vier Semester seines Theologiestudiums an der von liberaler Theologie geprägten Universität Jena verbracht. Anschließend wechselte er an die Berliner Universität, um nach dem Examen zunächst als Vikar und dann als Pastor in Eischleben, einer kleinen Gemeinde seiner thüringischen Heimat, zu arbeiten. 1897 wurde er zum Pastor auf der dritten Stelle an St. Marien in Osnabrück berufen.[21]

Abb. 1: Foto der Abbildung Weingarts im Versammlungsraum der ev. Kirchengemeinde Borgfeld (spätere Gemeinde).

Pastor Hermann Weingart bezog sich schon in seiner Antrittspredigt auf das wenige Jahre zuvor verstorbene Osnabrücker liberale „Urgestein", Pastor (und Superintendent?) Spiegel, „der mutvolle Streiter für das Evangelium im Kampf gegen Rom und gegen alles römisch=unfreie Wesen in unseren eigenen Reihen"[22]. Der Bezug auf die katholische Kirche war für die liberalen Pastoren sehr üblich in Rede und Predigt,[23] da sie die katholische Kirche als besonders streng und als einem freien Geist hinderlich bewerteten. Bereits mit dieser Antrittspredigt hatte Weingart seinen liberalen Ton in Osnabrück sehr deutlich gesetzt

Schon jetzt ließen „gute Freunde" aus Osnabrück der Kirchenleitung in Hannover Berichte über Weingarts öffentliche Äußerungen zukommen, wie einige Jahre später in einer Osnabrücker kirchenpolitisch liberalen Zeitung zu lesen stand:

> „Sogar, das wissen wir jetzt genau, eine ganze Anzahl anonymer Denunziationen sind gleich in dem ersten Jahre der Amtsführung Weingarts von hier aus an die kirchliche Oberbehörde nach Hannover gesandt worden, und als man die Sache für reif genug hielt, lancierte ein [Osnabrücker] einen scharfen ‚Hetzartikel' in ein Pastorenblatt, in welchem ausdrücklich die kirchliche Oberbehörde zum Einschreiten gegen Weingart angeregt wurde."[24]

Doch der Unmut über Weingart breitete sich 1899 unter den konservativen Laien Osnabrücks zunächst noch verdeckt aus.

Der Weingart-Skandal

Dann aber kam es zur offenen Auseinandersetzung. Weingart erhielt am 26. Oktober 1898 die Gelegenheit, vor der jährlichen Versammlung aller Osnabrücker Pastoren ein Referat zu halten. Es war Usus, dass auch ein Vertreter der Hannoverschen Kirchenleitung mit dabei war.

Weingart äußerte dabei scharfe Kritik, eigentlich ohne Namen zu nennen, die aber der höhere Geistliche aus Hannover nur auf sich beziehen konnte. Weingart stellte fest, dass es „bei gewissen Leuten" eine „Sprache Canaans" gebe, welche „von Olivenöl" tropfe und auf die Gemeindeglieder „abstoßend" wirke.[25] Während der Versammlung behielten alle die Fassung, allerdings erstattete der Vertreter aus Hannover seiner Behörde Bericht.

Die Hannoversche Kirchenbehörde ließ sich nun Weingarts Predigten seit dessen Amtsantritt in Osnabrück kommen und leitete nach Sichtung dieser Predigten ein Verfahren wegen Irrlehre ein,[26] weil sich in diesen „Predigten nicht unerhebliche, in dem [Vortrag vom 26. Oktober 1898] nicht hervorgetretene Abweichungen vom Bekenntnis"[27] fänden. Nach der mündlichen Verhandlung einer Spruchkammer – eines Kirchengerichts – wurde von „Amtsenthebung abgesehen und auf einen ernsten Verweis erkannt".[28] Das war die geringstmögliche Rechtsfolge eines Lehrzuchtverfahrens; eigentlich nur eine Art erhobener Zeigefinger. Zwei Gründe waren für die Milde des Urteils entscheidend: Zum einen hatte Weingart in der Verhandlung angegeben, er predige liberal, weil die Gemeinde das erwarte. Zum anderen sah die Spruchkammer für ihn aufgrund seines Lebensalters noch Entwicklungschancen.[29]

In der Sache selbst ließ das Urteil jedoch keinen Zweifel daran, dass Weingart Irrlehren vertreten habe. Als nicht der kirchlichen Lehre entsprechend wurden von der Spruchkammer mehr als zwanzig Einzelpunkte bewertet;[30] deren wichtigste waren:

1. Weingart kritisierte, dass Gläubige in Predigten mit ihrer Sündhaftigkeit konfrontiert werden.[31]

2. Ebenso kritisierte er es, dass beim Begräbnis an „des Todes Ursach", also die Sündhaftigkeit, erinnert werden sollte.[32]

3. Die Lehre vom Teufel lehnte Weingart zwar nicht ausdrücklich ab, hielt es jedoch für unangemessen, den Teufel in Gebeten zu erwähnen.[33]

4. Das Gebet zu Christus lehnte er als exegetisch nicht begründbar ab. Stattdessen solle zu Gott gebetet werden.[34]

5. Weingart lehnte es ab, die Erde als „Jammerthal" zu bezeichnen, vielmehr sei sie „Stätte göttlichen Waltens"[35]

6. Schließlich kritisierte er „[...] die für mich unvollziehbare Vorstellung [...], daß unsere sterblichen Leiber von den Todten auferweckt [...] und am jüngsten Tage mit der Seele wieder vereinigt werden sollen."³⁶

Da Weingart schon in den eingereichten Predigten im Abwägen verblieben war und er zudem in der mündlichen Verhandlung die inkriminierten Passagen relativierte, als ob seine Ausführungen lediglich Diskussionsbeiträge, nicht etwa verbindliche Lehre gewesen seien, konnte sich das Urteil inhaltlich eigentlich nur auf einen sicheren Punkt stützten, nämlich den, dass Weingart gepredigt habe, dass ein Gebet zu Christus unbiblisch sei. Weingart hatte diesen Punkt in der mündlichen Verhandlung schlicht zurückgenommen, indem er gesagt hatte, es „sei nur ein Lapsus gewesen, daß er das Gebet an die Person Christi so unbedingt verworfen habe."³⁷ Hierfür hatte er guten Grund, denn die Spruchkammer wies ihm nach, dass er damit unzweideutig den Boden des Bekenntnisses verlassen hatte.³⁸

Genau dieser Punkt hielt sich noch Jahrzehnte im öffentlichen Gerede als das sachliche Proprium des Weingart-Skandals. So liest man im Tagebuch eines seit 1906 in Osnabrück tätigen Kollegen: „Das Referat [am 26. Oktober 1898] hatte Weingart, der die Agende dann auch tüchtig zerstückelte. Unvorsichtig hatte er auch behauptet, Gebete an Christus seien unbiblisch. Der Consistorialrat Düsterdiek ärgerte sich darüber und besorgte dem Weingart ein Disziplinarverfahren wegen Ketzerei."³⁹

Die Disziplinierung Weingarts selbst war zwar ein ungewöhnlicher Vorgang, aber angesichts des jahrzehntelangen spannungsgeladenen Verhältnisses der Kirchenleitung zum evangelischen Osnabrück bis hin zur erwähnten Nichteinsetzung von Pastor Spiegel als Superintendent eigentlich noch kein über die Tagesaktualität hinausgehender Skandal. Der entstand erst durch die weiteren Umstände.

Als Weingart von der Verkündigung des milden Urteils in Hannover nach Osnabrück zurückkehrte, wurde er von einer Menschenmenge empfangen. Das wurde in verschiedenen überregionalen Zeitungen thematisiert, und erst damit wurde der bislang innerkirchliche Vorgang einer breiteren Öffentlichkeit bekannt. Weingart erweckte in einer Ansprache vor der Menge den Eindruck, er habe bei der mündlichen Anhörung in vollem Umfang zu seinem Referat und seinen Predigten gestanden:

> „Als [Weingart aus] Hannover wiederkam, spannte die Menge ihm die Pferde aus und geleitete ihn zum Pfarrhaus. Da er dort aus dem Fenster reden mußte, nahm er wohl [...] den Mund etwas voll und erklärte: Er hätte nichts zurückgenommen. Er würde in Zukunft genauso predigen wie bisher."⁴⁰

Diese Ansprache wurde der Kirchenleitung hintertragen und von dieser als „eine Art unbotmäßiger, aufrührerischer, trotziger Antwort nach Hannover hin"⁴¹ interpretiert. Der Prozess wurde wieder aufgelegt. Ein beigezogener Rechtsanwalt⁴² vertrat nun Weingart und versuchte den Hauptpunkt zu widerlegen. Weingart habe mit seiner Kritik am Gebet zu Christus gemeint, dass es durchaus legitim sei, zu Christus zu beten, dies allerdings in der Praxis zu häufig geschehe. Dementsprechend habe sich seine Kritik nicht dagegen gerichtet, dass in der Kirche zu Christus gebetet werde, sondern nur, dass dies zu häufig geschehe.[43]

Im Gegensatz zur ersten mündlichen Verhandlung fiel Weingart in der zweiten durch eine Bereitschaft zur Konfrontation auf. Auch die Strategie seines Rechtsanwalts war konfrontativ. Dieser sprach der Spruchkammer direkt und provokativ die Kompetenz ab, Widrigkeit gegen das Bekenntnis festzustellen:

> „[...] so tritt die Frage heran, wer denn berufen ist, festzustellen, [wer] ein Fundament des evangelisch=lutherischen Bekenntnisses umstößt. Der Herr Ankläger? Oder die kirchliche Obrigkeit, wie der Herr Vorsitzende in erster Instanz andeutete? Wenn ja, dann muß doch die Obrigkeit dem Irrtum entrückt, unfehlbar sein [...]"[44]

Die Spruchkammer nahm eine neue Bewertung der Eignung Weingarts zum Pastor vor: „Es handelt sich eben jetzt um ein bewusstes und grundsätzliches Abweichen von Grundlehren des Bekenntnisses der Kirche [...]"[45] Am 9. November 1899 wurde das neue Urteil verkündet und Weingart damit aus dem Dienst der Hannoverschen Landeskirche entlassen.[46]

Die direkten Folgen

In den ersten Monaten des Jahres 1900 kam es zu teils wütenden Protesten der Öffentlichkeit gegen das Urteil.[47] Diese sind nur vor dem Hintergrund verständlich, dass eine regelrechte Amtsenthebung für die ganze Landeskirche neu war. In Osnabrück wurden beispielsweise in den 1870er Jahren wiederholt Bewerber von der Kirchenleitung wegen Zweifeln an deren Rechtgläubigkeit nicht zum Pfarramt in Osnabrück zugelassen.[48] Anfang der 1880er Jahre führte die Kirchenleitung ein Verfahren gegen einen Pastor von St. Marien wegen öffentlicher Leugnung der Gottheit Christi durch. Der nahm die Leugnung zurück und erhielt nur einen Verweis.[49]

Im ganzen Amtsbereich der Hannoverschen Landeskirche bzw. im mehrheitlich evangelisch besiedelten Teil, also nicht in Twistringen, im Osnabrücker Südkreis und im Emsland, gab es Anfang 1900 lokale Veranstaltungen zum Fall Weingart. Exemplarisch sei eine Versammlung in Hannover genannt, auf welcher ein Göttinger Theologieprofessor vor 500 Personen einen Vortrag zum Fall Weingart hielt;[50] der Titel lautete: „Was fordert der Fall Weingart von uns?"[51]

Eine stillere Form des Protests war ein Gnadengesuch an den deutschen Kaiser, das von 11.000 Gemeindemitglieder, etwa 80 Prozent der erwachsenen evangelischen Christen Osnabrücks, unterschrieben war.[52] Auch der politisch konservative preußische Kultusminister erhielt aus Osnabrück ein Bittschreiben von Gemeindemitgliedern, in welchem er aufgefordert wurde, das Gnadengesuch zu unterstützen.

In diesem Bittschreiben wurde auf Weingarts persönliche Beliebtheit bei großen Teilen der Gemeinde verwiesen. Auch habe er bei einigen der Kirche entfremdeten Gemeindegliedern wieder Interesse für die Kirche wecken können.[53] Darin findet sich zudem der Satz:

> „Und müssen nicht schlichte ernsthafte Gemüther beirrt und erschüttert werden, wenn sie sehen, wie man in ihre religiöse Erkenntnis und in ihre zartesten seelischen Empfindungen mit rauher Hand eingreift?"[54]

Obschon eigentlich Weingart der Zielpunkt der Kirchenleitung gewesen war, fädelten sich an dieser Stelle die Laien als Mitbetroffene des Vorgangs ein. Die Amtsentlassung Weingarts wurde jedoch nicht aufgehoben, was Weingart selbst wohl gehofft hatte. Denn erst knapp ein Jahr nach der Entlassung verließ er im Oktober 1900 die Stadt.[55] Weingart hielt bis 1914 in unregelmäßigen Abständen noch Vorträge in Osnabrück.[56]

Abb. 2: Foto Weingarts – hintere Reihe rechts außen- mit unbekannten Männern (vermutlich Mitglieder einer Bremer Loge, der Weingart angehörte). Das Foto ist im Bremer Staatsarchiv. Die Herkunft ist dort nicht bekannt.

Die weiteren Folgen

Im Vergleich zu anderen Kirchengebieten waren die evangelischen Laien in Osnabrück im 19. Jahrhundert auffällig aktiv und selbstbewusst.[57] Einer der Gründe dafür war, dass die finanzielle Verantwortung für die Kirchengemeinden seit der Reformation bis 1867 ausschließlich bei einem Laiengremium gelegen hatte. Ein anderer Grund war, dass die kirchliche Selbständigkeit Osnabrücks zwar 1815 durch Angliederung an die Hannoversche Landeskirche beendet war, man aber beim Beitritt erreicht hatte, dass bestimmte wichtige Kompetenzen bei den Osnabrücker Kirchengemeinden blieben, wie beispielsweise das Recht, die Pastoren unabhängig von der Kirchenleitung selbst zu wählen und Superintendenten zu bestimmen. Das ganze 19. Jahrhundert war durchzogen von großen Wahlveranstaltungen von Laien anlässlich der Neubesetzung einer der Pastorenstellen: „Es ist in Osnabrück herkömmlich, daß jede Predigerwahl hohe Wogen der Erregung und des Kampfes treibt."[58] Diese konkrete Wirkungsmöglichkeit von Laien bei Personalentscheidungen begünstigte wohl das Wachsen und Gedeihen eines reichen von Laien getragenen Kirchengemeindelebens mit verschiedenen Aktionen, Projekten und Programmen. Was die

Spaltung der Osnabrücker Gemeinden in traditionelle und liberale Mitglieder betrifft, so trafen „theologische und kirchliche Fragen innerhalb des Kirchenvolkes auf ein gehöriges Interesse, was sowohl auf innergemeindlicher als auf landeskirchlicher Ebene zu [...] Auseinandersetzungen führte"[59], und das wiederum intensivierte das lokale kirchenpolitische Leben über viele Jahrzehnte.

Die liberale Mehrheit dieser hellwachen, agilen kirchlichen evangelischen Basis in Osnabrück mag den Fall Weingart zum Anlass genommen zu haben, dass ein alter zwar informeller, gleichwohl akribisch beachteter Modus Vivendi von Liberalen und Konservativen in der Kirche aufgegeben wurde, denn er existierte nach dem Fall Weingart nicht mehr.

Dieser Modus Vivendi beruhte darauf, dass zwar die Mehrheit der Osnabrücker Laien liberale Pastoren einstellen wollten, aber eine starke Minderheit eben nicht. Eine informelle Regel schuf in der zweiten Hälfte des 19. Jahrhunderts deshalb ein instabiles Gleichgewicht in Osnabrück: „Es ist in Osnabrück Herkommen, daß an jeder Kirche zwei von drei Pastoren der liberalen, einer der conservativen Richtung angehören".[60]

Ein erster Schritt, diesen Modus Vivendi aufzugeben, war die Neubesetzung von Weingarts Stelle im Jahr 1900. Auf einem Flugblatt – wie üblich wurde ein hitziger Wahlkampf von Liberalen und Konservativen betrieben – stand zu lesen, es sei „eine Selbstvernichtung, wenn die Gemeinde eben jetzt an Weingarts Stelle einen ausgesprochenen orthodoxen und consistoriellen Prediger setzte".[61] Grund war, dass die Osnabrücker Liberalen die Maßregelung Weingarts seitens der Kirchenleitung als Maßregelung ihrer selbst auffassten und sie sich daher legitimiert sahen, keine Rücksicht mehr auf die konservative Minderheit in Osnabrück zu nehmen, weil diese ja der Kirchenleitung treu war. Es empörte sie,

> „[...], daß man nach mehr als ‚römischem' Muster der Gemeinde ihren Prediger nimmt, der im Segen wirkte und ihr vollstes Vertrauen verdiente und genoß! [...] Die Gemeinde muß der Kirchenbehörde unzweideutig ihre Antwort geben auf die Erledigung des Falles Weingart!! [...] Soll [die Gemeinde] willenlos, anstatt sich zu wehren und ihren Besitzstand zu wahren, sich immer sicherer der Herrschaft der Orthodoxie ausliefern?"[62]

Die Marginalisierung der Osnabrücker Konservativen von liberaler Seite war also eine Art Ersatzhandlung, da man gegen die Kirchenleitung nicht ankam; wenn schon die Konservativen in Hannover am längeren Hebel saßen, sollten wenigstens die Konservativen in Osnabrück ihr informelles Recht hergeben, auch ab und zu einen neuen Pastor zu bestimmen.

So wählte die liberale Mehrheit der Kirchengemeinde St. Marien als Nachfolger für Weingart den Liberalen August Pfannkuche zum Pastor. Er hatte sich ungewollt bei den Osnabrücker Liberalen für die freie Stelle empfohlen. Während einer Versammlung aus Anlass der Entlassung Weingarts am 2. Februar 1900 in Hannover waren verschiedene Redner zu Wort gekommen.⁶³ Auch Pfannkuche äußerte sich dort und stellte einige zuvor gegen Weingart gerichtete Behauptungen richtig.⁶⁴ Im Rahmen seiner Ausführungen kritisierte er auch das Vorgehen der Kirchenleitung in dieser Angelegenheit.⁶⁵ Umgehend wurde er von der Kirchenleitung zu einem Gespräch vorgeladen.⁶⁶ Pfannkuche verteidigte sein öffentliches Eintreten für Weingart mit Hinweis auf das achte Gebot. Als Reaktion hierauf wurde ihm geantwortet:

> „Das würde Ihnen der liebe Gott schon verziehen haben, wenn sie einmal nicht an das 8. Gebot gedacht hätten, aber dass Sie den Anschein erwecken, gegen Ihre Behörde aufzutreten, ist unerhört."⁶⁷

Diese Äußerung wurde durch Indiskretion Pfannkuches öffentlich bekannt.⁶⁸ Er wurde daraufhin von seiner Pastorenstelle auf eine andere Pastorenstelle versetzt. Dort befand er sich, als ihn die Osnabrücker St. Mariengemeinde zum Nachfolger Weingarts auf die dritte Stelle an St. Marien wählte. Weingart selbst fand 1902 eine Stelle in Borgfeld in der Bremischen Landeskirche.

Abb. 3: Grabstein Weingarts in Borgfeld.

Epilog

Die Erinnerung an den Fall Weingart ging in der Weite der Landeskirche schnell verloren. Als im Jahr 1904 an der Göttinger Universität ein Student bei seiner Abschlussprüfung von der Prüfungskommission auf den Fall Weingart von 1899 angesprochen wurde, konnte der damit gar nichts mehr anfangen.⁶⁹

In Osnabrück aber nahm noch 1906 ein neuer Pastor bei seiner Antrittspredigt Bezug auf Weingart:

> „Der neue Seelsorger legte seiner Predigt dasselbe Bibelwort zugrunde, das sich seinerzeit auch Pastor Weingart zu seiner Antrittspredigt in Borgfeld am 5. Oktober 1902 ausgesucht hatte: ‚Nicht, daß wir Herren seien über euren Glauben, sondern wir sind Gehilfen eurer Freude, denn ihr stehet im Glauben." ⁷⁰

Das Wissen um den Weingart-Skandal überdauerte die Erlebnisgeneration nicht; das letzte öffentliche Zeugnis war ein Leserbrief in einer Osnabrücker Tageszeitung aus dem Jahr 1926.⁷¹

GESCHICHTE

Fast alle seit der Amtsentlassung Weingarts im Jahr 1899 bis zum Ersten Weltkrieg neu besetzten Stellen in Osnabrück wurden von der liberalen Mehrheit unter den Laien mittels Gemeindewahl mit liberalen Pastoren besetzt: Pfannkuche 1900, Rolffs 1902, Grußendorf 1906, Blitz 1910, Bell 1910, Bodensiek 1910 und Karwehl 1914.[72] Mit dem Ersten Weltkrieg verschwand in ganz Deutschland die liberale Richtung in der evangelischen Kirche, weil die Liberalen keinen Nachwuchs mehr bekamen, d. h. die jungen Pastoren der Nachkriegszeit waren nicht mehr liberal. Die älteren allerdings blieben bei ihrer liberalen Einstellung und fanden sich seit 1933 häufig in der Bekennenden Kirche wieder – Nach Grußendorf und Karwehl sind deshalb eine Straße und ein Platz in Osnabrück benannt.

Schlussthese: Der herkömmliche Konsens des Verhältnisses von zwei liberalen Pastoren zu einem konservativen Pastor im Osnabrück des 19. Jahrhunderts wurde anlässlich der Amtsentlassung Weingarts im Jahr 1999 beendet.

1	So die im Urteil über Weingart damals gebräuchliche Fassung von Artikel 21 der Confessio Augustana, welche eins der vier zentralen ev.-luth. Bekenntnisse ist, hier zitiert nach: Urteil des Königlichen Konsistoriums gegen Hermann Weingart vom 16.6.1899, [Weingart, Hermann (Hrsg.):] Der Prozeß Weingart in seinen Hauptaktenstücken mit Beilagen. Osnabrück 41900., S 12.
2	So Hermann Weingart in einer seiner Predigten, auf die sich das Verfahren gegen ihn bezog, vgl. Urteil des Königlichen Konsistoriums gegen Weingart vom 16. Jun .1899, in: Weingart (Anm. 1), S. 2-3.
3	Urteil des Königlichen Konsistoriums gegen Hermann Weingart vom 16.6.1899, in: Weingart (Anm. 1), S. 35.
4	Ein Kirchengesetz der Hannoverschen Landeskirche von 1894 sah Lehrzuchtverfahren gegen Pastoren wegen mangelnder Rechtgläubigkeit vor. Dieses wurde zwar schon bei seiner Einführung von Teilen der Pastoren und Laien der Landeskirche als unzeitgemäß moniert, eine Gesetzesänderung, mit der „jedes Lehrzuchtverfahren ausgeschieden" wurde (Ernst Rolffs: Evangelische Kirchenkunde Niedersachsens. Das kirchliche Leben in den Landeskirchen von Hannover, Braunschweig, Oldenburg und Schaumburg Lippe. Göttingen 21938, S. 94), erfolgte jedoch erst am 15. November 1928.
5	Vgl. Karl Otto Hondrich: Enthüllung und Entrüstung. Eine Phänomenologie des politischen Skandals. Frankfurt a. M. 2002, bes. S. 59.
6	Dies ergab eine über Jahrzehnte hinweg immer wieder vom Sozialwissenschaftlichen Institut der Evangelischen Kirche in Deutschland (EKD) durchgeführte breite Befragung von Mitgliedern. Eine Paraphrase dieser Studien zur evangelischen Kirchlichkeit findet sich bei Hans-Jürgen Benedict: Beschädigte Versöhnung. Die Folgen des Versagens der Kirchen in der Nazizeit. Berlin 2020, S. 126.
7	In den 1880er Jahren entstanden in Osnabrück die ersten Arbeitersiedlungen, vgl. Joachim Lahrmann: 1200 Jahre Stadtentwicklung Osnabrück. In: Becker, Gerhard (Hrsg.): Stadtentwicklung im gesellschaftlichen Konfliktfeld. Naturgeschichte von Osnabrück. Pfaffenweiler 1991, S. 31. Der berufliche Alltag, baulich und auch sozial geschlossenen Arbeitersiedlungen entgegenzutreten, war für die Osnabrücker Pastoren also Neuland.
8	Walter Kluge: August Pfannkuche. Sein Leben und Wirken. Dargestellt anhand seiner Briefe und Schriften. Mehlbergen 1982, S. 195.
9	Kluge (Anm. 8), S. 195.
10	Kluge (Anm. 8), S. 195.
11	http://www.friedhof-ansichten.de/archives/5967, abgerufen am 6. Februar 2023.
12	Zur begrifflichen Klärung vgl. Anmerkung 62.
13	Vgl. Kluge (Anm. 8), S. 200.

14	Vgl. Dirk Beyer: Das Bild der katholischen Kirche bei den Osnabrücker Liberalen, in: Jahrbuch der Gesellschaft für niedersächsische Kirchengeschichte 102 (2004), S. 135. Mühlbauer benannte die Unionsfrage sogar als einziges spezifisches Osnabrücker Thema. Vgl. Friederike Mühlbauer: Der Osnabrücker Katholikentag 1901 und die durch ihn ausgelösten Auseinandersetzungen zwischen Protestanten und Katholiken. Staatsexamensarbeit, nicht publiziert. Osnabrück 2006, S. 107.
15	Beispiele für die kirchenamtlichen Versuche, den Liberalismus in der Landeskirche zu marginalisieren, waren die Auseinandersetzungen um den neuen Landeskatechismus 1862 und der Streit um das neue Gesangbuch 1880.
16	Dirk Beyer: Kirchlicher Liberalismus in Osnabrück im Verlauf des 19. und am Beginn des 20. Jahrhunderts. Eine Studie zur Kirchengeschichte Niedersachsens. Dissertation Osnabrück 2002.
17	Vgl. Beyer (Anm. 16), S. 348-355. Wolfgang Rädisch: Die Evangelisch-lutherische Landeskirche Hannovers und der preußische Staat 1866-1885. Hildesheim 1972, S. 202.
18	Bernhard Spiegel (1826-1895).
19	Vgl. Beyer (Anm. 16), S. 348-355. Rädisch (Anm. 17), S. 202. [Hugo] Blitz: Evangelisch-lutherisches Gemeindebuch für Osnabrück. Osnabrück 1927, S. 16.
20	[Heinrich] Bernhard Spiegel: Die Lehre in der lutherischen Landeskirche Hannovers. Hannover 1870. [Heinrich Bernhard] Spiegel: Urkunden und Beiträge zur Geschichte der Union in der Provinz Hannover und dem Fürstenthum Lippe-Detmold besonders in der Stadt Osnabrück. Osnabrück 1870. [Heinrich Bernhard Spiegel: Begrüßungsrede anläßlich der Amtseinführung Weidners am 11. April 1877, in: [o. Hrsg.]: Pastor Weidner. Dessen Wahl, Einführung und Antritt. Osnabrück 1877, S. 21-27.
21	Vgl. Beyer (Anm. 16), S. 455-56.
22	Zitiert nach Beyer (Anm. 16), S. 457.
23	Zur antikatholischen Rhetorik der Osnabrücker liberalen Pastoren um das Jahr 1900 vgl. Kluge (Anm. 8), S. 202.
24	Osnabrücker Sonntagsbote vom 6. Novemberv1904.
25	„Es giebt, [...] eine sogen. Sprache Canaans', die sich bei gewissen Leuten, Predigern und Laien findet. Sie trieft von Olivenöl. Warum stößt dieselbe im gewöhnlichen Umgang so oftmals ab? Weil sie wie ein angenommenes fremdes Kleid nicht mehr sitzt und paßt. Und so giebt es auch eine theologische Redeweise auf der Kanzel, die auf unsere Zuhörer ganz ähnlich abstoßend wirkt, wie jene vielbeschriene Sprache Canaans. Wenn man das Denken und Reden seiner Zuhörer von heute kennt, dann muß man zugeben, daß viele unserer ehedem ganz couranten theologischen Begriffe für sie einfach böhmische Dörfer geworden sind.", Protokoll der 16. Bezirkssynode vom 26. Oktober 1898, S. 35, zitiert nach Beyer (Anm. 16), S. 477.
26	Über die Frage, wer genau in der Hannoverschen Kirchenbehörde die Initiative zu dem Verfahren ergriff, wurde in Osnabrück naturgemäß fleißig spekuliert. Konkrete Namen nannten Blitz (Anm. 19), S. 7 und Friedrich Grußendorf in seinem Tagebuch 1906-1939, vierte Stelle an St. Marien, Privatbesitz.
27	Urteil des Königlichen Konsistoriums gegen Hermann Weingart vom 16.Juni 1899, in: Weingart (Anm. 1), S. 8.
28	Urteil des Königlichen Konsistoriums gegen Hermann Weingart vom 16. Juni 1899, in: Weingart (Anm. 1), S. 1.
29	Vgl. Beyer (Anm. 16), S. 480.
30	Vgl. Urteil des Königlichen Konsistoriums gegen Weingart vom 16. Juni 1899, in: Weingart (Anm. 1), S. 2-3.
31	„Was mögen sich wohl viele, viele unserer Gemeindeglieder dabei denken, wenn sie in der Beichte hören, [...], daß sie in Sünden empfangen und geboren sind, also daß in ihnen von Natur nichts Gutes, sondern eitel Sünde wohne [...]." Urteil des Königlichen Konsistoriums gegen Hermann Weingart vom 16.Juni 1899, in: Weingart (Anm. 1), S. 2.
32	„Was mögen sich viele vorstellen, wenn es am Sarge heißt [...]: lassest uns gedenken an den Tod und des 'Todes Ursach'? Dieser Ausdruck könnte doch geradezu irre führen.", Urteil des Königlichen Konsistoriums gegen Hermann Weingart vom 16.6.1899, in: Weingart (Anm. 1), S. 2.
33	„Wozu den Gemeinden unserer Zeit so oft in Gebeten den ‚Satan', den ‚Teufel' vor die Seele - nein, ich sage richtiger nur: vor die Ohren halten? [...] Für viele jedenfalls wirkt der Satan im Gebet unerbaulich, anstößig. [...] Man soll den Teufel nicht an die Wand malen, sagt man scherzhaft. Ich sage sehr ernsthaft: man soll ihn im feierlichen Moment der religiösen Erhebung nicht in den Mund nehmen!", Urteil des Königlichen Konsistoriums gegen Hermann Weingart vom 16. Juni 1899, in: Weingart (Anm. 1), S. 2-3.
34	„Religiöse Bedenken [...] kommen mir auch bei den häufigen an die Person Jesu Christi gerichteten Gebeten. [Die] einzige Adresse meines Gebets kann für mich nur Gott der Vater sein.", Urteil des Königlichen Konsistoriums gegen Weingart vom 16. Juni 1899, in: Weingart (Anm. 1), S. 2-3.
35	Urteil des Königlichen Konsistoriums gegen Hermann Weingart vom 16.Juni 1899, in: Weingart (Anm. 1), S. 3.
36	Urteil des Königlichen Konsistoriums gegen Hermann Weingart vom 16.juni 1899, in: Weingart (Anm. 1), S 4.
37	Urteil des Königlichen Konsistoriums gegen Hermann Weingart vom 16. Juni 1899, in: Weingart (Anm. 1), S. 6.

GESCHICHTE

38	Vgl. Anmerkung 1 und 2.
39	Tagebuch Grußendorf (Anm. 27). Friedrich Hermann Christian Düsterdieck (1822-1906) war 1885-1900 Generalsuperintendent von Osnabrück-Hoya-Diepholz und Kraft dieses Amtes Teil der Kirchenleitung der Hannoverschen Landeskirche.
40	Tagebuch Grußendorf (Anm. 27).
41	Ansprache Weingarts im Osnabrücker Festsaal am 17.November1899, in: Urteil des Königlichen Konsistoriums gegen Hermann Weingart vom 16. Juni 1899, in: Weingart (Anm. 1) S. 54. Weitere Vorgänge in Osnabrück mögen den Unmut mitmotiviert haben. Zu verschiedenen Respektbekundungen für Weingart vgl. Hoffmeyer, Ludwig: Chronik der Stadt Osnabrück. Bearbeitet und erweitert von Ludwig Bäte und Heinz Koch. Osnabrück 51985, S. 470.
42	Ernst Finkenstaedt war ein seit ca. 1890 in Osnabrück niedergelassener Rechtsanwalt.
43	Vgl. Schriftsatz Finkenstaedts vom 10. September 1899, Urteil des Königlichen Konsistoriums gegen Hermann Weingart vom 16. Juni 1899, in: Weingart (Anm. 1), S. 17.
44	Schriftsatz Finkenstaedts vom 10. September 1899, in: Weingart (Anm. 1), S. 20.
45	Urteil des Königlichen Konsistoriums gegen Hermann Weingart vom 16. Juni 1899, in: Weingart (Anm. 1), S. 35.
46	Vgl. Urteil des Königlichen Konsistoriums gegen Hermann Weingart vom 9. November 1899, in: Weingart (Anm. 1), S. 24. 96. Vgl. Krumwiede, Hans-Walter: Kirchengeschichte Niedersachsens. Bd. 2. Vom Deutschen Bund 1815 bis zur Gründung der Evangelischen Kirche Deutschlands 1948. Göttingen 1996, S. 369.
47	Vgl. Beyer (Anm. 16), S. 483-507. Protestlisten gegen das Disziplinarverfahren Weingarts wurden in evangelischen Buchhandlungen Osnabrücks ausgelegt. Es herrschte Empörung im ganzen Deustchen Reich. Vgl. Hoffmeyer (Anm. 42), S. 470.
48	Vgl. Rädisch (Anm. 17), S. 195.
49	Vgl. Rädisch (Anm. 17), S. 202. Blitz (Anm. 19), S. 16.
50	Professor Johann Franz Wilhelm Bousset (1865-1920) am 2. Februar 1900 in Hannover. Vgl. Beyer (Anm. 16), S. 502.
51	Unzutreffend, zumindest irreführend Hoffmeyer, weil er als einzigen Aspekt nannte, Weingart sei von Bousset verteidigt worden (vgl. Hoffmeyer (Anm. 42), S. 470).
52	Vgl. Hoffmeyer (Anm. 42), S. 470. Beyer (Anm. 16), S. 485.
53	Vgl. Beyer (Anm. 16), S. 485.
54	Eingabe Osnabrücker Gemeindeglieder an den Preußischen Kultusminister vom 28. Dezember 1899, in: Weingart (Anm. 1), S. 74. Zu den Unterzeichnern der Eingabe vermerkte Weingart: „Die Eingabe an den Herrn Kultusminister ist im Auftrag einer großen Versammlung von einer Anzahl von Männern beider Gemeinden aus allen Ständen unterzeichnet worden.", Weingart (Anm. 1), S. 99.
55	Er wurde mit einem Fackelzug und Chören verabschiedet, vgl. Hoffmeyer (Anm. 42), S. 471.
56	Vgl. Osnabrücker Zeitung vom 26. Februar 1908. Schreiben Pastor Grußendorf an Superintendent Weidner 3.2.1909, Archiv des Kirchenkreises Osnabrück, Akte Pastor Grußendorf. Osnabrücker Tageblatt vom 6. Februar 1909. Hoffmeyer (Anm. 42), S. 476. 502.
57	Eine Analyse, warum das so war, übersteigt die Anlage dieser Arbeit. Eine gute Einsicht vermittelt Beyer (Anm. 16).
58	Hannoverscher Courier vom 1. November 1904.
59	Beyer (Anm. 16), S. 21.
60	Deutsche Volkszeitung vom. 19. Januar 1905. Diese Zeitung war kirchenpolitisch konservativ. Siehe auch entsprechende Ausführungen in der kirchenpolitisch liberalen Zeitung „Der Protestant" (vgl. Der Protestant vom 6. Mai 1899, zitiert bei Beyer (Anm. 16), S. 489) und die einleitenden Worte Grußendorfs zur Darstellung des Weingart-Skandals in seinem Tagebuch: „Der Weingartskandal! In Osnabrück war es seit alter Zeit Usus, daß an St. Marien und St. Katharinen immer 2 liberale und 1 orthodoxer Pastor im Amte standen.", Tagebuch Grußendorf (Anm. 27).
61	Flugblatt. Landeskirchliches Archiv Hannover A6 Nr. 64121, zitiert nach: Beyer (Anm. 16), S. 508. Mit „orthodox" ist in etwa das gemeint, was man heute unter konservativ versteht und „consistoriell" bezeichnet die Hannoversche Kirchenleitung. Die besondere Problematik war, dass etwa zeitgleich eine vierte Stelle geschaffen worden war, die ein konservativer Geistlicher einnahm. Das Verhältnis war also zwei (erste und zweite Stelle) liberale zu einem konservativen (vierte Stelle) Pastor. Damit war das Verhältnis von zwei zu eins gewahrt, doch würde die Neubesetzung der dritten Stelle das herkömmliche Verhältnis an Stellen so oder so in jedem Fall beenden.
62	Flugblatt mit der Überschrift „Wähler von St. Marien!", unterzeichnet mit „Das liberale Wahl-Comite", ca. März 1900, Landeskirchliches Archiv Hannover A6 Nr. 6412: Akten den Pfarrdienst betr.: Pfannkuche.

63 Vgl. Beyer (Anm. 16), S. 502.
64 Vgl. Kluge (Anm. 8), S. 227. Allgemein zu Pfannkuches Rolle im Weingartskandal vgl. Evangelischer Kirchenbote vom 15.7.1929.
65 Vgl. Kluge (Anm. 8), S. 218.
66 Vgl. Kluge (Anm. 8), S. 218.
67 Brief von August Pfannkuche an Ludwig Pfannkuche vom 24. März 1900, zitiert nach: Kluge (Anm. 8), S. 18-19.
68 Pfannkuche bestritt in einem Brief an seinen Vater allerdings, diese Äußerung weitergegeben zu haben, vgl. August Pfannkuche an Ludwig Pfannkuche vom 24. März 1900, in: Kluge (Anm. 8), S. 18-19.
69 Vgl. Paul Fleisch: Erlebte Kirchengeschichte. Erfahrungen in und mit der hannoverschen Landeskirche. Hannover 1952, S. 6.
70 Osnabrücker Zeitung vom 29. November.1906.
2. Kor 1,24 war eine der Bibelstellen, auf die sich liberale Pastoren gerne bezogen.
71 „Der starre, engherzige Orthodoxismus [...] hat uns hier die kirchlichen Kämpfe der 70er und 80er Jahre gebracht, die dann schließlich zu der Absetzung von Pastor Weingart führten. Und was damals hier in Osnabrück geschehen ist, das soll jetzt in der Landeskirche versucht werden. Darum habe ich es für meine Pflicht gehalten, als Mitglied des Kreiskirchentages mit aller Schärfe gegen diese religiöse Unduldsamkeit Stellung zu nehmen.", Leserbrief in der Osnabrücker Zeitung vom 3. Juni 1926.
72 August Heinrich Theodor Pfannkuche (1870-1929), Ernst Wilhelm Julius Rolffs (1867-1947), August Ferdinand Friedrich Grußendorf (1871-1958), Johannes Heinrich Hugo Blitz (1873-1927), Frederick James Emil Bell (1870-1952), Hans Heinrich Friedrich Gottlieb Bodensieck (1881-1953), Richard Heinrich Bernhard Christian Karwehl (1885-1979). Allein Bell war nicht liberal und konnte 1910 wohl „durchrutschen", da die liberalen Kirchenmitglieder in diesem Jahr schon zwei liberale Geistliche platziert hatten.

GESCHICHTE

Das Modellschiff „Bremen" auf dem Mittellandkanal bei Bramsche und eine „fake"-Postkarte
Rainer Drewes

Beim Ordnen meiner Postkartensammlung fand ich eine Karte, die einen Passagierdampfer im Kleinformat auf dem Mittellandkanal vor dem Bramscher Hafen zeigt Dabei handelt es sich offensichtlich um eine Fotomontage. Für mich stellte sich die Frage: Warum entstand diese Montage? Gab es einen historischen Zusammenhang?

Abb. 1: Fotomontage mit dem Modell der Bremen IV auf dem Mittellandkanal vor dem Bramscher Hafen

Meine Recherche ergab folgendes:

1947 hatten die beiden Osnabrücker Günter Bos und Günter Buse die ungewöhnliche Idee, die Bremen IV als fahrtüchtiges Modell nachzubauen. In einer Werkstatt an der Knollstraße bauten die beiden Tüftler bis 1962 eine detailgetreue Nachbildung im Maßstab 1:25, zusammen. In 15 Jahren während 76 000 Arbeitsstunden entstand das zwölf Meter lange Modell. Es ist 1,78 m breit, 3,33 m hoch und wiegt zehn Tonnen. Angetrieben wird es von zwei Mercedes-Dieselmotoren mit je 38 PS. Zur Schiffstaufe 1962 drängten sich Tausende Menschen an den Ufern, auf Lagerhausdächern und sogar auf Kränen am Osnabrücker Hafen, um die Jungfernfahrt des „Bremchens" miterleben zu können. Ein Egerlandkran hievte das Schiff vom Werkstattgelände auf einen Tieflader der Bundesbahn. Um 15.00 Uhr wurde das

Schiff zu Wasser gelassen. Über den Stichkanal ging es dann zum Mittellandkanal und von dort an Bramsche vorbei nach Minden in die Weser. Am 24. Juni 1962 begegnete das Modell seiner großen Schwester in Höhe des Roten-Sand-Leuchtturmes. Der Norddeutsche Lloyd sponserte dann eine Promotionstour von Bremerhaven nach New York. Allerdings schipperte das „Bremchen" nicht aus eigener Kraft über den Atlantik. Ein Frachtschiff brachte es sicher zur Freiheitsstatue.

Abb. 2: 1960 Modell Bremen IV

In New York wurde das Schiff begeistert begrüßt. Viele Deutsch-Amerikaner verfolgten die weitere Fahrt des Schiffes über die Großen Seen nach Buffalo. Die beiden Erbauer waren bald darauf wieder in Osnabrück. Ihr Schiff blieb dagegen noch bis Ende September in den USA. Steuern durften sie ihr Schiff nicht mehr selber. Das machte dann ein Schiffskapitän wie Karl Behrens, der mit dem „Bremchen" 1963 über die Ruhrhäfen fuhr. In den über vier Jahrzehnten seit ihrer Fertigstellung hat die kleine Bremen die ganze Welt bereist. Nach vielen Fahrten fand das Modell 1999 endlich seinen verdienten Platz im Technikmuseum der Stadt Speyer. Bei der Ankunft wurde das Schiff für eine Ausfahrt auf dem Rhein noch einmal zu Wasser gelassen. Danach bekam es seinen vorläufig letzten Ankerplatz in der Liller Halle des Museums.

Warum nahmen sich die beiden Erbauer Bos und Buse gerade die Bremen IV als Objekt ihrer Bastelei?

Die Bremen IV hatte drei Vorgängerinnen: Sie trug nach der Bremen (1858), Bremen (1897) und Bremen (1923) als viertes Schiff des Norddeutschen Lloyd den Namen Bremen IV. Im Jahr 1927 wurde dieses Schiff auf der DeSchiMAG-Werft in Bremen auf Kiel gelegt. Am 16. August 1928 taufte Reichspräsident Paul von Hindenburg das Schiff. Nach Abschluss der Probefahrten startete es am 16. Juli 1929 seine erste Atlantiküberquerung von Bremerhaven nach New York. Der Dampfer war insbesondere in der Ersten Klasse überaus luxuriös ausgestattet. 811 Passagiere konnten in der 1. Klasse mitfahren. Die übrigen 1417 Mitreisenden logierten weniger komfortabel in der 2. und 3. Klasse sowie in der Touristen-Klasse. Dazu kamen bis zu 1 000 Besatzungsmitglieder. 1929 gewann die Bremen das „Blaue Band" als schnellstes Schiff auf der Transatlantik-Route. Sie wurde schnell zum Lieblingsdampfer von Deutschen und Amerikanern. Selbst das SPD-Blatt „Vorwärts" feierte den Luxusliner. Dreißigtausend New Yorker besichtigten das Schiff nach seiner

GESCHICHTE

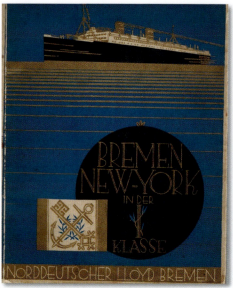

Abb. 3: MS Bremen Erste Klasse 1929

ersten Ankunft in der Metropole. Kein Wunder also, dass sich die beiden Osnabrücker gerade diesen Schnelldampfer zum Vorbild nahmen.

Am 22. August 1939 trat die Bremen ihre letzte Reise nach New York an. Mit Mühe und einigen Umwegen erreichte sie dann Hamburg. Hier sollte sie zu einem Truppentransporter für die geplante Landung in England umgerüstet werden. Am 16. 3.1941 brach jedoch an Bord ein Feuer aus. Nachdem man alle noch brauchbaren Einrichtungsgegenstände ausgebaut hatte, wurde das Schiff verschrottet.

Ohne den Stichkanal und den Mittellandkanal wären die Erbauer des Modelschiffs nie nach Bremerhaven gekommen. Mit dem Bau des Mittellandkanals wurde 1906 begonnen. Während des ersten Weltkrieges, am 13. Februar 1915, war die erste Teilstrecke bis Minden fertiggestellt und 1928 die Strecke bis Hannover. 1938 erreichten die Bautrupps die Elbe bei Magdeburg, insgesamt 325 km. Der Zweig- oder Stichkanal bis Osnabrück wurde bereits 1916 eingeweiht.

Als das „Bremchen" 1962 am Bramscher Hafen vorbei Richtung Minden tuckerte, war vermutlich kein professioneller Fotograf am Deich, der das Modellschiff während der Passage hätte ablichten können. Damals gab es noch keine drahtlose Kommunikation. Die Informationsweitergabe brauchte einige Zeit. Das galt damals auch für die Vertreter der Presse. So entstand die Idee, dieses Ereignis per Fotomontage auf einer Ansichtskarte festzuhalten. Das Wort ‚fake' fehlte 1962 im deutschen Sprachgebrauch.

Literatur

- Bramscher Nachrichten vom 16. 6. 1962: „Bremen" erhob sich in die Lüfte. Nach 15 Jahren Bauzeit rollt sie heute durch Osnabrück zum Stapellauf im Hafen.
- Freie Presse Bramsche, Nr. 138 vom 16. 6. 1962.
- Osnabrücker Stadtanzeiger vom 20. 4. 1963 und 27. 7. 1963.
- Joachim Dirks: Der Osnabrücker Hafen sah schon viele ungewöhnliche Schiffe. NOZ vom 30. 3. 2016.
- Joachim Dirks: Als die Hase fremdging. Bramscher Nachrichten vom 21. 6. 2022.
- Wilhelm Tiede: Die Hafenstadt Bramsche. Über die Entstehung des Mittellandkanals. Am heimatlichen Herd, 1/1952. Jetzt in: Reproduktion der Jahrgänge 1 (1950) bis 12 (1960), bearb. von Martin Joseph (= Mitt. des KHBB, Bd. 30). Bersenbrück 2009, S. 122.
- Werner Dobelmann: Der Mittellandkanal und Bramsche. In: Ders., Vergilbte Blätter. Aus Bramsches Vergangenheit. Bramsche: Gottlieb 1982 (2. Aufl.), S. 23 – 25.
- E. Zimmermann: Kleine Schwester „Bremen". Geschichte eines Schiffsmodells. Bremen: Behrens 1962.
- Johann Althaus: Selbst das SPD-Blatt feierte den Luxusliner. In: Die Welt (Juli 2019): https://www.welt.de/196747789.
- Wikipedia: Bremen (Schiff, 1929), bearbeitet am 20. Juni 2022.

Das Schicksal des Wilhelm Eckelmann aus Rieste - Ermordet im KZ Sachsenhausen

Jens Kotte

Auf dem Ehrenmal am Diekplatz in Rieste ist seit 1952 folgender Satz zu lesen: „Allen Opfern der beiden Kriege" [gemeint sind der 1. und der 2. Weltkrieg]. 2018 wurde die Gedenkstätte um eine Stele ergänzt, die „aller Opfer von Gewalt, Krieg, Terror und Vertreibung hier und auf der ganzen Welt" gedenkt. Abgesehen von Dokumentationen zu Soldatenschicksalen, Kriegsschäden und den Geschehnissen zu Kriegsende, fand auch in Rieste eine Auseinandersetzung mit den Begebenheiten zur Zeit der Gewaltherrschaft des Nationalsozialismus nicht statt. Die Geschichten der Opfer wurden nicht erzählt. Eines dieser Opfer ist Wilhelm Eckelmann.

Einführung[1]

Anneliese Thesing-Forynski (1925–2017) erzählte mir bereits kurz vor dem Jahr 2000 von Wilhelm Eckelmann (1900–1941), der im KZ ermordet wurde. Anneliese berichtete, er habe im Winter in der Hase gebadet und sei auch im Winter barfuß gegangen. Nach dem Tod seines Friseurs habe Wilhelm Eckelmann sich ein Jahr die Haare nicht schneiden lassen. Bei Familie Vocke half er in der Buchhaltung aus.

Erna Reiter[2], geborene Ebeling, konnte als eine letzte Zeitzeugin zu Wilhelm Eckelmann befragt werden. Sie berichtete, Wilhelm Eckelmann sei „unmöglich dick, sonderbar, aber freundlich gewesen. Er tat nichts Böses. Auch im Winter ging er barfuß." Sie erwähnte ebenfalls, dass er vermutlich ganzjährig in der Hase badete und sich im Winter sogar ein Loch in das Eis schlug, um die Füße oder möglicherweise auch den ganzen Körper darin zu baden. Wohl zu Beginn des Krieges habe sich Eckelmann viel auf dem Dachboden des Hofes in Rieste aufgehalten. Dort hatte er offenbar „Antennen für [gemeint: gegen] die Flieger" installiert[3]. Die Kinder scherzten über seine Aktivitäten auf dem Dachboden und in Bezug auf seine Figur: „Bis er einmal im Schornstein stecken bleibt!"

Abb. 1: Wilhelm Eckelmann als junger Mann (Aufnahmejahr unbekannt).

Wilhelm Eckelmann sorgte der Überlieferung nach für das Aufrüsten der Bahnhöfe mit Pumpen und inspizierte sie hinsichtlich des ordnungsgemäßen Ankettens

GESCHICHTE

der (Trink-) Becher. Aus Bayern bezog er dunkles Starkbier. Gelegentlich reiste er zum Einkaufen nach Osnabrück und blieb dort über Nacht im Hotel Walhalla.[4] Nach Auskunft von Gabriele Bielefeld, der späteren Erbin des Hofes, berichtigte Wilhelm Eckelmann auch Lexikoneinträge. Sein Bücherregal ist in der Familie noch vorhanden.

Wilhelm Eckelmann war ein bekannter Sonderling[5] und wurde im Volksmund auch „Bocks Wiele" genannt. Der Ausdruck (= wild) bezog sich vermutlich auf sein „unmögliches"[6] bzw. „rebellisches Auftreten"[7]; Wilhelm Eckelmann nahm „kein Blatt vor den Mund".[8]

Laut der Familienüberlieferung wurde Wilhelm Eckelmann wegen der Anlagen auf dem Dachboden, die zur Ab- bzw. Fehllenkung feindlicher Flugzeuge dienen sollten, denunziert.[9] Er wurde 1941 in das Konzentrationslager Sachsenhausen deportiert und dort ermordet.

Zur Recherche des Lebenswegs wurden die Hofunterlagen des Hofes Bockhorst-Eckelmann, insbesondere die dort vorhandenen Abschriften der Gerichtsbeschlüsse, ausgewertet.[10] Mündliche Überlieferungen aus der Familie wurden durch Gabriele Bielefeld, Dalvers, übermittelt. Die Daten zur Internierung im Konzentrationslager Sachsenhausen, die als Originale im Archiv des russischen Geheimdienstes FSB sowie im Staatlichen Militärarchiv Moskau aufbewahrt werden, wurden durch das I.T.S Arolsen (Arolsen Archives – International Center on Nazi Persecution) übermittelt.

Lebensstationen

Wilhelm Eckelmann[11] wurde am 16. August 1900 als erstes Kind des Hofbesitzers Hermann Eckelmann[12] (1857–1929) und seiner Frau Hermine, geb. Bockhorst (1876–1961), geboren. Der Vater stammte aus Epe und hatte 1899 die neun Jahre jüngere Hoferbin geheiratet. Sein jüngerer Bruder Hermann, der Hoferbe, wurde 1906 geboren. Gemeinsam mit einer unverheirateten Schwester der Mutter, Emma, lebte die Familie in dem 1788 errichteten Erbwohnhaus Bockhorst in Rieste Nr. 50, plattdeutsch „Bocks"[13] genannt.

Abb. 2. Familie Eckelmann: Vater Hermann Eckelmann, Hermann jun., Wilhelm und die Mutter Hermine, vermutlich um 1917/18.

Über die Kindheit Wilhelm Eckelmanns sind keine genauen Informationen bekannt. Wahrscheinlich besuchte er zunächst die evangelische Volksschule in Rieste, um dann auf das Gymnasium Quakenbrück zu wechseln, wo er bereits aufgrund seines als seltsam empfundenen Auftretens auffiel.[14] Hier wird er gegen 1919 das Abitur gemacht haben.

Anschließend begab er sich auf eine vierzehntägige Harzreise, die er am 30.09.1919 mit dem Zug in Rieste begann. Im Vorwort des Reiseberichtes betont er seinen Hang zur Wissenschaft:

Abb. 3. Wilhelm Eckelmann (hinten) als Schüler am Gymnasium Quakenbrück, hier vermutlich Foto eines Kurses (Aufnahmejahr unbekannt).

„Der eine wahrt sein Geld in Revolutionsscheinen, ein anderer legt es in Boden und Gebäuden, der dritte in Gerätschaften, ein vierter in Gold, Silber und Gestein, der fünfte in der deutschen Sparprämienanleihe und ich lege mein Vermögen in Wissenschaften an. Zur Bereicherung des Wissens diente auch meine Harzreise, die ich großzügig geschildert etwaigen Freunden nicht vorenthalten will."

Die Reiseaufzeichnungen, ein literarisch verfasstes Tagebuch, ließ er 1921 als „Meine Harzreise 1919" bei der Buchdruckerei Trute in Quakenbrück binden.[15] Sie zeigen das Bild eines selbstbewussten, gebildeten, vielleicht auch etwas dünkelhaften Jugendlichen, der sich der Wissenschaft verschrieben hat. Ziel der Reise war zunächst Göttingen und die dortige Universität. Neben dem Besuch der Studienberatung war eines seiner Ziele die Burschenschaft Corps Frisia am Nikolausberger Weg. Eckelmann nennt u.a. die Verbindungsstudenten Oing und Brundert, die er möglicherweise aus Quakenbrück kannte. Auch der gemeinsame Besuch der Trainingshalle für das studentische Fechten (Mensur) stand in Göttingen auf dem Programm. Von den Studienberatungen erhielt er verschiedene Studienempfehlungen, die er als wenig hilfreich betrachtete. Die Reise wurde anschließend über Northeim und Osterode in die verschiedenen Harzorte und auf den Brocken fortgesetzt. Ein größerer Teil der Reise bestand aus Wanderungen.

Abb. 4. Wilhelm Eckelmann (3.v.l.), vermutlich Abiturjahrgang.

An der Georg-August-Universität zu Göttingen hat sich Wilhelm Eckelmann offensichtlich nicht eingeschrieben. Über die noch auf dem Hof Bockhorst-Eckelmann vorhandenen Unterlagen lässt sich stattdessen folgender Weg rekonstruieren:

GESCHICHTE

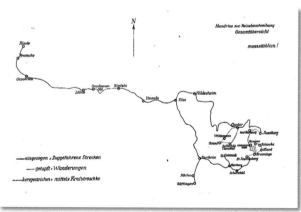

Abb. 5. Titelblatt und Reiseskizze „Meine Harzreise 1919".

Gesichert ist zunächst ein Aufenthalt zwischen März 1921 und April 1922 in der Gemeinde Ankum; ein von der Gemeinde Ankum ausgestelltes (Führungs-)Zeugnis datiert auf den 08. April 1922.[16] Der Grund für den Aufenthalt in Ankum erschließt sich über kürzlich auf dem Hof Bockhorst gefundenen Landvermessungskarten.[17] Demnach arbeitete er ein Jahr bei dem Landmesser Gregor Eilfort in (Ankum-)Tütingen, ehe er ein Studium an der Landwirtschaftlichen Hochschule Bonn-Poppelsdorf aufnahm. Die fünf Vermessungspläne, die von ihm als „Landvermesserzögling" signiert und von Eilfort auf ihre Richtigkeit hin überprüft wurden, weisen den Prüfstempel der „Pr[eussischen] Prüfungskommission für Landmesser, Bonn" auf. Sie wurden demnach vermutlich in Vorbereitung auf das Studium bzw. für die Bewerbung auf einen Studienplatz angefertigt. Tatsächlich hat Wilhelm Eckelmann – späteren Gerichtsunterlagen zufolge – vier Semester Landvermessung studiert. Dass er hierfür nach Bonn ging, beweist auch das auf dem Hof gefundene gemeinsame Vorlesungsverzeichnis der Rheinischen Friedrich-Wilhelms-Universität Bonn und der Landwirtschaftlichen Hochschule Bonn-Poppelsdorf vom Sommerhalbjahr 1922, das auch die Seminare der Vermessung beinhaltet.

Das Studium brach Wilhelm Eckelmann späteren Gerichtsunterlagen nach bereits nach vier Semestern ab.[18] Ob er ein zweites Studium aufnahm, ist nicht bekannt.[19] Unklar ist ebenfalls, ob er nach dem abgebrochenen Studium direkt nach Rieste zurückkehrte. Für das Frühjahr 1928 ist sein Aufenthalt in Rieste nachweisbar: In einem nicht abgesendeten Schreiben an seinen Arzt möchte er den Farbstoffgehalt seines Blutes erfahren. Der Brief ist datiert: „z.Zt. Rieste/Osnabrück, den 23.02.1928".[20] Der Riester Bürgermeister Hermann Röwekamp stellte ihm am 16. November 1928 ein Führungszeugnis aus. Demnach sei „hinsichtlich seiner Führung nichts Nachteiliges wider ihn bekanntgeworden."

Über den/die Aufenthaltsort/e der nächsten Jahre sind keine Informationen vorhanden. 1933 muss sich Wilhelm Eckelmann wieder in Rieste befunden haben. Laut der Riester Chronik berichtete er in einem Schreiben vom 21. August 1933 über archäo-

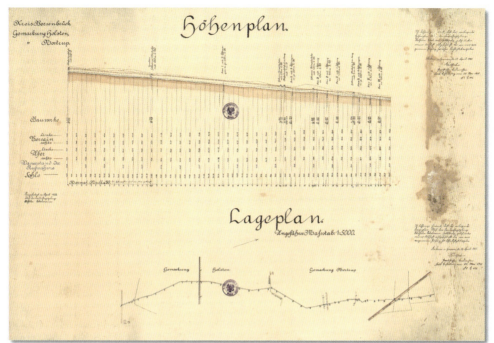

Abb. 6. Höhenplan und Lageplan (Gemarkungen Nortrup und Holsten), Zeichnungen von Wilhelm Eckelmann, April 1922. Die angefertigten Pläne weisen jeweils den Prüfstempel der Preußischen Prüfkommission für Landmesser, Bonn, auf.

logische Funde in Bieste. Dem Schreiben an das Kulturgeschichtliche Museum Osnabrück nach waren auf Flächen, die sich damals im Eigentum der Bauern Rump und Wischer befanden, Urnen gefunden worden.[21]

Nach den Gerichtsunterlagen von 1937 befand sich Wilhelm Eckelmann seit 1932 auf „Wanderschaft".[22] Diese Angabe steht im Widerspruch zu dem Schreiben an das Kulturgeschichtliche Museum Osnabrück von 1933. Es ist aber auch möglich, dass er sich nur temporär in Rieste aufhielt.

Abfindung[23]

Hermine Eckelmann hatte 1935 Wilhelms jüngeren Bruder Hermann als Alleinerben des Hofes eingesetzt; die Hofübergabe wurde durch Beschluss des Anerbengerichts Bramsche vom 23.09.1935 bestätigt.[24] Den Antrag zur Hofübergabe hatte die Mutter während der Verhandlung dahingehend ändern lassen, dass Wilhelm Eckelmann anstelle eines Altenteils eine monatliche Rente von 80 RM erhalten solle.[25] Mit der Rente sollte ihm ein eigenständiges Leben ermöglicht werden; „ein Verbleiben auf der Hofstelle [sei] für diese […] untragbar".

Ansprüche auf den Erbhof hatte Wilhelm Eckelmann den Gerichtsunterlagen nach nicht erhoben. Er hatte jedoch versucht, einen 8 Hektar großen Teil hiervon zu lösen. Bei diesem Hofteil handelte es sich um den Grundbesitz Rieste Band II Blatt 79, die frühere Neubauerei Bockhorst vor dem Maschbruch, die laut Wilhelm Eckelmann überwiegend verpachtet war. Er betrachtete diesen Teil, der auf den Namen des verstorbenen Vaters im Grundbuch eingetragen war, als einen eigenen Erbhof.[26]

Das Anerbengerichts Bramsche lehnte mit dem Urteil vom 23. September 1935 die Teilung des Erbhofes ab.[27] Gegen seinen Willen wurde Wilhelm Eckelmann mit der Rente von 80 RM/Monat abgefunden.

In dem Beschluss heißt es zu den Gründen:

> „Ihr [der Antragstellerin] jüngster Sohn ist der Jungbauer Hermann Eckelmann. Gegen die Bauernfähigkeit Hermann Eckelmanns sind Bedenken nicht vorhanden. Dem Anerbengerichte ist vielmehr bekannt, dass er ein fleißiger, tüchtiger Bauer ist. Der älteste Sohn der Antragstellerin, der Haussohn Wilhelm Eckelmann, hat das Abitur gemacht. Er hat 4 Semester studiert und sich auf den Beruf des Landmesser vorzubereiten gesucht. Er hat sein Studium von sich aus abgebrochen. Er hält sich heute bei seiner Mutter auf dem Erbhofe auf und wird dort unterhalten und verpflegt. Er bekommt auch ein Taschengeld. Er leistet aber keine Arbeit auf dem Hofe. Gelegentlich setzt er für die Landbevölkerung einige Gesuche auf und verdient sich auf diese Weise einige Groschen. Verpflegungsgeld zahlt er nicht. In der Landbevölkerung geniesst Wilhelm Eckelmann den Ruf eines `unwiesen Kerls`[= wörtlich: unweise, gemeint: kauzig/nicht zurechnungsfähig]. Er ist selbst der Ansicht, dass er zur praktischen Bewirtschaftung eines Hofes nicht in der Lage ist. „Antragstellerin ist 59 Jahre alt. Die Antragstellerin ist wegen ihres Alters nicht mehr in der Lage ihrem Erbhofe vorzustehen. Wegen ihres ältesten Sohnes ist sie in begreiflicher Sorge und hat daher großes Interesse, dass die Erbfolge und die Abfindung schon zu Lebzeiten geregelt werden. Unter diesen Umständen liegt es im Interesse des Erbhofes, dass dieser schon zu Lebzeiten übertragen wird. Gegen den in Aussicht genommenen Anerben sind Bedenken nicht vorhanden. Während sein älterer Bruder von sich selbst sagt, dass er praktisch den Erbhof nicht bewirtschaften könne. Nach Ansicht des Anerbengerichts ist Wilhelm Eckelmann auch nicht bauernfähig, weil er gesundheitlich nicht auf der Höhe ist und keine Lust zur Arbeit zeigt. […] Schließlich musste dem Haussohn Wilhelm Eckelmann eine Abfindung ausgesetzt werden. Bei der Genehmigung dieser Abfindung ist das Gericht davon ausgegangen, dass ein Verbleiben des Wilhelm Eckelmann auf der Hofstelle für diese in jeder Weise untragbar ist, zumal Wilhelm Eckelmann zu keiner Arbeit für die Hofstelle bereit ist. Eine reinliche Trennung liegt daher im Interesse des Erbhofes. Um den Wilhelm Eckelmann vor einer Notlage zu schützen und damit die Gewährung der Heimatflucht auszuschließen, hat das Anerbengericht die Gewährung der Rente genehmigt. Bei der Gewährung der Rente ist das Anerbengericht davon ausgegangen, dass Wilhelm Eckelmann sich dafür eine Wohnung und Verpflegung

halten kann. Wenn auch im allgemeinen für einen Junggesellen beides mit monatlich 60 RM zu beschaffen ist, so hat das Gericht die monatliche Rente doch mit 80 RM festgesetzt, damit Wilhelm Eckelmann eine standesgemäße Unterkunft und Verpflegung bezahlen kann. Falls er weitere Bedürfnisse hat, mag er arbeiten und sich mit seiner Arbeit einen Zuschuss verdienen. Das Gericht ist nämlich auf dem Standpunkte, dass Wilhelm Eckelmann sehr wohl in der Lage ist, bei gutem Willen zu arbeiten."

Wilhelm Eckelmann war damit vom Hof abgefunden.[28] Ob er sich nach dem Urteil vom Hof fernhielt, ist nicht bekannt.

Wilhelm Eckelmann focht das Urteil mit dem Rechtsmittel der sofortigen Beschwerde an. Das Landeserbhofgericht Celle bestätigte jedoch mit Beschluss vom 08. Januar 1936 das Urteil; die Beschwerde wurde zurückgewiesen. In der Begründung heißt es neben der allgemeinen Feststellung, die Witwe könne frei über den Erbhof verfügen:

„Die Übergehung des ältesten Sohnes ist gerechtfertigt. Er ist krank und zur ordnungsgemäßen Bewirtschaftung des Hofes nicht imstande. Das ist auch von dem Kreisbauernführer bestätigt und wird auch von dem Beschwerdeführer selbst [= von Wilhelm Eckelmann] nicht ernstlich bestritten. Weiter könne es dem Übernehmer nicht zugemutet werden, seinen Bruder auf dem Hof zu behalten."

Den Beschluss des Landeserbhofgerichts Celle focht Wilhelm Eckelmann mit dem Rechtsmittel der "sofortigen weiteren Beschwerde" an, die durch Beschluss des Reichserbhofgerichts vom 23. März 1937 als unzulässig verworfen wurde. In der Begründung wird ergänzend erwähnt:

„Der Landesbauernführer teilte mit, dass sich Wilhelm Eckelmann seit 1932 auf Wanderschaft abgemeldet habe und dass sein Aufenthalt im Augenblick nicht festgestellt werden könne, was aber von Wichtigkeit sei, weil Wilhelm Eckelmann durch den Kreisarzt auf seine Erbgesundheit untersucht werden solle. Es könne kein Zweifel bestehen, dass zu seiner Übergehung ein wichtiger Grund vorliege."

Wo sich Wilhelm Eckelmann in den Folgejahren aufhielt, ist unbekannt. Es kann nicht ausgeschlossen werden, dass er sich den Untersuchungen auf Grundlage des Gesetzes zur Verhütung erbkranken Nachwuchses („Erbgesundheitsgesetz"), das am 01. Januar 1934 in Kraft getreten war, unterziehen musste. Ziel des NS-Staates war die sogenannte Rassenhygiene bzw. Erbgesundheit, was in nicht wenigen Fällen zu Sterilisationen führte. Auch in Rieste sind solche Fälle belegt.[29] – Ob Wilhelm Eckelmann sich einem solchen Eingriff unterwerfen musste, ist nicht bekannt.

Erst für 1940 liegen wieder Nachweise über seinen Verbleib vor. Ab dem 22.11.1940 war Wilhelm Eckelmann bei der Fa. Wilhelm Karmann als Arbeiter dienstverpflichtet.[30] Mittlerweile war der 2. Weltkrieg ausgebrochen. Ein von der Oberstaatsan-

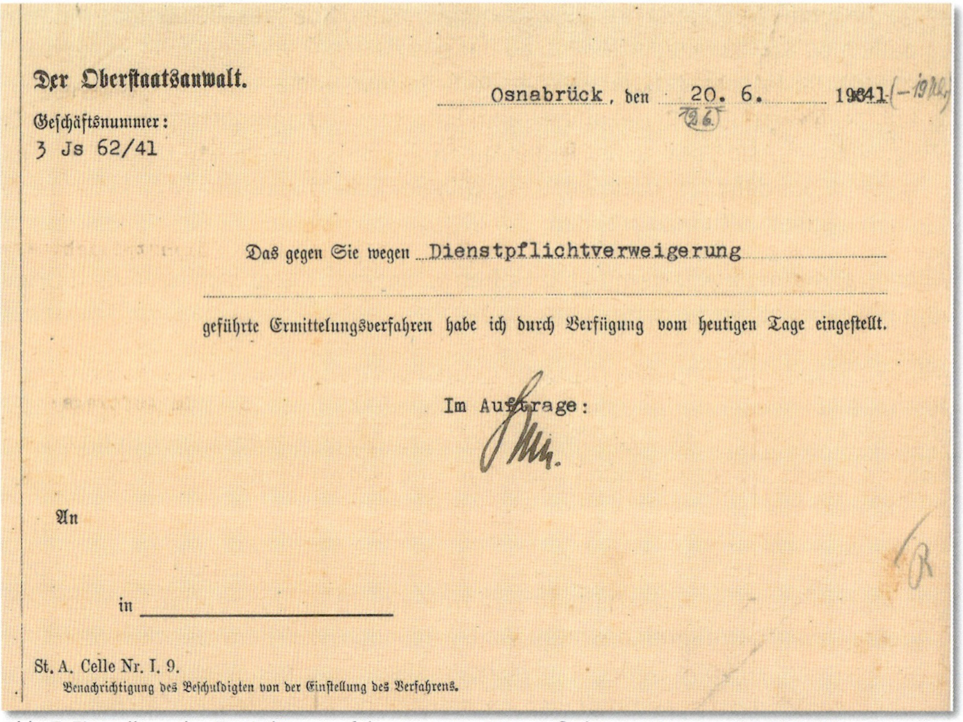

Der Oberstaatsanwalt.

Geschäftsnummer:
3 Js 62/41

Osnabrück, den 20. 6. 1941

Das gegen Sie wegen Dienstpflichtverweigerung

geführte Ermittelungsverfahren habe ich durch Verfügung vom heutigen Tage eingestellt.

Im Auftrage:

An

in

St. A. Celle Nr. I. 9.
Benachrichtigung des Beschuldigten von der Einstellung des Verfahrens.

Abb. 7. Einstellung des Ermittlungsverfahrens gegen Dienstpflichtverweigerung, 20.06.1941.

waltschaft geführtes Ermittlungsverfahren wegen Dienstpflichtverweigerung war am 20. Juni 1941 eingestellt worden. In der Anschrift wird Wilhelm Eckelmann als „Landwirt“ bezeichnet.[31] – Die Dienstverpflichtung als Arbeiter bei Karmann wurde schließlich am 17. Juli 1941 rückwirkend aufgehoben, weil Wilhelm Eckelmann „in der Landwirtschaft des Bruders arbeite“. Die Adresse lautete: „Rieste Nr. 50“. Wilhelm Eckelmann befand sich also, wie Erna Reiter berichtete, während des Krieges in Rieste.

Deportation, Zwangsarbeit und Ermordung

Genau zwei Monate nach Einstellung des Verfahrens wegen Dienstpflichtverweigerung, am 20. August 1941, wird im Konzentrationslager Sachsenhausen der Zugang des „Schutzhäftlings“ Wilhelm Eckelmann registriert. Er erhielt die Häftlingsnummer 39070[32]. Über die Gründe von Verhaftung und Einlieferung liegen keine offiziellen Informationen vor.[33] Er kam in das berüchtigte Außenlager Klinkerwerk; hier musste unter härtesten Bedingungen Zwangsarbeit geleistet werden. Das Außenlager galt daher als Todeslager („Vernichtung durch Arbeit“).

> „Seit dem Spätsommer 1938 mussten Häftlinge des KZ Sachsenhausen unweit der Lehnitzschleuse bei Oranienburg das weltweit größte Ziegelwerk er-

richten, um die Baustoffe für die gigantischen Bauvorhaben der NS-Führung in der Reichshauptstadt Berlin zu liefern. Dazu trieb die SS täglich bis zu 2.000 Häftlinge unter den Augen der Oranienburger Bevölkerung über die Kanalbrücke ins Klinkerwerk. Auf dem Rückweg führten die Häftlinge einen mit den Todesopfern des Tages beladenen Karren mit sich. Als „Todeslager" war das Kommando unter den Häftlingen besonders gefürchtet, zumal die SS das Klinkerwerk als Tatort gezielter Mordaktionen nutzte."[34]

Eine Veränderungsmeldung vom 25. November 1941 besagt die Rückführung des Wilhelm Eckelmann vom Arbeitskommando Klinkerwerk[35]; am gleichen Tag ist der Zugang zum Krankenbau belegt.[36] Zehn Tage später, am 05. Dezember 1941, dreieinhalb Monate nach Beginn der Internierung, ist Wilhelm Eckelmann tot. Er wurde 41 Jahre alt. Sein Leichnam wurde im Krematorium des KZs, zynisch als „Station Z" bezeichnet, verbrannt. Der mündlichen Überlieferung nach wurde der Familie berichtet, er sei an einer Lungenentzündung gestorben.[37] Die Asche wurde laut Familie Biestmann, die seinerzeit die Post betrieb, auf dem Postweg in einer Urne zugestellt.[38]

Nach dem Krieg besuchte ein Geistlicher aus dem Lager die Mutter in Rieste. Er berichtete von Misshandlungen im KZ, die zum Tode geführt hätten. Die Familie bzw. die Mutter hatte bis zu diesem Zeitpunkt nicht gewusst, auf welche Weise Wilhelm Eckelmann interniert war, geschweige denn, was ein KZ ist. Eine Tante Wilhelm Eckelmanns hatte ihn sogar besuchen wollen.[39] Ein Verwandter, der zu der Zeit Soldat war, hatte jedoch zu verstehen gegeben, dass dies nicht möglich sei. Der Soldat wusste demnach von Konzentrationslagern.[40]

Wilhelm Eckelmanns Bruder Hermann galt als Soldat seit August 1944 als in Rumänien vermisst und wurde 1954 für tot erklärt, da die ganze Kompanie gefallen war. Hermine Eckelmann starb 1961 in Rieste.

Im Andenken an den Ermordeten wurde am 17. September 2018 durch Gunter Demnig, Köln, vor der Hofeinfahrt Maschortstraße 50 in Rieste ein Stolperstein verlegt.

Die Inschrift lautet:

> „HIER WOHNTE WILHELM ECKELMANN
> JG. 1900 `SCHUTZHAFT` AUG. 1941
> UNANGEPASSTES VERHALTEN
> SACHSENHAUSEN
> AKTION KLINKERWERK
> ERMORDET 5.12.1941"

Bei der Wortwahl, insbesondere der Nennung des Internierungsgrundes „unangepasstes Verhalten", handelt es sich um die freie Interpretation des Künstlers.

GESCHICHTE

Abb. 8. Der Stolperstein, verlegt durch Gunter Demnig am 17. September 2018 im Pflaster vor der Hofeinfahrt Maschortstraße 50 in Rieste (Foto: Sebastian Hüdepohl).

1. Besonderen Dank gilt den hier genannten Personen für die Informationen. Größter Dank gilt Gabriele Bielefeld, Dalvers, für das Überlassen der Schriftquellen aus den Beständen der Hofunterlagen Bockhorst-Eckelmann und für die Unterstützung des Vorhabens. Ebenfalls danke ich Martin Theilmann (Osnabrück) für die juristische Bewertung und Mirko Esquivel (Kiel) für die kritische Durchsicht.
2. Gespräche am 23.06.2012 u. 03.03.2022 mit dem Verfasser.
3. In dem zweiten Gespräch am 03.03.2022 hielt Erna Reiter es für möglich, Wilhelm Eckelmann habe über die Antennen möglicherweise Feindsender gehört. Da die Information über die Antennen zur Abwehr von Fliegern auch in der Familie überliefert ist, wird diese als wahrscheinlicher angenommen.
4. Eckelmann, Elfi: Eckelmann – Der Versuch einer genealogischen Darstellung, Freiburg 2004. Bei dieser Arbeit handelt es sich um ein genealogisches Werk der Nachfahren des Hofs Eckelmann, Epe. Die Quellen zu Wilhelm Eckelmann wurden nicht vermerkt; eine hier erwähnte Aufnahme eines Jura-Studiums (S. 25) konnte nicht nachgewiesen werden.
5. Eine psychische Erkrankung kann nicht ausgeschlossen werden. Auf den Versuch einer Diagnose wurde hier bewusst verzichtet.
6. Den Begriff „Bocks Wiele" überlieferte Herbert Biestmann-Kotte aus Familienerzählungen. Er mutmaßt, `wild` hätte sich auf das „unmögliche Auftreten" bezogen. – Da Wilhelm Eckelmann von Erna Reiter als ungepflegt beschrieben wurde und auch Anneliese Thesing davon berichtete, er sei ein Jahr nicht zum Friseur gegangen, kann sich der Begriff auf das Erscheinungsbild bezogen haben.
7. Überliefert durch G. Bielefeld, Dalvers. W. Eckelmann habe seiner Mutter der Überlieferung nach "viel Kummer" bereitet.
8. Ebs.
9. Ebs.
10. Die Hofunterlagen Bockhorst-Eckelmann befinden sich heute im Eigentum der Familie Bielefeld, Dalvers.
11. Vollständiger Name: Heinrich Rudolf Wilhelm Eckelmann.
12. Der Vater Hermann Eckelmann war 1929 bei einem tragischen Unglück ums Leben gekommen: Beim Kastrieren eines Hengstes hatte er versehentlich aus einer mit Lysol gefüllten Flasche, die für die Operation des Pferdes vorgesehen war, getrunken. Er erlitt einen tödlichen Herzinfarkt. Seine letzten Worte waren: „Oh Gott, ich habe mich vergiftet!" – Seine Frau machte sich ihr Leben lang Vorwürfe, dass sie die Flasche nicht beschriftet hatte. (Auskunft Gabriele Bielefeld, Dalvers, nach Aussage ihrer Mutter.)
13. Aussprache mit Dehnungs-C im Digraph entsprechend „Bo(o)ks". Der Name Eckelmann wird ebenfalls mit Dehnungs-C ausgesprochen. – Heutige Adresse des Hofs: Machortstraße 50.
14. Erinnerung des Schulkameraden Sievers, Dalvers, überliefert von G. Bielefeld.
15. Das Reisebuch „Die Harzreise" von Heinrich Heine (1824) mag Wilhelm Eckelmann als literarische Vorlage gedient haben.
16. Dem Führungszeugnis nach habe er sich „jederzeit unbescholten aufgeführt".

17 1. u. 2.: Stückvermessungsrisse von Parzellen in der Gemarkung Hollenstede, jeweils „aufgenommen im September 1921 durch den Landmesserzögling Wilhelm Eckelmann" [Theodolit, Maßband, Winkelprisma]. 2. Kartierung von Parzellen in Hollenstede [Transversalmaßstab, Zirkel, Abschiebedreiecke], März 1922. 3. Höhenplan und Lageplan (auf einem Blatt) Gemarkung Holsten/Gemarkung Nortrup, April 1922. – Alle Pläne sind gestempelt: Pr[eussische] Prüfungskommission für Landmesser, Bonn.

18 Angabe gem. Urteil Anerbengericht Bramsche v. 23. September 1935, S. 2.

19 Für die Angabe in der Familienchronik, er hätte Jura studiert, konnten keine Hinweise gefunden werden. Siehe Fußnote 4.

20 Hofunterlagen Bockhorst-Eckelmann. Ein Briefumschlag mit dem Namen des Arztes ist nicht vorhanden.

21 Vgl. 875 Jahre Bieste 1124-1999, Ankum 1999, S. 20. Adressat war vermutlich der Prähistoriker und Museumsdirektor Hans Gummel.

22 Vgl. Beschluss Reichserbhofgericht Berlin vom 23. März 1937. W.E. habe sich seit 1932 lt. Landesbauernführer „auf Wanderschaft abgemeldet".

23 Der Begriff „Enterbung" kann nicht verwendet werden, da Wilhelm Eckelmann formal nicht als Erbe eingesetzt wurde.

24 Wilhelm Eckelmann sah seine Mutter in Bezug auf das gem. Testament der Eltern von 1921 lediglich als Vorerbin an. – Das Anerbengericht war Teil des Preußischen Amtsgerichts Bramsche.

25 Der Erbe Hermann Eckelmann hatte den Gerichtsunterlagen des Anerbengerichts Bramsche nach zunächst erklärt, dass „der Erbhof drei Altenteile und eine monatliche Rente von 20 RM an meine Mutter gut tragen [könne]". Die drei Altenteile bezogen sich also auf seine Mutter, seine Tante Emma und seinen Bruder Wilhelm. Es könnte demnach als möglich angesehen werden, dass Hermann mit dem Verbleib Wilhelms auf dem Hof einverstanden war. Warum die Mutter den Antrag im Verfahren ändern ließ und mit dem Vorschlag zur monatlichen Rente den Weg für die `reinliche Trennung` frei machte, ist unbekannt.

26 Die Neubauerei Bockhorst (Rieste Nr. 106) scheint von einem abgehenden Sohn des Hofes Bockhorst, Friedrich Adolph, um 1850 gegründet worden zu sein. Friedrich Adolph Bockhorst, verheiratet mit einer Tochter des Böttchers Pahlmann aus Idings Leibzucht, wurde 1859 „Colon Hetlage", nachdem er, selbst Witwer, die Witwe des Colons Hetlage, die Schwester seiner verstorbenen Frau, heiratete. Laut Amtsblatt von 1885 war sein Sohn Hermann Heinrich Bockhorst später Eigentümer der Neubauerei Bockhorst. Aus welchem Grund die Stätte wieder an den Hof Bockhorst Nr. 50 fiel, ist nicht bekannt. – Das Haus wurde von dem Hof als Heuerhaus genutzt; Bewohner war die Familie Ebeling, die heute Eigentümerin ist.

27 Der vermutlich als Sachverständiger geladene Bezirksbauernführer Rudolf Grewe (richtig: Greve), Rieste, hielt es „nicht für richtig", den aus zwei Grundbesitzen bestehenden Erbhof zu trennen.

28 Der Begriff `Enterbung`, wie er in der Familienchronik Eckelmann (siehe Fußnote 3) verwendet wurde, ist nicht korrekt: Hofteilungen, wie hier von Wilhelm Eckelmann gewünscht, waren im Osnabrücker Land nicht üblich, Realteilungen gab es nicht. Nicht erbberechtigte Kinder, wie hier Wilhelm, erhielten eine Abfindung bzw. ein Altenteil. In den Prozessunterlagen des Landerbhofgerichts Celle (s.u.) heißt es, dass „in der Gegend von Bramsche seit jeher das Ältestenrecht galt". Hierauf berief sich Wilhelm Eckelmann. Es geht aus den Unterlagen jedoch nicht hervor, dass er den Erbgang an seinen Bruder grundsätzlich in Abrede stellte, zumal er für sich nur die ehemalige Neubauerei forderte. Da es Wilhelm Eckelmann bewusst gewesen sein musste, anhand seiner gesundheitlichen Verfassung für nicht bauernfähig zu gelten und somit als Anerbe des Hofes auch nicht infrage zu kommen, wollte er mit dem Verweis auf ein vermeintliches Ältestenrecht möglicherweise seinen Anspruch auf die eh. Neubauerei bekräftigen. Die Annahme des Ältestenrechts durch das Gericht war indes eindeutig falsch: In Rieste bestand, wie im Übrigen Osnabrücker Land auch, das Jüngstenrecht. Dies war beim Hof Bockhorst nicht anders. Demnach war der jüngere Sohn Hermann grundsätzlich und entsprechend der gängigen Praxis der Anerbe.

29 Sterilisationen können in Rieste sowohl für einen Mann als auch für eine Frau angenommen werden.

30 Der Beginn der Dienstverpflichtung wird auf dem Bescheid zur Dienstentpflichtung v. 16. Juli 1941 genannt.

31 Die Adresse ist auch hier: Rieste Nr. 50.

32 FSB-Archiv, Moskau: N-19092/Tom 97, Bl. 227; Signatur im Archiv KZ Sachsenhausen: JSU 1/97, Bl. 227 – Mit welchem Winkel Wilhelm Eckelmann gekennzeichnet war, ist nicht bekannt.

33 Das Installieren der Antennen gegen feindliche Flieger auf dem Dachboden des Hofgebäudes wurde von Seiten der Familie als Grund erachtet. Siehe Einleitung.

34 http://www.stiftung-bg.de/gums/de/geschichte/kzsachs/klinkerwerk/klink01.htm, Aufruf 02.01.2022

35 Provenienz des Originals: I.T.S. Arolsen; KL Sachsenhausen/IB/1, Bl. 121; Signatur im Archiv KZ Sachsenhausen: D 1 B/1, Bl. 121

36 Provenienz des Originals: Russisches Staatliches Militärarchiv, Moskau 1367/1/54, Bl. 029; Signatur im Archiv KZ Sachsenhausen: D 1 A/1054, Bl. 128

37 Überlieferung durch G. Bielefeld, Dalvers.

38 Mündliche Überlieferung Herbert Biestmann-Kotte, Rieste.

39 Überlieferung durch G. Bielefeld, Dalvers. Die Tante war Frau Overbecke, Dalvers.

40 Überlieferung durch G. Bielefeld, Dalvers. Der Soldat war ihr Vater.

GESCHICHTE

Geschichte der jüdischen Familie Dirk Hamburger aus Fürstenau
Jürgen Schwietert

In Fürstenau gab es vor der Machtergreifung der NSDAP eine aktive und in das bürgerliche Leben integrierte jüdische Gemeinde mit 52 Mitgliedern. Zu den Bürgern jüdischen Glaubens zählte auch Dirk Hamburger. Ihm gelang es, sich zu retten. Seine Familie hingegen wurde ermordet. Die Geschichte der Familie Hamburger macht die Perfidität der Nationalsozialisten deutlich. Deren Regime war menschenverachtend und grausam. Die Bürger jüdischen Glaubens waren bis zur Machtergreifung der Nationalsozialisten in Fürstenau anerkannt und voll integriert. Sie nahmen an den öffentlichen Veranstaltungen in Fürstenau teil. So feierten alle gemeinsam das Bürgerschützenfest.

Die Familie lebte in Fürstenau in einem Wohn- und Wirtschaftshaus an der Schorfteichstraße 1. Dort in den Bürgersteig eingelassene Stolpersteine erinnern heute an die Familie. Das Haus stand längere Zeit leer und wurde im Jahr 2022 abgerissen. Im Jahr 2023 entstanden dort Wohnungen.

Dietrich „David" Hamburger wurde am 16. April 1885 in Meppen geboren. Er wurde als Dirk bekannt. Die Familie, zu der noch zwei weitere Brüder gehörten, zog wohl 1911 nach Fürstenau. Hermann Hamburger wohnte an der damaligen Bahnhofstraße, jetzt Schwarzer Weg, gegenüber dem Bahnhof. Alfred Hamburger wohnte an der Schwedenstraße. Beide gründeten hier ihre Familien. Dirk Hamburger heiratete Rosa Stoppelmann, die in der Großen Straße gewohnt hat. Sie verstarb bereits 1918 oder 1919 - vermutlich an der „Spanischen Grippe".

Dirk Hamburger war Pferdehändler. Er hatte einen guten Ruf und entsprechende Beziehungen in Fürstenau und Umgebung, die ihm später sehr halfen. Das Ehepaar hatte mit Siegfried, Ruth und Elisabeth, genannt Betty, drei Kinder. Betty wurde in Fürstenau groß, besuchte die Schule, war mit auf Klassenfahrt. Ruth Hamburger heiratete Ernst Strauß. Sie bekamen mit Edith eine Tochter.

Am 15. September 1935 wurden die Nürnberger Gesetzte erlassen, die den Menschen jüdischen Glaubens die Bürgerrechte absprachen. Die Juden wurden staatenlos, durften nicht mehr wählen, bekamen keinen Gewerbeschein, konnten nicht mehr arbeiten und somit auch ihre Familie nicht mehr ernähren. Ihre Bürgerrechte wurden vor dem Hintergrund der sogenannten Rassengesetze eingeschränkt. Dieses führte vom Ausschluss aus der bürgerlichen Gesellschaft bis hin zu ihrer Ermordung. Auch in Fürstenau begann die Auswanderung, besser als Flucht zu bezeichnen. Es gab keine Möglichkeit mehr, in Deutschland zu leben. Dirks Sohn Siegfried Hamburger, von Beruf Händler, versuchte in die USA ausreisen. Dazu war es erforderlich, in den Vereinigten Staaten einen Bürgen zu benennen. Dieses aber gelang ihm zunächst nicht. Er war verzweifelt, wollte sich das Leben nehmen. Über gute

Abb. 1: Beim Bürgerschützenfest 1933 feierten die Bürger aller Glaubensrichtungen noch gemeinsam. In der Mitte am Tisch ist Elisabeth („Betty") Hamburger zu sehen. Foto: Archiv Bernd Kruse

Kontakte fand er in Merzen jedoch einen Handelspartner, der gute Kontakte in die USA hatten. So gelang es ihm, noch rechtzeitig einen Bürgen zu finden, und er konnte Deutschland verlassen. Übrigens: Zahlreiche Länder verwehrten seinerzeit den Flüchtlingen aus Deutschland die Einreise.

Die Fürstenauer Bürger jüdischen Glaubens hatten gute Kontakte in die Niederlande. Betty Hamburger lernte dort einen jungen Mann kennen und lieben. Am 5. Mai 1938 flüchtete sie nach Winterswijk in die Niederlande. Am 31. Mai 1938 heiratete sie Bernard Nathan Jacob Menko.

Abb. 2: Das 1938 aufgenommene Hochzeitsfoto zeigt Ernst Strauß und Ruth Hamburger, Dirk Hamburger, Siegfried Hamburger, Elisabeth Hamburger und Bernard Menko (von links). Foto: Archiv Bernd Kruse

GESCHICHTE

Abb. 3: Elisabeth „Betty" Hamburger, Repro von 2015. Foto: Archiv Bernd Kruse

Am 9. November 1938 fand in ganz Deutschland die berüchtigte Pogromnacht statt. Am 10. November 1938 wurden in Fürstenau alle männlichen Bürger jüdischen Glaubens bis auf zwei Ausnahmen verhaftet. Hierzu zählte auch Dirk Hamburger, der sich in Haselünne aufhielt. Aufgrund eines Knochenbruches gelang es ihm aber, in Fürstenau in das katholische Krankenhaus St. Reginenstift zu kommen. Dr. Quante und die Thuiner Schwestern nahmen ihn auf und betonten: „Der Mann ist krank; der muss ins Bett. Ihr könnt später wiederkommen." Dem fügten sich die Häscher zunächst. In der Nacht, bevor ihn die Nazis holen wollten, flüchtete er mit Unterstützung Fürstenauer Bürger. Dirk Hamburger gelang 1939 die beschwerliche, letztendlich glückliche Flucht zu seiner Tochter Betty in die Niederlande. Mit Hilfe von Freunden konnte er ein Gemälde seiner Frau Rosa und eine der drei Tora-Rollen, und zwar die kleine Tora-Rolle (auch nachzulesen in der Jerusalem Post), aus dem Haus retten und mitnehmen. Bei Nacht und Nebel ging es bis zur grünen Grenze und weiter mit dem Zug nach Winterswijk. Dort lebte er in der Upkammer bis 1940, bis zum Angriff der deutschen Wehrmacht auf Frankreich.

Am 28. Februar 1940 wurden die Menko-Zwillinge Rosa Amalia und Jacob geboren. Sie wurden in der Nachbarschaft in Winterswijk später Nicky und Bobby genannt. Ihre Wohnung war in Winterswijk in der Tuinstraat 5. Dort führte die Familie Menko ein zufriedenstellendes Leben. Dirk Hamburger hatte sich trotz Aufforderung der Behörden im Gegensatz zu seiner Tochter und deren Familie nicht gemeldet. Niederländer versteckten ihn in einem Dorf in der Nähe von Winterswijk, und dort wurde er immer wieder an anderen Orten versteckt. Der Kontakt zur Familie brach ab.

Elisabeth und Bernard Menko hatten sich gemeldet und wurden in das Sammellager Westerbork abtransportiert. Die Kinder blieben zunächst bei den Großeltern, mussten aber aufgrund eines deutschen Befehls den Eltern zugeführt werden. Dort waren sie vom 6. Oktober 1942 bis zum 7. September 1943 inhaftiert. Von dort wurden Betty Hamburger, 28 Jahre alt, und die dreijährigen Zwillinge Rose und Jacob in einem Zug mit etwa 1000 Juden durch Deutschland in das Vernichtungslager

Auschwitz deportiert und unmittelbar nach der Ankunft vergast. Am 10. September 1943 wurden Betty und ihre Zwillinge für tot erklärt. Aus dem Augenzeugenbericht des Nachbarn de Joung geht hervor, wie sich die Hoffnungslosigkeit bei der Nachricht über die Deportation von Betty Hamburger ausbreitete:

> „Nachdem das Haus auf Nummer 5 in Winterswijk gebaut war, wohnten dort Bernard und seine Frau Betty im Obergeschosse. Im Obergeschoss lagen deren Küchenfenster und mein Schlafzimmer mehr oder weniger gegenüber. Ich habe Betty jammern hören, als sie die Nachricht bekamen, dass sie weg mussten. Ihre Hoffnungslosigkeit ist noch bei mir. Und ich höre es noch immer in meinen Gedanken. Plötzlich war alle Sicherheit aus ihrem Leben verschwunden. Die Hoffnungslosigkeit und das Grauen sind noch immer tief in meiner Seele eingeschrieben. Die Bilder aus dieser Zeit. Alle fröhlich lachende Jugend aus der Vorkriegszeit und dann plötzlich Trennung vom Geliebten, kein Haus mehr. Nur Hoffnungslosigkeit und Angst. Im Krieg hat der Feind alles sorgfältig geheim gehalten. Was mit unseren Nachbarn passiert ist. Dafür gibt es keine Worte. Alles was man sagt, ist völlig unzureichend. Sie bleiben ein Teil unseres Lebens. Wir werden sie nie vergessen."[1]

Aus einem anderen Augenzeugenbericht gingen weitere Details hervor.

> „Es waren Nachbarkinder von mir. Ich wohnte an der Tuinstraat Nr. 3. Ich durfte wohl mit ihnen im Kinderwagen spazieren fahren. Meine ältere Schwester hat noch Kleider für sie gemacht. Ein Kleid und einen Anzug. An einem Tag waren sie alle verschwunden. Nur Opa Hamburger kam nach dem Krieg zurück."[2]

Opa Dirk Hamburger überlebte versteckt bei Widerstandsgruppierungen im Untergrund. Er heiratete nach dem Krieg ein zweites Mal und lebte zum Schluss in Eindhoven. Er starb 1958 bei einem Unfall. Er wurde auf dem jüdischen Friedhof in Winterswijk beigesetzt.

---

[1] Kruse, Bernd: Forschungen und Aufzeichnungen zur jüdischen Gemeinde Fürstenau.
[2] Kruse, Bernd: Forschungen und Aufzeichnungen zur jüdischen Gemeinde Fürstenau.

Die Gebiets- und Verwaltungsreform aus Sicht der Gemeinden Hollage, Icker, Lechtingen, Pye, Rulle und Wallenhorst – Teil I

Franz-Joseph Hawighorst

2022 haben sich die Gemeinden in der Region Osnabrück an die Gebiets- und Verwaltungsreform vor 50 Jahren erinnert. Das Heimatjahrbuch 2022 hat die Reform als Schwerpunktthema behandelt. Nachstehend sollen die damaligen Ereignisse aus der Perspektive der Gemeinden nördlich von Osnabrück noch einmal in Erinnerung gerufen werden.

Die Gemeinden Hollage, Pye, Lechtingen, Wallenhorst, Rulle und Icker existierten als Bauerschaften bereits seit ca. 900 Jahren. Das Entstehen der Bauerschaften wird allgemein in die Zeit des 11. bis 12. Jahrhunderts datiert.[1] Die Siedlungsplätze in Hollage, Lechtingen, Pye und Wallenhorst waren schon ein Jahrtausend als Kirchspiel Wallenhorst eine Einheit. Auch Rulle könnte ursprünglich Teil dieses Kirchspiels gewesen sein. Icker gehörte zum Kirchspiel Belm. Im Kirchspiel Wallenhorst war die Bauerschaft Lechtingen jahrhundertelang Teil der Wallenhorster Mark.[2]

Der wesentlichste Grund für die Reform war, dass kleine Gemeinden nicht in der Lage waren, ihre Einwohner zeitgerecht mit öffentlichen Dienstleistungen und Einrichtungen zu versorgen. Das war bereits in den 1950er Jahren auch nördlich von Osnabrück spürbar. In vielen Angelegenheiten arbeiteten die Gemeinden aber gut zusammen. So wurden die Bewohner in Wallenhorst von den Brunnen der Gemeinde Lechtingen versorgt und von der Kläranlage in Lechtingen entsorgt. Zu Beginn der 60er Jahre gründeten die Gemeinden Hollage und Pye zur Frischwasserversorgung einen Zweckverband. In den 60er Jahren wurde für die Volksschulen das 9. Schuljahr eingeführt. In der Pyer Schule war hierfür kein Klassenraum vorhanden. Die Neuntklässler aus Pye besuchten daher die benachbarte Hollager Schule. Auch in der alten Lechtinger Schule reichten die Räume nicht aus. Die Schüler der 8. und 9. Klassen wurden in der Wallenhorster Schule unterrichtet. Die Kinder aus Icker erhielten bereits ab der 5. Klasse in Rulle Unterricht. Der Schulsport fand für alle Schüler aus Icker in Rulle statt. Die Gemeinden Wallenhorst und Hollage planten und entwickelten in den 60er Jahren mit Unterstützung des Landkreises ein gemeinsames Gewerbegebiet.

Bei einem Vergleich der Einwohnerzahlen im Jahr 1969 wird Icker mit 691 Einwohnern als kleinste Gemeinde und Hollage mit 5.054 Einwohnern als größte Gemeinde registriert. Rulle hatte 3.306, Wallenhorst 2.694, Lechtingen 2.017 und Pye 1.820 Einwohner. Bei einem Vergleich der Flächen zeigt es sich, dass Rulle und Hollage mit 1.705 ha bzw. 1.678 ha die größten und Wallenhorst und Lechtingen mit 653 ha bzw. 665 ha die kleinsten Gemeinden waren.

Im Interesse der Menschen lag es, dass die für den Ort anstehenden Entscheidungen auch im Ort getroffen wurden. In den 50er und 60er Jahren war das „Wir sind die Gemeinde." unter den Einwohnern in Gemeinden dieser Größenordnung noch sehr ausgeprägt. Man kannte sich. Das zeigte sich auch bei den Sitzungen der Gemeinderäte. Es war damals normal, dass viele Einwohner auch dann zu Ratssitzungen gingen, wenn sie persönlich nicht betroffen waren. Das Denken „Wir sind die Gemeinde." machte sich auch bei Wahlen bemerkbar. Beispielhaft sei auf die Wahlbeteiligung in Hollage bei der Kommunalwahl 1961 verwiesen, die bei 87 Prozent lag. Die Wahlbeteiligung im Gebiet des alten Landkreises Osnabrück lag bei der Kommunalwahl 1968 bei 84 Prozent. Auffällig ist, dass die Menschen in den großen Städten das Verhältnis zu „ihrer Gemeinde" schon anders empfanden. Bei der Kommunalwahl 1968 gingen in der Stadt Osnabrück nur 67,9 Prozent und in der Stadt Oldenburg nur 63,5 Prozent der Wahlberechtigten in die Wahllokale.

In den Gemeinden nördlich von Osnabrück hatte der teilweise erhebliche Einwohnerzuwachs verschiedene Gründe. Sie wurden auch Heimat von jungen Familien, die aus dem Landkreis Bersenbrück und auch aus der Region um Damme zuzogen. Die Nachfrage nach Bauland kam sowohl aus der jungen Generation in der eigenen Bevölkerung als auch von Familien aus Orten wie Neuenkirchen, Vinte, Rieste, Alfhausen, Bersenbrück oder Sierhausen bei Damme.

Die Baulandentwicklung und die gestiegenen Anforderungen an die Gemeinden machten sich in den 50er und 60er Jahren auch bei den Verwaltungen bemerkbar. Das Gemeindebüro in Hollage befand sich zunächst noch im Wohngebäude des Gemeindedirektors Josef Rust und ab 1960 in einem umgebauten Teil der alten Schule. In Lechtingen war die Verwaltung in einem Altbau neben der Schule auf dem Lechtinger Berg, in Wallenhorst in der alten Lehrerwohnung an der Großen Straße eingerichtet.

Abb. 1: Das Gemeindebüro in Wallenhorst

In Rulle war das Gemeindebüro bis 1945 auf dem Hof des Vorstehers Johannes Espel, dann in der Zigarrenfabrik nahe der Kirche und ab 1954 im neuen Feuerlöschhaus am St. Bernhardsweg untergebracht.

GESCHICHTE

Abb. 2: Ein Blick in das Ruller Gemeindebüro auf der Hofstelle Espel. Der spätere Gemeindedirektor Franz Vennemann war damals der einzige Mitarbeiter des Bürgermeisters.

Abb. 3: Rathaus der ehemaligen Gemeinde Hollage

In Hollage entschied sich die Gemeinde in den 1960er Jahren für den Bau eines Rathauses. Im Erdgeschoß wurden Büros, im Obergeschoß ein Sitzungssaal und zwei Wohnungen und im Keller Technikräume sowie weitere Büroräume erstellt. Hollage hatte damit Reserveräume für eine größere Gemeinde.

In Icker konnten die Bürger – wenn sie zur Verwaltung wollten – zu Bürgermeister Hubert Lübbersmann gehen, der als Einzelhändler vor Ort auch für gemeindliche Fragen ansprechbar war. Pye hatte ein Gemeindebüro zunächst bei Bürgermeister Friedrich Große-Siebenbürgen auf dessen Hof und später in der Schule eingerichtet. Icker und Pye hatten je eine Verwaltungskraft eingestellt, die für alle anfallenden Aufgaben zuständig war. Die Verwaltungsaufgaben des Wasserversorgungsverbandes Pye-Hollage wurden im Hollager Rathaus erledigt.

Für die Städte und Gemeinden war in der Nachkriegszeit die „Zweigleisigkeit" der Gemeindeführung geregelt worden. Der Bürgermeister war für die Dauer der Wahlperiode des Rates ehrenamtlich tätig. Der Gemeindedirektor bzw. der Stadtdirektor in den Städten übte sein Amt hauptamtlich aus. Er wurde vom Rat für 12 Jahre gewählt. In den Landkreisen gab es eine vergleichbare Regelung für den ehrenamtlichen Landrat und den hauptamtlichen Oberkreisdirektor. Hollage und Rulle hatten seit 1948 einen hauptamtlichen Gemeindedirektor, Wallenhorst ab 1965. In kleinen Gemeinden bis 2.000 Einwohner wurde das Amt des Gemeindedirektors ehrenamtlich durch den Bürgermeister verwaltet. Die Bürgermeister von Pye, Lechtingen und Icker waren gleichzeitig auch Gemeindedirektor.

Bundesweit wurde der Ruf nach einer Reform der Gemeinden in den 60er Jahren laut. Niedersachsen setzte 1965 hierzu eine Sachverständigenkommission unter der Leitung des Göttinger Staatsrechtlers Prof. Werner Weber ein. Die Aufgabenstellung für die Weber-Kommission umfasste aber nicht nur die Reform der vielen kleinen und mittelgroßen Gemeinden im Lande, sondern auch der Landkreise. In der Region Osnabrück waren die Landkreise Bersenbrück, Melle, Osnabrück und Wittlage betroffen. Zielsetzung der Weber-Kommission war eine erhebliche Verringerung der Landkreise und dementsprechend eine Vergrößerung der künftigen Kreise. Das „Stadt-Umland-Problem" sollte alle Gemeinden und ihre Bürger beschäftigen, die unmittelbare Nachbarn von Osnabrück waren. Die Kommission formulierte hierzu im Jahresbericht 1967 Grundsätze:

> „Umlandgemeinden sind mit der Stadt zusammenzuschließen, wenn ihre Verflechtungen mit der Stadt über die normalen, mit Mitteln kommunaler Zusammenarbeit lösbaren Nachbarschaftsaufgaben wesentlich hinausgewachsen sind oder in überschaubarer Zeit hinauswachsen werden. Das ist dann der Fall, wenn der Zwang zu dauernder Koordination Stadt und Umlandgemeinden in eine so starke gegenseitige Abhängigkeit bringt oder bringen wird, dass die Freiheit der eigenen Gestaltung und Entscheidung in wichtigen örtlichen Angelegenheiten nicht mehr gewährleistet ist".[3]

Im Zusammenhang mit der Diskussion im Landkreis Osnabrück zu Fragen der Raumordnung und Landesplanung wurden 1966 bereits die Wünsche des Oberzentrums Osnabrück öffentlich diskutiert. In einer Auflistung, die die Neue Tagespost 1966 unter der Überschrift „Koloß Osnabrück: Wann greift er zu?" veröffentlichte, wurden 11 Gemeinden als mit Osnabrück verflochten beschrieben. Die Gemeinde Pye wurde in dieser Auflistung nicht erwähnt. Die öffentliche Diskussion zu den Interessen der Stadt Osnabrück nach einer Ausweitung ihres Hoheitsgebietes nahm im Laufe des Jahres 1967 zu. Dies führte auch zu einem öffentlich geäußerten Vorschlag von Oberkreisdirektor Dr. Heinrich Backhaus, wonach die kreisfreie Stadt Osnabrück in einen Großkreis Osnabrück eingegliedert werden solle. Bemerkenswert ist die Antwort hierauf vom Osnabrücker Oberbürgermeister Willi Kelch, wonach es auch noch andere Wege als nur Eingemeindungen geben müsse, um die Verflechtungen der Randgemeinden mit der Stadt sinnvoll zu ordnen:

> „Wir müssen mit den Randgemeinden ins Gespräch kommen, um den besten Weg der Zusammenarbeit zu finden. Diese Zusammenarbeit muß nicht unbedingt zu Lasten der Randgemeinden gehen."[4]

Die öffentliche Erklärung des Oberbürgermeisters entsprach jedoch nicht dem Schreiben der Stadt Osnabrück vom 27.12.1967 an die Bezirksregierung, in dem die Stadt die Einbeziehung aller umliegenden Gemeinden in die Stadt anregte. Von diesem „Rundumschlag" waren auch Pye, Lechtingen und Rulle betroffen. Die NOZ veröffentlichte bereits am 2. Dezember 1967 eine Information, wonach am 1. und 2. Februar 1968 u. a. die Bürgermeister von Pye, Lechtingen, Rulle, Powe und Belm zu einem Gespräch mit der Weber-Kommission eingeladen waren.

GESCHICHTE

Das Schreiben der Stadt Osnabrück war Anlass dafür, dass in diesen Gemeinden im Januar 1968 die Gemeinderäte tagten. In Lechtingen, Pye und Rulle war man einmütig der Ansicht, das Ansinnen der Stadt abzulehnen. In der Lechtinger Ratssitzung am 23. Januar 1968 wurde bei Verlesen dieses Schreibens auch für die Öffentlichkeit wahrnehmbar, dass die Stadt die Eingemeindung wolle, um in den nördlich angrenzenden Gemeinden Wohngebiete auszuweisen. Die Waldgebiete des Haster Berges und des Piesberges trennten diese Gemeinden von Osnabrück. Die Stimmung unter den Verantwortlichen dieser Gemeinden wird aus zwei Anmerkungen deutlich. In der Lechtinger Stellungnahme heißt es u. a.:

> „Die Einwohner von Lechtingen haben 27 Jahre beobachten können, wie der nach Osnabrück eingemeindete Ort Haste von der Stadt vernachlässigt worden ist. Wir möchten unserer Gemeinde ein ähnliches Schicksal ersparen."

In der Ruller Stellungnahme heißt es u. a.:

> „Es sollte auch daran gedacht werden, dass die vielen Neusiedler, die in den Stadtrandgemeinden gebaut haben, wohl in der Stadtnähe, aber nicht in der Stadt wohnen wollen. Es gibt in Rulle wohl keinen Einwohner, der eine Eingemeindung nach Osnabrück wünscht."

Ziel der Stadt war auch, den historischen Wallfahrtsort Rulle zu teilen, „die Eingemeindung der nördlichen Hälfte sei nicht notwendig". Oberkreisdirektor Backhaus erklärte zu den Ansprüchen der Stadt, dass es zu allen Gemeinden nördlich von Osnabrück keinerlei Verflechtungen gebe. Anzustreben sei ein Zusammenschluss von Pye und Hollage, Wallenhorst und Lechtingen sowie von Rulle und Icker."

Zu diesem Zeitpunkt war der abschließende Bericht der Weber-Kommission noch nicht bekannt. Die betroffenen Gemeinden im Norden des damaligen Landkreises hatten in den ersten Wochen des Jahres 1969 aber einen Vorgeschmack darauf bekommen, was in den nächsten Jahren auf sie zukommen könnte.

Diplomatie im alten Kirchspiel Wallenhorst – Gemeinden, die zueinander wollten, aber nicht durften!

Im Herbst 1968 wurden in Niedersachsen die Gemeinderäte neu gewählt. Bis zu diesem Zeitpunkt hatte die CDU in allen Gemeinden des ehemaligen Kirchspiels Wallenhorst und auch in Rulle und Icker die Mehrheit im Gemeinderat. Im Herbst 1968 änderten sich die Verhältnisse im Rat der Gemeinde Pye. Aufgrund von Differenzen innerhalb der CDU gründete der langjährige Bürgermeister Friedrich Große-Siebenbürgen einen unabhängigen „Bürgerblock". Neuer Bürgermeister wurde der SPD-Ratsherr Theo Kahmann. In den Räten der anderen Gemeinden nördlich von Osnabrück hatte die CDU nach wie vor die Mehrheit. In Wallenhorst wurde 1968 Josef Beckmann neuer Bürgermeister

Nachdem die Politiker der Gemeinden im Norden des Landkreises die ersten Forderungen der Stadt zur Eingemeindung abgewehrt hatten, drohten 1969 auch Begehrlichkeiten aus dem Landkreis Bersenbrück. Dort wollte man vermeiden, in einen Großkreis Osnabrück eingegliedert zu werden. Zum Konzept der Politiker aus Bersenbrück gehörte auch das Ziel, die Gemeinden Hollage, Pye, Lechtingen, Wallenhorst, Rulle und Icker in einen erweiterten Landkreis Bersenbrück umzugliedern. Das rief die betroffenen Gemeinden und den Landkreis Osnabrück auf den Plan. Die Bersenbrücker Pläne sollten auch eine Aufteilung des Landkreises Osnabrück in einen Nordkreis mit dem Sitz in Bersenbrück und einen Südkreis mit dem Sitz in Melle bewirken. Die Mitglieder der Verwaltungsausschüsse dieser Gemeinden sprachen sich am 4. Juni 1969 im Hollager Rathaus einmütig gegen eine Umgliederung in den Landkreis Bersenbrück aus. Eine von den Bürgermeistern und Gemeindedirektoren unterzeichnete Erklärung wurde allen Beteiligten und auch der Weber-Kommission zugeleitet. Die Einigkeit der 6 Gemeinden nördlich von Osnabrück hörte aber auf, sobald es um die Reform der Gemeinden ging. Um den Wunsch der Bürger nach gelebter Selbstverwaltung wusste man auch in der Weber-Kommission. In ihrem Schlussbericht, den sie im März 1969 der Landesregierung übergab, hatte sie zur „Reform der Gemeinden" die Eingangsformulierung wie folgt gewählt:

> „Im Interesse der Darstellung einer wirkungsvollen kommunalen Selbstverwaltung, in der die bürgerschaftliche Beteiligung voll zur Geltung kommt, sowie einer zeitgerechten Versorgung der Bevölkerung mit öffentlichen Dienstleistungen und Einrichtungen sind Verwaltungseinheiten der Ortsinstanz mit mindestens 7000 bis 8000 Einwohner erforderlich. Überschreitungen dieses Maßstabes sind, namentlich in dichter besiedelten Gebieten des Landes, durchaus möglich und erwünscht." [5]

Das Schlussgutachten enthält auch den Hinweis, dass die Mindestgröße von 5.000 Einwohnern tunlichst nicht unterschritten werden sollte. Die Formulierung, dass die bürgerschaftliche Beteiligung in der kommunalen Selbstverwaltung voll zur Geltung kommen solle, war ein Hinweis darauf, dass das Denken der Bewohner vor Ort als wichtiges Kriterium gesehen wurde. Das Schlussgutachten sah für die Umlandgemeinden von Osnabrück die Empfehlung vor, sechs Gemeinden vollständig und vier Gemeinden teilweise mit Osnabrück zusammenzuschließen. Hierzu zählte auch die Gemeinde Belm und teilweise auch die Gemeinde Pye. Der Piesberg und die älteren Baugebiete nördlich des Piesberges sollten Teil von Osnabrück werden. Vorrang sollten freiwillige Vereinbarungen der Gemeinden haben. Jetzt waren die Politiker vor Ort gefragt. Bereits am 16. April 1969 versammelten sich in der Gaststätte Tegeler in Lechtingen die Verwaltungsausschüsse der Gemeinden Lechtingen, Pye, Hollage, Wallenhorst, Rulle und Icker. Dr. Rudolf Voßkühler von der Kreisverwaltung unterrichtete die Teilnehmer, dass die Stadt Osnabrück parallel zur Fertigstellung des Weber-Gutachtens Gebietsansprüche auch für Lechtingen angemeldet habe. Der Pyer Bürgermeister Theo Kahmann erklärte, dass Pye von der Reform hart be-

GESCHICHTE

troffen sein werde und man alles tun wolle, um die im Raum stehenden Vorschläge wieder aus der Welt zu schaffen.[6] Der Hollager Gemeindedirektor Hugo Pott verwies darauf, dass Oberkreisdirektor Dr. Backhaus in der Vergangenheit bereits den Zusammenschluss von Hollage und Pye als ersten Schritt befürwortet habe. Die Bürgermeister August Schawe und Hubert Lübbersmann erinnerten daran, dass Rulle und Icker schon seit Jahren den Zusammenschluss dieser Gemeinden wünschten, der auch vom Oberkreisdirektor empfohlen worden sei. „Wir sind von der großen Lösung nicht begeistert", erklärte August Schawe. Einigkeit für eine große Lösung der sechs Gemeinden nördlich von Osnabrück war nicht erzielbar.

Im Oktober 1969 war Pye Gastgeber einer Gesprächsrunde der vier Gemeinden des alten Kirchspiels mit dem Landkreis. Dr. Voßkühler mahnte wegen der besonderen Situation der Gemeinde Pye eine baldige Entscheidung für einen Zusammenschluss von Hollage, Pye, Lechtingen und Wallenhorst an. Nach Einschätzung des Landkreises werde der Gemeinde Rulle keine andere Wahl bleiben, als ebenfalls diesem Verband beizutreten. Der Landkreis werde aber auch den Zusammenschluss der vier Gemeinden des alten Kirchspiels unterstützen. Der „zentrale Ort" im Norden sei „Hollage/Wallenhorst". Der Mittelpunkt befinde sich im Bereich der Piussäule in Hollage. Der stellvertretende Pyer Bürgermeister Stephan Tegeler schlug vor, eine Einheitsgemeinde der vier anwesenden Gemeinden mit dem erklärten Mittelpunkt „Piussäule / Nasse Heide" zu bilden. Der Gemeinderat Pye werde sofort Verhandlungen mit Hollage für eine Zweierlösung aufnehmen, sollte es jetzt nicht zu gleichlautenden Ratsbeschlüssen zum Zusammenschluss der vier Gemeinden kommen. Bürgermeister Theo Kahmann legte den Anwesenden einen Vertragsentwurf für eine Viererlösung vor. Der Lechtinger Bürgermeister Johannes Werries konnte einer Einheitsgemeinde der vier Gemeinden mit dem Mittelpunkt „Piussäule / Nasse Heide" im Osten von Hollage zustimmen. Der Hollager Gemeindedirektor Hugo Pott warb dafür, möglichst schnell eine Vereinbarung der vier Gemeinden für eine Einheitsgemeinde herbeizuführen. Damit bestehe die Möglichkeit, dass Pye der Eingliederung nach Osnabrück entgehen könne. Wenn Hollage dem genannten Mittelpunkt zustimme, zeige das die Konzessionsbereitschaft in der Erkenntnis, dass möglichst schnell gehandelt werden müsse. Eine Einigung aller vier Gemeinden kam jedoch in diesem Gespräch nicht zustande.

Dr. Voßkühler nahm in der Folgewoche an Sitzungen der Gemeinderäte der beteiligten Gemeinden teil. Am 5. November 1969 trafen sich die Vertreter der vier Gemeinden zu einer weiteren Gesprächsrunde im Hollager Rathaus, nachdem zuvor am gleichen Tag in Lechtingen eine vertrauliche Ratssitzung stattgefunden hatte. Dort hatte der Rat einer schnellen Viererlösung nicht zugestimmt. Rulle solle einbezogen werden. Die anwesenden Lechtinger Vertreter berichteten, dass der Rat nur die Ermächtigung für Verhandlungen über die Erstellung einer Strukturanalyse und für einen Flächennutzungsplan erteilt habe. Eine Strukturanalyse und ein gemeinsamer Flächennutzungsplan aller Gemeinden wurde auch von den Verantwortlichen der Gemeinde Wallenhorst für vorrangig gehalten.

Im November 1969 war für die Gemeinderäte in Hollage und Pye erkennbar, dass der schnelle Zusammenschluss mit den Gemeinden Lechtingen und Wallenhorst nicht möglich sein werde. Am 19. Dezember 1969 trafen sich die Gemeinderäte in Pye und Hollage zu getrennten Sitzungen und beschlossen den Abschluss eines Vertrages zur Bildung einer Einheitsgemeinde, die den Namen „Hollage" tragen solle. Ein Beitritt der Gemeinden Lechtingen und Wallenhorst wurde offen gelassen. Vereinbart wurde auch, dass sich die Gemeinden bis zum Inkrafttreten des Vertrages gegenseitig Amtshilfe leisten. In Pye waren am Abend zuvor die Bürger in einer Versammlung über die Absichten informiert worden. „Die Diskussion wurde nicht immer sachlich geführt. In einer Abstimmung sprach sich die überwältigende Mehrheit der Bürger gegen einen Anschluss an die Stadt Osnabrück aus."[7] Im Pyer Gemeinderat stimmten sechs Mitglieder der CDU und des Bürgerblocks für den Vertrag mit Hollage. Dagegen stimmten die vier Mitglieder der SPD-Fraktion und ein Mitglied der CDU-Fraktion.

Abb. 4: Im Juni 1871 trafen sich die Bewohner von Hollage, Lechtingen, Pye und Wallenhorst in der Mitte des Kirchspiels in Hollage-Ost zu einer Feier anlässlich des 25jährigen Papstjubiläums Pius IX. Zur Erinnerung hieran wurde eine 25 Fuß hohe Säule mit einer Marienstatue errichtet. Nahe dieser Piussäule in der Nassen Heide hätte - wenn es zu einer Vereinbarung über die Bildung einer Einheitsgemeinde im alten Kirchspiel gekommen wäre - das Zentrum dieser neuen Gemeinde entstehen können.
Foto: Archiv „Heimathaus Hollage"

In der Bevölkerung und in den Gemeinderäten von Rulle und Icker bestand die Meinung, eine Gemeinde bilden zu wollen.(4) Im Mai 1969 beschlossen beide Gemeinderäte, als Übergangslösung eine Samtgemeinde zu gründen. Oberkreisdirektor Dr. Backhaus hatte der Gemeinde Rulle bereits 1969 mitgeteilt, dass ein Zusammenschluss mit Icker den Vorstellungen der Landesplanung widerspreche.[8] 1966 hatte sich eine im 19. Jahrhundert gebildete Samtgemeinde aufgelöst, zu der u. a. Icker, Vehrte, Belm, Powe und auch Gretesch, Darum und Lüstringen gehörten. Anstelle der großen Samtgemeinde war u.a. auch die Samtgemeinde Icker-Vehrte entstanden. Diese Samtgemeinde funktionierte aber in der Praxis nicht. 1967 hatte es noch keine konstituierende Sitzung des Samtgemeinderates gegeben. Es gab weder einen Samtgemeindebürgermeister noch einen Samtgemeindedirektor. Sollte Icker jetzt wieder Teil von Belm werden, obwohl Icker erst einige Jahre zuvor die Samtgemeinde Belm verlassen hatte? Der Ruller Gemeinderat erklärte im Dezember 1969, dass man sich gegen ein großes Gebilde mit Wallenhorst auf jeden Fall wehren wolle.[9] Am 5. Januar 1970 beschlossen die Räte von Rulle und Icker in einer gemeinsamen Sitzung in der Gaststätte Lingemann den Zusammenschluss zu einer Einheitsgemeinde zum 1. Januar 1971. Die Verträge von Hollage und Pye einerseits und von Rulle und Icker andererseits bedurften der Zustimmung des Niedersächsischen Landtages.

Die Kreisverwaltung unternahm im Frühjahr 1970 erneut den Versuch einer Abstimmung zwischen den Gemeinden Hollage, Pye, Lechtingen und Wallenhorst. Dazu lud Oberkreisdirektor Dr. Backhaus im Februar zu einem Gespräch auch über Fragen zum Standort für Schulen ins Kreishaus ein. Den Vertrag zwischen den Gemeinden Hollage und Pye werde er – so der Oberkreisdirektor - mit dem Bemerken weiterleiten, dass dies ein erster Schritt sei und dass sich die vier Gemeinden über den weiteren Anschluss von Rulle einig seien. Der Gesetzesentwurf des Innenministers – den der Oberkreisdirektor damals wohl schon kannte - habe stadtfreundliche Tendenzen. Wenn bei dieser Ausgangslage Belm selbständig bleiben könne, dann werde sinnvollerweise Icker nach Belm zugeordnet. Für den Oberkreisdirektor war zu diesem Zeitpunkt die Einwohnerzahl von 7.000 – 8.000 für eine Einheitsgemeinde nicht mehr die Zielsetzung, an die man sich orientieren solle. Es sei auch eine Delegation von Verwaltungsaufgaben auf die Kommunen gewollt, die Gemeinden in dieser Größe nicht leisten könnten. Es sollte daher eine Gemeindegröße von 15.000 – 20.000 Einwohner angestrebt werden.

Im März 1970 sandte Oberkreisdirektor Dr. Backhaus die von den Gemeinden Hollage und Pye bzw. Rulle und Icker geschlossenen Verträge über den Regierungpräsidenten in Osnabrück an den Innenminister. Er trug zu beiden Verträgen Bedenken vor, die er damit begründete, dass vielmehr sofort der Zusammenschluss der Gemeinden Hollage, Pye, Lechtingen und Wallenhorst angestrebt werden solle. Die Bedenken zum Zusammenschluss von Rulle und Icker begründete er insbesondere damit, dass die Gemeinden Belm, Vehrte und Haltern 1969 ihren Zusammenschluss beantragt und Icker gern in ihren Zusammenschluss einbezogen hätten. Die Gemeinde Icker habe damals dem Zusammenschluss jedoch nicht zugestimmt, weil Belm von Eingemeindungsvorschlägen betroffen sei und das Schicksal des Zusammenschlusses daher noch zweifelhaft gewesen sei. Wenn die Gemeinde Belm in der vorgeschlagenen Form zustande käme, wäre es für Icker jedoch das Beste, sich ihr anzuschließen.

Weitere Gespräche zwischen den Gemeinden Hollage, Lechtingen, Pye und Wallenhorst fanden im April und im Mai 1970 statt. Moderator der Verhandlungen war erneut Dr. Rudolf Voßkühler als Beauftragter des Oberkreisdirektors. Am 23. April waren es wieder Standort- und Planungsfragen, bei denen nach den Vorstellungen der

Gemeinden Wallenhorst und Lechtingen auch Rulle einbezogen werden solle. Die Verhandlungsführer von Hollage favorisierten einen Vertrag, der sich ausschließlich auf das Gebiet der vier anwesenden Gemeinden beschränke. Bürgermeister Theo Kahmann regte an, vorrangig nur über den Gebietsänderungsvertrag zu sprechen, um zu einer schnellen Einigung zu kommen. Rulle könne jederzeit einer jetzt zu bildenden Einheitsgemeinde beitreten, ohne dass dies ausdrücklich im Vertrag festgehalten werde. Ein Fortschritt in den Verhandlungen ergab sich dadurch, dass sich auch die Gemeinde Wallenhorst vorstellen konnte, dass das Verwaltungszentrum der künftigen Gemeinde in der Nassen Heide gebaut werde. Der Standort eines Schulzentrums für weiterführende Schulen müsse aber in Wallenhorst sein. Die Verhandlungssituation zwischen den Gemeinden war festgefahren. Dies war Anlass für Dr. Voßkühler zu dem Hinweis, dass es bei ernsthaftem Interesse an einem Zusammenschluss der vier Gemeinden geboten sei, dass sich alle auf den Zusammenschluss konzentrierten und die Standort- und Planungsfragen dem Rat der künftigen Einheitsgemeinde überließen.

Im Mai 1970 erreichte die Gemeinden die Nachricht, dass der Regierungspräsident die Anträge auf Zusammenschlusss der Gemeinden Pye und Hollage sowie Rulle und Icker zunächst nicht an die Landesregierung weiterleiten werde. „Es seien noch einige Fragen offen, die durch weitere Gespräche und Verhandlungen möglicherweise im Sinne einer bedenkenfreien Gliederung des Nordraumes des Landkreises Osnabrück geklärt werden könnten". Die Kreisverwaltung legte den Vertretern der Gemeinden Hollage, Lechtingen, Pye und Wallenhorst am 11. Mai 1970 im Hollager Rathaus den Entwurf eines Gebietsänderungsvertrages vor. Dieser sah vor, dass für die Übergangszeit bis zur ersten Sitzung eines neu gewählten Rates zu entscheiden sei, wer Bürgermeister und Gemeindedirektor der neuen Gemeinde sein solle. Für beide Positionen war vorgesehen, die Amtsinhaber der Gemeinden Hollage und Wallenhorst in die engere Wahl zu nehmen. Der Interimsrat solle in einem Organisationsplan beschließen, wie die Verwaltung vorläufig in den vorhandenen Verwaltungsdienststellen geführt werde. Die Vorschläge für die Interimszeit wurden kontrovers diskutiert, es bestand keine Einigkeit. Der Vertragsentwurf vermied die Festlegung eines Ortsmittelpunktes und eines Schulzentrums und klammerte auch die Frage der Einbeziehung von Rulle aus. Dies solle nach einem freiwilligen Zusammenschluss dem zu wählenden Rat der neuen Gemeinde überlassen werden. Auch in diesem Gespräch kam eine Einigung nicht zustande, da die Gemeinden ihre bislang geäußerten Positionen zu den Standort- und Planungsfragen erneut einbrachten

War die gescheiterte Einigung unter den Gemeinden des alten Kirchspiels das Aus für einen Verbleib von Pye in der geplanten Einheitsgemeinde? Allen Beteiligten war bekannt, dass die Stadt Osnabrück das Ziel verfolgte, ihr Hoheitsgebiet erheblich zu erweitern. Die meisten Gemeinden im Umland wollten nicht Bestandteil von Osnabrück werden, sondern sich mit Nachbargemeinden zu größeren Einheiten zusammenschließen. In der Landesregierung und damit auch beim Regierungspräsiden-

GESCHICHTE

ten bestand die von Dr. Backhaus angesprochene „stadtfreundliche Tendenz". Die Bemühungen von Dr. Voßkühler im Auftrage des Oberkreisdirektors lassen erahnen, dass der Landkreis für ein Verbleiben von Pye im Landkreis nur dann eine Chance sah, wenn die Gemeinden Hollage, Lechtingen, Pye und Wallenhorst rechtzeitig einen Gebietsänderungsvertrag schließen würden. Eine aus diesen vier Gemeinden bestehende Einheitsgemeinde hätte die Kriterien der Weber-Kommission erfüllt.

Wie sich zu diesem Zeitpunkt für Oberkreisdirektor Heinrich Backhaus die Situation darstellte, das kann man erahnen. Er wollte in einen künftigen Großkreis möglichst viele seiner bisherigen Gemeinden einbringen. Und diese Gemeinden sollten auch ausreichend groß sein, um auf Dauer ihre Aufgaben erfüllen zu können. Die Stadt Osnabrück wollte die Möglichkeit einer erheblichen Vergrößerung nutzen, denn die Gelegenheit würde so schnell nicht wiederkommen. Im Innenministerium war jetzt die weitere Abfolge der Ereignisse zu steuern, dort war man "stadtfreundlich". In den Gemeinden verstanden viele Bürger nicht, wie übergeordnete Stellen mit den demokratisch zustande gekommenen Entscheidungen ihrer Gemeinderäte umgingen.

Im Heimatjahrbuch 2025 folgt Teil II, unter anderem mit dem Titel „Die Gemeinde Wallenhorst entsteht".

1 Vgl. Werner Delbanco, „Die erste schriftliche Erwähnung Wallenhorsts" in „Chronik Wallenhorst 1150 Jahre" aus 2001, S. 210.
2 Wrede, Günter, Die Landesvermessung des Fürstbistums Osnabrück 1784 – 1790, Erläuterung zu den einzelnen Kartenblättern, Bl. 5-6 Wallenhorster Mark, S. 15.
3 Jahresbericht 1967 der Sachverständigenkommission für die Verwaltungs- und Gebietsreform in Niedersachsen, Seite 39.
4 NOZ-Ausgabe vom 9. Dezember 1967, Nordwest.
5 Schlussgutachten der Sachverständigenkommission für die Verwaltungs- und Gebietsreform in Niedersachsen 2 Niederschrift über die Zusammenkunft der Verwaltungsausschüsse der Gemeinden Pye, Hollage, Wallenhorst, Rulle, Icker und Lechtingen.
6 NOZ vom 22. Dezember 1969, Seite 9.
7 NT vom 8. April 1967.
8 NOZ vom 10.12.1969.
9 NOZ vom 10.12.1969.

PERSÖNLICHKEITEN UND FAMILIEN

Bedeutende Persönlichkeiten aus Gehrde: Drei Twelbecks
Jürgen Espenhorst

Wer sich für die Regionalgeschichte des Osnabrücker Landes interessiert, wird immer wieder auf den Namen Twelbeck stoßen. Es gibt drei Persönlichkeiten, die den Ruf der Twelbecks geprägt haben. Es handelt sich dabei um Gerhard Rudolf Twelbeck (1815-1896) („Lagerbuch-Twelbeck"), seinen Sohn Professor Gerhard Twelbeck (1868-1966) und dessen Neffen Dr. Gerhard Rudolf (Gerdrolf) Twelbeck (1904-1958). Sie repräsentieren ein Jahrhundert intensiver Forschung zur Geschichte des Gehrder Artlandes und darüber hinaus.

Der „Lagerbuch-Twelbeck" veröffentlichte 1867 eine Ortsgeschichte von Gehrde, die er nach spätmittelalterlichen Vorbildern „Lagerbuch" nannte (Reprint 1998). Dies ist die erste Ortsgeschichte, die für eine bäuerliche Gemeinde im nordwestdeutschen Raum erschienen ist. Also eine wahre Pioniertat, sowohl konzeptionell als auch inhaltlich. Gerhard Rudolf Twelbeck wurde 1815 in Gehrde als Sohn eines kleinen Kaufmanns geboren, absolvierte eine Kaufmannslehre in Osnabrück, lernte dort französisch und englisch, arbeitete dann in Amsterdam. Heimgekehrt brachte er als Kaufmann, der auch das Bankgeschäft betrieb, das väterliche Geschäft zur Blüte und Ansehen.

Er war ein agiler und umsichtiger Geschäftsmann, der 1845 auch das Amt des Bürgermeisters (Gemeindevorstand) zunächst im Dorf Gehrde und ab 1852 auch für das ganze Kirchspiel übernahm. In Gehrde war er 50 Jahre in dieser Funktion tätig und hat damit einen Rekord an Kontinuität aufgestellt.

Ihm ging es aber nicht darum, die Gemeinde zu verwalten, sondern mit modernen Gedanken und Ideen voran zu bringen. So trat er schon 1850 öffentlich für den Bau einer Eisenbahn durch Gehrde ein. Als einer der ganz wenigen aus dem Osnabrücker Land fuhr G.R. Twelbeck im Jahr 1851 nach London zur ersten Weltausstellung. Dort war er nicht als Tourist, sondern sein Interesse war, Neuheiten zu entdecken, die er auch zu Hause verwenden konnte. So trat er auf der Weltausstellung in Kontakt mit der neu gegründeten Firma McCormick aus Chicago. Die präsentierte in London einen pferdegezogenen Getreidemäher. G.R. Twelbeck war von der Maschine so begeistert, dass er mit Hilfe eines von ihm in Gehrde gegründeten „Maschinenrings" ein Exemplar bestellte, das tatsächlich 1852 eintraf. Sie wurde in Gehrde zusammengebaut und erprobt. Das ist vermutlich die erste Maschine dieser Art gewesen, die in Deutschland zum Einsatz kam.

Auch später war G.R. Twelbeck Mitglied in einem Eisenbahnkomitee, das sich zum Ziel setzte, eine West-Ost-Verbindung zu schaffen, mit der Gehrde Anschluss an das Eisenbahnnetz bekommen sollte.

PERSÖNLICHKEITEN UND FAMILIEN

Obwohl diesen Bemühungen kein Erfolg beschieden war, zeigen doch obige Beispiele, wie intensiv G.R. Twelbeck bemüht war, an der vordersten Front technischer Entwicklungen selbst international zu agieren.

Nach Gründung einer Familie wandte G.R. Twelbeck sich Ende der 1850er Jahre der Orts- und Regionalgeschichte zu. Er sammelte nicht nur auf den Höfen des Ortes historische Belege, sondern fuhr auch in auswärtige Archive. Mit großer Gründlichkeit sichtete er das Material, entwickelte ein neues Darstellungskonzept, bei dem die Geschichte der Höfe um thematische Schwerpunkte ergänzt wurde. So entstand aus der Feder eines Autodidakten ein wissenschaftlich bedeutsames Werk, das auch beim Historiker J.C.B. Stüve (1798-1872) in Osnabrück Anerkennung fand. Als G.R. Twelbeck 1896 im 81. Lebensjahr starb, war er in weitem Umkreis ein hochangesehener Mann geworden, der in seinem Leben Weltoffenheit und Heimatverbundenheit in idealer Weise verbunden hatte.

G.R. Twelbeck hatte zwei Söhne. Der Sohn Gustav (1863-1933) übernahm das väterliche Geschäft in Gehrde und wurde später Bürgermeister. Der jüngere Sohn Gerhard (1868-1966) wurde Eisenbahningenieur, ging dann ins Lehrfach und endete seine berufliche Laufbahn als Rektor der Ingenieurfachschule in Dortmund. Danach zog Gerhard Twelbeck 1928 nach Osnabrück, um dort weitere 38 Jahre im Ruhestand zu leben. In dieser Zeit trat er fachlich das Erbe seines Vaters an, indem er nun fast 30 Jahre regelmäßig in das Staatsarchiv Osnabrück ging, um dort die historischen Quellen des Artlandes und von Gehrde zu erschließen. Da man damals noch nicht kopieren konnte, entschloss er sich, die Quellen abzuschreiben. Das ist nicht nur mühevoll des Schreibens, sondern auch des Entzifferns wegen. Seine Abschriften und Lesungen der alten Texte machen über 10.000 Seiten aus.

Daneben begann der „Osnabrücker Twelbeck" Register mancher Art zu erstellen. So schrieb er nicht nur die ältesten Kirchenbücher aus Gehrde mit der Schreibmaschine mit Durchschlag ab, sondern verfasste dazu auch noch ein Namenregister. Auch zum „Lagerbuch" seines Vaters erstellte er ein Namenregister, ebenso zu den „Mitteilungen Hasegau" und als Krönung dieser Arbeiten zwei Registerbände zu den „Osnabrücker Mitteilungen". Alles mühsam auf Schreibmaschine erfasst, zerschnipselt und alphabetisch wieder zusammengesetzt – ohne Computer!

Aus Gehrder Sicht besonders wertvoll ist seine maschinenschriftliche Erfassung des gesamten Katasters mit allen Flurnamen des Kirchspiels Gehrde aus dem Jahr 1788/89. Ergänzend hat er damals die Karte von du Plat verkleinert nachgezeichnet! Es gibt kein Kirchspiel des Artlandes, dessen historische Quellen so sorgfältig erschlossen wurden wie durch Professor Gerhard Twelbeck in Osnabrück. Den Professorentitel erhielt er ehrenhalber in Anerkennung seiner unermüdlichen von hoher Verlässlichkeit und wissenschaftlicher Bedeutung getragenen Arbeit.

Natürlich hat Prof. Twelbeck auch in einer Reihe von kleineren Schriften diese Ergebnisse publiziert und kommentiert. Das letzte größere Heft erschien 1951 zur 700-Jahrfeier der Gehrder Kirche. Bei den Vorbereitungen zu diesen Feierlichkeiten, zu denen die historisch interessierten und versierten Kenner einschließlich Prof. Hermann Rothert aus Münster nach Gehrde kamen, entstand die Idee der Gründung eines Kreisheimatbundes für den Kreis Bersenbrück. Ein solcher wurde dann im Juni 1951 ins Leben gerufen. Neben Prof. Hermann Rothert wurden auch die Herren Hermann und Dr. Oscar Frommeyer und Gerhard Twelbeck zu Ehrenmitgliedern ernannt. Zum Gründungsvorsitzenden dieses Heimatbundes wurde der Neffe von Gerhard Twelbeck, der Gehrder Kaufmann und Bürgermeister in dritter Generation Dr.jur. Gerdrolf Twelbeck (1904-1958) gewählt. Und damit wären wir beim dritten Twelbeck, dem „Heimatbund-Twelbeck".

Sein Interesse galt vor allem der Sicherung und Erfassung der langsam dahin schmelzenden historischen Bestände im Kreis. Sein besonderes Interesse galt den Hausinschriften. Er sammelte sie nicht nur selbst mühsam (er war nur per Fahrrad unterwegs), sondern versuchte auch andere im Kreis Bersenbrück zu motivieren, diese Schätze sichern zu helfen. Das Ergebnis dieser Bemühungen wurde allerdings erst Jahrzehnte später 1973 in dem Buch über Hausinschriften von Herbert Clauß publiziert.

Ein weiterer Schwerpunkt von Dr. Gerdrolf lag auf der familiengeschichtlichen Forschung. Für die eingesessenen Familien des Artlandes hat er eine umfangreiche familiengeschichtliche Kartothek erstellt, deren Erschließung für die Öffentlichkeit noch aussteht.

Eine schnell voranschreitende Krebserkrankung raffte ihn 1958 im Alter von 54 Jahren dahin. Damit kam die historische Forschung zu Gehrde und aus Gehrde für einige Jahrzehnte weitgehend zum Erliegen. Erst durch die Arbeiten von Prof. Otto zu Hoene konnte diese Phase der Stagnation überwunden werden.

Wenn Gehrde heute zu den besterforschten ländlichen Gemeinden gehört, so ist das den drei Twelbecks zu verdanken, die historisches Interesse mit Engagement für Neues und Modernes verbanden. Es bleibt zu hoffen, dass diese weltoffene, und zugleich heimat- und traditionsbewusste Einstellung auch nachwachsenden Generationen vermittelt werden kann. Schließlich kann der Gehrder Raum auf eine über 1100-jährige Geschichte zurückblicken, die 973 vom Besuch von Otto dem Großen gekrönt wurde, einer der bedeutenden Herrschergestalten des Mittelalters.

PERSÖNLICHKEITEN UND FAMILIEN

Robert Hülsemann - Werber für den Bergflecken Iburg
Horst Grebing

Robert Hülsemann befasste sich während seines Ruhestandes mit der Historie Iburgs, war Initiator für den Bau des heutigen Charlottensees, Mitbegründer des Kurvereins Iburg und Schriftsteller. Die „Neue Tagespost" schrieb in der Ausgabe vom 15. Oktober 1949 anlässlich seines 81. Geburtstages: „Robert Hülsemann [...] ist einer der rührigsten Werber in Wort und Tat für den schönen Bergflecken Iburg."[1]

Familiäre Herkunft

Robert Carl Wilhelm Hermann August Hülsemann wurde am 16.Oktober 1868 in Soest geboren. Sein Vater Gustav Hülsemann, der am 29. August 1864 Bertha Geldmacher aus dem oberbergischen Nümbrecht heiratete, betrieb seit dem 1. November 1863 in der Brüderstraße 133 in Soest eine Verlagsbuchhandlung.[2] Daneben führte er dort später auch einen Colonial- und Spezerei[3]-Warenhandel, eine Weinhandlung und war Agent der Feuer-Versicherungsgesellschaft „Deutsche Phönix Versicherungs-AG".

Roberts ältester Bruder Gustav, geboren am 14. August 1865, war später als Arzt tätig, sein Bruder Wilhelm, geboren am 4. Dezember 1866, betrieb in Hannover eine Kohlengroßhandlung. Der jüngere Bruder Hans, geboren am 21. März 1879, starb 1963 als Oberregierungsmedizinalrat in Soest; sein Zwillingsbruder Paul starb im zehnten Lebensjahr.

Robert Hülsemann wurde am 28. Februar 1869 in der evangelischen Kirche St. Petri getauft - sein erster Taufpate war Professor Robert von Schlagintweit (1833–1885), ein deutscher Naturforscher, Reisender und Entdecker. Dessen Werk „Poetische Bilder aus allen Theilen der Erde" erschien 1869 im Verlag des Vaters Gustav Hülsemann, wodurch die enge Verbindung zwischen Gustav Hülsemann und Robert Schlagintweit zustande kam. Die weiteren Vornamen erhielt Robert von seinen weiteren Taufpaten: dem Bruder seines Vaters, Carl Hülsemann, dem Bruder seiner Mutter, Wilhelm Geldmacher, sowie den Soester Bürgern Hermann Sonnenschein und August Wülfinghoff. Von seinem Taufpaten Robert von Schlagintweit erhielt Robert um 1872 nach eigenen Angaben ein Etui mit einer Goldmedaille und der Inschrift: „Meinem Paten Robert Hülsemann aus dem ersten selbstgeschürftem Golde."[4]

Abb. 1: Robert Hülsemann (Archiv Verein für Orts- und Heimatkunde Bad Iburg e.V.)

Ausbildung

Nach dem Besuch der evangelischen Volksschule in Soest fand Robert zu Ostern 1879 Aufnahme in die Sexta des Archigymnasiums Soest. Bereits am 13. April 1883 verließ Robert mit dem Abschluss der Quarta wieder das Archigymnasium.

Eine angefangene kaufmännische Ausbildung im Eisenwarenhandel im Ennepetal südwestlich von Hagen brach Robert Hülsemann ab. Anschließend heuerte er bei der „Kaiserlichen Marine", den Seestreitkräften des Deutschen Kaiserreiches, als Kadettenschüler an. Seine Ausbildung absolvierte er an Bord der Gedeckten Korvette „SMS Stein" vom 14. Oktober 1886 bis zum 30. März 1887. Anschließend wechselte Robert Hülsemann das Schiff.

Leben in Soest

1890 scheint Robert Hülsemann wieder in Soest zu leben - in diesem Jahr trat er in den „Bürger-Schützen-Verein zu Soest" ein. Am 19. Januar 1892 heiratete Robert Hülsemann die am 13. August 1868 geborene Amalie („Malchen") Fischer aus Felderhoferbrücke, einer kleinen Gemeinde im heutigen Rhein-Sieg-Kreis östlich von Bonn. Sie war die Tochter von Gustav und Maria Franziska Louise Fischer, geborene von Muehlmann. In den Annalen wurde sie als sehr gebildet sowie als eine kleine und zierliche Person beschrieben.

Im „Einwohnerbuch der Stadt Soest und der Ämter des Kreises Soest", Ausgabe 1892, wird Robert Hülsemann in der Brüderstraße 133 mit einer „Colonial- und Spezerei Waarenhandlung" sowie als Weinhändler erwähnt. Gleichzeitig existiert zu diesem Zeitpunkt auch die Kolonialwaren-Großhandlung und Agentur „Robert Hülsemann" unter dem Inhaber Heinrich Ennemann (Grandweg 22)[5].

1897 kaufte Gustav Hülsemann das Haus „Vor dem Nöttenthor 12" und bewohnte dies mit seiner Ehefrau Bertha; bald darauf ist auch Robert mit seiner Familie dort eingezogen. Am 16. Februar 1893 kam die gemeinsame Tochter Helene in Soest zur Welt. Es folgte am 15. Mai 1895 Sohn Robert und am 17. Januar 1898 Sohn Otto.

Abb. 2: 65. Geburtstag von Gustav Hülsemann (mittig), 1904. Rechts daneben Robert Hülsemann, davor seine Ehefrau Amalie. (Archiv Dirk Hülsemann, Soest)

PERSÖNLICHKEITEN UND FAMILIEN

Aus seinem Wohnhaus heraus führte Robert Hülsemann um 1900 ein Kommissionsgeschäft, zudem war er Agent der Feuer-Versicherungsgesellschaft „Deutsche Phönix Versicherungs-AG".[6] Im Jahr 1908 führte Robert Hülsemann eine Kolonialwarenhandlung en gros.

1911 wurde Robert Hülsemann von der II. Wählerabteilung[7] bis 1916 zum Stadtverordneten gewählt - seine erste Sitzung fand am 17. Januar 1911 statt. Dabei wurde er in sein Amt eingeführt und durch Handschlag „an Eidesstatt" verpflichtet. Er wurde in die „Kommission zur Beaufsichtigung der Schwimmanstalt" sowie als Vertreter in die Sparkassenverwaltung gewählt.[8]

1912 erfolgte der Umzug in das Gebäude „Hoher Weg 3"; dort betrieb er um 1913 eine Kaffeerösterei.

Am 7. Dezember 1914 starb nach erlittener Verwundung in der Karpatenschlacht bei Limanowa (Polen) Sohn Robert, der als Kriegsfreiwilliger bei der 10. Kompanie des Reserve-Infanterie-Regiments 218 in den Ersten Weltkrieg gezogen war.[9] Robert jr. wurde nur 19 Jahre alt. Nur ein knappes Jahr später starb am 27. Oktober 1915 nachmittags auch sein Vater Gustav Hülsemann in Soest.[10]

Vielleicht waren es diese beiden Schicksalsschläge, dass Robert sein Amt als Stadtverordneter niederlegte. Die letzte Sitzung der Stadtverordnetenversammlung, an der Robert Hülsemann teilnahm, fand am 27. Juni 1916 statt. In der nächsten Sitzung am 15. August 1916 lautete dann ein Tagesordnungspunkt: „Kenntnisnahme von der Erklärung des Stadtverordneten Hülsemann betreffend die Niederlegung seines Amtes infolge Verzuges nach auswärts." Robert Hülsemann nahm an dieser Versammlung schon nicht mehr teil.[11] Im Protokoll hieß es später: „Die Versammlung nimmt von der Mitteilung Kenntnis".

Leben in den Niederlanden

Vom 2. November 1916 an ist das Ehepaar Hülsemann in Den Haag wohnhaft gemeldet. Am 4. Mai 1917 erfolgte der Umzug nach Amsterdam, wo Robert Hülsemann ein Handelsgeschäft betrieb. Anfänglich wohnhaft in der „Andrieszkade 3"[12], wohnte das Ehepaar später in der „Nieuwe Herengracht 149".

Neues Leben in Iburg

Von 1920 an sollte dann das „Haus Urmolle" neuer Wohnsitz von Robert und Amalie Hülsemann werden. Das „Haus Urmolle" war im Sommer 1914 nach dem Entwurf des Architekten Johannes Nellissen aus Münster/Westf. für Ferdinand Heising, Geheimer Regierungsrat in Münster, geboren am 12. Dezember 1859, und seine Ehefrau Elisabeth Therese, geborene Merzenich, gebaut worden. Noch vor Fertigstellung starb Ferdinand Heising am 24. Dezember 1914 während der Ausübung seines

Dienstes in St. Moritz, Schweiz. Seine Witwe Elisabeth Therese bewohnte das Haus mit ihren Kindern Hans-Joachim (geboren 1902) und Guido (geboren 1905). In den Folgejahren bot sie ihre Dienste „[...] zur Miterziehung auf dem Lande [...]" für weibliche Waisen, mutterlose oder schwächliche Kinder aus besten Familien an.[13]

Helene und Erich Braun (geboren am 14. Oktober 1889), Tochter und Schwiegersohn von Robert und Amalie Hülsemann, hatten das „Haus Urmolle" im November 1918 gekauft. Das Ehepaar war seit dem 18. Januar 1915 verheiratet - beim Kauf des Hauses war Erich Braun Oberleutnant und Adjutant beim Bezirks-Kommando Münster.[14] Das Ehepaar Braun hatte die Schönheit Iburgs bereits vor dem Kauf des Hauses bei Ausflügen aus Osnabrück über Hagen a.T.W. nach Iburg kommend kennengelernt. Das Haus sollte ursprünglich als Sommersitz der Familien Braun-Hülsemann genutzt werden.

Abb. 3: „Haus Urmolle" in Iburg. (Archiv Matthias Hülsemann, Rotenburg/Wümme)

Im „Urmolle-Buch", einem Haustagebuch, wird die Namensherkunft folgendermaßen erklärt:

„In einer Molle (Mulde) am Urberge, mollig geschützt gegen rauhe Winde, ist das Landhaus errichtet, woraus der Erbauer den Namen „Urmolle" herleitete."[15]

Am 2. März 1919 wurde Ameli Braun geboren, Tochter von Schwiegersohn Erich Braun und seiner Ehefrau Helene; die Taufe fand am 9. Juni (Pfingstmontag) auf der Diele im Haus „Urmolle" statt.

Gustav Siemens-Fischer schrieb Pfingsten 1919 in das „Urmolle-Buch": „Ein herrliches Pfingsten habe ich auf dem gemütlichen Urmolle verlebt. Die reizende Lage des Plätzchens, sowie die wunderschöne Umgebung haben meine Erwartungen weit übertroffen. Es ist so recht das Plätzchen, auf dem man die Natur durch und durch genießen und sich so recht von den Mühen des Alltags erholen kann."

Am 26. Oktober 1920 zogen Robert und Amalie Hülsemann in das „Haus Urmolle" am Urberg ein. Zu diesem Zeitpunkt gehörte der Urberg zur Gemeinde Ostenfelde[16] und das Haus trug die Hausnummer „Nr. 92" bzw. „Urberg 92". Auch war der Begriff „Urmolle" derart bekannt, dass Briefe auch an die Anschrift „Robert Hülsemann, Urmolle b/ Iburg" zugestellt wurden.[17]

PERSÖNLICHKEITEN UND FAMILIEN

Eine Besonderheit des Hauses war die Wasserversorgung des Gartens: Der Garten konnte mit dem Wasser vom nördlich des Urberges gelegenen Sunderbach bewässert werden. Dazu befand sich am Sunderbach ein Wasser-Staubecken und unweit ein „hydraulischer Widder", der das Wasser allein durch die physikalischen Kräfte 25 Meter hoch auf den Urberg pumpen konnte.

Auch sonst wurde sparsam mit dem Wasser umgegangen: das Trinkwasser im Hause wurde lediglich fürs Essen und Trinken genutzt - für die Körperpflege und das Waschen wurde das Wasser über den „hydraulischen Widder" oder das gesammelte Regenwasser genutzt; für den Toilettengang nutzte man – obwohl es auch im Hause eine Toilette gab – das Plumpsklo im Garten. Auch wurde versucht, Abfälle zu verwerten.

Im Garten wuchsen Zierpflanzen, Obstbäume, aber auch Gemüse wurde angebaut: so unter anderem Endivien-Salat, Rotkohl, Rettich und Schwarzwurzel; während des Zweiten Weltkrieges baute Robert im Garten seinen eigenen Tabak an. Ebenfalls produzierte Robert Hülsemann seinen eigenen Apfelwein. Der Hauptweg im Garten diente im Winter den Kindern und Nachbarskindern als Rodelbahn.

Visionen

Robert Hülsemanns Vision war aus der Sommerfrische Iburgs das Heilbad Iburg zu entwickeln. „Jeder, dem der Aufstieg Iburgs nicht gleichgültig ist, muß dazu beitragen den Fremden den Aufenthalt in Iburg und seinen Wäldern angenehm zu gestalten; [...]"[18], so Robert Hülsemann im Jahr 1920. Und 1930 formulierte er: „Kein Zweifel kann darüber bestehen, Iburgs Zukunft steht und fällt mit seiner Entwicklung als Bad und Sommerfrische."[19] Im Jahr 1938 hatte Iburg bei 1.730 Einwohnern[20] bereits 2.000 Kurgäste[21] jährlich.

Archäologische Grabung im Offenen Holz

Vom 9. bis zum 18. August 1926 führte der Osnabrücker Altphilologe und ehemalige Gymnasiallehrer Friedrich Knoke an einem mit Buchen bestandenen lehmigen Erdhügel am Offenen Holz in Iburg Grabungsschnitte durch, da er dort einen „Tumulus Germanicus", einen Grabhügel aus der Zeit der Varusschlacht, vermutete.[22] Beteiligt an den Ausgrabungen waren einige Schüler des Osnabrücker Ratsgymnasiums, drei Arbeiter und Robert Hülsemann[23].

Verortete Friedrich Knoke anfänglich ein Marschlager sowie eine Schlacht des Varus im Habichtswald, lokalisierte er später ein Varuslager bei Iburg.[24]

Nach Hülsemann brachte der Heerführer Nero Claudius Drusus, Stiefsohn des ersten römischen Kaisers Augustus, die Überreste der römischen Soldaten aus der

Schlacht im Habichtswald nach Iburg und errichtete dort im Offenen Holz einen Tumulus, ein Ehrengrab.[25]

Robert Hülsemann führte weiter aus: „Das Interesse, wo die Varusschlacht stattgefunden hat, ist heute erloschen, [...]"[26] - hier lag Hülsemann falsch mit seiner Einschätzung.

„Iburger Fremdenblatt"

Unter der Schriftleitung von Robert Hülsemann kam am 4. Juni 1930 erstmalig das „Iburger Fremdenblatt" heraus, welches während der Kurzeit (Juni bis September) jeden Mittwoch erscheinen sollte.

Zur Gründung des Iburger Fremdenblattes schrieb Hülsemann:

> „Der Fremdenverkehr Iburgs stieg in den letzten Jahren gewaltig, nicht so die Möglichkeit die Gäste zu unterhalten, an trüben Tagen mangelt es an Zerstreuung.[...] Wir wollen verhindern, daß sie der Langeweile verfallen und Reißaus nehmen, wenn mal der Wettergott einige Tage grollt."[27]

Es sollte ein „Iburger Unterhaltungsblatt" sein. Und so endete sein Beitrag mit den Worten: „Vivat, floreat, crescat!" - „Möge es leben, blühen, wachsen!".

In einem weiteren Beitrag auf derselben Seite formulierte er:

> „Ein Bad, das wirklich als solches gelten will, muß seinen Gästen außer guter Verpflegung, sowie Luft und Bädern, auch etwas geistige Anregung bieten, ein die Vorzüge und Einrichtungen des Bades erklärendes Sprachorgan, diesen Zweck soll das I. F. [= Iburger Fremdenblatt] erfüllen."

Im ersten Erscheinungsjahr 1930 erschienen sechzehn achtseitige Blätter beim Iburger Verlagshaus Rudolf Hankers, die letzte Ausgabe erschien am 17. September 1930. Gefüllt waren die Blätter mit Wissenswertem und Historischem, Geschichten, Rätsel, Veranstaltungshinweisen und den sogenannten „Fremdenlisten", in denen die in der vorherigen Woche eingetroffenen Gäste unter Angabe des Iburger Quartiers verzeichnet waren.

Zur Sommersaison 1931 erschien infolge der schlechten Wirtschaftslage Deutschlands nur ein zwölfseitiges „Iburger Fremdenblatt". Alles sonst Wissenswerte erfolgte in einem Aushang bei der Buchhandlung Hankers in der Schloßstraße; anstelle der „Fremdenlisten" lag in der Buchhandlung Hankers ein „Fremdenbuch" aus. Auch die weiteren Ausgaben erschienen nur noch als Saisonblätter - 1935 wurde das Erscheinen des Blattes eingestellt.

In den Folgejahren hing die Kurliste am schwarzen Brett am sogenannten „Brückenhaus" am Iburger Charlottensee aus. Diese Tafel sollte die fehlende Kurzeitung ersetzen und Benachrichtigungen für die Kurgäste bereithalten.

Kurverein Iburg

Auf Anregung von Robert Hülsemann wurde am 20. Juni 1932 der „Kurverein e. V. Iburg"[28] zur Hebung des Iburger Kurbetriebs mit einem Stammkapital von 5.000,- Reichsmark gegründet – in einem ersten Schritt wurden unter den Mitgliedern je 100 Anteil-Darlehensscheine zu je 50,- Reichsmark veräußert, die zum Bau eines Stausees verwandt werden sollten. Erster Vorsitzender wurde Heinrich Tepe (1873-1954), Fabrikant und Ratsmitglied, Robert Hülsemann wurde Schriftführer.

Nachdem Vize-Reichskanzler Franz von Papen am Abend des „Grenzlandtages" in Iburg am 25. Mai 1933 zum Ehrenbürger Iburgs ernannt worden war, trug der Kurverein Iburg wenige Tage später von Papen auch die Ehrenmitgliedschaft des Kurvereins an – unterschrieben von Heinrich Tepe und Robert Hülsemann. Im November 1933 erhielt von Papen einen Edelkarpfen aus dem Charlottensee.[29]

Der Charlottensee

Robert Hülsemann war es auch, der auf die Idee kam, den alten verlandeten Stauteich an der sogenannten „Schloßmühle"[30], westlich vom Iburger Schloss gelegen, zu einem See umzuwandeln.

Am 16. Juni 1932 schloss Robert Hülsemann mit dem Mühlenbesitzer Adolf Greve[31] einen Gestattungsvertrag: „Greve gestattet Hülsemann die ausschließliche Benutzung seines in der Flur Mäscher unter Artikel 23[32] eingetragenen Teichgeländes zur Anlage eines Stausees[33] und Ausnutzung desselben durch gewerbsmäßigen Bootsverleih, Fischzucht und Eislauf [...]".[34]

Abb. 4: Schaffung des Charlottensees durch den "Freiwilligen Arbeitsdienst" in den Jahren 1932/33. (Archiv Matthias Hülsemann, Rotenburg/Wümme)

Die geplanten Arbeiten sollten mit Hilfe des „Freiwilligen Arbeitsdienstes (FAD)" erreicht werden, doch dieser konnte nur von Vereinen und nicht von Privatpersonen in Anspruch genommen werden. In dem vorgenannten Vertrag war dies auch schon berücksichtigt worden - gemäß § 6 des Vertrages war es Robert Hülsemann freigestellt, „[...] an seine Stelle den Kurverein Iburg treten zu lassen [...]".[35]

Am 9. August 1932 erfolgte der erste Spatenstich; der neue Kurverein trat am 25. Oktober 1932 dem erwähnten Vertrag bei. Während der Bauzeit wurden 111 Arbeitsdienstfreiwillige aus verschiedensten Berufsgruppen an 5.500 Tagewerken eingesetzt.

Am 15. Mai 1933 waren die Arbeiten abgeschlossen - in dieser Zeit wurden ca. 10.000 Kubikmeter Erdmassen bewegt, die in der näheren Umgebung zur Auffüllung von Sumpf- und Brachland verwendet wurden. Die Gesamtkosten betrugen 15.000,- Mark, wovon der Freiwillige Arbeitsdienst insgesamt 9.480,- Mark übernahm. Die restlichen 5.520,- Mark brachte der Iburger Kurverein auf.

Unter großer Beteiligung der Bevölkerung wurde der See am 18. Juni 1933[36] unter dem Namen „Charlottensee" von der Tochter des Iburger Bürgermeisters Hermann Rinklake eingeweiht. Robert Hülsemann schrieb dazu 1937:

> „Der Charlottensee ist der Treffpunkt der Iburger Kurgäste, die Anlagen um denselben ersetzen den Kurgarten. Die Anlage eines solchen ist geplant."[37]

Die Nähe von Robert Hülsemann zur Seefahrt äußerte sich in den am See aufgestellten Fahnen: die fünf Flaggen entsprachen dem internationalen Signalwesen auf See - es waren die Signalflaggen I - B - U - R - G.

Kurhaus

1936 beauftragte Robert Hülsemann den Iburger Architekten Wilhelm Schmalstieg mit der Erstellung einer Bauzeichnung für ein Iburger Kurhaus. Das Kurhaus sollte für 125.000,- Reichsmark schlüsselfertig auf den früheren "Dütting'schen Wiesen" am Charlottensee gebaut werden. Vorgesehen waren im Erdgeschoss ein Kurcafé in einer Größe von ca. 200 Quadratmeter nebst einer vorgelagerten Seeterrasse, ein Restaurant im Innern mit einer "Tanzdiele" von etwa doppelter Größe sowie ein Lesezimmer. Im Obergeschoss waren Unterkünfte für 40 Kurgäste sowie eine kleine Wandelhalle geplant, im Kellergeschoss sollten neben den Wirtschaftsräumen auch Baderäume gebaut werden.[38]

Die Weltwirtschaftskrise und der Zweite Weltkrieg verhinderten eine Ausführung der Baupläne.

Lebensabend

Hülsemann stand morgens um 6 Uhr zum Tautreten auf, sonnabends spielte er ab 16 Uhr Schach im Hotel Felsenkeller, sonntags ging er zum Schachspielen in eine Gaststätte nach Harderberg - dabei wurde nie mehr als ein Bier getrunken. In den Sommermonaten suchte er gerne das Iburger Freibad und das Iburger Mineralbad an der Hagener Straße in Iburg, wo er in einem mit schwefelhaltigem Wasser gefüllten Wannenbad entspannte, auf. Spaziergänge führten in die Iburger Wälder und in das Holperdorper Tal.

Ebenfalls vorrangig in den Sommermonaten empfing er Bekannte und Verwandte im „Haus Urmolle" - in den Wintermonaten besuchte er seine Verwandten. In einem Brief, wahrscheinlich an seinen Bruder Hans, ist zu lesen: „Ihr Bruder Robert hat nun seine übliche Winterreise angetreten, zunächst nach Remscheid und dann über Köln, Bonn nach Grossenbusch. Ich kann mir denken, dass es ihm in Iburg in der Sommervilla im Winter zu kühl ist."[39]

Die Geselligkeit liebend empfing das Ehepaar Hülsemann immer wieder gerne in ihrem Hause Kinder, Enkelkinder, die Verwandt- und Bekanntschaft. Bei kleineren Schürfwunden öffnete Robert Hülsemann seine Pfeife zwischen Mundstück und Holm und strich das dort entnommene Teerkondensat auf die Wunde zur schnellen Wundheilung.

Die Enkeltochter Leonore Hülsemann war sehr eng mit Cilly-Maria Kroneck-Salis befreundet - deren Bruder war mit Leonores jüngerer Schwester Eveline verheiratet. In Iburg entstand um 1937 das von Robert Hülsemann geschriebene und vom Osnabrücker Lehrer und Dirigenten Willy Weber vertonte Heimatlied „Mein Iburg".

Vorher nie einen Arzt wegen einer Krankheit konsultiert, lebenslang ein starker Pfeifen-Raucher, erkrankte Robert Hülsemann Anfang 1950.

Seine Enkelin Ursula erinnerte sich: „Da er auf einem Berg wohnte, war es schwierig für die Schwester im Dorf, ihn regelmäßig zu besuchen." So entschied sich seine Enkelin, ihren Großvater Robert in Iburg bis zu seinem Tod zu pflegen.[40]

Abb. 5: Grabstein von Robert Hülsemann auf dem Alten Friedhof in Bad Iburg (Foto: Horst Grebing)

Robert Hülsemann starb am 5. Juli 1950 in seinem „Haus Urmolle" in Iburg.

Die Trauerfeier fand am 8. Juli auf dem Rondell seines Hauses statt - Pastor Günther Herbst umriss das Leben Robert Hülsemanns. Erschienen waren Angehörige, die Gemeindevertretung, Vertreter des Heimatbundes, seine Freunde sowie der Männergesangverein Iburg. Der große Trauerzug bewegte sich vom Urberg zum Alten Friedhof, wo Bürgermeister Schowe und aus dem engsten Freundeskreis der ehemalige Bersenbrücker Kreisschulrat Otto Suter noch einmal des Verstorbenen gedachten.

Auf dem Grabstein, einem ca. 1,50 Meter hohen Granit-Findling, befindet sich links neben der Schriftgravur das inzwischen stark verwitterte Hülsemann'sche Wappen aus der Thüringisch-Gothaer Familienlinie: eine Wurzel mit dem Trieb einer Stechpalme (Ilex).

Das „Haus Urmolle" wurde anfänglich vermietet und verzeichnete später einen mehrfachen Eigentümerwechsel.

Amalie Hülsemann, Witwe von Robert Hülsemann, starb 93jährig am 30. August 1961 bei ihrer Tochter in Essen und wurde am 2. September 1961 in Iburg beerdigt.[41]

Veröffentlichungen

Sämtliche Veröffentlichungen von Robert Hülsemann erschienen während seiner Iburger Zeit. 1925 erschien im Dresdner Verlag „Der Deutschmeister" sein erstes Buch „Unter Segel zum Äquator". Er widmete das Buch der deutschen Jugend im Allgemeinen, aber besonders seinem lieben Enkel Kurt Braun[42] zu Remscheid, dem Sohn seiner Tochter Helene. Es sind erdachte Geschichten, deren Hintergrund seine Ausbildungsfahrten mit dem Flaggschiff „SMS Stein" vom 14. Oktober 1886 bis zum 30. März 1887 bildeten.

Im Herbst 1925 beendete er eine Reisebeschreibung mit fiktiven Geschichten, die im gleichen Verlag ein Jahr später unter dem Titel „Nordlandfahrt" erschien. Das Buch war seiner Tochter Helene gewidmet, mit der er gemeinsam im Juli 1925 eine Nordlandfahrt mit dem Schiff „Monte Sarmiento" genoss. Die Fahrt mit 1.500 Passagieren führte von Hamburg durch die Fjorde Westnorwegens bis zum Nordkap und zurück nach Hamburg.

Im Jahr 1927 folgte im Bad Rothenfelder L. Holzwarth-Verlag das Buch „Soester Schnurren"[43], welches ein Bild Soests um 1890 zeichnete. Es folgte im gleichen Jahr im Leipziger Hesse & Becker Verlag „Das Buch der Spiele für Familie und Gesellschaft", in dem er als begeisterter Schachspieler vom Schach schrieb: „Das Schachspiel ist das Spiel der Spiele."; eine zweite erweiterte Auflage erschien 1930. Zwischen 1928 und 1939 war Robert Hülsemann freier Mitarbeiter für das Verlagshaus F. A. Brockhaus, wo er für den „Großen Brockhaus" alles, was über Spiele wissenswert war, bearbeitete.

1930 erschien in der Bonner Verlagsbuchhandlung Wilh. Stollfuß das Buch „An der grünen Front" - die Bilder zeichnete Gustav Siemens-Fischer. Als Grundlage für die Erlebnisse auf „Gut Rosenhügel" dienten seine Besuche auf „Gut Großenbusch" in Sankt Augustin bei Bonn, welches einst von Gustav Siemens-Fischer und nach 1922 von seinem Neffen Kurt Hülsemann[44] geleitet wurde.

Im gleichen Jahr erschien im Iburger Verlag Rudolf Hankers sein Buch „Iburg und seine Geschichte"[45], gewidmet den „[...] Sommergästen Bad Iburgs [...]"[46]. Auf 83 Seiten - in Fraktur gedruckt - mit 19 schwarz-weiß Abbildungen berichtete Hülsemann

GESCHICHTE

über die Iburger Geschichte und Gegenwart. Im Vorwort vom Frühling 1930 ist zu lesen: „Wohlan, [...] der Schleier tausendjähriger Vergangenheit gelüftet, Iburgs Entstehen und Werden erzählt." Im zweiten Teil (ab Seite 55) geht Robert Hülsemann auf die Gegenwart Iburgs ein.

„Schnurrige Westfalen", so der Titel eines 96seitigen Buches von Robert Hülsemann, das 1935 beim Bad Rothenfelder L. Holzwarth-Verlag erschien. Dort finden sich auch drei Geschichten wieder, die bereits in dem Buch „Soester Schnurren" veröffentlicht wurden.

Im Jahre 1937 erschien im Verlag Rudolf Hankers schließlich das Buch „Winke und Wegweiser für die Besucher Iburgs im Teutoburgerwald" - gewidmet war das Buch dem Kurverein Iburg. Das 80seitige Buch enthielt zu einem Drittel Beiträge zur Geschichte Iburgs und Informationen über den Ort, die weiteren Seiten lieferten Wandervorschläge in die nähere und weitere Umgebung. In der Widmung vom Mai 1937 schrieb Hülsemann:

> „Möge es dazu beitragen, seine Bestrebungen - den Fremdenverkehr Iburgs zu heben - zu fördern. Erst die genaue Kenntnis einer Landschaft und deren geschichtliche Vergangenheit macht den Aufenthalt an einem fremden Ort interessant und diesen lieb und wert."

Im Jahr zuvor war das Fremdenverkehrswesen neu geordnet[47] worden, so dass nunmehr der Nachmittagskaffee nicht mehr im Pensionspreis enthalten war und die Besucher Iburgs nachmittags in verschiedenen Kaffeehäusern verweilen konnten.

1949 veröffentlichte der Iburger Verlag Rudolf Hankers sein Büchlein „Luftkurort Iburg", welches ebenfalls die Geschichte und Gegenwart Iburgs erzählt.

Besonders beliebt und später erneut abgedruckt wurde die Humoreske „Das Iburger Grenzlandfest".[48] Auch für heutige Leser interessant sind die Anzeigen Iburger Gewerbetreibender.

Ob die angekündigten Bücher „Lehrbuch der Kartenspiele und Patiencen" im Bonner Verlag Wilhelm Stollfuß, „Auf der Walfischinsel" und aus dem Bramscher Verlag Rud. Gottlieb der historische Roman „Hie Welf - damals, nach dem großen Kriege" über die Ereignisse im 17. Jahrhundert an den Welfenhöfen zu Lüneburg-Zell, Hannover, Osnabrück und Iburg tatsächlich erschienen sind, konnte bislang nicht herausgefunden werden.

Ehrungen

Nach Ausscheiden aus dem Vorstand des Kurvereins Iburg wurde Robert Hülsemann zum Ehrenmitglied ernannt.

Im Juni 1950 wurden Robert Hülsemann auf Beschluss des Gemeinderates des Fleckens Iburg die Ehrenbürgerrechte verliehen. Hülsemann war zum dem Zeitpunkt bereits erkrankt. Den Ehrenbürgerbrief nebst einem Geschenk überbrachten deshalb Bürgermeister Heinrich Schowe, Ratsmitglied Heinrich Große-Rechtien und Gemeindedirektor Josef Hunke in Hülsemanns Wohnhaus am Krankenbett. Es war beabsichtigt mit dem Rat und dem Kurverein im Rittersaal des Iburger Schlosses eine Feierstunde nachzuholen - durch seinen Tod kam es nicht mehr dazu.

Am 16. Oktober 1971 enthüllte Roberts Tochter Helene Braun-Berville aus Essen ein Straßenschild am Urberg - die „Robert-Hülsemann-Straße". Erläuternd steht unter dem Schild: „1868-1950 Ehrenbürger der Stadt Bad Iburg". Anwesend waren ebenfalls der Sohn Dr. Otto Hülsemann sowie eine Enkelin und eine Urenkelin, Stadtdirektor Heinz Köhne, Stadtdirektor a.D. Josef Hunke, Bürgermeister a.D. Heinrich Schowe sowie Vertreter des Rates der Stadt Bad Iburg.

Auch in seiner Geburtsstadt Soest wurde eine Straße nach Robert Hülsemann benannt, der „Robert-Hülsemann-Weg". Der Straßenname wurde am 8. August 1991 von dem Stadtarchivar Gerhard Köhn vorgeschlagen, der Rat der Stadt Soest stimmte diesem Vorschlag im Dezember 1991 zu.

Dank

Für die Bereitstellung von familiären Unterlagen sowie weiteren wertvollen Hinweisen danke ich Dirk Hülsemann aus Soest, Matthias Hülsemann aus Rotenburg (Wümme), Dorothee Stübs-Hülsemann aus Kutzleben und Ursula Lyon aus Wien.

1 Neue Tagespost, 15.10.1949: „Robert Hülsemann".
2 Otto August Schulz: Allgemeines Adressbuch für den Deutschen Buchhandel, Leipzig 1867, S. 114.
3 Bezeichnung für Lebensmittel, Gewürzwaren und Delikatessen.
Auch Roberts Vetter Eduard Hülsemann, geb. 03.07.1838, führte seit 1869 in Soest (Grandweg 745a, später Grandweg 3) eine Colonial- und Spezerei-Warenhandlung; er starb am 19.09.1913 als Rentner in der Brüderstraße 1 in Soest.
4 Robert Hülsemann: „Wie kam der Vorname Robert in unsere Familie?". Familienbund Hülsemann (Hrsg.): Familien-Bundes-Blatt, Hamburg 1930.
Das Gold schürfte Robert Schlagintweit am Westabhang der kalifornischen Sierra Nevada im Juni und Juli 1869. Siehe: Robert von Schlagintweit: Californien. Land und Leute, Cöln 1871, S. 245.
5 Klockhaus' kaufmännisches Handels- und Gewerbe-Adressbuch des Deutschen Reichs, Band 3, 1892, S. 5201.
6 Informationen aus dem „Einwohnerbuch der Stadt Soest und der Ämter des Kreises Soest", Ausgaben der Jahre 188, 1892, 1900 und 1913, Stadtarchiv Soest, Bestand C.

GESCHICHTE

7	Dreiklassenwahlrecht, abhängig von der Gesamtsteuersumme (Gesetz vom 30.06.1900, betr. die Bildung der Wählerabteilungen bei den Gemeindewahlen).
8	Bericht des Magistrats zu Soest über den Stand und die Verwaltung der Gemeindeangelegenheiten für das Verwaltungsjahr 1911, Soest 1912. Tages-Ordnung und Protokoll der Sitzung der Stadtverordnetenversammlung vom 17.01.1911, Stadtarchiv Soest, C 125.
9	Sterbeurkunde Nr. 25 der Stadt Soest vom 25.01.1916.
10	Sterbeurkunde Nr. 35 der Stadt Soest vom 28.10.1915
11	Tages-Ordnung und Protokoll der Sitzung der Stadtverordnetenversammlung vom 15.08.1916, Stadtarchiv Soest, C 129.
12	Umbenennung am 14.08.1942 in Andrieszstraat, im Mai 1945 Umbenennung in Spinozastraat.
13	Daheim: Anzeiger für Unterrichts- und Pensionswesen, 53. Jahrg. Nr. 16, 20. Januar 1917, S. 37.
14	Erich Braun - er nannte sich ab dem 09.11.1938 Erich Braun-Berville, war zwischen 1937 und 1941 Leiter des Wehrmeldeamts Osnabrück.
15	Das „Urmolle-Buch" im Umfang von ca. 110 Seiten befindet sich heute im Besitz von Ursula („Uschi") Hülsemann, einer Enkelin von Robert Hülsemann.
16	Erst 1937 wurde der Urberg gegen den Willen des Ostenfelder Gemeinderates nach Iburg eingemeindet.
17	Brief vom 31.05.1937
18	Robert Hülsemann: Iburg und seine Geschichte, Iburg 1930, S. 83.
19	Ebd., S. 82.
20	Nach amtlichen Unterlagen.
21	Heimatbund Osnabrücker-Land (Hrsg.): Bad Iburg, Bad Iburg, 2. Auflage 1984, S. 15.
22	http://geo-iburg.de/Knoke.html (abgerufen: 05.03.2023).
23	Robert Hülsemann: Luftkurort Iburg, Iburg 1949, S. 34.
24	Friedrich Knoke: Das Varuslager bei Iburg. Berlin 1900.
25	Robert Hülsemann: Iburg und seine Geschichte, Iburg 1930, S. 10.
26	Robert Hülsemann: Luftkurort Iburg, Iburg 1949, S. 35.
27	Robert Hülsemann: Iburger Fremdenblatt, 1. Jahrgang, Nr. 1, Iburg, 4. Juni 1930, S. 6.
28	Parallel existierte seit dem 21. Mai 1887 der Iburger Verschönerungsverein, der sich um die Wanderwege und die Aufstellung von Ruhebänken kümmerte, aber auch um den 1898 erbauten Aussichtsturm „Eiserner Hermann" auf dem Dörenberg.
29	Lothar Schmalen: „Zum Kampfe steh'n wir alle schon bereit". Vor 90 Jahren: Wie die neuen NS-Machthaber den Grenzlandtag am 25. Mai 1933 in Iburg ausnutzten. In: Heimat-Jahrbuch „Osnabrücker Land 2023", Ankum 2022, S. 179.
30	Zur Geschichte des Charlottensees siehe auch: Rainer Rottmann: Geschichte der Mühlen in Iburg und Glane, Bad Iburg 2019, S. 73 ff. Fürstbischof Philipp Sigismund von Wolfenbüttel ließ im Jahre 1596 die „Neue Mühle" mit einem Mühlenteich errichten, in dem das Wasser des Kolbaches aufgestaut wurde; ab 1724 wurde die landesherrliche Mühle, auch umgangssprachlich „Schloßmühle" genannt, verpachtet. Da die südlich am Dörenberg vorhandenen Quellen des Kolbaches durch Arbeiten im dortigen Sandsteinbruch verschüttet wurden, erreichte aus dieser „wasserarmen Quelle" weniger Wasser den Mühlenteich. Bereits 1845 schrieb der damalige Pächter Ernst Schierhölter, der Mühlenteich sei „[...] großen Theils zugeschlämmet [...]". 1881 kam es zur Ablösung des Erbpachtverhältnisses mit dem Kaufmann Gerhard Heinrich Führmeyer und Carl Greve kaufte die nunmehr freie Mühle und errichtete dort eine Sägemühle, die er 1894 an seine beiden Söhne Adolf und Louis übertrug. Der Mühlenteich verlandete immer mehr, nachdem ab dem Jahre 1900 die Mühle nicht mehr mit Wasserkraft betrieben wurde.
31	Mit Vertrag vom 24.11.1912 übertrug Louis Greve seinen Miteigentumsanteil an seinen Bruder Adolf.
32	Einst Gemarkung Mäscher, Flur 2, Nr. 219/38, heute hauptsächlich Gemarkung Iburg, Flur 71, Flurstück 9
33	Zum Charlottensee siehe: http://www.geo-iburg.de/Charlottensee.html (abgerufen: 12.02.2023)
34	Der Verpächter behielt sich eine begrenzte Wasserentnahme zum Zwecke eines an August Schwartengräber verpachteten Mühlenbetriebes vor.
35	Rainer Rottmann: Geschichte der Mühlen in Iburg und Glane, Bad Iburg 2019, S. 111.
36	Im Jahr 1933 hatte der Flecken Iburg 1.642 Einwohner - die späteren Ortsteile Glane, Ostenfelde und Sentrup hatten insgesamt 2.141 Einwohner.
37	Robert Hülsemann: Winke und Wegweiser für die Besucher Iburgs im Teutoburger Wald, Iburg 1937, S. 26.
38	Neue Tagespost, 18.05.1967: „Iburg: Erste Kurhauspläne schon vor drei Jahrzehnten".

39	Absender und Jahr des Briefes unbekannt.
40	Ursula Hülsemann (geb.: 07.04.1928), später verheiratete Lyon, zog während des 2. Weltkrieges aus Hamburg zu ihren Großeltern nach Iburg und ging in Osnabrück zur Ursulaschule. Nach dem Abitur 1946 in Hamburg begann sie eine Schwestern-Ausbildung im Osnabrücker Stadtkrankenhaus beim Evangelischen Diakonieverein. Nach dem Tod ihres Großvaters kehrte sie nach Hamburg zurück und wanderte 1952 als Kindermädchen nach Sao Paulo, Brasilien, aus. Franz Zechner: Ich hatte eine glückliche Kindheit. In: Ursache & Wirkung (U&W), Heft 38, Wien 2001, S. 60 f.
41	Schriftliche Mitteilung des Katholischen Pfarramtes Bad Iburg vom 05.01.2023.
42	Kurt Braun bestand 1938 die Vorprüfung zum Seesteuerman auf großer Fahrt.
43	Eine zweite unveränderte Auflage erschien bei der Westfälischen Verlagsbuchhandlung Mocker & Jahn im Jahr 1977, eine dritte unveränderte Auflage folgte 1979.
44	Der Vater von Kurt Hülsemann, Wilhelm Hülsemann, war seit dem 25.10.1890 mit Marie Fischer verheiratet.
45	Die erste allgemeine heimatkundliche Veröffentlichung erschien 1894 von Rechnungsrat Friedrich Knickenberg unter dem Titel „Iburg in der Geschichte und in der Natur" im Iburger Verlag Anton Hankers - das Werk erschien in den Folgejahren in weiteren Auflagen. 1905 erschien im selben Verlag das Heft „Kurze Chronik Iburgs" von dem Sekretär Rudolph Schwedtmann, 1906 folgte von dem Lehrer und Heimatschriftsteller Heinrich Aschenberg im Verlag der Aschendorffschen Verlagsbuchhandlung das Buch „Der Teutoburger Wald. Führer durch den Osning von Ibbenbüren bis Bielefeld", welches 1923 in einer zweiten, neubearbeiteten Auflage erschien. 1927 erschien das Büchlein „Luftkurort Iburg" von August Niemeyer, gebürtig aus Iburg, der Ende des Jahres zum Priester geweiht wurde.
46	Seit der 15. Ausgabe im Jahre 1930 wurde Iburg im „Bäder-Almanach" als Bad genannt.
47	Neuordnung im Fremdenverkehrswesen, Reichsverwaltungsblatt 1936, Nr. 19, S. 397.
48	Kur- und Verkehrsverein Bad Iburg (Hrsg.): Bad Iburg. Eine kleine Dokumentation. Bad Iburg 1984, S. 93 ff.

GESCHICHTE

Ein Schwagstorfer Original - Erinnerungen an den Schneidermeister August Elschen

Monika Hölmer

Mein Opa August Elschen, der vor 135 Jahren, am 26. März 1888, in Schwagstorf, Auf den Benken geboren wurde, war im Kirchspiel Schwagstorf sehr bekannt. Man nannte ihn auch Snieders August, weil er im ganzen Ort und auch über dessen Grenzen hinaus für seine Kunden nähte. Mein Opa sprach immer platt – Menschen aus der Stadt, wie zum Beispiel mein Schwager aus Osnabrück, hatten deshalb Schwierigkeiten, ihn zu verstehen.

Opa war ein geselliger Mann. Er wurde 93 Jahre alt, war nie ernsthaft krank. Er sagte, er habe seine eigene Medizin. Jeden Morgen um Elf kam der „11-Uhr-Zug", und Opa holte aus seinem Schlafzimmerschrank eine Flasche mit selbstgemachtem „Bärenfang". Das war Honig mit Schnaps. Hiervon trank er dann ein Gläschen.

Opa hatte seit seiner Geburt ein kürzeres Bein, aber dies war für ihn kein Handicap, denn er trug immer Holzschuhe, die er beim Holzschuhmacher anfertigen ließ. Der eine Schuh war einfach ein Stück höher. Er war ein Tierliebhaber und besaß viele Tiere, wie Vögel, Fische, Hunde. Auf seine Bienen komme ich später noch zu sprechen.

August war der älteste Sohn von Bernard Heinrich Elschen, geboren am 1. März 1861, und dessen Frau Christine Maria, geb. Thünker, geboren am 2. September 1856. Die Eheleute erhielten vom elterlichen Hof drei Hektar Grund, auf dem sie ihr Haus bauten. Aus gesundheitlichen Gründen konnte August die Landwirtschaft nicht bewirtschaften. Er trat das Erbrecht an seinen jüngeren Bruder Franz Elschen ab und wurde Schneider. Am 21.September 1915 heiratete er Anna Klein Thediek. Aus der Ehe gingen acht Kinder hervor.

Noch im selben Jahr 1915 gründete August Elschen nach Wanderjahren einen Schneiderbetrieb in seinem Haus. Hier hatte er eine Schneiderstube mit ein bis zwei Mitarbeitern. Er betrieb eine Herrenschneiderei aller Art nach Maß.

Abb. 1: August Elschen aus Schwagstorf. Foto: Monika Hölmer

Oft war Opa auch außer Haus. Er nähte dann bei Bauern für die ganze Familie die Hosen. Hier bekam er dann auch Verpflegung. Oft erhielt er Lebensmittel vom Hof (Mehl, Eier usw.) als Lohn, oder es wurde „angeschrieben" in einem dicken Buch. Dieses befindet sich noch in meinem Besitz. Oft musste er auf das Geld warten, bis die Kundschaft wieder flüssig war. Ich weiß noch genau, wie mein Opa beim Nähen in seinem kleinen Nähzimmer auf einem Tisch saß. Mit überkreuzten Beinen, man nannte es auch Schneidersitz, war er am Nähen. Das geschah, damit der Stoff nicht auf dem Boden bzw. Fußboden lag und schmutzig wurde. Mein Opa besaß auch eine Nähmaschine von der Firma Singer. Die „Singer", wie sie schlicht genannt wurde, war noch nicht mit einem Elektromotor ausgestattet, sondern musste mit Fußbetrieb betätigt werden. Er nähte hauptsächlich Hosen. Die Hosen, auch Bramscher Hosen genannt, wurden meistens aus festem Wollstoff aus Bramsche genäht. Sie waren warm und strapazierfähig und gut als Arbeitshosen zu gebrauchen.

Gebügelt wurden die Hosen mit einem Bügeleisen, das auf dem Herd auf der Feuerstelle erhitzt wurde. Ein befeuchtetes Bügeltuch wurde auf den Stoff gelegt, und dann wurde die Hose glatt gebügelt.

Ein Stoffhändler mit Stoffen, Knöpfen, Garn, Nähnadeln und andere Kurzwaren kam mit dem Fahrrad zu uns ins Haus. Für uns Kinder war die Schneiderkreide am besten. Damit konnten wir wunderbar auf unserem Zementboden in der Küche malen. Meistens bekam der Vertreter nach dem Verkauf bei uns noch ein Mittagessen. Danach konnte er gut gestärkt seine Fahrt mit dem Rad fortsetzen.

Mit dem Tod des Gründers am 24.September 1981 war der Schneiderbetrieb beendet. August Elschen hatte keinen Nachfolger. Sein Sohn Bernhard hatte zwar Schneider gelernt, war aber leider 1944 im Krieg gefallen.

Mein Opa hatte auch eine Bienenzucht. Er hatte ein riesengroßes Bienenhaus. Wenn die Bienen schwärmten, musste die Königin aus dem Schwarm gesucht werden. Ich durfte dabei helfen. Alle sagten: „Oh Gott, wenn die dich stechen". Aber ich sagte: „Die kennen mich doch!"

Mein Papa, Karl Elschen, dagegen hatte Angst, und er wurde oft gestochen. Die Jungs hatten etwas anderes herausgefunden: Opa hatte eine Bienenpfeife mit Tabakblättern. Sie wollten „groß sein" und probierten das Rauchen. Meistens mussten sie dann aber fürchterlich husten.

Abb.2: Bürgermeister Reinhold Schröder (li., gest. 2012) und Stadtdirektor Hubert Imwalle (re., gest. 2015) gratulieren August Elschen zum 90. Geburtstag. Foto: NOZ/Monika Hoelmer

GESCHICHTE

Die Bienen wurden auch an andere Plätze gebracht, zum Beispiel nach Lonnerbecke. Hier gab es Linden. Lindenhonig, also Honig, der aus den Lindenblüten entsteht, schmeckt besonders gut. Die Waben wurden in eine Honigschleuder gestellt, und der Honig wurde dann herausgeschleudert. Die Waben wurden vorher geöffnet. Der Honig wurde in kleine Eimer gefüllt und verkauft.

Die Waben waren Rähmchen aus Holz, innen war eine künstliche Wachsplatte, auf der die Bienen ihren Nektar lagerten. Bis der Honig fertig war, wanderte er noch durch viele Bienenmägen. Am besten schmeckte übrigens der Honig direkt aus den Waben, die von den Bienen aus selbst produziertem Wachs gebaut worden waren.

Mein Opa hatte noch ein anderes Hobby: die Jagd. Er hatte immer Jagdhunde. Mit seinem Moped fuhr er bis ins hohe Alter immer noch mit zur Treibjagd und stellte sich am Waldrand an, um das Wild zu erlegen. Eine von seinen Jagdgeschichten weiß ich noch. Er hatte ein Wildschwein geschossen. Am Abend wurde es mit seinen Jagdkollegen ordentlich begossen. Sie hatten das Schwein mitten in die Küche gelegt. Sie saßen im Kreis um das tote Tier herum, tranken und sangen dazu: „Die Sau ist tot, die Sau ist tot." Ich war damals sechs Jahre alt und wurde von dem Lärm wach, stand auf und sah das Gelage, was ich heute noch vor Augen habe.

Der Sonntag war Ruhetag: morgens Kirche, und nachmittags um 16 Uhr war Doppelkopfspielen angesagt. Dabei gab es eine gute Zigarre und „Priem", der oft zum Ärger meiner Mutter neben den aufgestellten Topf auf den Boden ausgespuckt wurde.

Priem war Kautabak, er war ein Genussmittel, Tabak mit Zusatzstoffen. Der Hauptwirkstoff war Nikotin. Er sah aus wie Lakritz. Mein Opa machte sich mit uns Kindern einen Scherz daraus und bot uns einen Priem an. Er schmeckte ekelhaft und wir spukten ihn sofort wieder aus.

Bis in die Nacht wurde Karten gespielt. Meistens ging es laut dabei zu, und es gab so manchen Streit mit dem Ergebnis, das man nicht mehr zusammen Kartenspielen wollte. Am nächsten Sonntag aber saßen dann alle vier wieder am Tisch zusammen und spielten.

ERINNERUNGEN

Ein Höhepunkt im jährlichen Veranstaltungsreigen ist das Bürgerschützenfest in Fürstenau. Es wird nach wie vor traditionell am zweiten Wochenende im Juli gefeiert. Früher fand es auf dem Sellberg (Gasthof Schweer) „auf der Alm" statt. Später wurde bei der Gaststätte Dümmer, später Holt, am Pottebruch gefeiert. Jetzt haben die Schützen ein eigenes Domizil neben der Integrierten Gesamtschule Fürstenau an der Bürgerschützenstraße.
Der nachfolgende, von Jürgen Schwietert bearbeitete Bericht, stammt von Heinz Müncher aus Tespe und wurde im Jahr 2009 geschrieben. Heinz Müncher, der am 24. Dezember 2013 verstarb, hatte seine Wurzeln in der Bauerschaft Settrup.

Sommer 1953 – Erinnerungen an ein Schützenfest
Heinz Müncher

Dieser Sommer 1953 ist mir durch viele Ereignisse noch heute in bester Erinnerung.

Es war ein warmer Sommer, aber das denkt fast jeder, der sich in die Tage der Kindheit oder Jugend zurückversetzt. Die Winter waren immer kalt. Die Teiche hatten dickes Eis. Jeden Tag sind wir Schlittschuh gelaufen oder haben gerodelt. Geregnet hat es äußerst selten – meint man.

Ich war gerade mit meiner zwei Jahre älteren Schwester Hannelore und meiner Mutter Olga aus dem beschaulich dörflichen Settrup nach Fürstenau in die Stadt gezogen. Hier haben wir in dem kleinen Siedlungshäuschen, das mein Onkel Alfred Fanslau mit großem persönlichem Einsatz an der Segelfortstraße (Anm. der Redaktion: Jetzt Im Mersch) gebaut hatte, endlich eine eigene kleine Dreizimmerwohnung bezogen.

Ja, Fürstenau. Toll. Hier gab es Geschäfte, sogar mit Schaufenstern und einen Bahnhof und mehrere Schulen und zwei Kirchen und noch vieles mehr. Das konnte Settrup natürlich nicht bieten.

Der größte Kulturschock war für mich aber der Wechsel von der zweiklassigen Settruper Volksschule in den für mich damals unvorstellbar großen, angsteinflößenden weißen Realschulbildungsklotz. Hier musste ich dann auch noch, weil ich mit gerade 9 ½ ja noch zu jung war und zu spät angemeldet, eine stressige Probezeit überstehen. Harte Wochen.

Aber heute war Samstag und Schützenfest. Ganz klar, herrlichstes Sommerwetter. Von meinem neuen Domizil, Segelfortstraße, nur kurz über die Muckenbecke (Anm. J. S: Fürstenauer Mühlenbach), verbotenerweise über die Bahnschienen (Anm. J. S.: Strecke Quakenbrück–Rheine) an der neuen Textilfabrik NOWIST vorbei zum Gasthaus Dümmer. Dort fanden damals noch die Schützenfeste statt. Ein paar Groschen hatte ich meiner Mutter auch abgebettelt, also rein ins Vergnügen.

ERINNERUNGEN

Abb. 1: Über mehrere Jahrhunderte war die Gaststätte am Pottebruch Schießplatz und Austragungsort des Fürstenauer Bürgerschützenfestes. Heute befindet sich an der Stelle das Betriebsgelände der Firma Meurer.

Von Weitem schon trug der Wind Fetzen von Blasmusik und Festtrubel über den Pottebruch. Auf dem Festplatz stand ein großes Zelt voller gut gelaunter, fröhlicher Schützen, ein Kettenkarussell, eine Schießbude, ein Stand mit Süßigkeiten, eine Wurstbude und die Gerichtslaube. In dieser wurden von dem damaligen Auditeur, Schuster Wagemester, alle Übeltäter angeklagt, die trotz heftigster Gegenwehr von der Avantgarde dorthin gezerrt und ausnahmslos zu einigen Runden verurteilt wurden. Auch für uns Kinder eine Riesengaudi.

Vor den Schießständen hatte sich eine große Kinderschar versammelt. Da gab es bestimmt etwas umsonst. Schnell hin! Am Kletterbaum hingen an einem Kranz, in für mich unerreichbaren Höhen, herrliche Süßigkeiten und sogar ein knallrotes Taschenmesser, dass sich gerade ein großer Bengel, der barfuß die Stange wieselflink hinaufgeklettert war, abpflückte. Na ja, vielleicht nächstes Jahr. Wie ich so träumte, schob mich ein großer freundlicher Mann in grüner Uniform an den Kletterbaum und munterte mich auf: „Na, nu man rauf Kleiner!" – „N... N... Nein", stotterte ich, „i... ich hatte den Arm gebrochen", log ich, um mir die Blamage zu ersparen, vielleicht nicht ganz nach oben zu kommen – und das tolle rote Messer war ja auch schon weg. „Ach so", sagte der freundliche Schütze, „dann stell dich man hinten zum Vogelschießen an, da gibt es auch schöne Sachen zu gewinnen."

Das war gut. Schießen konnte ich, das hatte mir Schragens Schorsch schon heimlich in Settrup beigebracht, trotz oder gerade wegen des ausdrücklichen Verbots meiner Mutter mit ihren bitteren Kriegserfahrungen, jemals ein Gewehr anzufassen.

Hier aber konnte sie ja nichts dagegen haben. Erstens sah sie es nicht und Schützenfest ist ja sowieso reines Vergnügen und etwas ganz anderes.

So langsam kam Bewegung in die lange Wartereihe, vorne war ein schwarz lackierter Adler, aus Sperrholz, mit Krone, Flügeln und Krallen, an einem Holzpflock befestigt.

Der Oberschütze gab mit lauter Stimme die Regeln und die Reihenfolge bekannt und dann durfte der noch amtierende Kinderkönig den ersten Schuss aus dem Luftgewehr auf den armen Vogel abfeuern. Mädchen durften damals noch nicht mitschießen. Es dauerte ewig, bis ich endlich das erste Mal dran war. Und, obwohl die vor mir ganz sicher alle überhaupt nicht schießen konnten, fiel ein Teil nach dem anderen, so waren dann schließlich nur noch Rumpf und Flügel des gerupften Adlers übrig, als ich endlich wieder zum zweiten oder dritten Mal anlegen durfte.

Jetzt musste sich das Trainingslager mit Schorsch endlich doch bezahlt machen. Er hatte mir nämlich unter strikter Geheimhaltung verraten: „Wenn du mal auf den Kinderadler schießt, zielst du genau auf die klitzekleine Ritze, zwischen den Einzelteilen, denn da sind diese nur mit einer Glasplatte hinten am Rumpf angeleimt." Das hatte ich Dussel vor Aufregung das erste Mal ganz vergessen. Aber jetzt! Das Gewehr war geladen und aufgelegt. Ich war als Insider cool bis in die Haarspitzen. Wie gelernt: linkes Auge zugekniffen, Kimme, Korn, genau auf diesen Spalt gezielt, nicht wackeln, Schuss. Ein leichtes Splittergeräusch von gebrochenem Sperrholz und Glas verriet mir sofort: Treffer! Der Flügel wackelte, knickte erst nach vorne, dann zur Seite und, mir blieb fast das Herz stehen, mit dem Flügel fiel der ganze Rest.

Da lag er nun im Gras, der Rumpf, aber noch verbunden mit dem linken Flügel. Mein abgeschossener rechter Flügel daneben.

Wie weggeblasen war die ganze Coolness. „D... D... Das wollte ich nicht, ganz bestimmt nicht", stotterte ich und dachte in Sekundenschnelle an Flucht oder Auswandern oder Versteck, bis meine Mutter sich beruhigt hätte. Ganz schnell wurde ich durch den aufkommenden Tumult, verhaltenen Jubel und alle Geschehnisse um mich herum schnell wieder in die furchtbare Realität zurückgeholt. Ein Schütze fragte mich: „Wie heißt Du eigentlich?" Ein Zweiter: „Wohnst du überhaupt in Fürstenau?" Ein Dritter: „Wer ist dein Vater?" Völlig klar. Hier konnte mich ja nach den wenigen Tagen in Fürstenau noch kein Mensch kennen.

„Nee, nee, nee, so geiht dat nich!", von einer anderen Seite.

Ich stand völlig hilflos da, in meiner viel zu großen Lederhose, noch blasser als sonst und nur meine roten Haare und die Sommersprossen leuchteten in der Sonne.

„Dat hilft ja nu alles nix", stellte sich ein riesiger Grünberockter neben mich. „Hei hat den afschooten, nu is hei ok Könich". O, Gott, dachte ich, wenn der nur ruhig wäre.

ERINNERUNGEN

Ich hau ab. Aber, Flucht war nicht, er hielt mit seiner riesigen Pranke meine Schulter fest wie ein Schraubstock. Und Mutter hatte mich noch ermahnt: „Stell ja nichts an!"

Endlich, nach einer kleinen Ewigkeit kam wieder der freundliche Schütze vom Kletterbaum und sagte ganz ruhig aber bestimmt. „Nu man sinnig Hermann, erst müssen alle Teile vom Rumpf ab sein, bevor jemand König wird. Der wollte das ja auch gar nicht. Stimmt doch?", fragte er zu mir gebeugt. Ich konnte nur noch ein erlöstes „ja, nein, niemals" stammeln und hätte ihn am liebsten umarmt. „Na gut", beendete er das Palaver, klemmte mir meine Trophäe unter den Arm und sagte: „Du darfst dir nachher auch als Erster einen Preis aussuchen, aber sei pünktlich da! – So, und nu weiter", brachte er wieder Ruhe in die Reihen. Vorne bemühten sich schon zwei Helfer, den Adlerrest wieder an den Holzpflock zu nageln, damit dann ein offizieller Kinderkönig gefunden werden konnte.

„Dann komm man mit", sagte mein neuer Freund Hermann, grummelte zwar immer noch „Olle Dösköppe" und „Dej könnt mi mol!" Er schob seinen Schützenhut noch weiter in den Nacken. Sein rundes verschwitztes Gesicht war mindestens so rot wie meines, in das jetzt endlich auch wieder Farbe gekommen war. „Ich hab Durst und Du kriegst eine Regina von mir", bestimmte er. Ich fühlte mich im Schatten seiner mächtigen Gestalt absolut sicher und nickte zustimmend.

Nur weg hier, dachte ich erlöst, dem Familienbankrott gerade noch mal so entronnen. Schietegal wer hier Kinderkönig wird, das kostet sicher ein Vermögen, ich bin es Gott sei Dank nicht. So marschierte ich mit meiner Trophäe unter dem Arm hinter Hermann ins Zelt an den Tresen.

Hier musste er den Vorfall natürlich noch mal allen Grünen erzählen und die Meinungen dazu abfragen. Dann kam endlich meine Regina, Hermann sagte. „Prost"!, stieß mit mir an und haute mir seine Pranke auf die Schulter. War ja sicher gut gemeint, nur die Regina schwappte über, die Lederhose, die viel zu große (musste ja mindestens fünf Jahre passen), rutschte bedenklich in Richtung Sandalen. Festhalten war unmöglich, mit übergeschwappter Regina in der einen Hand und Adlerflügel unter dem anderen Arm. Unauffällig verpieseln, dachte ich, auch wenn alle Schützen mich freundlich anlächelten und nur noch drei oder vier, mir auf die Schulter klopften. Gehört wohl bei den Schützen dazu. Ich war endlich froh, der Runde entflohen zu sein.

Vorne im Zelt saßen auf einer kleinen Bühne die Musiker. Da setzte ich mich ganz in die Nähe auf eine leere Bank und konnte so dem lustigen dicken Tubabläser zusehen, der unglaublich dicke Backen machte und dabei fröhlich mit den Augen rollte. Der hatte sichtlich Spaß an der Musik, so wie ich auch. Ich saß hier eine ganze Weile, genoss den Rest meiner Regina und ging meiner Lieblingsbeschäftigung nach: träumen!

Ach du lieber Himmel, riss ich mich selber aus meinen Träumen, die Preisverteilung. Ich rannte los, die Treppe zum Saal rauf. Der Tisch mit den Preisen war leer. Nur noch der freundliche Schütze von vorhin war da, ihr wisst schon, der vom Kletterbaum und vom Vogelschießen.

„Ja, wo kommst Du denn jetzt her?", fragte er vorwurfsvoll. „Ich habe bis zum Schluss auf dich gewartet und hatte extra für dich ein schönes rotes Taschenmesser aufbewahrt. Aber dann sagte mir einer, der ist schon lange weg." Tja, erkannte ich schnell, hier ist nichts mehr zu holen.

Abb. 2: Schützenumzug in den 1950er-Jahren in der Bahnhofstraße.

Mit hängenden Ohren wollte ich mich schon davonschleichen. Aber irgendwie hatte der Jugendbetreuer dann doch wohl Mitleid mit mir und den Eindruck, das arme Häufchen Elend aufmuntern zu müssen. „Na komm", sagte er, „so kann ich dich ja auch nicht einfach losschicken. Aber du bist auch selber schuld." Dann nahm er seine Geldbörse aus der Gesäßtasche, kramte eine ganze Zeit darin rum, eigentlich viel zu lange, suchte wohl eine ganz kleine Münze, dachte ich. Dann drückte er mir ein Geldstück in die Hand. Ich öffnete vorsichtig meine Hand; eine Mark, ein ganzes Markstück.

Mann, das ist fast mindestens so gut wie so ein doofes, billiges, rotes Taschenmesser. Bestimmt auch nur mit Blechbeschlägen, die sowieso ganz schnell kaputt gehen und abfallen und nicht mal das erste Flöteschnitzen überstehen, wenn man mit dem Griff die Rinde vom Holzstück losklopfen muss.

Ich lächelte ihn glücklich an, bedankte mich höflich und war schon draußen im Gewühl untergetaucht. Doch noch ein guter Tag. Jetzt kauf ich mir noch zur Belohnung eine Stange Storck Riesen. Fünf Stück für einen Groschen, das langt, mindestens bis nach Hause.

Auf dem Weg nach Hause setzte ich mich noch für einen kurzen Moment zum Träumen an den Bach. Da musste man ja auch noch immer über ein wackliges Brett balancieren, weil die doofen Bahnarbeiter den Übergang immer wieder zerstörten, um uns am Überklettern der Gleise zu hindern.

Ich legte den Adlerflügel neben mich auf die Böschung, wickelte mir meinen letzten Storck Riesen aus und ließ das Papier in den Bach schweben, wo es langsam auf den kleinen Wellen aus meinem Blick in der Ruhe des Abends verschwand. Ich genoss meinen Riesen und dachte, wie weit weg die Schule doch am Wochenende sein kann. Jetzt freute ich mich erst mal auf die Ferien bei meiner Tante in Olden-

ERINNERUNGEN

burg. Allein die Fahrt ab Bahnhof Fürstenau mit der Dampflok, jawohl Dampflok, war nicht nur aus heutiger Sicht, schon ein tolles Erlebnis. 90 Pfennige hatte ich auch noch in der Tasche. Ja, schießen muss man können!

„Das wird aber auch höchste Zeit", wurde ich schließlich zu Hause empfangen. „Und was schleppst du denn da schon wieder an?", mit Blick auf den Adlerflügel. „Ach nichts, das brauch ich für die Schule." Damit hatte ich meistens ein paar Tage Ruhe zum Verstecken. „Dein Kater hat auch noch nichts zu fressen gekriegt."

Ach ja, mein Kater Minna. Der schnurrte schon um meine Beine und mimte einen auf große Liebe. Dabei wollte der Gauner ganz sicher nur einen vollen Napf. Aber trotzdem, Kater Minna war ein echter Freund, hörte zu, verstand mich und hatte mich noch niemals verpetzt. Und ich, ich verstand alles, wirklich alles, was er mir vormaunzte. Schnell brachte ich ihm das Futter, und bevor er sich darüber her stürzte, stupste er mich an und miaute: „Na, Du jetzt auch ein großer Vogeljäger?" – „Nee, nee, nee", schimpfte ich. „Du elender Vogelmörder. Dieser Adlerflügel ist ehrenhaft erobert, vom Schützenfest und außerdem ist der aus Holz."

Aber das mit Kater Minna ist eine ganz andere Geschichte. Und ich wollte hier ja nur aus meiner Erinnerung vom Schützenfestsamstag 1953 berichten. Mit Sicherheit der Grundstein meiner späteren Liebe zu den Schützen.

Archäologische Ausgrabungen und Ausstellungen – Tätigkeitsbericht der Stadt- und Kreisarchäologie 2022/23

Stefan Burmeister, Judith Franzen, Ellinor Fischer, Axel Friederichs, Katharina Ostrowski, Marc Rappe, Sara Snowadsky, Simon Stamer

Vor 50 Jahren, am 23. Februar 1973, fand die Gründungsversammlung des Archäologischen Arbeitskreises für Stadt und Landkreis Osnabrück e.V. im Hotel Surendorff in Bramsche-Hesepe statt. Zwecke des Vereins sind laut Satzung die Forschung auf dem Gebiet der Ur- und Frühgeschichte in unserer Region sowie die Förderung dieser Forschung, darüber hinaus Sammlung und Verbreitung der Ergebnisse. Zur Erreichung dieser Zwecke dient unter anderem die Unterstützung der Tätigkeit der zuständigen behördlichen Dienststellen. Die Mitglieder dieses auf ehrenamtlicher Arbeit fußenden Arbeitskreises trieben alsbald die Einrichtung einer hauptamtlichen kommunalen Bodendenkmalpflege maßgeblich mit voran, so dass diese nur zwei Jahre später als gemeinsame Dienststelle von kreisfreier Stadt und Landkreis Osnabrück für die Archäologie im gesamten Osnabrücker Land ihre Arbeit aufnehmen konnte. Ihre offizielle Bezeichnung lautet: Stadt- und Kreisarchäologie im Osnabrücker Land. Zunächst bis Ende 2002 von Wolfgang Schlüter geleitet, folgte ihm Bodo Zehm nach. Seit Mitte 2017 ist Axel Friederichs als Dritter im Bunde Stadt- und Kreisarchäologe.

Von Anbeginn an gehören neben dem Schutz von Bodendenkmalen archäologische Ausgrabungen und die öffentlichkeitswirksame Vermittlung der erzielten Ergebnisse zu den ureigenen Hauptaufgaben der Stadt- und Kreisarchäologie – ganz im Einklang mit den Zielen des Archäologischen Arbeitskreises. Über die wichtigsten im Zeitraum von 2022 bis Redaktionsschluss Ende April 2023 durchgeführten Maßnahmen gibt der folgende Bericht zusammenfassend Auskunft. Die Reihenfolge der Auflistung verläuft alphabetisch nach dem an zweiter Stelle angeführten Gemarkungsnamen (in Osnabrück: Stadtteil). Sind Gemeinde- und Gemarkungsbezeichnung identisch, so erfolgt nur eine einfache Nennung.

Ausgrabungen:

Eggermühlen-Bockraden: Schnell erledigt

Bereits im Januar 2022 wurden im Rahmen einer erweiterten Sondagegrabung östlich der Bockradener Straße im Vorfeld von Baumaßnahmen zahlreiche Eschgräben des ausgehenden Mittelalters oder der frühen Neuzeit freigelegt (siehe Heimatjahrbuch Osnabrücker Land 2023 [2022], 231 f.). Auch für die landwirtschaftliche Nutzfläche westlich der Bockradener Straße ist eine bauliche Erschließung vorgesehen (Abb. 1).

ARCHÄOLOGIE

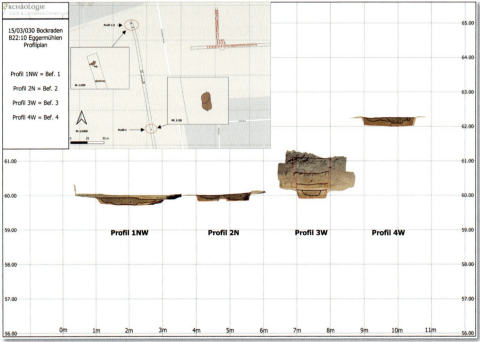

Abb. 1: Bockraden. Übersicht der Grabungsflächen östlich und westlich der Bockradener Straße (links oben im Fenster). Herausgezoomt sind dabei die im Rahmen der zweiten Grabungskampagne westlich der Bockradener Straße freigelegten Befunde 1–4. Gesondert dargestellt sind die Profilansichten der vier Befunde. (Grafik: S. Stamer, Stadt- und Kreisarchäologie)

Am 1. August 2022 begann dort, nördlich der Bippener Straße, eine archäologische Prospektion. Mit einem Mobilbagger wurde ein Sondageschnitt in Nord-Süd-Ausrichtung parallel zur Bockradener Straße mitten durch das geplante Gewerbegebiet aufgezogen. Auf diese Weise entstand auf etwa 260 m Länge eine 4 m breite Untersuchungsfläche.

Im Gegensatz zum im Januar 2022 aufgedeckten Areal ist die Befund- und Fundlage westlich der Bockradener Straße jedoch als spärlich zu umschreiben, da insgesamt nur vier archäologisch relevante Befunde erfasst werden konnten. Dabei handelte es sich um zwei Gruben unbestimmter Art, einen möglichen Doppelpfostenrest und einen kleinen Grabenrest in Ost-West-Ausrichtung (Befunde 1–4; Abb. 1). In einem Fall (Befund 4) konnte eine Handvoll Keramikfragmente vor-/frühgeschichtlicher Machart geborgen werden, ansonsten war die gesammelte Fundmenge gering. Lediglich aus der Füllschicht von Befund 1 konnten noch wenige weitere kleine Keramikstückchen derselben Machart entnommen werden. Die restlichen Keramikfunde sind als Streufunde während der Baggerarbeiten aufgetreten und stammen vermutlich aus den höher gelegenen Erdschichten. Da sie ohne Befundkontext im Boden vorkamen, wurden die kleinfragmentarischen Keramikstückchen offenbar durch Ackernutzung und Tiergänge verlagert. Die Erhaltungstiefen der Befunde bzw. der ehemaligen Bodeneingriffe sind als flach zu bezeichnen, sodass über ihre Nutzung und Bestimmung nur gemutmaßt werden kann. Dennoch kann man sie im weitesten Sinne als Siedlungsgruben beschreiben, da aufgrund des vollständigen Ausbleibens von Knochen oder Leichenbrand ein Bestattungskontext ausgeschlossen werden kann. Da die unverzierte Keramik vor- bzw. frühgeschichtlicher Machart zu unspezifisch ist, um genauer zeitlich eingegrenzt zu werden, kann keine eindeutige Datierung der archäologischen Funde und Befunde erfolgen. Im Anschluss an die Bearbeitung und Dokumentation der Befunde konnte die Untersuchungsfläche daher nach nur zwei Grabungstagen wieder verfüllt und zur Bebauung freigegeben werden.

Simon Stamer

Osnabrück-Dodesheide: Weltkriegsrelikte als Erinnerungsort

Auf dem 2009 aufgelassenen Kasernengelände der ehemaligen Mercer- and Imphal-Barracks der britischen Rheinarmee am Limberg werden seit 2019 Abriss- und Erschließungsarbeiten durchgeführt, um die Nutzung als „Smart Business- und Servicepark" vorzubereiten. Während des Zweiten Weltkriegs befand sich hier die Teuto-Metallwerke GmbH, die zu den damaligen Osnabrücker Kupfer- und Drahtwerken (OKD) gehörte. Zwischen 1935 und 1945 wurde am Limberg hauptsächlich Infanteriemunition für Gewehre und Pistolen hergestellt. Etwa ein Drittel der Beschäftigten waren Zwangsarbeiterinnen und Zwangsarbeiter sowie Kriegsgefangene. Für die Zeit nach der Flächenkonversion ist ein Informationsort angedacht, der insbesondere an die Zwangsarbeitskräfte erinnern soll. Hierfür böte sich die ehemalige Zufahrt zum Werksgelände am Ickerweg an, an der noch eine durch Kriegsereignisse stark in Mitleidenschaft gezogene Splitterschutzzelle aus Beton (sog. „Einmannbunker") und Teile der alten Zaunanlage erhalten sind. Im März 2022 konnte die Stadt- und Kreisarchäologie Osnabrück in diesem Bereich kleinräumig graben und weitere Informationen zum oberirdisch nicht mehr erkennbaren Zustand der Betriebseinfahrt und verschiedener Fundamente erschließen.

Axel Friederichs

Hagen-Gellenbeck: Neues vom „Gellenbecker Gräberfeld"

Bereits 1995/96 und 1998 konnte die Stadt- und Kreisarchäologie während der Erschließungsmaßnahmen für ein neues Wohngebiet in Gellenbeck Ausschnitte eines Brandgräberfriedhofs aus der vorrömischen Eisenzeit (ca. 700 v. Chr. bis Chr. Geb.) freilegen. Die damals beidseits der heutigen Antonius-Tappehorn-Straße vorgefundenen Brandbestattungen der von den Archäologen „Gellenbecker Gräberfeld" benannten Nekropole stammen im Wesentlichen aus den ersten Jahrhunderten der Eisenzeit zwischen 700 und 300/200 v. Chr. Im April 1996 wurde zudem beim Aus-

ARCHÄOLOGIE

baggern eines Regenwasserrückhalts unmittelbar nördlich der Sporthalle an der Grundschule Gellenbeck ein Holzkastenbrunnen entdeckt. Die Analyse der Jahresringe der verwendeten Bäume ergab ein Fälldatum von 671 (+7/-5) n. Chr., verweist also in das frühe Mittelalter, welches insgesamt etwa vom späten 6. bis Anfang des 11. Jahrhunderts andauerte. Noch etwas weiter nördlich, am Spellbrink, erfolgten 2008 archäologische Ausgrabungen auf einer ebenfalls frühmittelalterlichen Siedlungsstelle. Dabei wurden hauptsächlich Grubenhäuser des 7./8. Jahrhunderts n. Chr. untersucht. Schon diese Grabungen zeigten eindrucksvoll, dass die heutige Ortslage Gellenbeck sich bereits seit vorgeschichtlicher Zeit als gut geeigneter Lebens- und Siedlungsraum anbot und als solcher gerne genutzt wurde.

Ab Mitte 2023 sollte unmittelbar westlich der Görsmannstraße südlich der Grundschule Gellenbeck eine Kindertagesstätte errichtet werden. Da das Areal nur wenig westlich der 1995/96 und 1998 aufgedeckten Brandgräber des „Gellenbecker Gräberfeldes" liegt und solche eisenzeitlichen Friedhöfe häufig eine erhebliche Ausdehnung aufweisen, wurden auf dem geplanten Baufeld und den nördlich angrenzenden Grundstücken seit Ende September 2022 archäologische Grabungen durchgeführt (Abb. 2). Mit etwa in Monatsfrist zu absolvierenden Grabungsflächen arbeitete sich das kleine Grabungsteam der Stadt- und Kreisarchäologie sukzessive nach Westen vor, ohne dass bis Redaktionsschluss Ende April 2023 nach bislang acht aneinander anschließenden Grabungsflächen ein Abschluss der vor- und frühgeschichtlichen Bodenfunde und -befunde abzusehen gewesen wäre.

Abb. 2: Gellenbeck. Grabungsfläche 3 von einer Drohne aus fotografiert. In der Bildmitte drei Kreisgräben der vorrömischen Eisenzeit. Norden ist links. (Foto: S. Stamer, Stadt- und Kreisarchäologie)

Insgesamt fanden sich bislang 14 mehr oder weniger vollständige Urnen aus der vorrömischen Eisenzeit auf der Grabungsfläche. Drei von ihnen waren zeittypisch mit einer Deckschale abgedeckt (Abb. 3). Alle Gefäße beziehungsweise Gefäßreste bestehen aus grob gemagertem gebrannten Ton. Einzelne wurden bei den archäologischen Baggerarbeiten am Gefäßoberteil leicht beschädigt, andere waren schon in früherer Zeit bei Erdeingriffen stark gestört oder gar bei der Feldarbeit vom Pflug gekappt worden. Daneben wurden drei Leichenbrandlager aufgedeckt; deren ursprüngliche Grabgefäße aus organischem Material (Holz, Stoff oder Leder) im Lauf der Jahrtausende restlos vergangen sind. Mit der Auffindung dieser Brandgräber, die zum Teil von Kreisgräben eingefasst waren, bestätigte sich die vorab aufgestellte archäologische Prognose für das zukünftige Baugelände, hier den westlichen (Rand-) Bereich des eisenzeitlichen „Gellenbecker Gräberfeldes" erfassen zu können.

Eher unerwartet zeigte sich bei den Grabungen noch ein zweiter Bestattungshorizont. Auf der Untersuchungsfläche, teils zwischen und neben den Brandgräbern, hoben sich im Anstehenden neun rechteckige Gruben ab, deren Ausmaße im Mittel 1,8 m in der Länge und 0,8 m in der Breite betrugen. Von den Dimensionen her konnte noch während der ersten Freilegungsarbeiten angenommen werden, dass es sich um Grabgruben von Körperbestattungen handelte. Allerdings fanden sich bei der weiteren Bearbeitung keine menschlichen Knochen. Dieser Umstand verwundert bei dem hier vorherrschenden Bodenmilieu mit niedrigem pH-Wert allerdings nicht, da in derart saurem Boden unverbrannte Knochen nur ganz wenige Jahrhunderte überdauern. Grabbeigaben in Form von eisernen Gegenständen (u.a. Messerklingen und eine Gürtelgarnitur), einem Keramikgefäß sowie zahlreichen bunten Glasperlen belegen letztlich eindeutig den Grabcharakter der Gruben (Abb. 4). Über die Beigaben lässt sich eine Datierung in das frühe Mittelalter, und hier in den Zeitraum um das 6. bis 8. nachchristliche Jahrhundert vornehmen. Mit einiger Wahrscheinlichkeit kann davon ausgegangen werden, dass diese Bestattungen einen Teil des Friedhofs der frühmittelalterlichen Siedlung am Spellbrink, die 2008 nur etwas mehr als 300 m nordöstlich entdeckt worden war, darstellen. In denselben Kontext wird auch der 1996 freigelegte Brunnen gehören. Dieser Friedhof, Siedlung und Brunnen ordnen sich in das Spannungsfeld zwischen Franken und Sachsen im frühen Mittelalter sowie in die beginnende Christianisierung unserer Region ein.

Abb. 3: Gellenbeck. Urne 1 in der Profilansicht. An der linken Gefäßseite sind noch die Reste der umgedreht übergestülpten Deckschale erkennbar. Die Grabgrube hebt sich dunkel vom anstehenden sandigen Boden ab. (Foto: Stadt- und Kreisarchäologie)

Abb. 4: Gellenbeck. Bunte Glasperlen in situ in Körpergrab 1 während der Ausgrabung. (Foto: Stadt- und Kreisarchäologie)

Axel Friederichs

ARCHÄOLOGIE

Osnabrück: Bei Gericht

Im Rahmen einer baubegleitenden Untersuchung wurden im Frühjahr 2022 die archäologischen Ausgrabungen des Vorjahres im Bereich hinter dem Land- und dem Amtsgericht Osnabrück fortgesetzt (siehe Heimatjahrbuch Osnabrücker Land 2023 [2022], 232–234). Der Aushub innerhalb der Baugrube umfasste die Entfernung aller möglichen historischen und anstehenden Auffüll- und Torfschichten, sodass eine Sicherung möglicher relevanter Befunde notwendig war. Bei dieser tiefen Baumaßnahme konnte die in Vorjahr erfasste Stratigrafie vervollständigt werden. Auf der gesamten Fläche wurde als unterste Schicht grauer Sand entdeckt, der von einer unterschiedlich stark ausgeprägten Torfschicht bedeckt war (Abb. 5). Weiterhin wurden historische Auffüllschichten festgestellt, die mit den Geländeerhöhungs- und -gewinnungsmaßnahmen des 17.–18. Jahrhunderts im Bereich der Neustadt entlang der Hase zusammenhängen. Bereits im Vorjahr dokumentierte Mauerbefunde aus der Zeit des Zucht- und Strafarbeitshauses (1755–1872) konnten zudem mit neuen Informationen ergänzt werden. So wurde unterhalb der südlichen Abschlussmauer des Gefangenenwärter-Gartens eine massive Holzsubstruktion aus waagerecht verlegten Kanthölzern auf einer Pfostenreihe dokumentiert, die sich auch in Archivquellen des 19. Jahrhunderts wiederfindet. Die Mauer ließ sich anhand der Pfähle in Südwest-Richtung bis zur Westgrenze der Baugrube nachweisen und belegt ihre Interpretation von 2021. Dieser Bauphase lassen sich zudem mehrere weitere Pfostenreihen zuordnen, die bisher anhand von Archivalien und

Abb. 5: Osnabrück. Mächtige Torfschicht der Haseniederung über anstehendem grauen Sand in der Baugrube des neuen Gerichtszentrums am Neumarkt. (Foto: K. Ostrowski, Stadt- und Kreisarchäologie)

historischen Quellen unbekannt waren und auf weitere Bebauung im ehemaligen Gartenbereich des Zuchthauses hindeuten. Aus der Bauphase des in den 1870er Jahren errichteten und 2021 abgerissenen Gefangenenhauses stammen massive Sandsteinfundamentblöcke, die regelhaft auf der bebauten Fläche angetroffen wurden. Im Südosten der Fläche konnte die südliche Abschlussmauer des zugehörigen Wirtschaftshofes sowie im Südwesten Mauern verschiedener Wirtschaftsgebäude erfasst werden. Weitere Befunde stammen aus den 1960er Jahren, als das Gefängnis im Norden gekappt und im Süden durch einen Anbau erweitert wurde. Befunde aus der Zeit des Augustinerklosters (Ende 13.–16. Jh.), der vermuteten Bischofsresidenz (1583–85) oder des Jesuitenkollegs (1628–33) konnten auch in dieser Untersuchung nicht nachgewiesen werden, sodass ihre Lokalisierung im Areal des zukünftigen Justizzentrums ehr unwahrscheinlich bleibt. Eine mehrlagige Holzrostkonstruktion im Westen der Fläche stellte den ältesten Befund der Untersuchung dar. Sie bestand aus mehreren rechtwinklig zueinander verlegten Rundhölzern und steht als mögliche (Weg-)Bebauung im Zusammenhang mit der Nutzung des Areals als Garten vor der Geländeerhöhung im 17. bis 18. Jahrhundert.

Katharina Ostrowski

Osnabrück: Viel Wasser, Holz und ein paar Schuhe – eine Ausgrabung an der Großen Domsfreiheit

Von Oktober 2022 bis Ende Februar 2023 erlaubte eine Ausgrabung an der Großen Domsfreiheit 5-6 erstmals seit 10 Jahren wieder einen Einblick in die Siedlungsgeschichte des Domareals. Die betreffende Fläche im Garten des ehemaligen Priesterseminars liegt nur etwa 40 m vom Haseufer entfernt innerhalb der Stadtmauer, die in diesem Bereich als Hellingsmauer zum Teil erhalten ist (Abb. 6). Frost vor Weihnachten und starke Regenfälle nach den Feiertagen erschwerten die Ausgrabungsarbeiten im Grundwasserbereich. Durch den Einsatz mehrerer Pumpen konnte das Grabungsteam jedoch zahlreiche hölzerne Befunde (Abb. 7) freilegen – der positive Aspekt des feuchten Untergrundes: Organische Materialien blieben erhalten. Die angetroffenen Konstruktionen aus Pfosten, Bohlen, Baumstämmen, Ästen und Flechtwerk sind noch nicht abschließend ausgewertet. Möglicher-

Abb. 6: Osnabrück. Luftaufnahme mit einer Drohne: links die Große Domsfreiheit mit ehemaligem Priesterseminar, rechts die Hase. Unten ist die Sporthalle des Carolinums erkennbar, vor deren Errichtung 2012/13 eine große Ausgrabung stattfand. (Foto: S. Stamer, Stadt- und Kreisarchäologie)

ARCHÄOLOGIE

Abb. 7: Osnabrück. Blick von Norden auf den Grabungsschnitt am Preisterseminar kurz vor Ende der Maßnahme. Etwas unterhalb der Bildmitte verlaufen von rechts nach links mit Pfosten gehaltene Bohlen. Trotz laufender Pumpen steht Wasser auf der Fläche. (Foto: S. Snowadsky, Stadt- und Kreisarchäologie)

weise handelt es sich um eine Teichanlage, die aus der Hase gespeist wurde. Diese könnte in Zusammenhang mit einer Fischzucht gestanden haben. Denkbar ist aber auch eine Verbindung mit den beiden Mühlen des Domkapitels und des Bischofs, die ihre Standorte vielleicht ursprünglich nicht an der Hase, sondern an einem parallel geführten künstlichen Bachlauf, dem schriftlich überlieferten Hellingsbach hatten. Dieser hätte mithilfe eines Teiches reguliert werden können und die Mühlräder vor einer Bedrohung durch Hochwasserlagen der Hase geschützt.

Eine weitere Hypothese steht ebenfalls noch im Raum. Demnach wären die geschichteten Äste und Stämme mit dem aufliegenden Flechtwerk ein erster Schritt zur Trockenlegung des sumpfigen Areals an der Hase. Die Auswertung der Grabung ist noch nicht abgeschlossen. Vielleicht ergibt sich eine Präferenz für eine der möglichen Interpretationen.

Eindeutig zuzuordnen sind die nächstjüngeren Befunde: die über 1,5 m starken Auffüllschichten dienten der Anhebung des Geländes, die eine ganzjährigen Nutzung als Garten- und Wirtschaftsbereich ermöglichte. Die zahlreichen Funde aus diesen Schichten weisen in einen Zeitraum von um 1600 bis um 1700 für diese aufwändigen und sicherlich als organisierte Gemeinschaftsleistung erbrachten Arbeitsmaßnahmen. Zwischen Schuttmaterial abgerissener Häuser und Füllungen von Abfallgruben fanden sich u. a. Gefäßscherben, Ofenkachelfragmente, zwei Münzen (Osnabrücker Pfennige von 1599 und 1676), ein Boden eines Holzeimers und sehr viele lederne Schuhbe-

Abb. 8: Osnabrück. Reste eines Schuh-Oberleders, gefunden am Priesterseminar in der Auffüllschicht aus der Zeit zwischen 1600 und 1700. (Foto: U. Haug, Stadt- und Kreisarchäologie)

standteilen (Abb. 8). Letztere überdauerten nur aufgrund des Feuchtbodens in der Erde und stellen daher in Osnabrück eine eher seltene Fundgattung dar.

Das ursprünglich steil zur Großen Domsfreiheit ansteigende Grundstück an der Ostseite der sog. Domburg war im Mittelalter im Besitz des Bischofs. Auf dem höher gelegenen, hochwasserfreien Teil erstreckte sich seine Residenz, die er bis ins 13. Jh. bewohnte. Dann zog sich der Bischof aus der Altstadt zurück und verkaufte nach und nach einzelne Parzellen, wobei immer eine Rückkaufsklausel im Vertrag festgehalten wurde. Auf dem archäologisch untersuchten Grundstück Große Domsfreiheit 5-6 entstand eine Domherrenkurie. Letzter bekannter Besitzer und Bewohner vor Errichtung des Priesterseminars ab 1890 war Domherr von Staël.

Sara Snowadsky / Ellinor Fischer

Quakenbrück: An der Kita bei der Burg

In der ersten Maihälfte 2022 erfolgten nördlich der Kindertagesstätte St. Marien an der Burgstraße 2–4 in Quakenbrück vorbereitende Abtiefungsarbeiten für einen Erweiterungsbau, die aufgrund der unmittelbaren Nähe zum historischen Altstadtbereich und der ehemaligen mittelalterlichen Burg von Quakenbrück archäologische Untersuchungen erforderten. Diese waren rechtzeitig im Vorfeld zwischen dem ausführenden Architekturbüro Feldschnieders + Kister und der Stadt- und Kreisarchäologie Osnabrück abgestimmt worden.

Mit der kurzen baubegleitenden archäologischen Maßnahme bot sich die Chance, Hinweise auf Größe und Ausdehnung der Quakenbrücker Burg zu erschließen, die 1971 etwas weiter südöstlich im Zuge von Ausgrabungen der damaligen Bezirksarchäologie Weser-Ems erfasst worden war. Insgesamt zeigte sich anhand der Bodenbefunde, dass der umfassende Burggraben des 13. Jahrhunderts eindeutig nicht so weit Richtung Nordwesten auszog, wie in den 1970er Jahren vermutet. Auch von einer möglichen Uferbebauung an der Hase oder einer mittelalterlichen Vorburgsiedlung ließen sich keine Spuren nachweisen. Das Fundspektrum setzt sich überwiegend aus neuzeitlichen Funden des 17.–19. Jahrhunderts zusammen, nur insgesamt drei Objekte können vorsichtig in das 13. und 14. Jahrhundert datiert werde, blieben aber ohne Befundkontext. Damit unterscheidet es sich signifikant vom Fundspektrum der Grabung 1971 und unterstützt den Eindruck der Befunde.

Insgesamt scheint es sich in dieser Stelle hinter der Kita St. Marien vor allem um ein durch Niederungssande der Hase im Norden und der neuzeitlichen Tränke im Westen geprägtes Areal zu handeln, wo vereinzelt Haus- oder Küchenabfälle vermutlich des südlich an der Burgstraße 2 anschließenden Burgmannshofes der Familien Brawe und von Hammerstein-Loxten entsorgt wurden.

Katharina Ostrowski

ARCHÄOLOGIE

Ostercappeln-Venne: Kilometerlange Grabungsschnitte

Südlich und östlich der Firma Häcker-Küchen in Venne wurde 2022 ein weiteres Gewerbegebiet ausgewiesen. Es umfasst eine Fläche von insgesamt etwa 20 ha Größe und liegt nur wenige Kilometer östlich von Museum und Park Kalkriese, dem Forschungs- und Ausstellungszentrum zur Varusschlacht des Jahres 9 n. Chr. und fällt infolgedessen in den Mutungsbereich der Varusschlacht.

Die fast ebenso große Häcker-Fläche war bereits im November 2016 weit vor Baubeginn mit wenigen schmalen Suchschnitten prospektiert worden, ohne dass sich dabei nennenswerte archäologische Funde oder Befunde ergeben hätten. Ende 2018 wurden die Erschließungs- und Tiefbauarbeiten dann von Mitarbeitern von Museum und Park Kalkriese mit Unterstützung von ehrenamtlichen Sondengängern begleitet. Dabei konnten zahlreiche Metallfunde, unter anderem verschiedene Fibeln, vor allem aus dem ersten Jahrtausend nach Christi Geburt, ein bronzenes Absatzbeil aus der älteren Bronzezeit um 1500 v. Chr. sowie Keramik allgemein vorgeschichtlicher Machart geborgen werden. Diese Funde können als Hinweise auf zerstörte bronzezeitliche Grabhügel sowie vorgeschichtliche Siedlungstätigkeit gewertet werden. Insgesamt ergaben sich bei dieser zweiten archäologischen Maßnahme also deutliche Verdachtsmomente, dass das Areal archäologisch wesent-

Abb. 9: Venne. Drohnenaufnahme der Grabungsschnitte südlich der Bundesstraße 218, die rechts in der Bildmitte verläuft). (Foto: M. Rappe, Museum und Park Kalkriese)

lich bedeutsamer einzuschätzen war, als 2016 nach den zu wenigen zu schmalen Suchschnitten zunächst vermutet.

Für das neue Gewerbegiet wurde daher ein archäologisches Konzept erstellt, dass zahlreiche 5 m breite Sondageschnitte von zusammengenommen annähernd 4 km Länge umfasst (Abb. 9). Um diese größte bislang im Osnabrücker Land durchgeführte Suchgrabung bewältigen zu können, haben sich die Stadt- und Kreisarchäologie Osnabrück sowie Museum und Park Kalkriese zusammengeschlossen. Bei den Arbeiten vor Ort wurde das Kalkrieser Grabungsteam unterstützt von der Grabungsfirma minerva X aus Pulheim. Die Großgrabung begann im Oktober 2022 und war bei Redaktionsschluss noch nicht beendet.

Besonders im östlichen Bereich des zukünftigen Gewerbegebiets konnte in den Suchschnitten ein dichter Schleier aus relativ großteilig zerscherbter Keramik festgestellt werden, der sich hochgerechnet über eine Fläche von mindestens 4 ha erstreckt. Hier traten auch archäologische Befunde in Form von Pfostenlöchern und (Vorrats-) Gruben zutage. In einigen Fällen stand das Unterteil eines Vorratsgefäßes aus gebranntem Ton noch in situ im Boden. Die Funde und Befunde sind offenbar der Zeit vom ersten vorchristlichen bis ersten nachchristlichen Jahrhundert zuzuweisen und ließen eine Siedlungsstelle dieses Zeitraums erwarten. Die weiteren Grabungen fokussierten sich daher auf diese 4–5 ha und wurden von den Suchschnitten ausgehend in die dazwischenliegenden Flächen ausgeweitet.

Stefan Burmeister / Axel Friederichs / Marc Rappe

Bad Essen-Wittlage: Baubegleitung in der Burg

Die Stiftsburg Wittlage wurde um 1309 unter Bischof Engelbert II. von Osnabrück (1309–1321) erbaut, um die nordöstliche Landesgrenze gegen Ravensberg, Minden und Diepholz zu sichern. Bischof Gottfried Graf von Arnsberg (1321–1349) ließ die Burg mit Mauern befestigen und vergrößern. Unter Bischof Otto Graf von Hoya (1410–1424) wurde das Herrenhaus (Aula) erbaut. Bischof Konrad IV. Graf von Rietberg (1482–1508) legte die Außenburg an. Mit dem Bau des Amtshauses durch Fürstbischof Ernst August II. (1716–1728) zwischen 1726 und 1728 verlor die Burg ihre Verteidigungsfunktion und wandelte sich in einen Amtssitz. Als Zugang zur Hauptburg wurde eine steinerne Brücke errichtet. In der Vorburg entstand um 1750 ein Wirtschaftsgebäude aus Fachwerk, ein Gefangenenhaus wurde 1860 an die Westseite des Turms angesetzt. Heute wird die Burg von einer sozialen Einrichtung genutzt.

Im März 2022 wurden im Innenbereich neue Nähwärmeleitungen verlegt. Die Schachtarbeiten für den große Teile des Burggeländes durchschneidenden Leitungsgraben wurden archäologisch begleitet. Die dabei angetroffenen baulichen Reste und Steinfundamente eines Brunnens und von Hofmauern des ehemaligen

ARCHÄOLOGIE

Gefängnisses finden sich auf einer Handzeichnung von 1864 wieder (NLA OS, K 81 Wittlage Nr. 1 H: „Brunnen", „Spazierhof der Gefangenen"), andere Steinbefunde konnten noch nicht sicher historisch überlieferten ehemaligen baulichen Anlagen zugeordnet werden.

Axel Friederichs

Ausstellungen

Bersenbrück: LebensBilder im 17. Jahrhundert

Dem Jubiläum „375 Jahre Westfälischer Frieden" widmeten sich im Jahr 2023 zahlreiche Veranstaltungen in Stadt und Landkreis Osnabrück. Die Ausstellung „LebensBilder aus der Zeit vom Dreißigjährigen Krieg und Westfälischen Frieden" ist ein Kooperationsprojekt vom Kulturbüro des Landkreises Osnabrück mit dem Niedersächsischen Landesarchiv, Abteilung Osnabrück sowie der Stadt- und Kreisarchäologie Osnabrück gewesen (Abb. 10). Die Präsentation wurde zunächst vom 21. April bis zum 11. Juni 2023 im Museum im Kloster in Bersenbrück gezeigt (Abb. 11). Danach wanderte die Ausstellung weiter durch den Landkreis, Bestandteile waren auch am Eröffnungsabend der Osnabrücker Kulturnacht XXL am 25. August im Landesarchiv an der Schloßstraße zu sehen, ehe sie zum Abschluss von Oktober bis November 2023 im Kreishaus am Schölerberg präsentiert wurde.

Abb. 10: Bersenbrück. Titelplakat der Sonderausstellung LebensBilder. (Grafik: J. Franzen, Stadt- und Kreisarchäologie)

Abb. 11: Bersenbrück. Blick in die Ausstellung LebensBilder im Obergeschoss des Museums im Kloster in Bersenbrück. (Foto: J. Franzen, Stadt- und Kreisarchäologie)

Im Fokus standen zeitgenössische Personen, die während des 17. Jahrhunderts im Osnabrücker Land lebten. Die Gesellschaft war zu dieser Zeit in Stände gegliedert. Sie grenzten sich durch Abstammung, Rechte und Aufgaben strikt voneinander ab. In der Regel wurde zwischen Klerus, Adel und bäuerlichem Stand unterschieden. Ob kriegerischer Generalmajor, bedrohte Stiftsdame, geschäftiger Landadeliger, ausgebeutete Landbevölkerung, belagerter Hauptmann oder entlassene Pfarrer

– die geschilderten Erlebnisse und Perspektiven ermöglichten einen persönlichen Einblick in die jeweiligen Lebenswelten. Je nach gesellschaftlichem Stand unterschied sich auch der Handlungsspielraum. Adelige und Angehörige des Klerus bildeten die gesellschaftliche und politische Elite der Zeit. Als privilegierter Herrschaftsstand und Träger der Gerichtsbarkeit erhielten sich zahlreiche schriftliche Zeugnisse ihres Wirkens. Hingegen sind Einzelschicksale der einfachen Bevölkerung wenig überliefert worden. Als wesentlicher Bestandteil der Gesellschaft hatten sie dennoch ihren festen Platz in der Ausstellung.

Zur Sonderausstellung ist auch Begleitheft erschienen, das noch immer auf der Website des Museums im Kloster heruntergeladen werden kann (www.museum-im-kloster.de/publikationen). Gedruckte Exemplare können ebenfalls beim Museum angefordert werden solange der Vorrat reicht.

Judith Franzen

Osnabrück-Schölerberg: Ein neues Zuhause für den 5000 Jahre alten „Lüstringer Kupferschatz"

Mitte 2016 konnte in Osnabrück-Lüstringen ein vorgeschichtlicher Kupferhort geborgen werden. Er stammt aus der Trichterbecherkultur der Jungsteinzeit (ca. 3500–2800 v.Chr.). Zu dieser Zeit wurden auch die Großstein- oder Megalithgräber für zahlreiche Tote aus mehreren Generationen errichtet.

Nachdem die Kupferfunde bereits in mehreren Sonderausstellungen in Osnabrück, Berlin, Oldenburg und Hannover präsentiert werden konnten, haben sie nun in der am 23. April 2023 eröffneten neuen Dauerausstellung „Dem Leben auf der Spur" im Museum am Schölerberg ihren gebührenden endgültigen Platz gefunden (Abb. 12). Das Museum am Schölerberg bietet eine einzigartige Kombination aus naturkundlichem Museum, Umweltbildungszentrum und Planetarium. Im Themengebiet „Urbanes Leben" stellt der Hort, bestehend aus einer Axt, zwei Lunulae („kleine Monde") und einem Schmuck-

Abb. 12: Osnabrück. Die Hologramm-Vitrine mit dem Kupferhort von Lüstringen im Museum am Schölerberg. (Foto: A. Friederichs, Stadt- und Kreisarchäologie)

ARCHÄOLOGIE

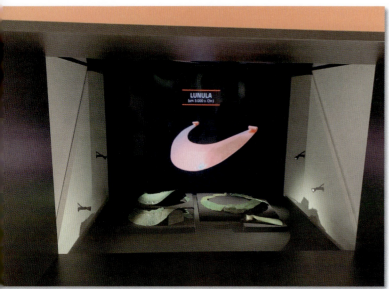

blech, den Ankerpunkt zu der in unserem Raum zuvor vollzogenen Sesshaftwerdung des Menschen dar. In einer Hologramm-Vitrine werden in den Freiraum über den Funden ihre Rekonstruktion und Trageweise hineinprojiziert (Abb. 13).

Axel Friederichs

Abb. 13: Osnabrück. Detailaufnahme der Lüstringer Kupferfunde mit darüber schwebendem Hologramm einer Lunula. (Foto: A. Friederichs, Stadt- und Kreisarchäologie)

Literaturauswahl

- Bigalke, Barbara: Der Archäologische Arbeitskreis für Stadt und Landkreis Osnabrück, in: Heimat-Jahrbuch Osnabrücker Land 1999 (1998), 182–183.
- Fischer, Ellinor; Eichhorn, Theresa; Franzen, Judith; Materna, Lisa; Snowadsky, Sara: In den Sumpf geblickt. Eine Ausgrabung in der Haseniederung (Hrsg. Stadt Osnabrück). Osnabrück 2013.
- Franzen, Judith; Friederichs, Axel: Amtswechsel in der Stadt- und Kreisarchäologie Osnabrück. Axel Friederichs folgt Bodo Zehm als Stadt- und Kreisarchäologe, in: Varus-Kurier 19, 23. Jahrgang – 1 / Dezember 2017, 33–35.
- Franzen, Judith; Pfaff, Katharina; Schöpper, Anna Philine: LebensBilder aus der Zeit vom Dreißigjährigen Krieg und Westfälischen Frieden. Sonderausstellung – Begleitheft (Hrsg. Landkreis Osnabrück). Osnabrück 2023.
- Friederichs, Axel: Die vorrömischen Metallzeiten, in: Friedrich-Wilhelm Wulf / Wolfgang Schlüter, Archäologische Denkmale in der Kreisfreien Stadt und im Landkreis Osnabrück. Materialhefte zur Ur- und Frühgeschichte Niedersachsens, Reihe B: Inventare, Heft 2. Hannover 2000, 30–61.
- Friederichs, Axel: Archäologische Quadratmeile Gellenbeck. Neue Ausgrabungen 2022, in: Varus-Kurier 24, 28. Jahrgang – 1 / Dezember 2022, 20–22.
- Friederichs, Axel; Stamer, Simon: Spuren frühen Ackerbaus in Eggermühlen-Bockraden. Neue Ausgrabungen im alten Kirchspiel Ankum, in: Heimat-Hefte für Dorf und Kirchspiel Ankum 26, 2023 (2022), 29–32.
- Neumann, Daniel; Ostrowski, Katharina: Die erste Bronze in Mitteleuropa? Frühe Objekte aus Arsenkupfer und ihre Verbindungen, in: Florian Klimscha / Lukas Wiggering (Hrsg.), Die Erfindung der Götter – Steinzeit im Norden. Petersberg 2022, 326–335.
- Ostrowski, Katharina: Ein einmaliger Fundkomplex ohne Vergleich. Neues zum jungsteinzeitlichen Kupferhort von Lüstringen, in: Archäologie in Niedersachsen 26, 2023, 122–126.
- Preuß, Johannes; Eitelberg, Frank: Historisch-genetische Studie für das ehemalige Werksgelände der Teuto-Metallwerke GmbH in Osnabrück-Dodesheide (Auftraggeber Oberfinanzdirektion Niedersachsen). Mainz 2009.

NATUR UND UMWELT

Ein Loblied auf die Mistel „Immergrün"
Jürgen Schwarz

Abb. 1: Die Mistel (viscum album) gilt als sogenannter „immergrüner Halbschmarotzer", da sie an einer Wirtspflanze wächst, welcher sie Nährstoffe entzieht. Sie stellt aber auch seit jeher eine Heil- und Kultpflanze dar. (Foto: wikimedia commons).

Nicht so stachlig wie die Distel,
Dafür voller Wunderkraft,
Ist die altbewährte Mistel,
Immergrün und stark im Saft.

Eng in Freundschaft angebunden,
Treu in Liebe angeschmiegt
Wird an Bäumen sie gefunden,
Wo sie sich im Winde wiegt.

Vieles wird ihr angedichtet,
Ihrem holden Winterbild;
Und von Heilung wird berichtet,
Wenn des Glaubens Kraft erfüllt.

Fruchtbarkeit scheint sie zu mehren.
Bei Vergiftung wird sie schon
- Wie auch alte Bücher lehren –
Eines Gegengiftes Lohn.

Fallsucht wird dabei beschrieben.
Und, sind Frauen unfruchtbar,
Helf' mit ihrem Sud, dem trüben,
Eine Mistel wunderbar.

Gar der Leibeskrämpfe Mühen
Lindre sie auf ihre Weis',
Dass sie leichter sich verziehen
Auf des Medicus Geheiß.

Unterm Mistelzweig sich küssen:
Das bewahrt seit alter Zeit
- Solches ist ein reifes Wissen –
Vor Enttäuschung und vor Leid.

Schließlich mehrt sie Weihnachtsfreuden
Gleich in einem Doppelsinn:
Die Geburt – sagt sie bescheiden –
Unsres Herrn ist ihr Gewinn.

Denn ihr Immergrün wird zeigen,
Dass der Segen dann noch hält,
Wenn im winterlichen Schweigen
Tot erscheint die weiße Welt.

Schließlich ist dem Immergrünen
Eine Zauberkraft verliehn,
Dinge, die verlockend schienen,
Zu erlangen ohne Mühn.

Schaut nur an die prallen Früchte,
Leuchtend noch zur Winterzeit,
Wo das zarte, immer lichte,
Glänzen uns im Dunkeln freut.

Früchte, die - um's nur zu streifen-
Bei der Mistel wunderschön
Silbrig-rötlich lockend reifen,
Sind dann noch im Grün zu sehen.

Und so preisen wir sie gerne,
Die mit eigner Wunderkraft
Uns zur Erde bringt die Sterne,
Und uns heilend Segen schafft.

NATUR UND UMWELT

Frösche im Artland
Rainer Drewes (Text), Friedel Zöpfgen (Fotos)

Sicher kennen viele unserer Leser die lustigen grünen Fußabdrücke auf dem Quakenbrücker Altstadtpflaster. Das ist der sogenannte „Poggenpad". „Poggen" ist die plattdeutsche Bezeichnung für Frösche. Hat also die Stadt Quakenbrück sich diese niedlichen Tierchen als Vorbild für den Poggenpad ausgewählt?

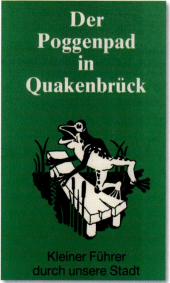

Abb. 1: Poggenpad Broschüre, vermutlich um 1990

„Der Poggenpad in Quakenbrück", so lautet der „kleine Führer durch die Stadt", den Heinrich Böning verfasst hat. Darin heißt es: „Was die Frösche mit Quakenbrück zu tun haben? Das sagt Ihnen schon der Name der Stadt. Sein Ursprung ist zwar nicht eindeutig geklärt, aber sicher handelt es sich um eine Brücke über das sumpfige Gelände des Hasetals." Insofern ist es folgerichtig, dass sich unser Tierfotograf Friedel Zöpfgen die Froschlurche vor die Linse genommen hat, denn Zöpfgen wohnt in der Burgmannsstadt.

Frösche besitzen eine atmende Haut. Diese wird durch Drüsen feucht gehalten. Damit wird die Aufnahme von Sauerstoff aus der Luft ermöglicht. Daher sind Frösche an Wasser oder feuchte Umgebung gebunden. Sie können lange Zeit unter Wasser leben. Ihre Haut nimmt dann, ähnlich wie die Kiemen eines Fisches, Sauerstoff aus dem Wasser auf.

Grasfrosch (Rana temporaria)

Dieser relativ große Frosch, er wird bis zu 10 cm groß, hat seinen lateinischen Namen wegen der Flecken in der Ohrgegend (tempora = Schläfe). Er lebt in Wiesen, auf Feldern, in Gärten und Wäldern. Ein weiteres Erkennungszeichen sind die quergestreiften Hinterbeine. Der Grasfrosch ist ein Dämmerungsjäger. Er frisst alles, was sich bewegt und was er überwältigen kann, so Insekten, Schnecken, Regenwürmer. Die Laichzeit beginnt bereits im Februar und kann sich bis in den April hineinziehen. Die Tiere laichen an nicht schnell fließenden Gewässern. Wie verabredet treffen die Frösche fast zur gleichen Zeit am Laichgewässer ein. Hier legt das Weibchen Laichklumpen mit 3000 bis 4000 Eiern, die aufsteigen und sich fladenförmig an der Wasseroberfläche ausbreiten. Nach dem Laichvorgang verlassen die Lurche das Gewässer wieder. Sie wandern bis zu zwei Kilometern Entfernung zu ihren Landrevieren. Die Kaulquappen schlüpfen nach drei bis vier Wochen. Ein Vierteljahr später gehen dann die etwa 1 Zentmeter langen Fröschlein, die Pielepoggen, an Land, wo sie überwintern. Da die Quappen fast zur gleichen Zeit aufs Land wandern, sprach man früher von einem „Froschregen". Im nächsten Jahr wandern sie wieder zurück; es hat eine „Laichplatzprägung" stattgefunden. Man hat beobachtet, dass einige adulte Tiere auch am Gewässergrund überwintern.

Kleiner Teichfrosch (Rana lessonae)

Der Teich- oder Tümpelfrosch ist mit 4,5 bis 7 cm Länge der kleinste der Grünfroschformen. Seine Haut ist relativ glatt, gelbgrün und ungefleckt. Wir finden ihn in großen Teilen Mittel- und Osteuropas, vor allem im Flachland und am Rand der Mittelgebirge. Die erwachsenen Tiere leben fast ausschließlich im Wasser großer und kleiner Gewässer. Die Laichzeit erstreckt sich von April bis Mai. Das Weibchen setzt Laichballen mit ca. 300 Eiern ab, die auf den Boden absinken. Die Kaulquappen erscheinen nach acht Tagen und entwickeln sich in 3 bis 4 Monaten zu zwei Zentmeter kleinen Fröschlein. Sie überwintern an Land, die Adulten graben sich in den Bodenschlamm der Wohngewässer ein.

Abb. 2: Kleiner Teichfrosch auf Laichballen

Oft entstehen Bastardformen zwischen dem Teichfrosch und dem größeren Seefrosch. Der weit verbreitete Wasserfrosch (Rana esculenta) wird seit einigen Jahren als eine solche Mischung angesehen. Es wird vermutet, dass wir hier Zeugen eines Artbildungsprozesses sind, der gegenwärtig vor unseren Augen abläuft. Letztlich können aber Unterschiede und Gemeinsamkeiten nur mit serologischen Methoden sicher bestimmt werden.

Abb. 3: Wasserfrosch.

Abb. 4: Grasfrosch

NATUR UND UMWELT

Moorfrosch (Rana arvalis)

Die Männchen dieses 6 bis 8 cm großen Frosches verfärben sich zur Paarungszeit in himmelblaue Exemplare. Sonst sind beide Geschlechter hell- bis dunkelbraun. Die Laichzeit ist im März und April. Die 1000 bis 2000 Eier werden in ein bis zwei Laichklumpen in Tümpeln, Gräben und Weihern gelegt. Die Tiere leben oft an Moorrändern, dort wo saure Gräser und Sonnentau, Sumpfheide und Sumpfwolfsmilch gedeihen. Sie sind Bioindikatoren. Der Moorfrosch stellt sehr konkrete Anforderungen an den Lebensraum. So benötigt er einen hohen und gleichbleibenden Grund- oder Stauwasserstand. Großflächige Meliorationsmaßnahmen (Entwässerungen) verdrängten ihn aus vielen seiner ehemaligen Siedlungsgebiete. Es gibt aber Hoffnung. Seitdem 1988 im Naturschutzgebiet Hahnenmoor zwischen Herzlake und Grafeld der Torfabbau gestoppt wurde, erholen sich die Bestände dort.

Abb. 5: Moorfrösche, zwei Männchen.   Abb. 6: Kopulierende Moorfrösche

Laubfrosch (Hyla arbórea)

Der lateinische Name zeigt es an: hyla = Wald; arborea = Baum. Der Laubfrosch ist ein ganz spezieller Lurch, der sich eine neue räumliche Dimension erschlossen hat. Er klettert nämlich hervorragend. Der einzige Vertreter der Baumfrösche bei uns kann sich mit seinen klebrigen Haftballen an den Zehenenden sogar an der Glaswand eines Terrariums halten. Sonst lebt er verborgen in Schilfdickichten, Gebüschen und Laubbäumen. Das hübsche Tierchen wird bis 5 cm lang. Je nach Stimmung kann es wie das Chamäleon seine Hautfarbe verändern: grün, bräunlich oder gelblich. Wie kommt diese Verwandlung zustande? Laubfrösche besitzen in ihrer Haut viele winzige Farbkörnchen in allen möglichen Farbtönen. Diese Körnchen können sich ausweiten und wieder zusammenziehen. Hockt der Laubfrosch im Winter in einem Erdloch oder unter einem Baumstubben, so nimmt seine Haut durch die Ausdehnung der dunklen Farbzellen eine graue Erdfarbe an. Mit der fortschreitenden Jahreszeit wird der Frosch dann langsam dunkler bis zum tiefen Grün des Sommerlaubes, und zum Herbst hin, wenn hier und da schon ein gelblichbrauner Farbton in die Blätter kommt, passt sich seine Haut auch dieser Farbe an. Dadurch wird es der Ringelnatter, der Krähe und dem Iltis schwergemacht, ihn zu erkennen. Wegen dieser wunderbaren Farbanpassung bleibt er auch den Insekten, auf die er Jagd macht, verborgen. Die Laichzeit ist März/April. Die walnussgroßen Laichballen haben bis zu 300 Eier. Die Larvenentwicklung in pflanzenreichen Stillgewässern dauert etwa zwei Monate. Der Frosch ist überwiegend nacht- und dämmerungsaktiv. Seine Kletterfähigkeit machte ihn übrigens früher zum „Wetterfrosch". Das Tier kletterte bei großer Hitze auf der Holzleiter in seinem Glas nach oben, um genügend Sauerstoff zu bekommen, während er bei kühler Witterung schon eher mit dem Gefäßboden zufrieden war. Der Aberglauben vom Wetterpropheten hat vielen Laubfröschen einen qualvollen Tod bereitet.

Abb. 7: Laubfrosch

Das weithin zu hörende Quaken des Männchens wird durch einen aufgeblasenen Kehlsack unterstützt.

Alle vorgestellten Frösche sind stark gefährdet. Sie haben in den letzten Jahrzehnten beträchtliche lokale Bestandseinbußen erleben müssen; in der Regel durch die Zerstörung der Lebensräume wie Moor-Heide-Komplexe, durch den sogenannten „Straßentod" wandernder Amphibien zum Laichort oder durch den Einsatz von Pestiziden, die die empfindliche Haut zerstören. Hier gilt es, dauerhafte Lösungen zu finden wie befristete Straßensperrungen, den Einbau von Tierdurchlässen unter der Fahrbahndecke oder die Anlage von Ersatzgewässern abseits neuralgischer Verkehrsstrecken.

Benutzte Literatur:
- Glindt, Dieter/Benny Trapp: Die Amphibien und Reptilien Europas. Beobachten und Bestimmen (= Quelle & Meyer Bestimmungsbücher). Wiebelsheim 2022.
- Engelhardt, Wolfgang: Was lebt in Tümpel, Bach und Weiher (= Kosmos Naturführer). Stuttgart 1996 (14. neu bearb. Auflage).
- Blab, Josef/Hannelore Vogel: Amphibien und Reptilien. Kennzeichen, Biologie, Gefährdung (= Spektrum der Natur). BLV Verlagsgesellschaft München, Wien Zürich 1989.
- Lange, Erich: Die Farben der Tiere. Urania Verlag Leipzig, Jena, Berlin 1979.
- Hagener, Caesar/Carl Schietzel/Fritz Stückrath: Wege in die Welt. Bd. II. Westermann Braunschweig 1953, S. 48.

NATUR UND UMWELT

„Eine für den Forstmann nützliche Arbeit" – Die Verjüngung der Rotbuche durch künstliche Absenker im Osnabrücker Land

Andreas Mölder

Autorenangaben:

Dr. Andreas Mölder, Nordwestdeutsche Forstliche Versuchsanstalt (NW-FVA), Abteilung Waldnaturschutz, Sachgebiet Arten- und Biotopschutz, Prof.-Oelkers-Straße 6, 34346 Hann. Münden, andreas.moelder@nw-fva.de

Einführung

In den Wäldern des Osnabrücker Landes finden sich bis heute Relikte einer Vermehrungsart von Waldbäumen, die historisch sehr bedeutsam war und heute fast vergessen ist: Die Verjüngung der Rotbuche durch künstliche Absenker.[1] In diesem Beitrag wird der Bogen gespannt von der Einführung dieses Verfahrens im 18. Jahrhundert über seine Hochzeit im 19. Jahrhundert bis hin zu den Spuren, die es in den heutigen Waldbeständen hinterlassen hat (Abb. 1).

Abb. 1. Die rechts stehende Buche ist aus der Absenkung der links befindlichen, viel älteren und noch lebenden Mutterbuche erwachsen. Großer Kellenberg im Wiehengebirge bei Melle-Markendorf. Foto: Andreas Mölder

Da die Absenkerverjüngung eng mit der forstlichen Betriebsart des Niederwaldes verbunden ist, werden sowohl die geschichtliche Entwicklung als auch die naturschutzfachliche Bedeutung des Niederwaldes im Osnabrücker Land mitbetrachtet. Im Niederwald- oder Schlagholzbetrieb werden bei der periodischen Holzernte die Wurzelstöcke von Laubbäumen wie Buche, Eiche, Hainbuche oder Erle so belassen, dass mehrere neue Stockausschläge aufwachsen können – Ziel ist die dauerhafte und nachhaltige Erzeugung vor allem von Brennholz. Angesichts des gegenwärtigen Brennholzbooms eröffnen sich hier Möglichkeiten, den Erhalt und die Entwicklung von naturschutzfachlich wertvollen Waldstrukturen mit der Erzeugung von Energieholz zu verbinden. Wie das gelingen kann und welche Rolle der Absenkerverjüngung – nach Florenz Conrad Ostman von der Leye (1766–1831)[2] „Eine für den Forstmann nützliche Arbeit" – dabei zukommen könnte, wird in diesem Beitrag ebenfalls diskutiert.

Absenkerverjüngung, was ist das?

Seit der Antike kann die gezielte Verjüngung verschiedener Baumarten durch Absenker belegt werden. Hier sind insbesondere Eichen, Erlen, Linden, Platanen, Feigen, Ölbäume und Granatapfel, aber auch Kiefern und die Rotbuche zu nennen.[3] (Denso 1765, Mölder und Tiemeyer 2019). Die künstliche Absenkerverjüngung nutzt die natürliche Befähigung vieler Baumarten zur kompletten Neubildung von (Adventiv-) Wurzeln an solchen Stammteilen oder Ästen, die Bodenkontakt haben (Abb. 2).

Diese Form der vegetativen Vermehrung ist vor allem dann ökologisch bedeutsam, wenn Gehölze aufgrund extremer Wuchsbedingungen unter Stress stehen. Dies kann etwa im Bereich der alpinen Baumgrenze oder anderer Extremstandorte der Fall sein, aber auch unter starkem Verbissdruck und in sehr dynamischen Ökosystemen wie Auwäldern.[4]

In waldbaulichen Lehrbüchern des 18. und 19. Jahrhunderts hat die Beschreibung der künstlichen Absenkerverjüngung ihren festen Platz.[5] Es gab verschiedene Verfahren, um junge Bäume durch Herunterbiegen und Befestigung ihrer Zweige im Boden zur Adventivwurzelbildung zu veranlassen und so zahlreiche Ablegerpflanzen zu erziehen, die dann vereinzelt werden konnten. Sowohl in Deutschland als auch im übrigen Mitteleuropa war diese Methode der Gehölzvermehrung vielerorts fester Bestandteil der Waldbewirtschaftung. Im Hinblick auf die gezielte Verjüngung der Rotbuche durch Absenker finden sich neben dem hier vorgestellten Verfahren aus Teutoburger Wald und Wiehengebirge auch Belege von der dänischen Insel Fünen, aus dem Weserbergland bei Polle, dem hessischen Hinterland sowie dem heutigen Zollernalbkreis in Baden-Württemberg.[6]

Abb. 2. Aus einer umgekippte Buche heraus sind mehrere einzelne Buchenstämme erwachsen, von denen einer wiederum umgekippt ist. Der linke Buchenstamm hat ein eigenes Wurzelwerk herausgebildet. Bergfrieden im Wiehengebirge bei Ostercappeln. Foto: Peter Hansen

Geschichte der Absenkerverjüngung im Osnabrücker Land

Im Bereich des Osnabrücker Landes scheint die Absenkervermehrung der Rotbuche um das Jahr 1760 eingeführt worden zu sein, namentlich von Jesuiten in der Nähe des Herrenhauses Gartlage bei Osnabrück. So berichtet es Florenz Conrad Ostman von der Leye (1766–1831), Fideikommissherr auf Gut Leye in Atter westlich von Osnabrück, in seiner 1807 verfassten Abhandlung „Die Vermehrung der Mast- oder Rothbuchen durch Ableger":[7]

> „Die größten und schönsten mir bekannten und aus Ablegern erwachsenen Buchen befinden sich zu Gartlage, einem kleinen (…) Gute, welches ehedem den Jesuiten gehörte. Vor 46 Jahren machte man (…) dort viele Buchenableger (…). Zur selbigen Zeit wurde dort ein an das Gehölz stoßendes Ackerstück mit zum Holze bestimmt, und mit Buchenheistern weitläufig, auch mit Eichen dazwischen bepflanzt. Diese Buchenpflanzen wurden, als sie angewachsen waren, abgelegt, und dadurch ist der Acker in einen schönen, kleinen, mit Eichen vermischten Buchenwald umgewandelt worden."

In den Folgejahren breitete sich das Verfahren rasch aus und fand nicht nur in Gutswäldern und im Staatswald Anwendung, sondern auch im neu entstandenen bäuerlichen Kleinprivatwald. Im Osnabrücker Land waren insbesondere im späten 18. Jahrhundert zuvor markgenossenschaftlich genutzte Wälder privatisiert und aus Gründen der Verteilungsgerechtigkeit in unzählige kleine Waldparzellen aufgeteilt worden.[8] Dort wurde das Verfahren der Absenkervermehrung vor allem angewendet, um zur Brennholzgewinnung genutzte Niederwaldbestände zu verjüngen.[9] Neben der Rotbuche wurden auch Hainbuchen, Birken und Erlen durch Absenker verjüngt, sowohl im Wald als auch in Wallhecken.[10]

Im Staatswald war es ab den 1760er Jahren ein wichtiges Ziel, aus den Markenteilungen heraus neu erworbene Waldbestände zügig in Hochwaldstrukturen zu überführen, was auch durch die Verpflanzung von Buchenabsenkern geschah. Dazu schreibt Ostman von der Leye 1807:[11]

> „Es gewährt einen ungemein erfreulichen reizenden Anblick, wenn man eine Stelle, die mit alten, vorhin als Schlagholz behandelten, wieder ausgewachsenen Buchenstämmen einzeln bestanden ist, auf die besagte Weise durch Ableger behandelt, und dann rund um die halb modernden Stämme die schönsten Zöglinge aus ihren vielleicht zum letztenmale gemachten Austrieben entstanden, und den ganzen Platz dicht bewachsen sieht. In meinen eigenen Holzungen habe ich mir mehrmals das Vergnügen gemacht, und noch im vorigen Sommer sah ich ein solches nicht unbeträchtliches Revier, in dem Landesherrlichen Forste bei Iburg (…), welches der dortige geschickte Förster Herr Bente so bearbeitet hatte. Es glich im dritten Jahre nach der Arbeit ganz vollkommen dem freudigsten, geschlossenen acht- bis zehnjährigen Kernausschlage."

Im Hinblick auf den Bereich des Kellenbergs bei Buer im Wiehengebirge kann Ostman von der Leye besonders genaue Angaben zur Anwendung der Absenkerverjüngung in den dortigen Gutswäldern machen, da die Familie seiner ersten Frau Maria Theresia von Boeselager (1764–1814) dort Waldbesitz hatte:

„Auf dem bei Buer (…) belegenen (…) Gute Huntemühlen findet man, soviel ich weiß, die beträchtlichsten Buchenableger-Anlagen im Osnabrückschen. Mein verstorbener Schwiegervater, der Landdrost von Böselager, als damaliger Besitzer des Guts, führte vor etwa 33 bis 34 Jahren in den zum Gute gehörigen ansehnlichen Buchenschlagholz-Revieren, besonders an den fruchtbaren Abhängen des Kellenbergs, das Ablegen der Buchen ein (…). Aus einem eingefriedeten Eichenorte hat man dort vor dreißig Jahren die schlechten und schadhaften Eichen ausgehauen, den unter denselben befindlichen, vorhin kümmernden Ausschlag von Buchenstämmen, ohne weiter etwas hinein zu pflanzen, abgelegt, von Ablegern wieder Ableger gemacht, und diesen Ort, der einen sehr fruchtbaren Boden hat, dadurch in einen Wald umgeschaffen, der mit schönen Eichen und mit dem vortrefflichsten Buchenschlagholze bestanden ist (…). Die am Berge liegenden Holzungen des Guts, welche größtenteils aus reinem Buchenschlagholze bestehen, werden allein durch das Ablegen der Buchen in fortdauernd gutem Stande erhalten, und liefern jährlich einen schönen Ertrag, welches umso mehr zu bewundern ist, da solche größtenteils ohne Einfriedung der gemeinen Weide des Viehs unterworfen sind."

Wie eine Forstkarte aus dem Jahre 1824 zeigt (Abb. 3), wurden im Kleinen Kellenberg zu dieser Zeit auch Buchenbestände im Staatsbesitz, die direkt an die Waldungen des Gutes Huntemühlen angrenzten, mittels Absenkervermehrung verjüngt. Das Verfahren fand ebenso im benachbarten Kleinprivatwald Anwendung, der um 1760 aus der Privatisierung zuvor markgenossenschaftlich genutzter Wälder hervorgegangen war. Auch heute noch finden sich im Kleinprivatwald des Großen Kellenbergs eindrucksvolle Buchen, die eindeutig aus Absenkern heraus erwachsen sind (Abb. 1).

Im frühen 19. Jahrhundert nannte jeder Bauer, der bei den Markenteilungen mit Forstgrund abgefunden worden war, verstreut liegende Waldparzellen sein Eigen.[12] Nun bestand die Notwendigkeit, aus diesen Beständen dauerhaft Brennholz beziehen zu können, zugleich für Baumnachwuchs zu sorgen sowie die Waldweide bis zu deren Ablösung zu gestatten. Das regelmäßig wiederkehrende „Ausplentern von Stangen in Beständen von niederwaldartigem Charakter" wurde, wie auch die Absenkervermehrung der Rotbuche, sehr populär.[13] In Teutoburger Wald und Wiehengebirge bildete sich eine unregelmäßige Niederwaldwirtschaft heraus, die mit übergehaltenen Eichen zur Bauholzerzeugung mitunter Mittelwaldcharakter aufwies.[14]

Im Laufe des 19. Jahrhunderts kam es zur Ausprägung sehr verschiedener Strukturen sowohl in der Waldbewirtschaftung als auch in den Waldbeständen selbst: Während im Staatswald die moderne und planmäßige Hochwaldwirtschaft Einzug hielt und die Absenkerverjüngung bedeutungslos wurde, entstand im bäuerlichen Kleinprivatwald eine dauerhaft hohe Vielfalt an Betriebsarten, Bewirtschaftungsintensitäten und Baumarten.[15] Noch in den 1920er-Jahren stand im südlichen Os-

NATUR UND UMWELT

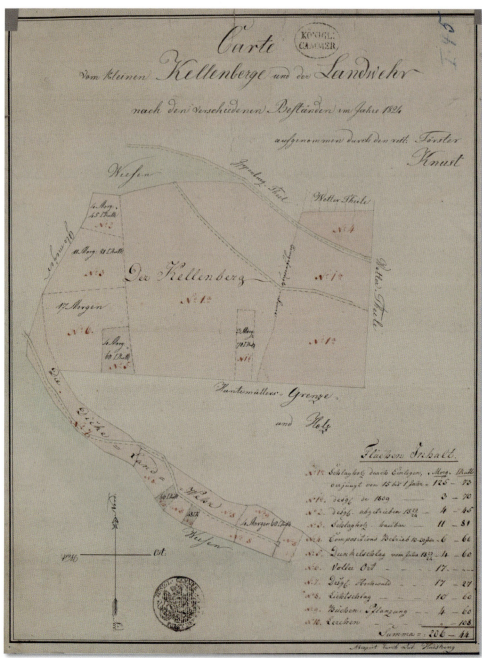

Abb. 3. „Carte vom Kleinen Kellenberge und der Landwehr nach den verschiedenen Beständen im Jahre 1826 aufgenommen durch den reit:[enden] Förster Knust" (NLA OS K 42 Buer Nr. 12 H). „Schlagholz" bezeichnet Buchen-Niederwaldbestände, „durch Einlegen verjüngt" bezieht sich auf die Absenkerverjüngung der Buche.

nabrücker Land bis zu 30 % der Waldfläche im Niederwaldbetrieb, die Absenkerverjüngung fand vereinzelt weiter Anwendung.[16] Nach dem Zweiten Weltkrieg, als preisgünstige fossile Energieträger die Brennholznutzung verdrängten, wurden viele Niederwälder in Richtung eines Laubholz-Hochwaldes entwickelt oder in Nadelholzbestände umgewandelt. Dennoch haben etliche ehemals im Niederwaldbetrieb bewirtschaftete Bestände mit ihren markanten Strukturen bis heute überdauert.[17] Richard Pott konnte zuletzt 1980 am Kleinen Berg, der im südlichen Osnabrücker Land dem Hauptzug des Teutoburger Waldes vorgelagert ist, bei Bad Laer die künstliche Verjüngung der Rotbuche durch Absenker beobachten (Abb. 4).[18]

Abb. 4. Abgesenkte Buchenstange im Kleinen Berg bei Bad Laer, Teutoburger Wald, Landkreis Osnabrück. Fotografiert im Jahre 1980 von Richard Pott.

Waldbauliches Verfahren

Im Jahre 1857, also 50 Jahre nach Ostmann von der Leyes Publikation zur Absenkerverjüngung, veröffentlichte Heinrich Burckhardt (1811–1879) die Abhandlung „Über das Ablegen oder Absenken der Rothbuche im Osnabrückschen".[19] Burckhardt, von 1853 bis zu seinem Tode Forstchef des Königreichs Hannover bzw. der preußischen Provinz Hannover, gehörte zu den bedeutendsten Forstleuten seiner Zeit und hat viele einflussreiche Schriften verfasst.[20] Seine Abhandlung zur Absenkerverjüngung gibt einen aktualisierten Kenntnisstand wieder, auch auf der Basis von detaillierten Bestandesinventuren in Waldbeständen bei Iburg, die bereits Ostmann von der Leye besucht und beschrieben hat. Burckhardt bezieht sich auf das praktische Wissen des Forstmeisters Carl Friedrich Wilhelm Wehrkamp, dem da-

Abb. 5. Diese junge Rotbuche wurde gemäß dem bei Burckhardt (1857) beschriebenen Verfahren abgesenkt, mit Holzhaken fixiert und dann mit Grassoden belegt. Die Zahlen markieren die Zweige, aus denen vier einzelne Absenkerpflanzen hervorgehen sollen (vgl. Abb. 6). Großer Kellenberg im Wiehengebirge bei Melle-Markendorf. Fotos: Andreas Mölder

maligen Leiter der Forstinspektion Palsterkamp, und schildert diese Verfahrenshinweise bei der Absenkerverjüngung (Abb. 5):

1. Die Streuschicht wird entfernt, sodass die oberste Humusschicht zutage liegt.

2. Eine Buchengerte (Durchmesser ca. 2,5 bis max. 7 cm) mit kräftigen Seiten- und Höhentrieben wird ausgewählt, vorzugsweise aus Kernwuchs, alternativ aus Stockausschlag.

3. Die Gerte wird niedergebogen und so nahe wie möglich an den Erdboden gedrückt. Es erfolgt eine Fixierung durch Grassoden o. Ä. oder hölzerne Haken (etwa 45-70 cm lang und 2,5-5 cm dick).

4. Dickere und schwer zu biegende Gerten werden durch einen ca. 2,5-3,5 cm tiefen Einhieb an der oberen Seite der Biegestelle zum Niederbiegen gezwungen. Diese Stelle wird mit Grassoden belegt, um sie vor Nässe und Luftzutritt zu schützen.

5. Die umgebogenen Gerten werden dort, wo sie den Boden berühren, mit ca. 15 cm dicken Grassoden o. Ä. belegt. Die Zweige werden auf dem Waldboden gleichmäßig ausgebreitet, störende Zeige dabei entfernt.

6. Die ausgebreiteten Zweige werden mit einer ca. 15 cm dicken Schicht aus Erde und Grassoden bedeckt, wobei die Zweigspitzen nach oben gebogen und mittels auf- und untergelegter Soden in dieser Lage fixiert werden.

7. Die ca. 45-60 cm langen letztjährigen Triebe sind die besten Ableger, diese sollten ca. 30-45 cm frei aus der Bedeckung herausragen.

Es ist sehr wichtig, dass die Biegestellen der Zweige in frischem Erdreich liegen, da dort die Wurzelbildung stattfindet. Die besten Jahreszeiten für das Ablegen von Buchen sind Frühling und Herbst, grundsätzlich kann jedoch auch im Sommer und an frostfreien Wintertagen abgelegt werden. Nicht ratsam ist ein Ablegen in der Zeit

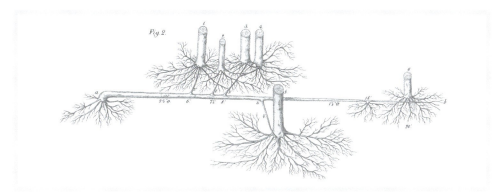

Abb. 6. Im Forstort Kälberkamp bei Osnabrück ausgegrabene Absenkergruppe mit sechs Absenkerpflanzen. Der Mutterstamm ist 6,1 m lang, der Durchmesser bei 1,3 m beträgt 6,1 cm (1' = 29,2 cm, 1'' = 2,43 cm). Lithographie aus Burckhardt (1857).[9]

um den Johannistag (24. Juni), da junge Buchentriebe zu dieser Zeit stark im Saft stehen, besonders empfindlich gegen Beschädigung sind und zu einer Ablösung der Rinde an der Biegestelle neigen, was die Wurzelbildung beeinträchtigt.

Schon bald nach dem Ablegen bilden sich an der Biegestelle der aufgerichteten Zweige erste Wurzeln, die bereits im ersten Jahr eine Länge von ca. 7-12 cm erreichen können. Humusreicher Boden und feuchte Witterung sind hier sehr förderlich. Im zweiten Jahr vermehrt sich die Wurzelbildung beträchtlich, die Absenkergerte mit ihren Zweigen darf in ihrer Lage allerdings nicht gestört werden und Verbiss muss verhindert werden. Oft schon im dritten, normalerweise aber im vierten Jahr ist die Wurzelbildung soweit fortgeschritten, dass die Absenker durch einen Spatenstich von der Muttergerte getrennt und auch verpflanzt werden können (Abb. 6).

Waldbauliche Bewertung im 19. Jahrhundert

Sowohl Ostmann von der Leye als auch Burckhardt bewerten die Absenkerverjüngung der Rotbuche in einem sozioökonomischen Kontext, der die Wirtschaftsverhältnisse der Landbevölkerung im Osnabrücker Land und im angrenzenden Westfalen berücksichtigt. Beide Autoren stellen die Möglichkeit heraus, in Beständen mit intensiver Brennholzgewinnung und Streunutzung für eine rasche und vor allem kostengünstige Verjüngung der Rotbuche zu sorgen. So konnte das Ablegen der Buchengerten in solchen Zeiten des Jahres durchgeführt werden, die in der Landwirtschaft weniger arbeitsintensiv waren. Auch waren die aus Absenkern entstandenen Jungbäume relativ schnell den Mäulern des Weideviehs entwachsen, das ein Aufkommen von Kernwüchsen aus Samenfall heraus nahezu unmöglich machte. Zudem waren keine Geldmittel für den Ankauf von verschulten Jungbäumen oder die Anlage von Pflanzkämpen vonnöten. Dem Anbau solcher Baumarten, die für den Niederwaldbetrieb besser geeignet sind, stand die Macht der Tradition entgegen –

NATUR UND UMWELT

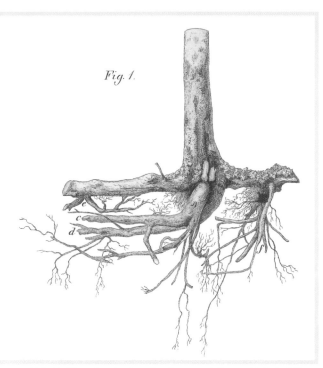

Abb. 7. Wurzelwerk einer im Forstort Offenes Holz bei Iburg ausgegrabenen Absenkerpflanze, die von einer abgesenkten Rotbuchenstange getrennt wurde. Lithographie aus Burckhardt (1857).[9]

die Bauern waren nur sehr schwer davon zu überzeugen, ihre Gewohnheiten bei der Waldbewirtschaftung zu ändern.[21] Der ansonsten kritische Burckhardt resümiert schließlich, dass die Absenkerverjüngung der Rotbuche an vielen Orten der regionalen Waldwirtschaft genützt und viel zur Erhaltung dieser Baumart beigetragen habe.

Bei vergleichenden Untersuchungen zum Holzertrag kommt Burckhardt zu dem Ergebnis, dass Absenker und Stockausschläge in einem mittleren Baumalter von etwa 50 Jahren im Vergleich zu Kernwüchsen merklich im Dickenwachstum nachlassen, wenn auch keine Unterschiede im Höhenwachstum feststellbar sind. Bemerkenswert ist die Erkenntnis, dass Buchen-Absenkerstämme, obwohl sie im Vergleich zu Kernwüchsen häufiger blühen und Samenkapseln tragen, zumeist nur tauben Samen hervorbringen. Bei einer Nutzung von jüngeren Buchen als Brennholz fallen diese Effekte zwar nicht ins Gewicht, doch aus Sicht der modernen Forstwirtschaft erscheint der verstärkte Übergang zur Pflanzung von Kernwüchsen verständlich. Burckhardt betont, dass zur Mitte des 19. Jahrhunderts die Verfügbarkeit von geeignetem Pflanzmaterial zunehmend besser wurde, auch für Besitzer von Kleinprivatwald. Zudem sei der Anwuchserfolg von verpflanzten Kernwüchsen besser als derjenige von versetzten Absenkerpflanzen. Dies kann insbesondere mit dem unvollkommenen Wurzelbau der Absenkerpflanzen erklärt werden, denn statt einer Herzwurzel bilden sie eher seitlich ansitzende Wurzelstränge (Abb. 7). Darüber hinaus haben Absenkerpflanzen im Hinblick auf den Niederwaldbetrieb ein deutlich geringeres Ausschlagvermögen als Kernwüchse.[22]

Heutige naturschutzfachliche Bedeutung

Aus Naturschutzsicht stellen die von Rotbuchen dominierten, heute durchgewachsenen Niederwälder in Teutoburger Wald und Wiehengebirge aufgrund ihres Reichtums an Habitatstrukturen einen besonders wertvollen Lebensraum dar. Dabei reicht die Bewirtschaftungsintensität von Beständen mit regelmäßigen Hauungen bis hin zu durchgewachsenen Beständen, in denen seit Jahrzehnten keine Holznutzung mehr stattgefunden hat.[23] Auf der Roten Liste der gefährdeten Biotoptypen Deutschlands sind im Hinblick auf die westlichen Mittelgebirge sowohl traditionell genutzte als auch durchwachsende Niederwälder als stark gefährdet eingestuft, und zwar mit einer abnehmenden aktuellen Entwicklungstendenz.[24]

Abb. 8. Dieser alte, langgestreckte und strukturreiche Buchen-Wurzelstock ist durch Absenkerverjüngung und Niederwaldnutzung entstandenen. Großer Kellenberg im Wiehengebirge bei Melle-Markendorf. Foto: Volker Tiemeyer

Die Niederwaldstöcke, aus denen mitunter schon mehrere Generationen an Stockausschlägen entwachsen sind, können Alter von vermutlich mehr als 200 Jahren erreichen und sind damit Zeiger einer langen Lebensraumkontinuität. Insbesondere die Absenkervermehrung der Buche führte zur Entwicklung von langgestreckten, strukturreichen und mitunter sehr langlebigen Wurzelstöcken (Abb. 8).[25] In Verbindung mit Habitatbäumen, die aus Stockausschlägen hervorgegangen sind, weisen diese strukturreichen Niederwaldstöcke eine Vielfalt an Mikrohabitaten wie Mulmhöhlen, Wurzelhöhlen und Rindentaschen auf. Diese können einer Vielzahl von Tieren und Pflanzen als Lebensraum dienen. Hier sind insbesondere Moose, Käfer, Schnecken und Pilze mit einer Spezialisierung auf Alt- und Totholz zu nennen.[26] Darüber hinaus zeichnen sich die Niederwälder durch eine typische und oft artenreiche Krautschichtvegetation aus, vor allem auf solchen Standorten im Teutoburger Wald, die von Kalkstein mit überlagerndem Lösslehm geprägt sind (Abb. 9).[27]

Abb. 9. Durchgewachsener Rotbuchen-Niederwald im Kleinen Berg bei Bad Laer, Teutoburger Wald. Frühjahrsaspekt mit einem Teppich von Buschwindröschen auf dem Waldboden. Foto: Andreas Mölder

NATUR UND UMWELT

Abb. 10. Nach dem sturm- und trockenheitsbedingten Ausfall des umgebenden Fichtenbestandes reagiert diese Buchen-Niederwaldgruppe mit der Neubildung von Stockausschlägen und Ästen und sehr plastisch auf die Freistellung. Großer Kellenberg im Wiehengebirge bei Melle-Markendorf, Ende September 2022. Foto: Andreas Mölder

Heutzutage sind die meisten Niederwaldstöcke überaltert und haben die Fähigkeit zur Bildung vitaler Stockausschläge und Absenker verloren, wenngleich auch ausschlagfreudige Buchengruppen aus ehemaliger Niederwaldnutzung beobachtet werden können (Abb. 10). Zudem ist die Waldverjüngung durch Pflanzung und Naturverjüngung in allen Waldbesitzarten fest etabliert. Angesichts dieser Entwicklungen ist davon auszugehen, dass zukünftig immer mehr durchgewachsene Niederwälder zu Hochwäldern umgebaut werden. Es sind auch Kahlschläge von durchgewachsenem Buchenniederwald mit anschließender Bestandesneubegründung zu beobachten, beispielsweise am Großen Kellenberg im Wiehengebirge.[28]

Vor diesem Hintergrund sollten im Zuge der kleinflächigen Privatwaldwirtschaft Niederwaldstrukturen zumindest auf Teilflächen erhalten und neu entwickelt werden.[29] So auch in den FFH-Gebieten[30] des Teutoburger Waldes, die große Waldbereiche mit alten Niederwäldern umfassen. Im Hinblick auf das FFH-Gebiet „Teutoburger Wald, Kleiner Berg" im südlichen Osnabrücker Land sehen Schutzzweck und Erhaltungsziele die Erhaltung, Förderung und Entwicklung der historischen Niederwaldnutzung vor.[31] Auch für den Naturtourismus haben die dortigen Niederwaldbestände mit ihren abwechslungsreichen und oft bizarr wirkenden Wuchsformen eine große Bedeutung. Beispielsweise wirbt der Natur- und Geopark TERRA.vita gezielt für Wanderungen durch die „verwunschen wirkenden" Niederwaldgebiete des Teutoburger Waldes, denen „die häufig bizarr geformten Rotbuchen" ein „urtümliches Aussehen" verleihen.[32]

Bei der Erhaltung und Entwicklung von Niederwaldbeständen kann die Anwendung des Vertragsnaturschutzes als finanzielles Förderinstrument zielführend sein, wenn mittel- (10–30 Jahre) bis langfristige (>30 Jahre) Vertragslaufzeiten vereinbart werden. Gleichzeitig kann bei einer entsprechenden Maßnahmenplanung auch eine zunehmende Brennholznachfrage bedient werden, was dem historischen Wirtschaftszweck der Niederwälder entspräche. Solch ein Ansatz kommt Waldbesitzenden entgegen, die in ihren Beständen sowohl Forstwirtschaft betreiben als auch Naturschutzmaßnahmen umsetzen wollen.[33] In Erweiterung des Eingangszitats von Ostman von der Leye würde sich die Wiederbelebung der Absenkerverjüngung dabei unbedingt anbieten als eine nützliche Arbeit für alle Menschen, die an diesem spannenden Waldkulturerbe und artenreichen Waldlebensräumen interessiert sind![34]

Resümee

Die Absenkerverjüngung der Rotbuche ist eine Methode, die den Wirtschaftsverhältnissen im bäuerlichen Kleinprivatwald des 19. Jahrhunderts sehr gut entsprach. Vereinzelt wurde sie bis ins späte 20. Jahrhundert hinein angewendet. Da sich die Buche in der heutigen Zeit auf den meisten Standorten problemlos natürlich verjüngt, erscheint eine Wiederbelebung der Absenkerverjüngung vor allem aus kulturhistorischen und naturschutzfachlichen Gründen gerechtfertigt. Im Erfolgsfall würde einerseits ein sehr bemerkenswertes waldbauliches Verfahren vor dem Vergessen bewahrt werden. Andererseits könnten regionaltypische Bestandesstrukturen als Waldkulturerbe für die Nachwelt und den Naturschutz erhalten bleiben sowie auch neu entwickelt werden. Hier sind insbesondere die ausgedehnten und langlebigen sowie struktur- und totholzreichen Niederwaldstöcke zu nennen, die eine hohe naturschutzfachliche Bedeutung besitzen.

Danksagung

Die vorliegende Arbeit entstand im Rahmen des Projekts „Kleinprivatwald und Biodiversität: Erhalt durch Ressourcennutzung" (KLEIBER), das vom Bundesministerium für Ernährung und Landwirtschaft (BMEL) über die Fachagentur Nachwachsende Rohstoffe (FNR) im Rahmen des Förderprogramms „Nachwachsende Rohstoffe" und aufgrund eines Beschlusses des Deutschen Bundestages (FKZ 22001218 und 22023218) gefördert wird. Sie enthält Elemente von andernorts erschienenen Publikationen des Autors.[35] Volker Tiemeyer von der Stiftung für Ornithologie und Naturschutz (SON) in Melle sei für viele aufschlussreiche Diskussionen und gemeinsame Waldbegänge gedankt.

NATUR UND UMWELT

1 Mölder, Andreas und Tiemeyer, Volker: Die Verjüngung der Rotbuche durch Absenker: Waldbauliche Verfahren, Geschichte und Bedeutung für den Naturschutz, in: Naturschutz und Landschaftsplanung, 51 (2019), S. 218–225.

2 Ostmann von der Leye, Florenz Conrad: Die Vermehrung der Mast- oder Rothbuchen durch Ableger, in: Forst- und Jagdarchiv von und für Preußen, 3 (1818), S. 75–112; die Erstveröffentlichung erfolgte bereits 1808 im Journal für das Forst-, Jagd- und Fischereiwesen, S. 209 ff.

3 Denso, Johann Daniel (Hrsg.): Plinius Naturgeschichte – übersetzt von Johann Daniel Denso. Zweyter Band, Rostock und Greifswald, Rösen, 1765; Mölder und Tiemeyer: Verjüngung der Rotbuche, wie Anm. 1

4 Koop, H.: Vegetative reproduction of trees in some European natural forests, in: Vegetatio, 72 (1987), S. 103–110.

5 Jacobi, Johann Gottlieb: Abhandlung von allen bisher bekannt gewordenen Arten, die Bäume zu vermehren. Eine Preisschrift, in: Des Hausvaters Fünften Theils Zweytes Stück, hrsg. von Otto von Münchenhausen, Hannover, Förster, 1770, S. 575–758; Cotta, Heinrich: Anweisung zum Waldbau, 2. Aufl., Dresden, Arnoldische Buchhandlung, 1817.

6 Anonymus: Protocolle der Sitzungen der forstlichen Section der neunten Versammlung deutscher Land- und Forstwirthe zu Breslau im September 1845. IV. Mittheilungen der Ergebnisse größerer Versuche und Erfahrungen im Waldbaue, insbesondere Beiträge über die Verdichtung und Vervollständigung der Niederwaldungen mittelst Ableger, in: Neue Jahrbücher der Forstkunde, 31 (1845), S. 61–62; für weiterführende Literaturhinweise siehe Mölder und Tiemeyer: Verjüngung der Rotbuche, wie Anm. 1.

7 Ostmann von der Leye: Die Vermehrung der Mast- oder Rothbuchen, wie Anm. 2.

8 Mölder, Andreas und Tiemeyer, Volker: Der Wandel der Strukturen im Wald und in der Forstwirtschaft seit dem 18. Jahrhundert – Eine kritische Analyse im Osnabrücker Land, in: Heimatjahrbuch Osnabrücker Land, 2018, S. 82–95.

9 Burckhardt, Heinrich: Über das Ablegen oder Absenken der Rothbuche im Osnabrückschen, in: Kritische Blätter für Forst- und Jagdwissenschaft, 39 (1857), S. 52–70; Müller, Friedrich: Das Ablegen, in: Allgemeine Forst- und Jagdzeitung, 4 (1835), S. 245–246; Ostmann von der Leye: Die Vermehrung der Mast- oder Rothbuchen, wie Anm. 2.

10 Sprengel, Carl: Bemerkungen über den Ackerbau, die Forstwirthschaft und technischen Gewerbe im Fürstenthume Osnabrück, in: Land- und forstwirthschaftliche Zeitschrift für Nord-Deutschland, 1 (1834), S. 60–133; Anonymus: Protocolle, wie Anm. 6; Müller: Das Ablegen, wie Anm. 9.

11 Ostmann von der Leye: Die Vermehrung der Mast- oder Rothbuchen, wie Anm. 2.

12 Mölder und Tiemeyer: Wandel der Besitzstrukturen, wie Anm. 8.

13 Zitat nach Burckhardt: Über das Ablegen, wie Anm. 9.

14 Pott, Richard: Vegetationskundliche und pflanzensoziologische Untersuchungen zur Niederwaldwirtschaft in Westfalen, in: Abhandlungen aus dem Westfälischen Museum für Naturkunde, 47 (1985), S. 1–75; Mölder, Andreas: Landschaftsveränderungen in Abhängigkeit von der Besitzstruktur in den Wäldern des Osnabrücker Landes, in: Berichte der Reinhold-Tüxen-Gesellschaft, 31 (2020), S. 53–72; Burckhardt: Über das Ablegen, wie Anm. 9.

15 Herzog, Friedrich: Das Osnabrücker Land im 18. und 19. Jahrhundert – Eine kulturgeographische Untersuchung, Oldenburg i. O., Verlag Gerhard Stalling, 1938; Mölder: Landschaftsveränderungen, wie Anm. 14.

16 Hesmer, Herbert: Die heutige Bewaldung Deutschlands, Berlin, Paul Parey, 1937.

17 Schnieders, Melanie: Von Niederwald und Kalkgestein, TERRA.natura Tipp 11, Osnabrück, Natur- und Geopark TERRA.vita, 2002; Mölder und Tiemeyer: Verjüngung der Rotbuche, wie Anm. 1; Mölder: Landschaftsveränderungen, wie Anm. 14.

18 Pott: Vegetationskundliche und pflanzensoziologische Untersuchungen, wie Anm. 14.

19 Burckhardt: Über das Ablegen, wie Anm. 9.

20 Steinsiek, Peter-Michael: Wir Grünen finden den Weg. Heinrich Christian Burckhardt (1811–1879) – Auf den Spuren eines Forstvisionärs, Husum, Husum-Verlag, 2021.

21 Ostmann von der Leye: Die Vermehrung der Mast- oder Rothbuchen, wie Anm. 2.

22 Burckhardt: Über das Ablegen, wie Anm. 9.

23 Tiemeyer, Volker und Mölder, Andreas: Naturschutz im Kleinprivatwald – Herausforderungen und Chancen am Beispiel des Osnabrücker Landes, in: Natur und Landschaft, 95 (2020), S. 153–161; Ig Teuto: Naturführer Teutoburger Wald – Pflanzen, Tiere, Fossilien, in: Schriftenreihe der Interessengemeinschaft Teutoburger Wald e.V., 2 (2012), S. 1–304; Mölder und Tiemeyer: Verjüngung der Rotbuche, wie Anm. 1.

24 Finck, Peter, Heinze, Stefanie, Raths, Ulrike, Riecken, Uwe und Ssymank, Axel: Rote Liste der gefährdeten Biotoptypen Deutschlands – dritte fortgeschriebene Fassung 2017, in: Naturschutz und Biologische Vielfalt, 156 (2017), S. 1–637.

25 Pott, Richard: Der Einfluß der Niederholzwirtschaft auf die Physiognomie und die floristisch-soziologische

Struktur von Kalkbuchenwäldern, in: Tuexenia, 1 (1981), S. 233–242; Tiemeyer, Volker, Raude, Nadja und Drews, Falko: Erfassung und Akquise schützenswerter Bereiche und Einzelobjekte im Kellenberg (Landkreis Osnabrück) – ein Beitrag zum Naturschutz im Wirtschaftswald, in: Osnabrücker Naturwissenschaftliche Mitteilungen, 38 (2012), S. 125–151; Pott: Vegetationskundliche und pflanzensoziologische Untersuchungen, wie Anm. 14.

26 Buckley, Peter: Coppice restoration and conservation: a European perspective, in: Journal of Forest Research, 25 (2020), S. 125–133.; Lassauce, Aurore, Anselle, Pénélope, Lieutier, François und Bouget, Christophe: Coppice-with-standards with an overmature coppice component enhance saproxylic beetle biodiversity: a case study in French deciduous forests, in: Forest Ecology and Management, 266 (2012), S. 273–285.

27 Pollmann, William: Die Buchenwaldgesellschaften im nordwestlichen Weserbergland, in: Siedlung und Landschaft in Westfalen, 29 (2000), S. 1–131; Pott: Der Einfluß der Niederholzwirtschaft, wie Anm. 25.

28 Mölder und Tiemeyer: Verjüngung der Rotbuche, wie Anm. 1; Tiemeyer und Mölder: Naturschutz im Kleinprivatwald, wie Anm. 23.

29 Die damit verbundenen Möglichkeiten und Probleme werden näher erläutert und diskutiert in Mölder und Tiemeyer: Verjüngung der Rotbuche, wie Anm. 1.

30 FFH-Gebiete sind Schutzgebiete, die nach der Fauna-Flora-Habitat-Richtlinie der Europäischen Union ausgewiesen wurden, dem Natur- und Landschaftsschutz dienen und einen Teil des europaweiten Natura-2000-Netzwerkes darstellen.

31 Landkreis Osnabrück (Hrsg.): Verordnung über das Landschaftsschutzgebiet „FFH-Gebiet Teutoburger Wald, Kleiner Berg" in den Bereichen der Städte Bad Iburg, Dissen a.T.W. und Melle sowie der Gemeinden Hilter a.T.W., Bad Rothenfelde und Bad Laer, Landkreis Osnabrück vom 30.09.2019, in: Amtsblatt für den Landkreis Osnabrück, 2019 (2019), S. 467–479; Martens-Escher, Claudia und Wehr, Matthias: Begründung zur Verordnung über das geplante Landschaftsschutzgebiet „FFH-Gebiet Teutoburger Wald, Kleiner Berg", Osnabrück, Untere Naturschutzbehörde des Landkreises Osnabrück, 2017.

32 Schnieders: Von Niederwald und Kalkgestein, wie Anm. 17.

33 Tiebel, Malin, Hansen, Peter und Mölder, Andreas: Kleinprivatwald im Osnabrücker Land: Wem gehört er, wie wird er bewirtschaftet und was sind die aktuellen Herausforderungen?, in: Heimatjahrbuch Osnabrücker Land, 2022, S. 314–324; Tiebel, Malin, Mölder, Andreas, Hansen, Peter und Plieninger, Tobias: Kleine Flächen mit großer Bedeutung, in: Land & Forst, 2022 (13), S. 12–15.

34 Demant, Laura: Naturschutz im Privatwald im deutschlandweiten Vergleich – ausgewählte naturschutzfachliche Ergebnisse aus dem Waldvertragsnaturschutz-Projekt (WaVerNa), in: ANLiegen Natur, 40 (2018), S. 71–80.

35 Mölder und Tiemeyer: Verjüngung der Rotbuche, wie Anm. 1; Mölder: Landschaftsveränderungen, wie Anm. 14; Tiemeyer und Mölder: Naturschutz im Kleinprivatwald, wie Anm. 23.

Gröinkauhltiet
Elisabeth Benne

Nu es dat wä sauwiet,
in'n Hiärfst- un Winterdag es Gröinkauhltiet.
He würß auk goud up'n Feile an'n Oüwer,
De eeste Frost, de taug oll drüerwer.

Jeder Vöhein es drup vosiärten,
bi jeder Fiehr geiw et Gröinkauhliärten.
Un wenn man't weet to düssen Zweck,
löit man dat Mirragiärten weg.

Nu was in'n Huse Megger eene Fiehr,
ton 80. van Opa saigen se sick olle wier.
Oma makede sick vöhiär vierl Gedanken,
dä olles sick ümme Gröinkauhl ranken.

Se schrappede Kartuffeln lüttk un fien,
dann halde se't fette Kraum van't Schwien.
De Kauhl, de kuorkede oll in'n Potte,
dat was de „Ollenburger" Sotte.

De Siepeln mössen auk no broahen,
met Schmolt un Brühe sollt woll groahen.
Fien schmickede de Wurst nauh derwen Rauk,
de Kauhl es gar, de Schwienebacken auk.

De Besöik stellde sick in oll tenger,
se tofften geggen Aumd nich länger.
De Disk es decket, olles dompet,
de Hinnerk oll met de Föite trompelt.

Nu achtern Disk, man häff doch Schmacht,
iähr häng de Magen oll up halw Acht.
den Kauhl makede Oma immer goud trechte,
dat lärten was bi iähr nich schlechte.

De Broatkartuffeln ut de Pann'
De lacheden olle Gäste an.
Et steht dann olles up'n Disk,
Oma neudigt, weil olles frisk.

Eener mag de Backen van dat Schwien,
em kann't nich fettig genoug sein.
De annere leewet Rippen un de Wost,
un voläng non Kloaren fo den Dost.

Hinnerk licket baule sien schmiärig Muul,
seine Tiärne un Backen wöhn nich fuul.
Et kaim een Roupen in den Laden,
olle meent: „Een Schluck könn' auk nich schaden."

Meest wett et baule dree un veer,
wat dann no schmicket es een Beer.
Bi'n Afscheed sägg Opa: "Nich vogierten,
an Omas Geburtsdag es wä Gröinkauhliärten."

Un Oma denkt an iähr Pläseer,
os se dat Volk bring an de Döar.
Doa tüsken ligg, gi möet et wierten,
gottloff no eene Fruslüe-Vosieten.

Dat häff se blaut's bi sick sau dacht,
os olles weg rummt geggen Acht.
Dann löit se sick in'n Sessel sacken,
un es ratzweg kaputt van't marachen.

Dat Gröinkauhlkuorken was nich lichte,
doch Oma wiesede een lachet Gesichte.
Dat iärten was doch een gesunnet,
un harre doch olle prima munnet.

Südliches Osnabrück

PLATTDEUTSCH

Wi domoals!
Ulrich Gövert

Wi van domoals wörn joa Kinner,
Wi wörn driester un nich döüsig,
Wotteln eeten, ock met Dreck,
Speeltüch häbt wi sülwes bauet,
Blawe Plecke an'ne Beene,
Leeg de Baal in Noabas Goarn,
Soagen - Tangen - Neegel - Hoamer,
doardör göw't nie Langewiele,
Seipenkissen wörn de Renner,
Up Bööme hadden wi ne Bud,
Hännelägt bie't Foahr-Rad-Foahren,
Met bloote Fäute up heite Stroaten
Leiwe Kinner, weest moal ihrlich:
Et is egoal, för mi is kloar -

Un mansket Moal ock leipe Finger.
Us ümmehau'n, dat wör kaum möglick.
Schauhe putzten wi met Speck.
Un uuten Goarn de Äppels klauet.
nich blos kloppen - ock verdregen.
mossten wi täuben un us ock woarn.
Breere uut de Tümmer-Koamer,
Un ock Spoass in Winnesiele.
Fautbaal-Stars de Supermänner,
Un oaltiet afschuerde Huut.
Un weih döö - inne Hanne soagen!
Doch rümme-joald wörd blos in Moaten.
Lewten wi nich ock gefährlick?
Use Tiet wör wunneboar!

(Eggermühlener Platt)

Kommodiget Plätzken
Helga Grzonka

Kumm, set di dal
Wi will't quatern
Aule Tieten
Wier beliäwen

De Kirskenbaum
Lustert us to
In hunnert Joahr
Häf he viäl höört

Töge sind kahl
Et is eest März
No veer Wiäken
Dann blögget he

Blower Hiermel
De Sünnen schint
Schmitt sienen Schatten
An Spieker und Hus

Kommodiget Plätzken in den Goarden van Averbecks Hof

PLATTDEUTSCH

De Rose vötellt
Helga Grzonka

Du häs mie plantet vö viäle Joahrden. Ik stoh immer an mienen Platz in' Goarden. Wiend und Wiär haule ik stand. Du glöws nich, wat ik uthaulen mot. Wenn de Sünnen van' Hiermel knallt und de Minsken in iähre Hüser bliewet oder in den Schatten flüchtet, kann ik nich weglopen. Ik häwe nigges eenen Sünnenschirm. To'n Glücke steht de graute Busk tiegen mie mirrags fö kotte Tiet tüsken mie und de Sünnen.

Üawer lichten Sommerriängen fröwe ik mie. De friske Duske kühlt miene vöbrannten Bliär und gif nigge Kraft. Een Gewitterschuer met dicke Druapen und Hagel bekümp mie gar nich. Doanau sind miene Blomen utfleddert, de Bliär hät Löcker.

Ik blögge den ganzen Sommer üawer bet in den Hiärwst wunnerschön. Een Joahr häwe ik bet kott vö Wiehnachten eene schöne Blüten driägen. De Ruffrost keimp und mök mie no schöner. Auk de Spinnwipsels an't Hus harren eenen witten Üawertog und blinkeden in de Wintersünnen.

Spinnewipsel met Ruffrost

Rose in't Winterkleed

Sommertiet – Urlaubstiet
Helga Grzonka

Ünnerwechens sien mäk Spoaß! Aff und an üawer den Tellerrand kieken mot sien. Lange bruke ik dat ower nich. Miene Urlaubsfoahrt mot nich in't Utland gauhn. Nordsee - Ostsee - Biärge – in Dütskland find jedereene eenen Oort to'n utspannen. Ower wenn ik dann wiär doa bin, denke ik faaken: Tohuse is et auk schön! Wie hät dat Glücke, dat wie doa liäwet, wo annere Minsken Urlaub maket. Ik bruke nich Gott weet wie wiet weg. In use schöne Giegend küant wie sau viäl geneeten.

Een poar Kilometers met mienen Drauhtiäsel bringet mie faaken eene lütke Uttied, de Lief und Siäle goht döht. To'n Biespell is een Besöik in'n Rosengoarden in Bad Rohenfeile eene gohe Wahl. Üawer de viälen unnerscheedliken Rosen, de Farwen, de Rürke und olles ümmeto kann ik mie fröwwen. De Vöien met de Frünne van den Rosengoarden häf ollet goht in Schuss. Man miärket, dat de met viäl Freude an de Arbeet goht. Dat wiet de Besöikers to schätzen.

Van eenen Utflog no Bad Rohenfeile häwe ik een poar schöne Beller ut den Rosengoarden metbrocht. Villichte driäpet wie us doa mol.

De Rosengoarden in Bad Rohenfeile

PLATTDEUTSCH

Dat kann ick nich affsäggen
Agnes Varding

Nu bin ick all siet twei Wäken in Pension!

Dei lessden Daoge häbb ick dormit verbröcht, mien ganzen Prüll in'n Lehrerzimmer uttauruhmen, dei Bäuker un Mappen in Huuse tau sortieren un endlick dat wegtauschmieten, wat ick hoffentlick in mien Läben nich mehr bruuk. Use Mülltunnen is full mit Papierkraom van bold veiertig Johr Schauldeinst.

Ick häbb mi dat all aals fein taurechteleggt. Uppe Duur kann ick endlick jüst maoken, wat ick will. Vömmdaogs, nommdaogs, aomds un un wenn't mi jüst in'n Kopp kummp, uck midden inne Nacht. Ick kann schlaopen, wann ick will, or wach blieben, arbeiten or lai upp'n Sofa liggen, äten un drinken, wanneiher ick Lust häff - ick kann't aower uck laoten. Nu, wor ick in Rente bin, kann ick daun un maoken, wo mi dat jüst nao is. Mien Wecker is utrangiert un mi ducht, dei Uhren gaoht nu langsaomer. Wat häbb ick dat doch gaut!

Up maol schreck ick hoch in mien Sessel. Bin ick bi't Läsen indusselt? Wat is dor doch blos buuten los? Ick luster. Use Enkel Tim staiht vör dei Sietendörn un schrait Schnött un Kiel. Sien neiet Mountainbike ligg näben üm, dei Reifen is platt, nicks gaiht mehr. „Ich verpass mein Training", schnuckert hei. „Wenn ich heute zu spät komme, darf ich Sonntag nicht beim Punktspiel dabei sein! Bringst du mich hin, Oma?" Hei sütt man ellennig ut - van den coolen Fautballspäler, dei bi Bayern München grot rutkaomen will, is nicks tau seihen.

Nee, eigentlick häbb ick kien Tied, Ick häbb mi so nietschke up den Naomdag mit dei Naoberfraulüe fraiht, un nu is dat half veier un ick kaom allweer tau laote. Jüstso as bi dat lessde Kaffeeseiern. Aower Fautball is Tims Läben un hei kick mi so bedreuwt an. Dat kann ick üm nich affsäggen.

Dat Enne van't Lied is, datt ick use Naoberschke Marie weer 'ne Steilvörlaoge gäv. Ick hör sei all säggen: „Disse pensionierten Lehrer verdeint dat väle Geld in'n Schlaop, aower bitied tau'n Inlaodung kaomen, dat krieg't sei nich hen. Wenn dat inne Schaule uck so taugaht, mott man sick nich wunnern, wenn ut dei Kinner nicks Gescheites wedd."

Ick häbb jüst noch Tied mi ümmetautrecken. Mien feinet neiet Kleed schöllt dei Fraulüe glieks aower ampart tau seihen kriegen un eieste miene hochhackigen Schauhe! Einen ganzen Dag bin ick inne Stadt rümmelopen, van ein'n Laoden in'n ännern, häbb nich uppe Uhr käken un mi dat gautgaohn laoten. Kiene Hefte teubden up mi, Zensuren mössen uck nich inndraogen weern un kienein stünd achter mi tau drieben. Dat häff mi gaut gefallen! So kann dat in Taukunft wiedergaohn!

Aower nu mott ick man drocke los un den Jungen nao'n Fautballplatz bringen un üm half sesse weer affholen. Is jao'n Klacks, dei Weg in't Dörp. As ick weer uppen Trüggeweg bin, fraih ick mi all up 'ne Tass Kaffee un'n Stück Kauken.

Mit'n Maol seih ick ein ganzet Koppel Pere uppe Straoten loopen un Lisa, use Naoberwicht, versöch, sei weer inne Weide tau drieben. Dat Schlopp is taue, aower dei Rickels dornäben sind daolträen. Lisa häff ehr Auto anne Straotensiete parkt un ick stell mien Waogen d'achter. „Lisa, ick help di", roop ick ehr all van wieden tau un stöckel äower dat Gress, trä in'n Lock un knick mit dei hochhackigen Schauhe ümme. Fählt blos noch, datt ick mi den Faut verstuukt häff! Dorbie har dei Iele gor nich nödig daon, denn dei Pere loopt uck aohne miene Hülpe fein ein nao'n ännern weer den sülwigen Weg trügge inne Weide. „Woll nich dat richtige Schauwerk tau'n Pere heuen", schmüstert Lisa un knippögt mi tau. „Ick häbb Kamps Heini all anropen, aower dor meld sick kienein. Du häs jao bestimmt dien Handy inne Taschken. Wullt du dat woll noch 'n paormaol verseuken? Ick häbb't nämlick drocke, üm veier Uhr fang miene Schicht an. Du häss jao nu Tied as Rentnerin - was fein, wenn du so lange uppassen kanns, datt dei Zossen nich weer wegloopt?"

Nee, eigentlick häbb ick kien Tied, aower dat kann ick ehr nich affsäggen.

„Dann suus man los", sägg ick ehr tau un lähn mi an einen van dei Rickelspöhle. Dor staoh ick nu, at bestellt un nich affhaolt, un wat dat Leipste is, dei Fraulüe sitt't all bi Kaffee un Kauken. As ick Marie 'ne Whatsapp schriew un den Vörfall begliekteike, seih ick sei schüttkoppen. Dat is weer Waoter up ehre Mäohlen! Nu kann sei jao tau'n füftigsten Maol ehren leiwsten Spruch loswern: Lehrer inn'n Ruhestand: Kennt aalns, weet aalns, un häbbt väl Tied doräower tau schnacken.

Nao'ne Dreividdelstunde krieg ick Heini anne Strippe un'n Tiedken laöter kummp hei endlick mit sien Trecker anfäuhert. Hei bedankt sick bi mi för dei lange Teubereie, aower sien blöden Spruch, wat so'n Pensionär dat doch gaut tauliggen häff mit dei väle Freitied, har hei sick spaoren kunnt. Freitied is gaut- stunnenlang rümmestaohn at Pik säben un dei Pere nich ut dei Oogen laoten, dorbi den Kaffeeklatsch verpassen un sick daohne ärgern. As ick uppe Straoten mit miene neien Schauhe noch midden inne Perkäodels trä, haok ick mien gemütlichen Naomdag endgültig aff.

Am besten is dat, forts weer ümmetaudraihen un Tim vannen Fautballplatz afftauhaolen. Nao 'ne Viddelstunn sind wi d'weer. Dei Naoberfraulüe stiegt jüst bi Marie in ehre Autos un fäuhert nao Huus.

Bilüttken is dat all düster worn, un as dat Aobendäten praot uppen Disk staiht, bliww noch jüst 'n Moment Tied miene Fäute hochtauleggen. Dor gaiht dei

PLATTDEUTSCH

Kökendörn oppen un mien Schwaoger Heinz kick ümme Ecke. „Häs du all Fieraobend - ach, dat har ick bold vergäten - dat häs du jao nu den ganzen Dag. Wat fangs du eigentlick as Rentner mit dei välen Tied an?" Hei grinst un sett't sich mit siene schmeerigen Bücksen up miene neien Stauhlküssen.

„Bis du vörbikaomen üm mi dat tau fraogen?", roop ick gneisig.

„Ne, was blos 'n Spaoß", giv hei tau, „aower wat ick di fraogen wull, is: kanns du woll morn frauh üm nägen Uhr use Oma nao'n Doktor bringen, Ehr Arm is immer noch in Gips un sei häff masse Kählte. Heti ligg siet gistern mit Grippe in Bedde un du bis dei einzige, dei inne Naoberskup Tied häff."

Ne, eigentlick häbb ick kien Tied. För twei Wäken häbb ick mi bi'n Friseur anmelded. Dat vulle Programm: Farben, schnien, fönen un wat dor sonst noch so an Reparaturen tau maoken is. Aower dat kann ick üm nich affsäggen.

„Ick bin bitied bi jau", verspreek ick, un bevör ick dor äöwerwegkaom, seuk ick dat Telefon, üm den Termin tau verschuuben.

As mien Mann nao Huus henkummp, kick hei vergrellt ut un schmitt 'n Staopel Papiere uppen Kökendisk. „Dor kann kienein dörstiegen", schellt hei. „Wenn man in Dütschland 'nen Bauantrag för'n Schwienstall stellt, mosse füftig Sieten utfüllen. Dat Beamtendütsch gaiht mi jao sowat van uppen Senkel! Kummp noch sowiet, datt man dorför studeiern mott!" Hei lett sick uppe'n Stauhl fallen, schmeert sick 'n Botter mit Wosst un prümt sick dat d'r achter. Mit 'n Maol draiht hei sick nao mi ümme, kick mi an un sägg: „Dat is doch wat för di!

Nu, wo du soväl Tied häs, kanns du dat woll äben för mi maoken. Mit dat Utfüllen van Formulare bis du mi jao äöwer. Mi wunnert aaltied, wo schwick di sowat vanne Hand gaiht! Mott allerdings bit öwermorgen ferdig wän. Mi kummp dat richtig gaut taupasse, dann bruuk ick mien Kägeln morgen uck nich utfallen laoten."

Ick hör woll nich richtig! Wat was dat denn? Kann ick woll in'n Handümdraihen maoken, wor ick doch nu soväl Tied häff. Dei Schnack har jao nu wirklick nich nödig daon! Veiertig Johr häff hei sien Schriewkraom doch uck gaut vörn' änner kreegen, meiste Tied mit väl Schellereie un schlechte Luune, aower hei har aaltied aals uppe Riege. Un nu schall ick dat äben näbenbi bewarkstelligen?

An un för sick bin ick ein gautmäudiget Menschke aower langsaom wedd mi dat tau bunt. Häff hei in all dei Johrns miene Diktate un Upsätze maol so äben näbenbi naokeeken? Nee, in'ne Schaultied möss ick mien Kägeln so manchet Maol suusen laoten.

Licht fall't mi dat nich, aower bevör ick mi weer beschnacken laot, luut miene Antwort: „Dat mott ick di affsäggen! Morgen frauh bring ick Oma Minchen nao'n Doktor un nommdaogs draop ick mi mit Lena inne Stadt. Kann woll laote wern. Du häs den ganzen Aobend diene Ruhe hier in Huuse Laot dat man sinnig angaohn. Du wess dor woll mit."

„Wat bis du forts so kiebig?", mott ick mi noch anhörn. Aower dann schwigg hei stll. Dat is mi nu uck jüst gliek. Bold koop ick mi'n Schild un hang mi dat vör dei Baost: Will ick nich. Bruuk ich nich. Dau ick nich. Ick bin in Rente!

Südoldenburger Platt

PLATTDEUTSCH

Onkel Bals un Tante Mariechen
Elisabeth Benne

De beeden wöhn Stadtvowandte van use Naubers up de Gierndsiete. Os Kinner kinnden wi olle Vowandten van use Naubers, weil wi eene graude Familge wöhn. Onkel Bals, wecker up den Namen Balthasar taufet wö, un Tante Mariechen wöhn Vowandte van Naubers Oma Anna. Onkel Bals was Schniedermester in Ossenbrügge.

Beede hadden den Qualmsunndag an'n 25. März 1945 heele üorwerstauhn, weil se sick met ganz vierle Ossenbrüggers in de „Gertrudenbiärger" Höhlen vokruorpen hadden. Onkel Bals was immer een „Piekfeinkädel", un he dröig tietlierbens immer schwatte Anzüge. He kimmde sick eenen Middelscheitel, un met eene Schnubbartbinde brochte he nachts sienen Boart in Fuorm. De was akkuraut üorwer Dag zwiebelt, os bi eenen Ulanen-Offizier to Kaisers Tieten.

Tante Mariechen was graut un schrau. Iähre langen Kläe makeden een stautsket Frusminske ut iähr. Se harre Schouhgrötte 45, wat in daumoaliger Tiet ungewüernlick was.

De Stadtlüe heeden bi us blauts de „Vohieroaden Wunnerlichkeeten". Wenn Mariechen ümme Klock twölwe nich dat Mirragiärten up'n Disk harre, dann löggede Bals van'n Schniederdiske: „Ick häwwe düchtig Schmacht. Ick schmiet di glieks de Iärlen in't Krüße."

Wi Kinner wüssen, wenn de Stadtlüe pattlanges kaimen, dann löiten wi olles liggen un stauhn, ümme de „Vohieroaden Wunnerlichkeeten" to begrüßen.

Os de beeden eenes Sunndagsmuorns, os de Gassen giärl up de Öhrs stönnen, un de Wiend een flöihes Schnüfken drüorwer bloßte, up Vositen kaimen.

Wi saigen, dat Onkel Bals wat Brehet unnern Arm dröig. Ut den touschnorden Pakete saig man een langet Rohr, un buorm was een Trichter. De Onkel vöklöarde us, dat dat een Grammophon was. Nauh'n Mirragiärten harre he düsse Musikmaschinen up ne aule Truhe buorm up de Diärle upbowwet.

He liär no eene aule Schelllackplatten up. Brochte den langen Arm met den Trichter no in Position. Dann stellde he sick pielup doavo os son Rickstaken. Os nu de Musik löss kniärterde, greip Onkel Bals sick Oma Anna.

Dat aule Dingen plärrde: „Marie, Mara, Marie Maruschkaka. Du bist das schönste Mädchen, das ich auf Erden sah." Bals naim Oma Anna bi'n Danzen sau derwe in'ne Schruwtwingen un dreggede se dree Mol ümme de eegenen Assen. Iähr was schwiemelig bi dat Harümmerängstern woden. Dann schmeit Oma sick up'n hölten Brettstouhl un pußede ut'n lessten Locke. Os se sick nauh ne Tiet van'n Stouhl wä hauge up krahnde, volöng Anna ees eenen Balkenbrand.

Wi Kinner mossen olle metmaken. Naubers Hinnerk was bi't danzen een grauder Höltenköster. Met düsse Musikmaschine häwwe wi dann Rhienlänner, Schieber, Walzer un Schottsken lähd. Wenn ne Tiet in't Land gauhn was, frogden wi Oma Anna: „Wann kuermet de „Vohieroarden Wunnerlichkeeten" wä up Besöik?" Dann schlöig Oma de Hänne üorwern Kopp un mende: „Dat sall woll wä kottens sien."

Wi Blagen woll'n dann auk wä „Empfangskomitee" sien met den Leede: „Marie, Mara, Marie Maruschkaka."

Gierndsiete	-	Überseite
Qualmsunndag	-	Palmsonntag
Piekfeinkädel	-	eleganter Mann
Schnubbortbinde	-	Schnurrbartbinde
stautsket Frusminske	-	stattliche Frau
löggede	-	schrie
lärlen	-	Elle
Rickstaken	-	lange Stange
Schruwtwingen	-	Schraubzwinge
Assen	-	Achse
up krahnde	-	aufstehen
Balkenbrand	-	selbstgemachter Schnaps
Höltenköster	-	unbeholfener Mensch
Schottsken	-	alter Tanz

Südliches Osnabrück

Lecht ut

Helga Grzonka

Olle kürt van de Energiekrise. De Politikers üawerlegget, wie se an Gas, Ölge und Strom fö de Industrie und de Husholte kuamt. Up jeden Fall wet dat Böten und Stromverbruken bannig düer.

Auk bie Meggers wöt dat Thema up den Disk brocht. Pappe siär, dat de Stuam nu nich mä sau warm sien konn. Olle sollen eenen Pullover mä und eene dicke Unnerbüxen antrecken. Auk met de Lucht moss spuart wähden. Et bruken nich olle Lampens an sien. Biet kommodige Tohaupesitten wö eene Kerssen helle nooch. Auk de sessjöahrige Emma und iähr Fründ und Spiälkamerad Paul hörden to. "Gi goht doa ower nich bie. Et brennt echtet Füer und dat is to geföhrlik," menne Pappe. "Und wenn keineene in den Ruum is, dürt de Kerssen nich brennen."

Emma und Paul dröpen sik faaken, mol bie em tohuse und mol bie iähr. Se wuahnen auk nich wiet utenänner. Doatüsken leig blauts de Kiärkhof. De Strauden toeenänner göng doarümme to. Faaken neihmen se auk den kötteren Weg üawer Kösters Kamp. In de düstern Hiärwst- und Wintertied seugen de Öllern dat nich sau gäden. Dann mossen de Kinner auk bie Dageslecht wier to Huse sien.

An eenen nieweligen Dag Anfang November was Emma ower nich to de Tied wier doa. De Öllern föngen an, sik Suargen to maken. Meggers Pappe röp eest mol bie Pauls Mamme an. "De sind oll eene halwe Stunne weg," siär de. "Paul woll Emma no een Stücke wegbringen. Ik dachte, de sind nu bie ju." Oh je, nu ower fix! In beede Hüser greip een Öllerndeel sik de Jacken und löp ut'n Huse.

Up den Kiärkhof was et oll richtig düster. Blauts de Latüchten und Kerssen up de Griäwer geiwen een schummeriget Lecht. Wat was dat doa buam achter dat graute Krüß? Doa löpen doch lütke Gestalten! Dat wön jä Emma und Paul! "Wat maket gi denn hiär? Wi töwet oll und maket us Suargen." De beeden Kinner wö'n ganz ut de Puste: "Gi seht doch, wie viäl hier to don is. Üaweroll brennt de Kerssen, ower et is keineene doa! Wi hät oll ganz viäle Lechter utmaket. Nu küänt gi us jä helpen!"

Sterns an'n Himmel
Agnes Varding

Ick trück miene Jacke an, bünd mi den wullen Schaol ümme un sett'de mi dei warme Müssen up. As ick noch einmaol dör dei lüttke Schieben in dei Stoamddörn keek, sehg ick dei beiden olen Lüe tauhoope in't Sofa sitten. Sei stierden up den Fernseher- dei Ton was so luut, datt man dei Spraoke buuten gaut verstaohn kunn. Ick was mi nich sicher, off miene Öllern mitkreegen, wat dor passeierde. Miene Mamm' schüddkopde av un tau, bewägde ehre Lippen, aohne datt dor Wör ut ehrn Mund rutkömen. Mien Pappen har siene Oogen taue, aower innschlaopen was hei nich. Siene Hände greepen üm sick tau, as off sei wat seuken wullen. Mi was benaut tau, as ick dei schmeerige Schötten sehg, dei sick miene Mamm' antrocken har, den Pullover mit dei Plecken van't Middagäten un dei olen Pantuffeln, wo dei naoktden Teen dör dei Löcker keeken. Jao, olt un stäökerig wörn dei beiden worn, lange nich mehr so krägel un kontant at lessdet Johr, as ick ut Amerikao tau Beseuk noa Huus henkaomen was. Et wüdde Tied, sick tau kümmern- uck wenn dei beiden dat nich taugäben wull'n - so kunn dat nich mehr wiedergaohn. Morgen möss dat Thema up'n Dischk!

Aower nu wull ick dor nich äöwer naodenken. Ick har mi vörnaohm, taufaute dör't Dörp tau gaohn, un mi dei Beine tau verträen. Dei Sietdörn füllt achter mi tau, un as ick an dat Pottstück vörbi dörn Gorn güng, merkde ick, wo lecht dat buuten was. Ick keek noa baoben un dor stünd dei vulle Maond an'n Himmel un dusende Sterns lüchtden dor ümtau. As ick den Weg noa dei olen Schaule innschlög, düchte mi, datt jüst äöwer dei groten Eiken ein Stern stünd, dei noch lechter scheen as dei ännern.

Dei höltene Bank unner den olen Boom har uck all bedre Daoge seihn, un jüst as ick mi hensetten wull, kömen mi dei beiden Baukstaoben in'ne Künne, dei wi dor domaols mit'n Naogel in dei Bark inkarwed harn. Uck dat grote Hette was noch gaut tau seihn. Jao, dor harn wi us stilken tau Nachtschlaopentied draopen bit mien Pappen mi upluurt har un ick nich drocke nauch dör dei Nähendörn in't Hus kaomen was. Wat har dat för'n Spektaokel üm den Jungen gäben! Veier Wäken möss ick dei Aobende an'n Schriewdischk sitten un för dei Schaule lern. As ick wedder unner Lüe dröff, har hei all anfangen tau studeiern. Veel kann üm jao nich an mi lägen häbben! Was et nich sünnerlig, datt wi us siet den Dag nich mehr seihn un nicks mehr van'nänner hört harn? Lange was dat nu her. Wat woll ut üm worn was?

Nao'n Tiedken stünd ick up, bögde in den eiersten Sietenpadd aff un köm liek up dei ole Bäckereie tau. Stünd dor nich allwedder ein lechten Stern äöwer dat Fachwerkhuus? Wat har ick aaltied för Schelle kreegen, wenn ick wedder den Stutenkapp van dat frischke Brot affknibbelt har! Jedes Maol har ick mi

PLATTDEUTSCH

vörnaohm tau teuben, bit ick in Huuse was, üm mi dor'n önlicken Schnäe mit gaue Bottern un Wusst tau schmeern, aower ick kunn dat einfach nich so lange uthollen. Lange was dat her- dei Röke van den Stuten har ick noch inne Näsen. Ick hörde miene Mamm' noch quesen: „Is jao bolle so, as off du bi us nich nauch tau äten kriss!" Tau Straofe möss ick jedes Maol upwasken un den Hoff fägen - aower dat Pläseier mit den leckeren, noch warmen Stuten wull ick maläwe nich missen!

Dei Sterns lüchtden ümme Wette, as ick an Ossen Gerds Weide vörbiköm. Dei lüttke Paddweg bilangers dei Rickels. den mien Brauer un ick mangers at köttsten Weg noa Schaule naohmen harn,was meist tauwassen.

Wi harn aaltied van „Mutprobe" schnackt, wenn wi us trauden dor hertaugaohn, denn dei Fautpatt güng bi Ossen Gerd ääwer'n Hoff. Hei was 'nen Rauhmuul, dei sien Spaoß har, wenn hei Kinner piesacken kunn. Dei Hemdschlippen ute Bücksen, n' Preumken tüsken dei Tähn, meiste Tied 'n Plieten in sien Gesicht, weil hei maol wedder henfallen was in'n duun Kopp, so stünd hei bi dei Näendörn. Wi bäwerden dat ut, wenn hei us wiesmaokde, datt dei Buuskerl us inspern wull, wenn hei us tau packen kreeg. Bolle harn wi utfunnen, datt dat den Buuskerl gor nich geew.

Mien Brauer was'n Deuker, un wat hei sick för den dweerigen, dullen Kerl utdachde, was drieste. Wi wüssen, datt dei Buur ganz behott was mit siene Häuhner, so as dei Lüe vertellden, 'ne ganz düere, besünnere Sorte. Eines gauen Söndaogs, as wi sicher wörn, datt Ossen Gerd sien Middagschlaop hüllt, kröpen wi sinnig ääwer dat Euwer, trücken ein van dei Rickelspäöhle ut dei Grund, un fösterden dei Häuhner ut'n Stall. Dei löpen spektaokelnd dör dat Schlopp nao aale Sieten ut'nänner, Tied nauch för us, dei Eier ut dei Nester tau nähmen. Wat harn wi'n Spaoß, as wi ein Ei nao'nännern anne Wand schmeten! Dei Eigäls löpen fein langsaom an dei jüst frischk widdelde Wand runner un dei Eierschilln bleeben stücken uppe Eern liggen. Wi häbbt achternao nich hört, wovälle Häuhner fleiten gaohn wörn – schaode, datt wi dat Gesicht van den olen Suupsack nich tau seihn krägen häbbt, as hei dei Bescherung sehg. Rutkaomen is use Aktion maläwe nich!

Mien Weg führde mi dorhen, wo dei lechste van aale Sterns baoben an'n Himmel stünd: Nao Tante Minnas Huus, nee, nao dei Ruine, dei dor noch van aöwerbleeben was. Use Naoberske, Tante Minna, at wi sei aaltied näumt häbbt, har hier in miene Kinnertied waohnt. För aale Bussen in use Buurskupp was sei use tweide Mamm' wän - use Hülpe, wenn wi Sörgen un Not hatt harn, un wenn wi nich mehr in noch ut wüssen. Wo Minna herkaomen was in dei Johrns nao'n Kriege, wüss kienein. Eines gauen Daoges was sei introcken in dat lüttke Melkerhuus mit ehrn Säöhn, dei uck in use Öller was. 'nen Pappen har dor nich tauhört - för dei Lüe in'n Dörp nich so licht tau verknusen, datt

Minna stillschweeg äöwer aals, wat sei beläwt har. Jao, licht har sei dat nich hat in dei leipe Tied un schonken har ehr kienein wat. Sei möss sick aaltied beknappen, aower sei har sick dörschlaon mit Naihen un Kaoken bi dei groten Buureien rundümtau.

För us Kinner har sei nich bloß Tied un Roat hat, av un tau, wenn use Pien tau grot was, geewt uck noch bitau 'nen paor Näöte, 'n Stütken or'n Haußenbomms. Jao, dat har ick sülwes beläwt, wo gaut sei mit Kinner ümmegaohn kunn! Ick segh mi noch mit Traonen in'ne Ogen an ehrn scheiwen Kökendisk sitten, mien Zeugnisheft mit aale dei Einsen und Tweien uppschlaon, wor ick aower an den Dag so gor kiene Freide mehr an hat har.

"Hürlüekinner gaoht nich nao dei högeren Schaule", harn mi dei Wichter in'ne

Pause tau seggt, "un du bruuks di nich inbillen, datt dat bi di änners is!"

Tante Minna har mi in'n Arm naohm, mi äöwer dei Haore straokt un mi Maut maokt: "Gaoh man drocke nao Huus. Schass seihen, datt diene Öllern sick frait. Laot dei ännern Kinner man schnacken, ick weit woll wisse, datt ut di wat wedd."

As ick nu an den olen Soot förbilöp, wo dat Rüt utwasde, trück ick dei lüttke Lüchten ut miene Taschken un söchde den Padd dör dei Neddeln un dei

Brummelbeerntackeln bit an dei Stäh, wo fräuher dat lüttke Kökenfenster wän was. Ick segh sei dor noch sitten, use Tante Minna, 'ne Schillewann'n upp'n Schoot, 'nen Dörschlag upp'n Dischk, jüstso at domaols. Schaode, datt sei nu all siet lange Johrns unner dei Ern leeg. Aower ick wüss wisse, wat sei vandaoge riskherut tau mi seggt har: "Kiek eis an, 'ne Lehrerin is ut di worn un inne wiede Welt bis du gaohn! Ick häbb di dat domaols jao all vertellt, datt du ein düchtig Wicht bis!"

Ginnensiet kunn ick nu mien öllerlick Huus liggen seihn. Dei grote Waogen stünd lecht an'n Himmel un dat Maondlicht spegelde sick in dat Waoter in den deipen Graoben. Et was Beddegaohnstied un ick dachde doräöwer noa, off dei beiden woll alleine taurecht kaomen wörn un all schlöpen. Morgen har ick einen schworen Gang vör mi, aower dor wull ick nu nich äöwer naodenken.

Südoldenburger Platt

HEIMAT AKTUELL

70 Jahre Kreisheimatbund Bersenbrück (KHBB) – Eine Rückschau
Franz Buitmann

Anmerkung: Coronabedingt konnte das 70-jährige Jubiläum des Kreisheimatbundes Bersenbrück (KHBB) im Jahr 2021 nicht gefeiert werden.

Die Ursprünge des Verbandes finden sich im 1885 gegründeten „Verein für Geschichte und Alterthumskunde des Hasegaues". Bereits im Jahre 1885, im Jahr der Gründung des Kreises Bersenbrück, wurde in Bersenbrück der „Verein für Geschichte und Alterthumskunde des Hasegaues" ins Leben gerufen, hier können die Wurzeln des heutigen Kreisheimatbundes Bersenbrück (KHBB) verortet werden. Maßgeblicher Mann dieses Vereins war Wilhelm Hardebeck aus Ankum, der zusammen mit anderen Heimatforschern viel heimatkundliches Material zusammentrug. Dieses Material wurde in den 20 Heften seiner „Mitteilungen" bis zum Jahre 1930 der Öffentlichkeit zugänglich gemacht und bildet noch heute eine wichtige Grundlage in der Heimatforschung. Vor einigen Jahren wurde es in der Reihe „Kultur im Osnabrücker Land" des Landkreises Osnabrück als Nachdruck neu herausgegeben.

Die inhaltlich weitgefächerte Schriftenreihe der Jahre 1887 bis 1930 enthält frühgeschichtliche Themen, Sagen, Bräuche, Handwerke, Lebens- und Wohnzustände, Ortschroniken, Besatzungszeiten, Glaubensvorstellungen oder Kleidungsgewohnheiten, die aus Sicht von Männern aus dem vorvorigen und dem Anfang des letzten Jahrhunderts auf ihre historische Veränderung hin untersucht wurden. Die zum Teil über hundert Jahre alten Artikel vermitteln einen Eindruck vom Geschichts- und Sendungsbewusstsein jener Zeit. Die Vereinsmitglieder im Osnabrücker Nordland orientierten sich in ihrer Satzung und Tätigkeit, aber auch in der Aufmachung der Hefte, stark an dem 1848 gegründeten „Verein für Geschichte und Landeskunde von Osnabrück". Aufgrund der großen Nachfrage erfolgte 1902 eine Neuauflage der ältesten Hefte durch die Herausgeber. Die jeweiligen Hefte geben mit ihren Inhalten die Heimatpflege der Jahrzehnte von der Gründung bis etwa zum Beginn des Zweiten Weltkrieges wieder.

Nach dem erzwungenen Weggang des Landrates Professor Dr. Hermann Rothert, der 1924 das Kreismuseum Bersenbrück gründete und dieses auch betreute, suchte man auf Kreisebene eine neue Möglichkeit für diese Aufgabe. Man sah sie in einem Verein für Heimatpflege im gesamten Kreis Bersenbrück. Auf einer Versammlung des Kreisausschusses 1933 in Bersenbrück wurde entschieden, dass dieser Verein den Namen Kreis-Heimatbund führen sollte, in jedem Kirchspiel sollte eine Ortsgruppe gebildet werden, die wiederum in den einzelnen Gemeinden Arbeitsgemeinschaften bilden sollten, für einzelne Fachbereiche im Museum stellten sich namhafte Heimatfreunde zur Verfügung. Dazu gehörte u. a. auch Konrektor Frasch, Grönloh, mit der Kreisbildstelle, von seinen Bildern profitiert der KHBB bis heute. Der damalige Kreis-Heimatbund trat auch dem Niedersächsischen Heimatbund bei. Er wollte die Heimatarbeit auf eine breitere Basis stellen, wurde allerdings für politische Ziele der damaligen Machthaber ausgenutzt und instrumentalisiert, was die spätere Arbeit für längere Zeit erschwerte. Erfahrene und mit viel Idealismus ausgestattete Heimatfreunde gehörten zu den Vorstandsmitgliedern dieses Bundes. Der Bestand war aber, da die Gründung nicht freiwillig, sondern auf Anordnung der damaligen Machthaber erfolgte, nicht von Dauer, er hat sich kaum prägend auswirken können. Gleich zu Kriegsbeginn 1939 ruhte die Arbeit. Während der Kriegswirren gab es aus verständlichen Gründen keine weiteren Aktivitäten.

Als sich die wirtschaftlichen und politischen Verhältnisse nach dem Krieg allmählich stabilisierten, fanden sich einige bereits früher aktive Heimatfreunde zusammen zu neuer, gemeinsamer Arbeit auf dem Gebiet der Heimatpflege. Einige Heimatvereine vor Ort gingen voran. Auf Kreisebene erfolgte dank der Initiative namhafter Heimatfreunde und einer Vorbereitungssitzung in Quakenbrück die Wiederbegründung des Kreisheimatbundes am 23. Juni 1951 in Fürstenau, verbunden mit einem großen Heimattag. Vorsitzender wurde Dr. Gerhard Twelbeck aus Gehrde. Als Hauptaufgaben in den ersten Jahren nach der Wiederbegründung sahen der Kreisheimatbund und die örtlichen Heimatvereine die „Weckung und Stärkung des Heimatgefühls der Bevölkerung des Kreises sowie das Bewusstmachen der Notwendigkeit heimatpflegerischer und kultureller Betätigung". Verwirklicht wurde diese Zielsetzung in einer Fülle von Aktivitäten wie Arbeitstagungen, Vorstands- und Beiratssitzungen in den Städten und Dörfern des ganzen Kreises, Heimat- und Klönabende, Lichtbildervorträge, Heimatfilmvorführungen, Dichterlesungen, Vortragsreihen, Sternwanderungen, Preisausschreiben sowie Studienfahrten. Einige dieser Aktivitäten gehören bis heute zum Jahresprogramm des KHBB. Beteiligt war der KHBB auch über all die Jahre an der Wieder- oder Neugründung von Heimatvereinen im Kreis. Zudem gab der KHBB Heimatschriften heraus, neben der Herausgabe oder Unterstützung von Einzelwerken wurden die Reihen „Mitteilungen" und „Schriftenreihe" über viele Jahrzehnte zu einer festen Einrichtung. Der „Heimatkalender für den Kreis Bersenbrück" mit der Fortsetzung „Heimat-Jahrbuch", seit 1974 gemeinsam mit dem Heimatbund Osnabrücker Land (HBOL) und der Unterstützung durch den Landkreis Osnabrück, stellt die Verbindung zwischen dem Vorstand und den Mitgliedern und Freunden des KHBB her. Von Bedeutung wurde auch die Beilage „Am heimatlichen Herd" der beiden Lokalzeitungen im Kreis, die mehrmals im Jahr erschien. Nach der Einstellung der Beilage durch die Zeitung gab der KHBB in drei Bänden die seit 1951 erschienenen Ausgaben als Nachdruck heraus, ein vierter Band ist in Planung, in der Zeitschrift „Kiek in" des Medienparks Ankum wird die Serie fortgeführt.

Im Jahre 1956 folgte Kapitän a. D. Arnold Bentlage als Vorsitzender, in seiner Zeit wurde der eingeschlagene Weg in der Heimatpflege konsequent weitergeführt, er verstarb 1969. Nachfolger auf der Mitgliederversammlung 1969 in Fürstenau wurde Professor Dr. Eberhard Ostendorff aus Bippen. Als Bewahrer des überlieferten Brauchtums, als Meister der Erzählkunst, mit seinem reichen Erfahrungsschatz

HEIMAT AKTUELL

Vorsitzende des Kreisheimatbundes Bersenbrück e.V.

Dr. Gerhard Twelbeck
1951-1956

Dr. Arnold Bentlage
1956-1969

Prof. Dr. Eberhard Ostendorff
1969-1984

Benno Lammers
1984-1990

Franz Buitmann
seit 1991

Abb. 1: Bebilderte Auflistung mit der Vorsitzenden des Kreisheimatbundes Bersenbrück. Entnommen aus: Kreisheimatbund Bersenbrück e. V.: KHBB, 50 Jahre Kreisheimatbund Bersenbrück, 2001, S. 29.

in volkskundlichen Dingen, als geologischer Sachkenner und Verfasser mehrerer Schriften wird er unvergessen bleiben. Sein besonderer Einsatz galt der Erhaltung von Kulturdenkmälern, er verstarb 1984.

Zu den bisherigen regelmäßigen Veranstaltungen hinzu kamen die Jahresabschlusssitzungen mit Kohlessen und das „Offene Singen", initiert vom Vorstandsmitglied Udo Hafferkamp aus Berge. Mit der Verwaltungs- und Gebietsreform 1972/73 ging es um die Frage, ob im neuen Landkreis Osnabrück ein neuer Heimatbund für das gesamte Kreisgebiet entstehen sollte. Nach intensiven Besprechungen einigte man sich auf den Fortbestand des KHBB im Altkreis Bersenbrück, für das übrige Gebiet des Landkreises bildete sich der Heimatbund Osnabrücker Land (HBOL). Beide Heimatbünde arbeiten seitdem gemeinsam auf dem Gebiet der Heimatpflege in freundschaftlicher Atmosphäre und guter Kooperation.

Der KHBB kümmerte sich um Kulturdenkmäler, so um die Restaurierung der Ölmühle in Lonnerbecke, um die Windmühle in Mimmelage, die Wassermühle in Üffeln-Balkum sowie um das Heimathaus und die Töpferei in Berge. Auch das Kreismuseum in Bersenbrück stand im Blickpunkt des KHBB. Als neuer Vorsitzender wurde 1984 Rektor Benno Lammers aus Merzen gewählt, sein besonderes Anliegen war die Pflege der plattdeutschen Sprache. Der Wettbewerb Schüler lesen Platt gemeinsam mit der Kreissparkasse Bersenbrück war ein Beispiel dafür. Unter Lammers Regie wurde eine Fachwerkscheune aus dem Raum Menslage auf das

Gelände des Kreismuseum transloziert zur Aufnahme größerer Exponate, Lammers verstarb 1990.

Im Jahre 1991 übernahm Rektor Franz Buitmann aus Bersenbrück den Vorsitz im KHBB. Zahlreiche heimatpflegerische Maßnahmen durch den KHBB prägen zusammen mit den inzwischen 31 Mitgliedsvereinen, den Kommunen, einigen Institutionen und Einzelmitgliedern die weitere Arbeit. Der KHBB wurde Mitglied im Niedersächsischen Heimatbund, im Wiehengebirgsverband Weser-Ems, im Landschaftsverband Osnabrücker Land und im Fremdenverkehrsverband Bersenbrück. Wechselweise mit dem HBOL werden jährlich der Heimatpreis und der Wilhelm-Fredemann-Gedächtnispreis vergeben und der „Tag des offenen Denkmals" begangen. Mehrere Schriftwerke wurden herausgegen, so das „Lesebauk-Plattdüütsk ut'n Bessenbrügger Lande" und „Erinnerung bewahren - Heimat gestalten - Wandel begleiten – Der Kreisheimatbund Bersenbrück und seine Geschichte" sowie „Sie mahnen zum Frieden – Ehrenmale und Gedenkstätten im Bersenbrücker Land". Dazu kamen Nachdrucke der Romane von Marie Schmidtsberg und weiterhin das Heimat-Jahrbuch. Die Schulgeschichte des Altkreises Bersenbrück wurde bzw. wird in fünf Bänden dargestellt, die Reihen „Mitteilungen" und „Schriftenreihe" wurden zusammengelegt, hier erschienen in unregelmäßigen Abständen kleinere Schriften. In einem Literaturkreis wurden Lesungen angeboten. Mehrere CDs mit dem Titel „Lustern un Schmüstern" fördern In Texten und Liedern die plattdeutsche Sprache.

Aktiv wurde der KHBB auch im Natur- und Umweltschutz, die Unterschutzstellung des Grafelder Moores, ein Geschirrspülmobil oder die Mitarbeit in den Lernstandorten geben davon Zeugnis. Zusammen mit dem Heimatkreis Greifenhagen/Pommern wurden Busreisen in die ehemaligen deutschen Ostgebiete wie Ostpreußen und Schlesien durchgeführt. Angelegt wurde der rund 300 Kilometer lange „Bersenbrücker Landweg", der als Wanderweg durch das gesamte Altkreisgebiet führt. In der Vorbereitung der Neustruktur des Kreismuseums zum „Museum im Kloster Bersenbrück" war der KHBB stark eingebunden, er stellt nach der Wiedereröffnung die Öffnungszeiten sicher und gehört zum Kuratorium. Auf Arbeitstagungen werden aktuelle Themen in der Heimatpflege diskutiert. Alle Aktivitäten des KHBB stehen unter dem Motto: „Gemeinsam viel bewegen".

HEIMAT AKTUELL

Jahresbericht des Kreisheimatbundes Bersenbrück (KHBB) für den Zeitraum vom 1. Juli 2022 bis zum 30. Juni 2023

Franz Buitmann

Nach der Corona-Pandemie, die viele Veranstaltungen des KHBB verhinderte, konnte das geplante Jahresprogramm nach und nach wieder seinen geregelten Verlauf nehmen, lediglich einige Terminverschiebungen waren noch notwendig.

„Offenes Singen" des Kreisheimatbundes Bersenbrück zusammen mit dem Heimatverein Vörden am 17. Juli 2022 auf dem Burghof in Vörden

Abb. 1: Zur Umrahmung hatte der KHBB die niederländische „Joekskapel (Spaßkapelle) Op Tied Muuj" aus der Nähe von Venlo eingeladen.

Rund 100 Gäste konnten vor der malerischen Kulisse des Burghofes mit der St. Pauluskirche im Zentrum in Vörden bei traumhaft schönem Wetter unter freiem Himmel begrüßt werden. KHBB- Vorsitzender Franz Buitmann wies in seiner Begrüßung darauf hin, dass das Singen bereits vor zwei Jahren an dieser Stelle geplant war, aber dann coronabedingt verschoben werden musste. „Wir wollen dafür sorgen, dass beliebte alte Volks-, Heimat- und Wanderlieder nicht vergessen werden, sondern dass dieses Kulturgut erhalten bleibt", führte er aus. Das „Offene Singen" sei vor vielen Jahrzehnten vom heutigen Ehrenmitglied des KHBB, Udo Hafferkamp aus Berge, ins Leben gerufen worden. Dieser hatte die Idee vom „Dünensingen" auf der Insel Langeoog mitgebracht.

Der Vorsitzende des Heimatvereins Vörden, Dietrich Stahl, hatte zur Unterstützung beim Singen auch mehrere Vördener Musikgruppen angesprochen. Dass so viele Sängerinnen und Sänger aus der näheren und weiteren Umgebung Vördens gekommen waren, wertete er als Beweis, dass auch heute noch Volkslieder von Bedeutung sind. Sie seien zeitlos und führten Menschen auch zur Gemeinschaft zusammen.

Mit ihren zahlreichen Blasinstrumenten und jeder Menge Musik im Blut gab die „Joekskapel (Spaßkapelle) Op Tied Muuj" aus der Nähe von Venlo (Niederlande) einen bunten Reigen zum Besten, von Volksweisen bis zu niederländischen Partyliedern, so sorgten sie bereits im Vorfeld und später bei der Kaffeetafel im Garten des Vördener Heimathauses für eine fröhliche Stimmung. Das gemeinsame Singen wurde begleitet von Heinrich Schrader und Heiner Pohlmann auf dem Akkordeon. Für Interessierte bestand im Anschluss an das Singen noch die Möglichkeit, die historische Burganlage und die St. Pauluskirche unter Führung kennen zu lernen.

Die Studienfahrt des Kreisheimatbundes Bersenbrück führte am 21. August 2022 zum Kloster Corvey, nach Höxter und Bad Pyrmont

Zum Jahresprogramm des Kreisheimatbundes Bersenbrück (KHBB) gehört die Studienfahrt. Nach zweijähriger coronabedingter Unterbrechung ging es zum Kloster Corvey, nach Höxter und Bad Pyrmont. KHBB-Vorsitzender Franz Buitmann wies in seiner Begrüßung darauf hin, dass nunmehr die 61. Fahrt des KHBB stattfinde, die recht gute Beteiligung zeige, dass sie immer noch gerne angenommen werde.

Abb. 2: Erste Station der Studienfahrt war das ehemalige Benediktiner-Kloster Corvey, das unter Führung besichtigt wurde.

Das Kloster wurde von der UNESCO im Jahr 2014 mit dem Titel „Weltkulturerbe" ausgezeichnet. Es ist somit ein Denkmal von außergewöhnlichem universellem Wert und herausragender Bedeutung für die Kulturgeschichte der Menschheit. Das 1200jährige Westwerk aus der Zeit Karls des Großen, die barocke Klosteranlage mit Kaisersaal und Kreuzgang sowie die Fürstliche Bibliothek des 19. Jahrhunderts bilden ein einzigartiges Ensemble von unverwechselbarer Ausstrahlungskraft. Corvey zählt zu den bedeutendsten Sehenswürdigkeiten Deutschlands. Corvey war seit seiner Gründung ein wichtiges Missionszentrum, Kaiser und Könige haben hier auf ihren Reisen Station gemacht. Im weiten Bogen der Weser nahe Höxter hatten Benediktiner 822 eine Niederlassung gegründet, die sich in den nachfolgenden Jahren zur berühmten Reichsabtei entwickelte.

Nach der Führung ging die Fahrt weiter nach Höxter, wo im Wirtshaus „Strullenkrug" das Mittagessen eingenommen wurde. Bei der Gelegenheit konnte man auch die vielen reich geschmückten Fachwerkhäuser der Stadt an der Weser in Augenschein nehmen, hier wurden auch bereits Vorbereitungen für die im nächsten Jahr stattfindende Landes-Gartenschau getroffen. Höxter blickt auf eine lange, bewegte Geschichte zurück, die eng mit dem Kloster Corvey verbunden ist. Es gibt hier prächtige Adelshöfe und dekorativ verzierte Fachwerkhäuser aus dem 16. und 17. Jahrhundert, der Dichter Hoffmann von Fallersleben wirkte hier bis zu seinem Tod 1874.

Nächstes Ziel war das Staatsbad Bad Pyrmont, das ebenfalls unter Führung besichtigt wurde. Dem Staatsbad stehen sieben Heilquellen für Bäder und Trinkkuren

HEIMAT AKTUELL

zur Verfügung: Hylliger Born, Helenen-, Friedrich-, Wolfgang-, Hufelandquelle und Trampel'sche Quelle können für Trinkkuren genutzt werden, die Salinenquelle ist nur für Badekuren geeignet. Der Kurpark gilt als ältester Kurpark Deutschlands mit einer Fläche von 60 Hektar, 15 Hektar davon sind das besondere Herzstück mit Palmengarten, Springbrunnen-Allee, Malerblick und Asiatischem Refugium. Nach der Führung bestand noch Gelegenheit, sich zu stärken und eigene Erkundungen zu machen. Die Rückfahrt wurde für einen Abendimbiss im Hotel Lingemann in Wallenhorst-Rulle unterbrochen, ehe es nach Bersenbrück zurückging.

Kreisheimattag und Mitgliederversammlung des Kreisheimatbundes Bersenbrück (KHBB) am 5. November 2022 in Rieste – Lage

Zum 72. Kreisheimattag 2022 verbunden mit der Mitgliederversammlung lud der Kreisheimatbund Bersenbrück (KHBB) Mitglieder und Gäste am Samstag, 5. November, in Rieste – Lage ein. Anlass war das 777. Jubiläum der Gemeinde Rieste. Vor der Alten Küsterei Lage – Rieste erfolgte die Begrüßung durch den Vorsitzenden des Heimatvereins Rieste, Stefan Walter, und den Bürgermeister der Gemeinde, Christian Scholüke, der sich freute, dass der KHBB seine Versammlung in den Jubiläumsort legte. Anschließend erfolgte eine Ortsbegehung im und um das Klostergebäude und die Wallfahrts-Kirche, danach wurde zu einer Kaffeetafel in der Alten Küsterei eingeladen.

Hier begann auch die 72. Mitgliederversammlung des Kreisheimatbundes Bersenbrück (KHBB) unter der Leitung des Vorsitzenden Franz Buitmann. Auf der Tagesordnung standen unter anderem der Jahresbericht des Vorsitzenden, die Kassenberichte des Kreisheimatbundes und des Museums im Kloster mit Bericht der Kassenprüfer und Entlastung des Vorstandes, Wahlen zum Vorstand und zum erweiterten Vorstand sowie der Kassenprüfer. Es erfolgten dann die Ernennung eines Ehrenmitgliedes und die Grußworte der Gäste. Einstimmig wurde das langjährige Vorstandsmitglied des KHBB, Winfried Meyer, zum Ehrenmitglied des KHBB ernannt. Er war viele Jahre der Geschäftsführer und brachte viele neue Ideen in den Verband ein. Zudem kann er als „Vater des Bersenbrücker Land-Weges" bezeichnet werden, der über rund 300 Kilometer durch den Altkreis Bersenbrück führt. In einem Referat wurde der gastgebende Heimatverein Rieste durch den Vorsitzenden Stefan Walter in Bild und Wort vorgestellt. Aktuelles aus der Arbeit des Kreisheimatbundes, Wünsche und Anregungen beschlossen die Versammlung.

Jahresabschlusssitzung mit Grünkohlessen am 17. November 2022 in Merzen

Nach einer coronabedingten Pause konnte die traditionelle Jahresabschlusssitzung verbunden mit dem beliebten Grünkohlessen wieder durchgeführt werden. Gastgeber war der Heimatverein Merzen, im Gasthof „Zum Löwen" Maassmann hatten sich viele Heimatfreundinnen und -freunde eingefunden.

Noch vor Beginn der eigentlichen Veranstaltung bestand Gelegenheit, Heimat-Literatur zu erwerben, darunter das Heimat-Jahrbuch 2023, den neuen Bildband „Markante Bauernhöfe" sowie den vierten Band der Schulgeschichte des Altkreises Bersenbrück „Für das Leben gelernt – Samtgemeinde Fürstenau". Umrahmt wurde die Veranstaltung vom Musikzug Merzen unter der Leitung von Silke Thünker. KHBB-Vorsitzender Franz Buitmann freute sich, dass nach der coronabedingten Pause diese beliebte und schon traditionelle Veranstaltung wieder durchgeführt werden könne. Er dankte dem Heimatverein Merzen für die Vorbereitung und Durchführung der Veranstaltung. Ferner wies er auf das vorliegende Jahresprogramm des KHBB für 2023 hin, das wieder ohne Einschränkungen durchgeführt werden könne.

In seinem Grußwort wies Merzens Bürgermeister Christof Büscher auf die Bedeutung der Arbeit der Heimatvereine hin, die in den einzelnen Gemeinden das kulturelle Leben in vielfältiger Weise bereicherten. Dies bestätigten auch Anke Hennig, MdB, die besonders auch auf die Pflege der plattdeutschen Sprache durch die Heimatvereine verweisen konnte. Der Vorsitzende des Heimatvereins Merzen, Heiner Brinkmann, erläuterte mit Unterstützung von Bildern die Arbeit des Vereins, der jährlich ein vielfältiges Programm anbieten kann. Beim anschließenden Grünkohlessen folgte in geselliger Runde ein lebhafter Gedankenaustausch.

Verleihung des Heimatpreises 2022 durch den Kreisheimatbund Bersenbrück (KHBB) und den Heimatbund Osnabrücker Land (HBOL) am 27. Januar 2023 an das Bildungszentrum Kuhlhoff in Bippen

Der Kreisheimatbund Bersenbrück und der Heimatbund Osnabrücker Land zeichneten das Bildungszentrum Kuhlhoff in Bippen mit dem Heimatpreis 2022 aus, coronabedingt verspätet. Der Vorsitzende des KHBB, Franz Buitmann, erläuterte für die beiden Heimatbünde die Begründung für die Verleihung des Heimatpreises. Der Kuhlhoff ist eine der ältesten Hofstellen in Bippen und hat sich in den vergangenen 30 Jahren zu einem überregionalen Umweltbildungszentrum entwickelt. Die Gemeinde Bippen kaufte 1988 die Hofstelle, 1993 wurde der Verein Kuhlhoff Bippen gegründet und das Informations- und Bildungszentrum eröffnet. Seit 1996 ist der Kuhlhoff als außerschulischer Lernstandort anerkannt, 2012 folgte die Gründung der Kuhlhoff Bippen GmbH.

Abb. 3: Zusammen mit dem Vorsitzenden des HBOL, Jürgen Eberhard Niewedde, überreichte Buitmann die Urkunde nebst einer finanziellen Zuwendung an Johannes Nyenhuis und Alfons Julius Bruns vom Kuhlhoff.

HEIMAT AKTUELL

Baulich hat sich im Laufe der Jahre viel getan. Die Sanierungen begannen 1989/90 im Haupthaus, anschließend wurden Nebengebäude und Schulungsräume saniert und erweitert. Ein landwirtschaftlicher Lehrpfad, ein Bauerngarten, ein Rad-Wasserlehrpfad und eine Streuobstwiese wurden angelegt. 2001 erfolgte der Wiederaufbau des Steinbackofens und 2003 der Aufbau des Wasserspielplatzes sowie 2005 der Bau von fünf Blockhütten für Übernachtungsgäste. 2012 konnte der Umbau der Scheune zu einer Küche und einem Sanitätstrakt abgeschlossen werden.

Ein Höhepunkt in der Geschichte des Kuhlhoffs war 2015 die Einrichtung des Zentrums „Hai Tec in der Urzeit". Das sei einmalig in Deutschland, betonte der Vereinsvorsitzende Johannes Nyenhuis. An der Siebstation haben viele Kinder und Schulklassen Haifischzähne aus dem Sand gewaschen. Werner Hollermann habe maßgeblich zum Gelingen des Projektes beigetragen. Im Laufe der Jahre kamen ein Feuchtbiotop und eine Trockenmauer dazu. 2022 erfolgte der Startschuss für den Bau eines Mehrzweckgebäudes.

Frühwanderung des KHBB und des Heimatvereins Bippen am 1. Mai 2023 in der Maiburg bei Bippen

Nun luden der Heimatverein Bippen und der Kreisheimatbund Bersenbrück (KHBB) am 1. Mai alle Wanderfreundinnen und Wanderfreunde wieder zur Frühwanderung ein. Treffpunkt war in diesem Jahr bereits um 6 Uhr auf dem Wanderparkplatz an der Maiburg. Hier begrüßte der Vorsitzende des KHBB, Franz Buitmann, die stattliche Wandergruppe. Er freue sich, dass auch in diesem Jahr wieder diese traditionelle Frühwanderung durchgeführt werden könne, ohne die es eigentlich nicht Mai werden könne, man habe sie während der Corona-Pandemie vermisst. Sein Dank ging an den Heimatverein Bippen für die Vorbereitung und Organisation der Veranstaltung. Der Vorsitzende wies auch bereits auf die Wanderung am bundesweiten „Tag des Wanderns" am 14. Mai hin, zusammen mit dem Heimatverein Grafeld lade der KHBB zu einer Wanderung am Stift Börstel ein. Der Vorsitzende des Heimatvereins Bippen, Kurt Freye, sagte, der Heimatverein Bippen komme gern der jahrzehntelangen Zusage nach, jeweils für die Durchführung der Frühwanderung zu sorgen. Vom Parkplatz aus startete die rund zweistündige Wanderung unter Führung von Kurt

Abb. 4: Seit vielen Jahrzehnten ist es Tradition, den 1. Mai mit einer Frühwanderung in der Maiburg bei Bippen zu begrüßen.

Freye und Holger Wissmann über teils unbekannte, aber sehr interessante Wege in der Maiburg, wo auch Erläuterungen gegeben wurden. Mit dem Lied „Der Mai ist gekommen" endete die erlebnisreiche Wanderung. Anschließend bestand Gelegenheit zum Frühstück im Heimathaus Bippen.

Kurzbericht zu den weiteren Aktivitäten des KHBB im Berichtszeitraum

- Ehrenamtliche Betreuung im Museum im Kloster Bersenbrück und Unterstützung beim Aufbau der Sonderausstellungen
- Unterstützung der früheren Zeitungsbeilage „Am heimatlichen Herd" mit viermaligem Erscheinen im Magazin „Kiek In"
- Weiterer Aufbau des Literatur-Archivs im Museum im Kloster Bersenbrück
- Pflege und Unterhaltung des „Bersenbrücker-Land-Weges" mit diversen Einrichtungen an der Wanderstrecke
- Teilnahme an Sitzungen und Veranstaltungen der Dachverbände Niedersächsischer Heimatbund (NHB), Wiehengebirgsverband Weser-Ems (WGV), Deutscher Wanderverband (DWV), TERRA.vita, Landschaftsverband Osnabrücker Land (LVO), Heimatkreis Greifenhagen/Pommern
- Geführte Wandertour im Bereich des Stiftes Börstel mit geschichtlicher Führung im Stift zum „Tag des Wanderns" am 14. Mai 2023
- Teilnahme an der Vorstellung des Heimat-Heftes des Heimat- und Verkehrsvereins Ankum
- Vorstellung des 4. Bandes „Für das Leben gelernt – Schulen im Altkreis Bersenbrück – Samtgemeinde Fürstenau" am 19. 12. 2022 im Ratssaal des Schlosses Fürstenau
- Teilnahme an der Bücherbörse im Kreishaus Osnabrück
- Teilnahme an Vorbesprechung zur Sanierung des Kulturdenkmals Sültemühle in Lonnerbecke
- Mitveranstalter zusammen mit der Kreissparkasse Bersenbrück des Vorlesewettbewerbs „Schüler lesen Platt"
- Unterstützung des Projekts des Landschaftsverbandes Osnabrücker Land „Sommerflimmern"
- Beteiligung an der Neustruktur „Förderverein Museum im Kloster Bersenbrück"

HEIMAT AKTUELL

- Mitherausgeber des Bildbandes „Markante Bauernhöfe im Osnabrücker Land"
- Teilnahme an der Beisetzung des langjährigen KHBB-Vorstandsmitgliedes Ewald Webering aus Bersenbrück

Abb. 5-7: Vorstellung des 4. Bandes „Für das Leben gelernt – Schulen im Altkreis Bersenbrück – Samtgemeinde Fürstenau", Bücherbörse in Osnabrück, Auszeichnung der Teilnehmer/-innen beim Vorlesewettbewerb „Schüler lesen Platt"

Jahresbericht des Heimatbundes Osnabrücker Land (HBOL) für den Zeitraum vom 1. Juli 2022 bis zum 30. Juni 2023

Jürgen Eberhard Niewedde

Zwei interessante Publikationen – öffentlichkeitswirksame und interne Veranstaltungen – Digitalisierung von Archivalien und Pflege des Plattdeutschen: Im Berichtszeitraum hat die Arbeit des Heimatbundes Osnabrücker Land – nach der coronabedingten Zwangspause – wieder Fahrt aufgenommen.

Wir begannen mit der Vorstellung des Bildbandes „Markante Bauernhöfe im Osnabrücker Land", der durchweg positive Aufnahme fand und findet. Das Dorfmuseum Venner Mühle mit dem Mühlenkotten bot dazu das geeignete Umfeld.

Den die Jahre 2019 – 2021 abdeckenden Kreisheimattag konnten wir dankenswerterweise im Gästehaus der Amazone Werke abhalten. Vorher besichtigten wir unter der Führung von Herrn Dreyer eines der jüngsten Museen des Osnabrücker Landes: das von ihm initiierte Amazone Museum im Haupthaus des Meyerhofes zu Wambergen. Der Vortrag von Frau Dr. Vosgröne erinnerte sehr lebendig an einen großen Sohn des Osnabrücker Landes, an den Politiker und Bauernbefreier J. C. B. Stüve. Zu den Vorstandswahlen kandidierten die Herren Brand und Bäumer nicht mehr. In Anerkennung seiner mehr als 15-jährigen Vorstandsarbeit wurde Martin Bäumer zum Ehrenmitglied des Vereins ernannt, und Johannes Brand erhielt die sein Wirken würdigende Ehrengabe des HBOL. Frank Niermann wurde in den Vorstand gewählt und widmet sich künftig dem Plattdeutschen.

Wir richteten die Auftaktveranstaltung zum Tag des offenen Denkmals aus. Der Frommenhof in Dissen bot dazu die passende Kulisse, und die Rettungsgeschichte für dieses Ensemble beeindruckte. Wir dankten der Eigentümerfamilie, dem ehemaligen Verein „Rettet den Frommenhof" und den uns hervorragend begleitenden Mietern, Buchhandlung Beckwermert.

Die Sternwanderung im Zittertal musste leider – mangels Interesse - abgesagt werden. Sehr bedauerlich, dass dieses Angebot nach einer so langen Zeit der Beschränkungen nicht angenommen wurde.

Die 50. Ausgabe des Heimatjahrbuches präsentierten wir im Heimathaus Hollager Hof. In diesem Band dreht sich sehr viel um traditionsreiche gastronomische Betriebe im Osnabrücker Land.

Wir begleiteten den Durchstart der Regionalen Bücherbörse im Kreishausrestaurant, die an die früheren Erfolge nahtlos anknüpfte.

Unser Angebot zur Digitalisierung von Archivalien findet unter unseren Mitgliedern immer mehr „Mitmacher", die sich engagiert beteiligen.

HEIMAT AKTUELL

Auch die Sparte Plattdeutsch erfuhr erste Revitalisierungen: Die unter „Plattfoss" organisierten Zusammenkünfte an wechselnden Orten fanden guten Zuspruch und ermuntern für die Zukunft ..., und wenn schon unsere Bundestagsabgeordneten am 2. März (auch) auf Plattdeutsch debattierten, ist das doch ein gutes Zeichen.

Die Rollups zu dem Bildband „Markante Bauernhöfe" konnten wir dankenswerterweise vier Wochen lang in der Stadtbibliothek Melle präsentieren.

Traditionell am letzten Sonnabend im April fand der Kreisheimattag statt. Eingedenk der Gründung des HBOL vor 50 Jahren in Bad Iburg fand er dort, genauer in Bad Iburg - Glane, statt. Seinerzeit bot der Rittersaal des Schlosses, jetzt die Diele des Hofes Averbeck, den entsprechenden Rahmen. Im Mittelpunkt stand dabei der Festvortrag von Hon. Prof. Dr. Mittelstädt, der sich mit 50 Jahre Heimatbund Osnabrücker Land beschäftigte. Die üblichen Regularien konnten wie gewohnt zügig abgewickelt werden.

Wir nutzten das Angebot und gestalteten in den Vitrinen des Kreishauses eine Ausstellung „50 Jahre Heimatbund Osnabrücker Land", die eine detailreiche Rückschau nicht nur auf Erfolge des HBOL bot.

Die für den 18.06. angesetzte und interessante Routen mit innovativen Ansätzen anbietende Sternwanderung musste leider mangels ausreichender Anmeldungen abgesagt werden. Wir bemühen uns in der Sache um ein neues Format, das dem heutigen Wanderverhalten entsprechen soll.

Wir durften an dieser oder jener Veranstaltung unserer Mitgliedsvereine teilnehmen und mit einem Grußwort begleiten. Weiterhin vertraten wir unsere Interessen bei den Zusammenkünften des Landschaftsverbandes Osnabrücker Land und dem Beirat der Naturschutzstiftung des Landkreises.

Abb. 1: Kreisheimattag in Glane. (Foto: Hermann Pentermann)

NACHRUFE

Ursula Terschlüsenw
– Archivarin des Heimatvereins Schwagstorf

Maria Kohrmann-Unfeld

Der Heimatverein Schwagstorf hat mit Ursula Terschlüsen seine langjährige Archivarin verloren. die sich im Verein mit dem Aufbau des Archivs besonders verdient gemacht hat.

Ursula Terschlüsen, geb. Meyer-Arens wurde am 7. März 1939 geboren und wuchs gemeinsam mit ihrer Schwester auf dem elterlichen Bauernhof in Kellinghausen auf. Seit 2005 arbeitete die pensionierte Lehrerin ehrenamtlich im Schwagstorfer Heimatarchiv, entschlüsselte historische Dokumente, übersetzte alte Sütterlin-Handschriften für nachfolgende Generationen und arbeitete die Schwagstorfer Ortsgeschichte Stück für Stück auf, angereichert mit zahlreichen historischen und aktuellen Fotos. „Diese Arbeit mit alten Urkunden, Karten und Protokollierungen macht mir große Freude. Eine derartige Beschäftigung habe ich mir für meinen Ruhestand gewünscht", hat sie einmal gesagt.

Laut Vereinssatzung hat sich der Verein der wissenschaftlichen, historischen und geografischen Erforschung der ehemaligen Gemeinde verschrieben. „Darum kümmert sich der Verein um eine sorgsame und akribische Archivierung", so Peter Krehe, der Vereinsvorsitzende.

Im Archiv des Heimathauses war Ursula Terschlüssen „zuhause". Die Sammlung umfasst geschichtliche, neuzeitliche und aktuelle Materialien, die laufend ergänzt werden. Dazu gehören Manuskripte zur Dorfchronik, Karten von Landvermessungen ab 1789, Steuerlisten ab 1512, ein örtliches Adressbuch von 1939, vollständige Unterlagen der Elektrizitätsgenossenschaft Schwagstorf von 1920 bis 1972 und des Kriegervereins von 1906 bis 1943. Außerdem beherbergt das Archiv historische Dokumente im Original, als Kopie und als Transkription. Zudem wird das Dorfleben nahezu lückenlos ab 1885 fotografisch dokumentiert.

Zu den Aufgaben der Archivarin gehörten das Sichten, Ordnen und Archivieren zahlreicher Manuskripte sowie die Auswertung historischer Kartenblätter. Ein Thema war die Geschichte der Schwagstorfer Gaststätten. 120 Aktenseiten aus dem

NACHRUFE

Staatsarchiv Osnabrück gibt es dazu. Die Kanzleischrift hat Frau Terschlüsen eins zu eins „übersetzt" und somit lesbar gemacht. Sie organisierte eine Ausstellung zum Thema „Heimatvertriebene und Flüchtlinge in Schwagstorf 1945 bis 1952". Eine weitere Ausstellung zeigte die umfangreiche Sammlung von Totenzetteln aus Schwagstorf ab 1886 und Hollenstede ab 1900.

Anlässlich des 25jährigen Jubiläums des Heimatvereins schrieb Frau Terschlüsen gemeinsam mit Peter Krehe eine 60seitige Festschrift mit allen wichtigen Fakten von A bis Z. Am 15. Oktober 2022 verstarb Ursula Terschlüsen. Der Heimatverein Schwagstorf ist ihr zu großem Dank verpflichtet. Durch ihre hervorragende Archivarbeit wird sie in Schwagstorf unvergessen bleiben.

Das Foto mit Ursula Terschlüsen stammt aus der NOZ (Bersenbrücker Kreisblatt)

Paul-Walter Wahl †

Johanna Kollorz

Großer Wissensdurst, ein wacher Geist und die Gabe, komplexe Sachverhalte humorvoll und fesselnd wiederzugeben. Das waren Eigenschaften des Schledehauser Heimatforscher Paul-Walter Wahl, der am 2. Januar 2023 nach längerer Krankheit verstorben ist.

Im Februar 2023 wäre Paul-Walter Wahl 86 Jahre alt geworden. Geboren wurde er 1937 in Köln, verstorben ist er nun in Ostercappeln. Die Zeit des zweiten Weltkriegs erlebte Paul-Walter Wahl als Kind im ländlich geprägten Ellerbeck. Als erwachsener Mann zog er mit seiner Frau Sigrid nach Schledehausen. Aus der Ehe gingen drei Kinder hervor: Frauke, Dirk und Lutz.

Paul-Walter Wahl war neugieriger Ortshistoriker und leidenschaftlicher Buchautor. Über Jahrzehnte bereicherte er mit seinem Ideenreichtum den Heimat- und Verkehrsverein Schledehausen. Das Amt des 2. Vorsitzenden bekleidete Paul-Walter Wahl von 2000 bis 2014. Einen ersten Pflock setzte er 2001 mit einer Flachsausstellung im Speicher des Wamhofes. Die Schau berichtete von der bäuerlichen Anbaukultur, der Verarbeitungsmethode des Flachses und der Vermarktung des Leinenstoffes.

2004 gründete Paul-Walter Wahl in Kooperation mit dem DRK die „Geschichtswerkstatt", bei der er die Bevölkerung auf seine unnachahmliche Art unterhielt und Informationen sammelte. Als mitteilender Schreiber verfasste er zahlreiche heimatkundliche Dokumentationen. Als Autor machte er sich zur Aufgabe, so viel wie möglich von dem zu dokumentieren, was bis dahin nur in den Erinnerungen der hier lebenden Menschen bewahrt wurde.

Viele Jahre gab Paul-Walter Wahl sein Wissen auch während Nachtwächterführungen durchs alte Kirchspiel Schledehausen weiter – stets angereichert mit einer kleinen Prise „Dönkes". Von 2006 bis 2014 führte er in 240 Touren circa 4000 Gäste.

Ab 2008 schlüpfte Paul-Walter Wahl in die Rolle des Quizmasters und unterhielt die Teilnehmer der „Schledehauser Mahlzeit" mit kniffeligen Ortsfragen. Kurzum: Er war ein vielseitig interessierter, geselliger, zugleich humorvoller und ehrgeiziger Mensch, der sich mit Elan und einer ihm eigenen Akribie unermüdlich auf Spurensuche in „seinem" Schledehausen machte.

NACHRUFE

Die Liste seiner heimatkundlichen Veröffentlichungen ist lang. Zu den inzwischen vergriffenen Publikationen gehören Arbeiten wie „Ellerbeck – Geschichten aus der Geschichte", „100 Jahre Sanatorium auf dem Berge" oder „Quellen zur Geschichte des Kirchspiels Schledehausen".

Außerdem verfasste Paul-Walter Wahl Straßenkundliche Arbeiten, eine umfangreiche Dokumentation zu Handel, Handwerk und Gewerbe sowie das Buch „Der Bombenangriff auf Schledehausen – 6. Oktober 1942", der sich vor kurzem zum 80. Mal jährte.

Paul-Walter Wahls unermüdliche Heimatforschung wurde 2010 mit dem Jahrespreis des Landschaftsverbandes Osnabrücker Land geehrt. 2013 folgte das Niedersächsische Verdienstkreuz am Bande. Aufgrund seiner letzten großen Veröffentlichung „Geschichtliche Impressionen. Ansichtskarten von Schledehausen und Umgebung aus den Jahren 1880 – 1980" schickte RTL Nord 2021 ein Fernsehteam in seinem Heimatarchiv für Schledehausen und Umgebung vorbei.

Neben dem großen geschichtlichen Interesse waren Paul-Walter Wahl und seine Frau auch lange Jahre kirchlich engagiert, begleiteten Jugendfreizeiten und waren der Heilpädagogischen Hilfe Osnabrück eng verbunden. Als Naturfreunde freuten sie sich vergangenen Sommer noch gemeinsam über das emsige Summen eines erstmals blühenden, großen Bienenbaumes in ihrem Garten.

Immer interessiert an neuen Projekten verfolgte Paul-Walter Wahl beharrlich ein großes Ziel: die Einrichtung eines „Heimatarchivs für Bissendorf", das in seinen letzten Jahren immer realistischer wurde. Hierfür wurden aus Anlass seiner Beerdigung anstelle eventuell zugedachter Blumen und Kränze Spenden erbeten.

Gerhard Stechmann †
Jürgen Krämer

Als Gerhard Stechmann am 3. April 2023 unerwartet verstarb, sorgte das bei vielen Menschen, die ihn kannten und schätzten, für Trauer und Betroffenheit. Noch am Tag zuvor hatte er den Kaffeenachmittag des Heimatvereins Neuenkirchen im örtlichen Heimathaus besucht, war dort mit Gleichgesinnten ins Gespräch gekommen. Und als er sich aus dieser Runde nach Hause verabschiedete, ahnte noch niemand, dass der 86-Jährige bereits zu diesem Zeitpunkt an der Schwelle des Todes stand.

Postler, Lokalberichterstatter und Heimatfreund – Gerhard Stechmann wirkte in seinem langen und erfüllten Leben in vielen Bereichen – und hinterließ dabei Spuren. Am 27. April 1936 in der damaligen Kreisstadt Melle geboren, verlegte der junge Beamte im Jahre 1970 seinen Wohnsitz nach Neuenkirchen, um dort mit der Einweihung der neuen Poststelle deren Leitung zu übernehmen – eine Funktion, die er bis zum Jahre 1999 innehatte.

Kaum hatte sich Gerhard Stechmann in Neuenkirchen eingelebt, da erwarteten ihn zusätzliche Aufgaben: Er trat als freischaffender Lokalreporter in die Redaktion des „Meller Kreisblattes" ein und berichtete fortan schwerpunktmäßig über aktuelle Geschehnisse aus dem Neuenkirchener Raum. Auch bei dieser Tätigkeit bewies Gerhard Stechmann Kontinuität: Im Jahre 2004 entschied er sich, die freie Mitarbeit nach mehr als drei ereignisreichen Dekaden aufzugeben.

Gerhard Stechmann schrieb allerdings nicht nur für die Tageszeitung. Darüber hinaus verfasste er Texte für Bücher – beispielsweise für die im Jahre 1983 erschiene Publikation „Neuenkirchen – Aus Vergangenheit und Gegenwart" und für die im Jahre 2017 herausgegebene Schrift: „Regionale Wege der Reformation". Des Weiteren betätigte er sich als Biograf des bekannten niederdeutschen Schriftstellers Wilhelm Fredemann. Das von Gerhard Stechmann im Jahre 1987 herausgegebene Buch „Wilhelm Fredemann – Leben und Werk" hält noch heute die Erinnerung an den aus Neuenkirchen stammenden Literaten wach. Insbesondere die Herausgabe dieser Publikation und die Mitarbeit an der 26. Ausgabe des Grönenberger Heimatheftes „Aus der Geschichte des Hofes und der Familie Im Frede" bewegten den Heimatbund Osnabrücker Land e.V. und den Kreisheimatbund Bersenbrück e.V. dazu,

NACHRUFE

Gerhard Stechmann im Jahr 2009 mit dem Wilhelm-Fredemann-Gedächtnispreis aufzuzeichnen.

In späteren Jahren veröffentliche Gerhard Stechmann, der sich durch eine angenehme und bescheidene Wesensart auszeichnete, weitere Bücher, darunter „Bielefeld ist überall (2007) und „Aus dem Dorf in die Zeitung" (2017).

Wer an Gerhard Stechmann denkt, der erinnert sich aus an dessen Wirken im Heimatverein Neuenkirchen. Bis zum Jahre 2022 gehörte er lange Zeit dem Leitungsgremium dieser Organisation an – und in dieser Funktion trug er maßgeblich mit dazu bei, dass im Heimathaus Neuenkirchen eine Wilhelm-Fredemann-Stube eingerichtet wurde. Nun ist Gerhard Stechmann gestorben – und nicht nur die Neuenkirchener Heimatfreunde werden ihn vermissen.

LITERATUR

Buchrezensionen

Walter Wolf:
HeimatNeuDenken.
Ein Plädoyer zur rechten Zeit. BoD Norderstedt 2021, ISBN 978-3-754-30451-8, 229 Seiten, 12 Euro.

Jens Korfkamp, Ulrich Steuten:
Was ist Heimat? Klärung eines umkämpften Begriffs.
Wochenschau-Verlag, Frankfurt/M. 2022; ISBN 978-3-7344-1371-1, 157 S., 12,90 Euro.

„Dieses Buch entstand in der Praxis, auch wenn es mit der Aufforderung, Heimat neu zu denken, durch und durch theoretisch angelegt ist", so beginnt Walter Wolf sein Buch. Als Vorstandsmitglied des Heimatvereins für das Drolshagener Land hat er in einer von ihm initiierten Zukunftswerkstatt versucht, den Begriff Heimat in allen möglichen Facetten „neu zu denken", um zu verstehen, was der Begriff Heimat alles beinhalten und für Menschen bedeuten kann. Es war der Versuch wegzukommen von einem statischen Heimatbegriff, der Heimat als etwas versteht, das den Menschen einfach mit der Geburt mitgegeben ist. Wegezukommen auch von der Heimatarbeit, die eher historisierend, rückwärtsgewandt ist.

Er nennt sein Buch im Untertitel „ein Plädoyer zur rechten Zeit". Das ist durchaus doppeldeutig: Es kann zunächst heißen: zur richtigen Zeit. Der Begriff Heimat gewinnt nun eine neue Bedeutung, die auch zunehmend in den Medien wahrgenommen wird. Es ist aber auch Zeit für eine Neuausrichtung der Arbeit in den Heimatvereinen und -verbänden; es ist Zeit darüber nachzudenken, mit welchen und für welche Menschen man unter welchem Paradigma welche Heimat gestalten will. Heimatarbeit muss „gutes Leben für alle" als Ziel haben.

LITERATUR

„Zur rechten Zeit" kann aber auch so verstanden werden, dass der Heimatbegriff jetzt immer stärker von politisch rechten Gruppen vereinnahmt wird, die Heimat als historisch Gegebenes, einer bestimmten Menschengruppe Gehörendes verstehen und damit nicht dazugehörende Gruppen ausschließen und damit auch diese Ausgrenzung rechtfertigen. Und der Autor setzt diesen rechten Bewegungen vehement eine Alternative entgegen.

Eine einfache und abschließende Definition für Heimat gibt es nach Wolf nicht. Heimat kann lokal, emotional oder sozial verstanden werden. Unter diesen drei Aspekten geht er auf die Suche nach einem neuen Heimatbegriff. Zwei Kernsätze von vielen mögen das verdeutlichen: „Heimat ist nicht, Heimat wird immer, auch immer wieder anders und immer wieder neu." – „Heimat gilt als sozialer Raum, als Ort von Kennen, Gekannt- und Anerkanntsein." Entscheidend ist also, wo sich ein Mensch verortet. Das kann der Geburtsort sein oder eine gesellschaftliche Gruppe – beispielsweise ein Verein oder die Familie. Und ein ganzes Kapitel widmet Wolf der Frage: „Gibt es auch im Internet Heimat?"

Ganz anders gehen Jens Korfkamp und Ulrich Steuten an das Thema heran. Die beiden Wissenschaftler untersuchen, wie sich dieser Begriff zu verschiedenen Zeiten unter sich wandelnden gesellschaftlichen Bedingen verändert hat. Sie gehen aus von der über Jahrhunderte statischen Vorstellung in der vorindustriellen Zeit, als der Besitz von Haus und Hof mit Heimat gleichgesetzt war und eine Rechtsstellung bedeutete. Im beginnenden 19. Jahrhundert trat ein Begriffswandel ein: Heimat wurde nun als Gegenbegriff zur Industrialisierung verstanden und war verknüpft mit einem Rückzug in eine als Idylle verstandenen Natur. Im Zusammenhang mit den Befreiungskriegen und dem Erwachen des nationalen Denkens wurde Heimat aber bald auch mit den Begriffen Nation und Vaterland verknüpft. In die Zeit des Kaiserreiches hinein fällt dann die Heimatschutzbewegung mit der Gründung der vielen Heimatvereine und -bünde. Diese verorteten sich ganz im lokalen oder engeren regionalen Raum, erforschten seine Geschichte und erlebten seine Natur, trugen volkskundliche Sammlungen zusammen und richteten Museen ein, sorgten sich um die Verschönerung ihrer Orte. Das war eine Gegenbewegung zum Modernisierungstrend der Industrialisierung, aber auch Abgrenzung zur Arbeiterbewegung, die ihre Heimat in der Solidarität und dem Internationalismus fand.

Die Ausführungen gehen weiter mit der Vereinnahmung der Heimatbewegung durch den Nationalsozialismus, der Darstellung der Entwicklung im Nachkriegsdeutschland – West und Ost – und den Entwicklungen nach der Wende von 1989/90. In der Betrachtung des 21. Jahrhunderts geht es um drei wichtige Aspekte von Heimat: 1. Heimat wird zunehmend ökonomisch vereinnahmt, indem beispielsweise die Werbung Produkte so mit der Vorstellung einer heilen Welt verknüpft. 2. Migration hat es immer schon gegeben, aber drängend stellt sich die Frage nach Integration und ob die Zugewanderten hier eine neue Heimat finden können oder auch wollen.

3. Die politische Rechte hat Heimat zu einem Kampfbegriff gemacht, indem sie ein angebliches Bewahren von Heimat, die „man" immer schon besitzt, zur Abwehr von Zugewanderten und Andersdenkenden benutzt.

So mündet das Buch in eine Pro-Kontra-Darstellung zu der Frage, ob Heimat in den „Giftschrank der Geschichte" gehört oder ob sie als Ort der Übersichtlichkeit dem Menschen hilfreich sein kann, vor allem dann, wenn sie offen für alle ist.

Zwei wichtige Bücher für alle, die sich der Heimatarbeit verschrieben haben und eine Neuorientierung suchen. Zwei Bücher, die sich nicht gegenseitig überflüssig machen, sondern ergänzen.

Johannes Brand

Buschermöhle, Wilm:
Mien Leben
upschräiben von Wilm Buschemöhle.
47 Seiten.

Mit der kleinen Broschüre gewährt der Autor Wilhelm Buschemöhle einen Einblick in sein bewegtes Leben. Und als erster Plattdeutschbeauftragter der Gemeinde Neuenkirchen-Vörden schreibt er seine Geschichte natürlich in Plattdeutsch. Im zarten Alter von zwei Jahren landete er mit seiner Familie nach der Vertreibung aus Posen (heute Polen) in Vörden und lernte bei seinem Onkel die ersten plattdeutschen Wörter. Erst mit 18 Jahren sprach er dann regelmäßig platt, nicht zuletzt aufgrund seiner plattdeutschen Theaterauftritte.

Die Liste seiner ehrenamtlichen Aktivitäten ist lang. Er ist Mitgründer der „Speeldeel Vörden" und der „Plattdütschen Runde" im Heimatverein. „Wilm" war ein talentierter und leidenschaftlicher Fußballer, engagierte sich im BSV (Ballsport Vörden) und im Vördener Gemeinderat. „Vörden is un bliff miene Heimat", betont er.

In „Mien Leben" schildert der sechsfache Großvater und Urgroßvater seine Familiengeschichte von der Auswanderung seiner Eltern Ende der 1920er Jahre nach Kanada bis zum Jahr 2022. Mehr als 100 Jahre Familiengeschichte liegen dazwischen mit Höhen und Tiefen. Als er zwei Jahre alt war, starb sein Vater in der Kriegsgefangenschaft. Seine Mutter musste mit ihren sechs Kindern aus Marienbron (Posen) fliehen mit „Peeregespann un Ackerwagen". Er erinnert sich an die entbehrungsreiche Zeit in der neuen Heimat Vörden, geprägt von ständigem Hunger: „För miene Mamme was dat nich immer licht, fo us sess Kinner wat to ärten in Pott to hebben."

LITERATUR

Anschaulich berichtet „Wilm" über seine Schul- und Lehrzeit als Schlachter und gibt Einblick in ländliche Traditionen und Brauchtum. 1965 heiratete er seine Jugendliebe Karin, mit der er 54 Jahre glücklich verheiratet war. Eine zentrale Rolle in seinem Leben spielen seine Kinder und ihre Familien. Von 1966 bis 1971 betrieb er mit seiner Frau eine gut gehende Gaststätte in Ahausen-Sitter. Nach der Geburt des dritten Kindes baute er 1975 in Neuenkirchen-Vörden ein Eigenheim. Einen Höhepunkt in seinem Leben stellt der freundschaftliche Kontakt zur US-Fußballmannschaft „Kolping Cinncinati" dar und die damit verbundenen Reisen: „Wi hebbt jeddesmaul full seihn un belewet un Sposs heff wi auk immer hat."

Freunde der plattdeutschen Sprache werden Freude an der Lektüre der Biografie haben und vielleicht hier und da Parallelen zum eigenen Leben entdecken. Zahlreiche Fotos veranschaulichen den Lebensweg des „Vördener Urgesteins".

Wer Interesse an der Lektüre der Lebensgeschichte hat, kann sich telefonisch an den Autor wenden unter 05495 431.

Maria Kohrmann-Unfeld

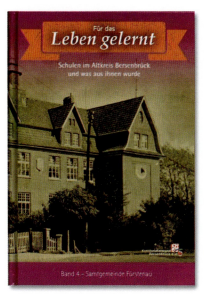

Kreisheimatbund Bersenbrück (Hrsg.):
Für das Leben gelernt.
Schulen im Altkreis Bersenbrück und was aus ihnen wurde.
Bd. 4 – Samtgemeinde Fürstenau (Schriftenreihe des Kreisheimatbundes Bersenbrück e. V. – KHBB Nr. 39). Medienpark, Ankum 2022, 253 Seiten, ISBN 978-3-94-1611740, Preis 19,80 Euro.

Nach dem Erfolg den bisherigen drei Bände zur Schulgeschichte des Altkreises Bersenbrück – Samtgemeinde Bersenbrück (2020), Stadt Bramsche und Flecken Vörden (2021) und Samtgemeinde Neuenkirchen (2022) – liegt nun Band vier vor. Er beinhaltet die Schulen der Samtgemeinde Fürstenau. Entstanden ist er erneut unter der Führung des bewährten Redaktionsteams. Damit befindet sich das auf fünf Bände angelegte Projekt praktisch auf der Zielgeraden. Wenn alles wie geplant läuft, wird in diesem Jahr mit dem fünften Band zur Samtgemeinde Artland dieses grundlegende Werk abgeschlossen werden.

Hinsichtlich seines Aufbaus folgt der aktuelle Band der bewährten und übersichtlichen Struktur seiner Vorgänger. Nach kurzem Vor- und Grußwort folgen einführende Darstellungen über die geschichtliche Entwicklung des Schulsystems und der verschiedenen Schulformen im Altkreis Bersenbrück. Anschließend folgt einer Chronologie besonderer Ereignisse und Veränderungen zum Schulwesen, die sich insbesondere auf gesetzgeberische oder verwaltungsmäßige Dinge zwischen 1905 bis 2020 beziehen. Im Hauptteil werden die früheren und noch bestehenden Schulen aus den Bereichen Fürstenau, Berge und Bippen geordnet nach – ehemaligen – Gemeinden dargestellt. Dies erfolgt nach dem bereits aus den Vorgängerbänden bekannten Schema. Zunächst beginnt jeder „Steckbrief" mit der Adresse der jeweiligen Schule, verbunden mit einem Foto. Dann folgt ein chronologischer Abriss der wichtigsten Etappen der Schulgeschichte von der Gründung bis heute. Angaben über den derzeitigen Status der Schule, eine Auflistung der Lehrer, statistische Informationen zu den Schülerzahlen sowie die Nutzung der Schulgebäude schließen sich daran an. Abgerundet wird dies durch ein Literaturverzeichnis und weitere Bilder.

Wiederum ist es selbstverständlich, dass manche Schulen einen breiteren Raum einnehmen als andere. Die hängt mit Größe, Bedeutung, Alter, Quellen und Literatur zusammen. Gerade für die kleinen und nicht mehr existierenden Dorfschulen wurde Pionier- bzw. Kärrnerarbeit geleistet. Auch sie Samtgemeinde Fürstenau kann/konnte mit einer vielfältigen Schullandschaft aufwarten. Neben den – früher konfessionell geprägten – klassischen Dorf-/Volksschulen, Grundschulen, Mittelschulen usw., die es beinahe überall gab, sind es insbesondere die Landwirtschaftsschulen bzw. Landwirtschaftlichen Berufsschulen, die ins Auge fallen. Der Wandel und die Zentralisierung des Schulsystems werden auch in der Samtgemeinde Fürstenau deutlich. 37 Schulen werden insgesamt thematisiert, lediglich neun davon existieren noch.

Den Autoren ist es erneut gelungen, einen prägnanten Überblick über die gesamte Schullandschaft des Untersuchungsraumes zu geben, der aber auch einen Einstieg in vertiefende Untersuchungen ermöglicht. Alle Interessierten werden sich auf den abschließenden Artland-Band freuen. Das Buch gehört eigentlich in jeden Bücherschrank der Samtgemeinde Fürstenau. Es wäre schön, wenn es als Blaupause für Schulgeschichten in anderen Orten dienen könnte. Erwähnt werden muss auch, dass Band vier der deutlich umfangreichste Titel der Reihe ist. Der Preis ist aber gleichgeblieben. Das muss ja auch mal erwähnt werden.

Uwe Plaß

Schulting, Karola:
Losekamp. Geschichte und Menschen.
Fürstenau 2022. 230 Seiten. 15 Euro.

Im Internet wird „Losekamp" heute nur als Name einer Straße im Fürstenauer Stadtteil Hollenstede aufgeführt. Ursprünglich aber war „Losekamp" die Bezeichnung für eine Ackerflur und einen Wohnplatz. In einer alten Steuerliste, dem Viehschatzregister von 1458, wird Losekamp erstmals erwähnt, mit anderen Worten: Die Ansammlung von Häusern und Höfen ist mindestens 565 Jahre alt. Jetzt hat Karola Schulting, die selbst aus Losekamp stammt, erstmals alles in schriftlicher Form zusammengetragen, was über die Historie des kleinen Ortes bekannt ist.

LITERATUR

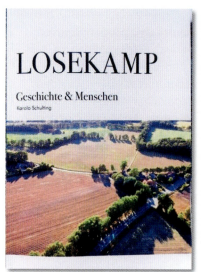

Bei dem Buch handele es sich nicht um eine wissenschaftliche Abhandlung. Es solle einfach die Vergangenheit und Gegenwart des Ortsteils Losekamp erhellen, schreibt Karola Schulting selbst in ihrem Vorwort. Und um es vorweg zu nehmen: Das ist der Autorin gelungen.

Das im Selbstverlag erschienene Buch ist nämlich erzählte Heimatgeschichte in Reinkultur. Herzstück sind dabei die Beiträge über jedes Haus und die dazugehörige Familie, die aus der Feder von Mitgliedern der jeweiligen Familien selbst stammen, samt historischer und aktueller Fotos. Dieser rund 60 Seiten umfassende Teil des Buches ist eine wahre Fundgrube der Heimatgeschichte, vor allem für das 19. und 20. Jahrhundert.

„Berufe", „Erzählungen und Erinnerungen von Zeitzeugen", „Sitten und Brauchtum", „Feste und Veranstaltungen", „Jagd und Hege", „Flucht und Vertreibung", „Beerdigung, Tod und Aberglaube" – schon die Überschriften der weiteren Abschnitte des Buches sagen viel über die Methode, mit der Karola Schulting ihr Kompendium über die Losekamper Historie zusammengetragen hat. Ganz gleich, ob die Erinnerungen nun von denen, die sich erinnern, selbst aufgeschrieben wurden oder ob die Autorin die Erinnerungen anderer niedergeschrieben hat – viele Texte des Buches haben das Zeug, selbst zu Quellen der Lokal- beziehungsweise Alltagsgeschichte im Fürstenauer Land werden.

Bei der Zusammenstellung des Buches konnte die Autorin in vielerlei Hinsicht auf Recherche und Kenntnisse ihres 2018 verstorbenen Ehemannes Bernhard Schulting zurückgreifen. „Karola Schulting hat es sich zur Pflicht gemacht, Bernhards Wunsch, sein Wissen und seine Erlebnisse niederzuschreiben und als Vermächtnis an die nächste Generation (...) weiterzugeben, zu erfüllen", schreibt Josef Ahrens, der Vorsitzende des Vereins Heimat- und Brauchtumspflege Hollenstede, in seinem Grußwort für das Buch.

Zahlreiche Personenlisten, Abrisse über Vereine, Hinweise auf neuere Ereignisse und am Ende auch die Aufzählung der wichtigsten bisherigen Quellen zur Losekamper Heimatgeschichte runden das Werk, das nicht nur Hollensteder und Losekamper interessieren dürfte, ab. Das im Selbstverlag erschienene Buch ist in einer Reihe von Hollensteder Geschäften oder auch bei der Autorin Karola Schulting selbst (Telefon 05901 2196) erhältlich.

Lothar Schmalen

Espenhorst, Jürgen:
Zeitreise ins Mittelalter am Beispiel von Bersenbrück, Badbergen, Ankumer Höhen, Dammer Berge, Dinklage und Bieste.
Eine Entdeckungsgeschichte rund um das Binnendelta der Hase ab 700 n. Chr., 360 Seiten, Pangaea Verlag Schwerte 2021, Preis 29,80Euro.

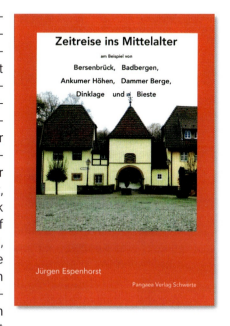

Kreis Bersenbrück, Altkreis Bersenbrück, Osnabrücker Nordland, Nordkreis Osnabrück: Als Kind lernte ich diesen Landstrich kennen und lieben, erkundete ihn auf dem Pony und mit dem Fahrrad. Es ist ein großes Glück für mich, hier auch mein Berufsleben als Journalist führen zu können. Doch wie entstand dieser Landstrich? Gab es schon ein Bersenbrück in der Antike? Als einen Tagesmarsch weiter südlich die Varusschlacht geschlagen wurde? Jürgen Espenhorst gibt Antwort auf diese Fragen. Er nimmt seine Leser mit auf eine Reise in die Zeit, als die Hase zwischen Bramsche und Quakenbrück ein Binnendelta bildete. Wasserläufe, die ihren Lauf immer wieder verändern, Auwälder, Sumpfwiesen, wie heute noch der Spreewald. Eingefasst wurde dieses „Wasserland", wie Espenhorst es nennt, von den Ankumer und Dammer Höhen. Nach der Völkerwanderung gab es nur wenige hundert Menschen in diesem Land. Siedler erschlossen es neu, zuerst die Bachtäler in den Höhen, dann rückten sie Schritt für Schritt in die Flussebene vor. Adelige Grundherren dürften eine wichtige Rolle gespielt haben, boten Neusiedlern Schutz in den Solidargemeinschaften unter ihrer Führung und verlangten als Gegenleistung Dienste und Abgaben. Espenhorst hat diesen Prozess erforscht am Beispiel von Gehrde. Er rekonstruierte die Entstehung des Kirchspiels lückenlos von den Anfängen bis ins 20. Jahrhundert. Neu an seinem Forschungsansatz: Als Experte für historische Karten nutzt er Katasterkarten aus dem 18. und 19. Jahrhundert, die mittelalterliche Verhältnisse widerspiegeln. Was er für Gehrde herausfand, dient ihm als Grundlage. Im zweiten Band seiner Zeitreise blickt, um den es hier geht, blickt er in die Nachbarschaft und präsentiert frische Erkenntnisse detektivischer Geschichtsforschung. Er erklärt, wie Bersenbrück zu seinem Namen kam und wie der Ort zuvor geheißen haben könnte. Wo kamen die Grafen von Ravensberg tatsächlich her? Welche Rolle spielt Bersenbrück in ihrem blutigen Kampf mit dem Haus Tecklenburg? Und wie kommt es, dass ein Abenteurer aus Bersenbrück an der Seite von Richard Löwenherz in Palästina kämpft, zurückkehrt, eine Burg baut und zum Ritter aufsteigt? Hinter Espenhorsts nüchtern abwägender Darstellung verbergen sich spannende Geschichten.

Martin Schmitz

LITERATUR

MÜHLE BOHLE E. V.:/ KUNZ, BERHARD:
Die Mühle Bohle zu Wersen. Technisches Kulturdenkmal in Westfalen
179 Seiten, 2021, Preis 20 Euro.

Wie es im Vorwort heißt, ist mit der Chronik „Mühle Bohle zu Wersen. Technisches Kulturdenkmal in Westfalen" ein lang ersehendes Projekt fertig gestellt worden. Wenn auch zwei Jahre verspätet, ist das auf jeden Fall eine Rezension im Heimatjahrbuch Osnabrücker Land wert. Wersen bei Lotte gilt als „Mühlendorf", was ich als jemand aus Fürstenau und „Mühlenlaie" beim Lesen erstmal lernen musste. Die Mühle Bohle stellte hierbei eine von drei Mühlen im Ort dar. Obwohl Mühle eigentlich nicht ganz korrekt ist, da es sich um eine ganze Mühlenanlage handelte. Dessen wechselvolle Geschichte von einer ursprünglichen Doppelmühlenanlage, über die bis zuletzt intakte Säge- und Kornmühle, bis zum heutigen Baudenkmal „Mühle Bohle" als ein Veranstaltungs- und Ausstellungsraum wird anschaulich und ausführlich präsentiert. Hierbei wird Kunz von einem ganz Team von Autoren/-innen unterstützt, welches mithilfe von vielen Karten, technischen Zeichnungen, Zeitzeugenberichten und historischen Schriftstücken es mit Bravour schafft, auch einen „Mühlenlaien" wie mich über die technischen und historischen Aspekte der Mühlenanlage Bohle zu Wersen aufzuklären.

Aber auch die Gegenwart und Zukunft wird passend und spannend aufgegriffen. Neben Themen zum Naturschutz wie beheimatete Eisvögel oder die seit 2016 errichtete „Fischtreppe" zur Düte wird ebenfalls der langer Weg zur Restauration der Mühlen Bohle beleuchtet, angefangen von dem Engagement des Wersener Heimatvereins bis zur Bildung des Mühle Bohle e. V. unter dem Vorsitz von Werner Schwentker, dessen Frau Renate eine gebürtige Bohle ist. Beim Lesen merkt man nicht nur wieviel Herzblut in die Chronik an sich, sondern ebenfalls in die Aufbereitung der Mühlenanlage hin zu einer vielseitigen Begegnungsstätte geflossen ist. Sie dient nämlich heute nicht nur als außerschulischer Lernort, sondern auch wiederkehrende Events wie der Mühlentag oder das Picknickkonzert findet dort statt.

Insgesamt erfüllt die Chronik gleich zwei Dinge zugleich. Erstens stellt sie anschaulich und umfassend die Geschichte und Technik einer Mühlenanlage am Beispiel der Mühle Bohle zu Wersen dar. Zweitens zeigt sie auf, wie man erfolgreich und zukunftssicher eine Mühlenanlage in der heutigen Zeit wieder zum „Leben" erwecken kann, trotz aller Hürden. Schaut man sich den Zustand vieler solcher in unserer Region an, scheint insbesondere Letzteres gegenwärtig besonders wichtig zu sein, da Baudenkmäler wie Mühlen immer mehr aus unserem gesellschaftlichen Bewusstsein verschwinden.

Tim Wagemester

Sportverein Grün-Weiß Schwagstorf:
Chronik 100 Jahre SV Grün-Weiß Schwagstorf
Schwagstorf, 2023, 152 Seiten, 25 Euro

„Wer in der Zukunft lesen will, muss in der Vergangenheit blättern". Diesen Satz zitierte Ralph-Uwe Schaffert, Präsident des Niedersächsischen Fußballverbandes, in seinem Grußwort an den Jubiläumsverein Grün-Weiß Schwagstorf.

Mit der vorliegenden 152-seitigen Chronik ist es dem Verein gelungen, sowohl einen interessanten Rückblick auf die Vereinsgeschichte zu werfen, als auch einen hoffnungsvollen Blick in die Zukunft zu wagen. Der 378 Mitglieder starke Sportverein hat sich in den vergangenen Jahren als Fußballverein profiliert und kann stolz sein auf das attraktive und moderne Stönneberg-Stadion.

Gegründet wurde der Verein 1923 von dem Schuhmachermeister Karl von der Burg. Anlässlich der Vereinsgründung fand im Juli ein großes Sportfest statt, das mit einem Abschlussfest endete. „Frauen durften nicht anwesend sein", heißt es in der Chronik lapidar.

Die Entwicklung des Vereins in seiner hundertjährigen Geschichte mit allen Höhen und Tiefen wird verständlich und prägnant beschrieben. So erfahren die Leser*innen, dass zunächst auf „Thedieks Boll" im Ortsteil Karwisch gespielt wurde. 1931 konnte der Sportplatz auf dem Stönneberg nach umfangreichen Eigenleistungen der Mitglieder eingeweiht werden. Anschaulich beschreibt die Chronik die Erweiterung der Sportplatzanlagen vom Bau des Sportlerheims über die Tribüne bis zur Beregnungsanlage.

Einen großen Part nehmen die Sportwochen ein, die seit 1985 jährlich stattfinden. Zahlreiche Fotos spiegeln den Spaß wieder, den die Teilnehmer*innen bei den Turnieren, beim Spiel ohne Grenzen oder beim Völkerballturnier der Frauen hatten. Die Entwicklung der Jugendmannschaften von 1928 bis heute wird detailliert beschrieben und mit insgesamt 34 Fotos dokumentiert. Auch der Jugendtrainer Paul Gerigk erhält einen Platz in der Chronik. Zudem sind 17 Trainer sowie sämtliche Vereinsvorsitzende in der Schrift verewigt.

Natürlich fehlen auch die Herren-Teams nicht in der Jubiläumsausgabe, die durchweg fotografisch festgehalten sind. Von Auf- und Abstiegen ist da die Rede, von Pokalsiegen und Meisterschaften, aber auch von sogenannten „Fahrstuhlmannschaften".

LITERATUR

In den 1960er Jahren wurde eine Altherren-Mannschaft ins Leben gerufen „für aktive Fußballer, die in die Jahre kommen und das Hobby weiter verfolgen möchten". Hier steht der Spaß im Vordergrund. Unvergessen ist den älteren Schwagstorfern ein sogenannter „Sanitäter", der sowohl Spieler als auch Zuschauer mit alkoholischen „Stärkungsmitteln" versorgte.

Anfang der 1970er Jahre entdeckten die Schwagstorfer Damen den Fußballsport für sich. Die Chronik berichtet von großen Erfolgen der Damen- und Mädchenmannschaften sowie vielen anderweitigen Aktivitäten der Fußballerinnen.

Unzählige Ehrenamtliche sind in der Chronik ebenso zu finden wie langjährige Vereinsmitglieder. Unter der Rubrik „Anders Aktiv" werden Aktivitäten wie Aeorobic, Nordic Walking und Lauftreff beschrieben.

Gesellschaftliche Ereignisse, wie das legendäre Grünkohlessen des Niedersächsischen Fußballverbandes und der jährliche Sportlerball mit der Wahl des Sportlers des Jahres werden ausführlich dokumentiert und durch Fotos belegt.

Besondere Erwähnung findet der langjährige Vereinsvorsitzende Bernhard Klausing, und dessen Verleihung des Bundesverdienstkreuzes am Bande.

Selbstverständlich gehören auch die Fußballhelden von einst in die Chronik, die in den 1970er Jahren für die größten Erfolge in der Geschichte des Vereins sorgten.

Amüsant sind die gesammelten Anekdoten zur sogenannten „dritten Halbzeit".

Ein ganz besonderes Highlight stellt die Trauung eines jungen Paares im Stönneberg-Stadion dar.

Die Chronik lässt ein Stück Vereinsgeschichte lebendig werden, die gleichzeitig auch einen Teil der Dorfgeschichte abbildet. Das Buch lebt von den vielen Fotografien aus den Gründungsjahren bis in die heutige Zeit und stellt somit einen großen historischen Schatz dar. Auch „fußballferne" Leser*innen werden ihre Freude an der Chronik haben.

Die Chronik ist erhältlich bei den Vorstandsmitgliedern des Vereins sowie an den Heim-Spieltagen des GW Schwagstorf.

Maria Kohrmann-Unfeld

Weitere Neuerscheinungen 2022/23

Zusammengestellt von Gerd-Ulrich Piesch

- **Archäologie in Niedersachsen.** Band 25 (2022). Oldenburg: Isensee Verlag 2022. 199 S., 12,90 €.
  Darin: Judith Franzen, Axel Friederichs: Bäumchen wechsel dich. Von der Umsetzung archäologischer Denkmale im Osnabrücker Land (S.107-110).

- **Archiv-Nachrichten Niedersachsen.** Mitteilungen aus niedersächsischen Archiven Jg. 26 (2022).
  Darin: Anna Philine Schöpper, Marius Staarmann: Das audiovisuelle Gedächtnis der Region Osnabrück kommt ins Archiv. Übernahme des Historischen Bildarchivs aus dem Medienzentrum Osnabrück in das Niedersächsische Landesarchiv Abteilung Osnabrück (S.159-172).

- Bartsch, Stephanie: **Frau Bartsch reist sich zusammen. Wie ich auszog, das Trauern zu lernen, und unterwegs das Glück fand.** Berlin, München: Berlin Verlag 2023. 254 S., 22 € (auch als Online-Ausgabe erschienen).
  Eine Osnabrückerin berichtet in diesem Buch über ihren Neuanfang als Camperin nach dem plötzlichen Unfalltod ihres Mannes.

- Bellersen Quirini, Cosima: **Niedersachsen erlesen! Eine literarische Schatzsuche.** Meßkirch: Gmeiner Verlag 2022. 192 S., 28 € (auch als Online-Ausgabe erschienen).
  Darin: Gegen den Krieg. Das Erich-Maria-Remarque-Friedenszentrum in Osnabrück (S.142-145,191).

- Bendikowski, Tillmann; Knor, Sabine: **Sagenhafte - Nord - Geschichten. Ein Reiseführer in die geheimnisvolle Vergangenheit Norddeutschlands.** München: Penguin Verlag 2023. 255 S. 16 € (auch als Online-Ausgabe erschienen).
  Darin: Tillmann Bendikowski: Die Schlacht am Wiehengebirge. In Kalkriese siegten die ›Germanen‹ vor 2000 Jahren über die Römer (S.138-154).

- Beyer, Christoph: **Lieblingsplätze im Osnabrücker Land.** 1., überarbeitete Neuausgabe. Meßkirch: Gmeiner Verlag 2023. 192 S.,18 €.

- Bösel-Hielscher, Nele: **Der Osnabrücker Rat im Mittelalter. Entstehung, Entwicklung, Kompetenzen** (Osnabrücker Geschichtsquellen und Forschungen. Band 57). Bielefeld: Verlag für Regionalgeschichte 2023. 414 S., 69 € (Preis für Mitglieder des „Vereins für Geschichte und Landeskunde von Osnabrück": 42 €).

- Borstel, Gaby von; Eickmeyer, Peter: Ponga. **Das Orang-Utan-Mädchen und seine Freunde im Zoo. Ein Bilderbuch mit Zoogeschichten aus Münster für Groß und Klein.** Münster: Natur und Tier-Verlag 2022. 47 S., 12,80 €.
  Für dieses Kinderbuch wurden die Verfasser auf dem Landschafstag in Kloster Lage in Rieste am 29.Juni 2022 mit dem Kunstpreis des „Landschaftsverbandes Osnabrücker Land" ausgezeichnet.

- **Bramsche auch eine Stadtgeschichte zum 925. Jubiläum mit Beiträgen zur Geschichte von 1977 bis 2022.** Zusammengestellt von Rainer Drewes. Bramsche: Heimat- und Verkehrsverein Bramsche 2022. 363 S., 19,80 €.

LITERATUR

- Bülow, Detlef: **Das Artland. Impressionen einer Kulturlandschaft.** Quakenbrück: Oelkers, Druckhaus im Artland 2021. Zweite Auflage 2022. 168 S., 24,80 €.
- Burmann, Hartmut; Meyer, Bernd: **Melle. Stadt der Mühlen. Wasser- Wind - Göpel und Strommühlen.** Melle-Buer: SAT (Silo- und Anlagentechnik GmbH) 2022. 224 S.,19,90 €.
- Burzlaff, Otto: **Das Dorf Gehrde im Artland. Die alten Häuser, ihre Bewohner und ihre Geschichte.** Gehrde: Selbstverlag des Verfassers 2021. 173 S..
- Caselitz, Peter: **Unerwartetes aus den Iburger Bergen. Die menschlichen Skelette aus der Klosterkirche von der Iburg** (Studia Osteoarchaeoligica 7). Göttingen: Cuvillier Verlag 2022. 163 S., 44,90 € (als E-Book: 31,90 €).
- **De Bistruper. Berichte, Geschichten und Gedichte aus der Gemeinde Bissendorf.** Bissendorf: Heimat- und Wanderverein Bissendorf. Heft 46 (1.Halbjahr 2022, 48 S.), Heft 47 (2.Halbjahr 2022, 44 S.).
  Diese halbjährlich erscheinende Zeitschrift ist kostenlos erhältlich und zugleich im Internet einsehbar.
- Denke, Horst: **Geschichten aus dem alten Kirchspiel Schedehausen.** Bissendorf: Selbstverlag des Verfassers o. J. (2023).42 S..
- Denke, Horst: **75 Jahre Sportfreunde Schledehausen. Von den 1990er bis zum Anfang der 2020er Jahre.** Chronik Teil II. Schledehausen: Eigenverlag des Verfassers o. J. (2022). 269 S., 16 €.
- Denke, Horst: **Der Meyerhof. Eine kleine Hofgeschichte.** Schledehausen: Eigenverlag des Verfassers o. J. (2022). 32 S., 6 €.
  Die obige Schrift beschreibt den Meyerhof in Schledehausen.
- Denke, Horst: Wamhof(f). **Eine kleine Hofgeschichte.** Schledehausen: Eigenverlag des Verfassers 2022. 43 S., 6 €.
  Diese Schrift berichtet über den Hof Wamhoff in Schledehausen und den früher dort ansässigen Reichstagsabgeordneten Hermann Wamhoff (1849-1915).
- **Diözesanmuseum. Entdecken kann leicht sein!** Bistum Osnabrück. Text: Jessica Löscher, Jasmin Rollmann (Leichte Sprache). Osnabrück: Diözesanmuseum und Domschatzkammer Osnabrück 2022. 41 S., 2 €.
- **Familienradwege in und um Osnabrück. 12 Touren für Groß und Klein.** Konzept und Texte: Silke Tegeder-Perwas, Ellen Höche, Uwe Schmidt. Osnabrück: Gesunde Stunde e. V., Kinder-Bewegungsstadt Osnabrück eine Initiative der Bürgerstiftung Osnabrück, ADFC Kreisverband Osnabrück e. V. 2023. 51 S., kostenlos.
- **Frohe Botschaft - Bunte Vielfalt. Weihnachtskrippen: Bersenbrück 26.11.2021-16.1.2022.** Begleitheft. Text und Gestaltung: Gerhard Lohmeier. Osnabrück: Landkreis Osnabrück, Die Landrätin, Fachdienst Bildung, Kultur und Sport – Kulturbüro - Heimatverein Bersenbrück e. V. und Verein der Krippenfreunde Osnabrücker Land und Emsland e. V. 2021. 56 S..
- **Der Grönegau. Meller Jahrbuch 41** (2023). Hg. von Fritz-Gerd Mittelstädt. Belm: Druckerei und Verlag Meinders & Elstermann. 256 S.,19,90 €.

- **Der Grönegau. Meller Jahrbuch. Sonderband 2022.** Hg. von Fritz-Gerd Mittelstädt und dem Heimatverein Melle e.V. mit seinen Vorstandsmitgliedern Uwe Plass, Jürgen Krämer und Christian Hoffmeister. Belm: Druckerei und Verlag Meinders & Elstermann. 392 S., 24,90 €.
Dieser Sonderband ist zum 50-jährigen Bestehen der heutigen Stadt Melle nach der Niedersächsischen Gebiets- und Verwaltungsreform von 1972 erschienen.

- Haverkamp, Christof: Bruno Fabeyer. **»Waldmensch« und »Moormörder«. Eine reale Kriminalgeschichte.** Bremen: Edition Temmen 2023. 130 S.,17,90 €.

- **Heimat-Hefte für Dorf und Kirchspiel Ankum 26** (2023). Ankum: Heimat- und Verkehrsverein Ankum e. V. (Alfred-Eymann-Straße 4, 49577 Ankum). 120 S., 12 €.

- Hesse, Wolfgang: **Heldenreise des Malers und Liedermachers Johanne Eidt - Künstlerleben in seiner Zeit.** Norderstedt: BoD-Books on Demand 2023. 205 S., 17 €.

- Hethey, Lutz; Schulze, Heiko (Hg.): **Herz auf Füßen. Ein Lauf- und Lesebuch. Laufbegeisterte und Fans schreiben über ihre Leidenschaft für HelpAge und über die Kampagne „Jede Oma zählt".** Vechta: Geest-Verlag 2022. 448 S., 20 €.

- Hörsting, Klaus: **Impressionen aus Esssn (Oldb.) und der Umgebung.** Oldenburg: Isensee Verlag 2021. 60 S., 12,90 €.
Dieser Bildband enthält auch Aufnahmen aus den 1972 nach Quakenbrück umgemeindeten früheren Essener Ortsteilen Hengelage und Gut Vehr.

- Hoffmann, Kirsten; Homa, Bernhard; Rügge, Nicolas (Hg.): **Personenbezogene Unterlagen zur NS-Zeit und ihren Folgen im Niedersächsischen Landesarchiv. Quellengruppen und Nutzungsmöglichkeiten** (Kleine Schriften des Niedersächsischen Landesarchiv 3). Hannover: Niedersächsisches Landesarchiv 2023. 132 S., 9 €.

- **Ihr seid die lebendigen Steine. 100 Jahre katholische Pfarrkirche Schmerzhafte Mutter zu Icker.** Redaktion: Sonja Drehlmann, Holger Jansing, Eleonore Reuter. Icker: Förderverein „Kirche mitten im Ort" 2023. 140 S., 19,50 €.

- **Jäger im Artland im Wandel der Zeit** inkl. 41 Revierberichten. Autoren: Reinhard Hildebrand, Ulrich Hildebrand. Ankum: medienpark Werbeagentur 2021. 248 S., 26 Euro.

- **100 Jahre Neustädter Schützenbund e. V.** Quakenbrück gegr. 1922. Zusammengestellt von Detlef Bülow. Quakenbrück: Art-Print Digitaldruck 2022. 96 S., 15 €.

- **100 Jahre St. Josef Hollage 1922-2022.** Autoren: Franz-Joseph Hawighorst, Heinrich Bernhard Kraienhorst, Franz-Josef Landwehr, Josef Pott. Wallenhorst: Katholische Kirchengemeinde St. Josef, Hollage 2022. 79 S.,10 €.

- **100 Jahre Tus Berge 1920 e.V..** Die Chronik zum Jubiläum. Berge: Tus Berge e.V. 2020. 160 S..

- **Jahresbericht des Historischen Vereins für die Grafschaft Ravensberg 106** (2021).
Darin: Sebastian Schröder: Desertiert ! Grenzübertritte zwischen Osnabrück und Ravensberg im 18.Jahrhundert (S.33-48).

- **Jüdisches Leben in Osnabrück. Jahreskalender für Niedersachsen 5782/2021-2022. Von Straße zu Straße.** Redaktion: Towa Harety. Osnabrück: Jüdische Gemeinde Osna-

LITERATUR

brück K.d.ö.R. und Landesverband der Jüdischen Gemeinden von Niedersachsen K.d.ö.R. 2021. 38 S..
Dieser Kalender enthält auch zahlreiche Beiträge zur Osnabrücker jüdischen Geschichte.

- Jürgensen, Sven: **Felix' TRaum. Felix Nussbaums Bilder in Daniel Libeskinds Räumen.** Osnabrück: Fromm+Rasch Verlag 2022. 380 S., 38 €.

- Karl: Nanno. **Onderduiker im Rettungswiderstand. Kurt Reilinger (1917-1945).** Ubstadt-Weiher: Verlag für Regionalkultur 2022. 144 S., 17,90 €.
  In diesem Buch findet sich auch das Osnabrücker Konzentrationslager auf Schienen beschrieben (S.95-102).

- Kaumkötter, Jürgen Joseph: **Felix Nussbaum und die Holocaust-Kunst. „Selbstbildnis mit Judenpass".** Göttingen: Wallstein-Verlag 2023. 348 S., 49 € (auch als Online-Ausgabe erschienen).

- **Kloster Oesede 2022 im Rückspiegel.** Georgsmarienhütte: Heimatverein Kloster Oesede e.V. 2023. 161 S., 8 €.
  Auch dieser neue „Rückspiegel" enthält wieder einige geschichtliche Beiträge, darunter die Angaben über Kloster Oesede im Kopfschatzregister der Ämter Iburg und Vörden von 1601.

- **KOMPASS Endlich Waldluft. Teutoburger Wald – Wiehen - & Eggegebirge. 44 Wandertouren zum Durchatmen.** Text: Sylvia Behla, Thilo Behla. Innsbruck: Kompass-Karten 2023. 216 S.,19,95 €.

- **KOMPASS Radvergnügen Osnabrücker Land. Tagestouren, 21 ½ Feierabend-Rides & Wochenend-Bikeaways.** Text und Fotos: Heinz Wüppen, Christoph Drepper. Innsbruck: Kompass-Karten 2023. 240 S., 19,95 €.

- **KOMPASS Wanderführer Naturpark Teutoburger Wald mit Wiehen- und Eggegebirge. 55 Touren.** Text: Sylvia Behla, Thilo Behla. Innsbruck: Kompass-Karten 2023. 292 S.,15,50 €.

- Leenen, Maria Anna: **Allein sein. Lebensform – Herausforderung - Chance. Aus dem Tagebuch einer Eremitin.** Ostfildern: Patmos Verlag 2022. 175 S., 19 €.

- Leenen, Maria Anna: Fülle. **Die schöpferische Kraft der Natur. Weisheiten einer Eremitin.** Paderborn: Bonifatius Verlag 2022. 239 S.,18 €.

- Leenen, Maria Anna (Hg.): **Grenzerfahrungen bei der Suche nach Heilung und Heil. 50 Jahre leben mit Restless Legs (RLS).** Vechta: Geest -Verlag 2022. 70 S., 10 €.

- Leenen, Maria Anna: **Momente kurz aufblitzenden Lichts. Haiku.** Vechta: Geest -Verlag 2022.151 S, 10 €.
  Die Verfasserin dieser vier Bücher lebt als Diözesaneremitin im Nordkreis des Osnabrücker Landes in einer Klause in Bippen.

- Lenski, Lothar: **Das Hochstift Osnabrück im Dreißigjährigen Krieg. Eine militärgeschichtliche Untersuchung.** Berlin: Wissenschaftlicher Verlag 2020. 441 S., 68 €.

- Lindner, Stephan H.; Müller, Christian A. (Hg.): **Unternehmertum und Politik in der Weimarer Republik. Aufzeichnungen des Textilindustriellen Gottfried Dierig** (Schriftenreihe der Zeitschrift für Unternehmensgeschichte. Band 36). Berlin: De Gruyter Oldenbourg 2022 VII, 223 S., 59,95 € (auch als Online-Ausgabe erschienen).

In diesem Buch wird auch über den Osnabrücker Fabrikdirektor Ernst Hegels (1898-1985) (Vorstandsmitglied der Textilfabrik Hammersen) berichtet.

- **MARCO POLO Osnabrück/Osnabrücker Land. Reiseführer.** Autor: Marien Schneider. Ostfildern: Mairdumont 2023. 120 S., 15,95 € (als eBook 12,99 €).

- Markus, Herbert: **Die Graf Oldenburger Vasallen-Familie Marquardus alias Markus auf dem Amtshof Marquart to Hekese (Berge) nebst Brinksitz in Ahausen (Essen Oldbg.) und Markkotten in Dalvers (Berge) auf dem Meierhof Marquart to Lastrup nebst Brinksitz in Lastrup und auf dem Gut zu Stuhr.** Münster: Selbstverlag des Verfassers 2019. 581 S., Zweite ergänzte Auflage. Münster 2021. 614 S..

- Meik, Oliver: **Geistlicher Anspruch und gesellschaftliche Pragmatik in der Nachkriegszeit (1945-1966).** Die Osnabrücker Bistumsleitung für die römisch-katholischen Minderheiten Hamburgs, Mecklenburgs und Schleswig-Holsteins (Nordalbingensia sacra 15). Husum: Matthiesen-Verlag 2021. 894 S., 34,95 €.

- **Meller Geschichtenbuch. 850 Jahre Stadt Melle. Ein Buch von Meller Bürgerinnen und Bürger voller Geschichten über ihre Heimatstadt.** Melle: Stadt Melle 2019. 78 S., 10 €.

- **Menslager Hefte.** Mitteilungen des Heimatvereins. Heft 35 (2021). 104 S.

- Mönter, Michael: **Cronicae van den tor Kerspell Hunteborc to ghehoerernde Buurshove. Dreizehnhundert Jahre Siedlungsgeschichte und Genealogien der ältesten Höfe der an der Nordseite des westlichen Wiehengebirges gelegenen Hunteburger Bauerschaften.** Meyerhöfen. Bochum: Selbstverlag des Verfassers 2022. 379 S..

- **Naturschutz-Informationen.** Kostenlose Zeitschrift für Natur- und Umweltschutz im Osnabrücker Land (Hg. vom Umweltforum Osnabrücker Land e. V.). 38 Jg. (2022). Heft 1 (86 S.), Heft 2 (62 S.).

- **Niedersächsisches Jahrbuch für Landesgeschichte.** Band 94 (2022).
Darin: Rasmus Niebaum: Die Diskussion um Hans Calmeyer und seine Rolle in den besetzten Niederlanden. Eine debattengeschichtliche Darstellung der Jahre seit 2017 (S.381-298).

- Niewedde, Jürgen Eberhard (Texte); Pentermann, Hermann (Fotos): **Markante Bauernhöfe im Osnabrücker Land.** Zwischen Tradition und Moderne. Belm: Heimatbund Osnabrücker Land e. V., Kreisheimatbund Bersenbrück e. V. 2022. 131 S., 14,90 €.

- **NLA Magazin.** Nachrichten aus dem Niedersächsischen Landesarchiv. Jg. 2022:
Darin: Anna Philine Schöpper, Thorsten Unger: Archivieren im Verbund. Landkreis sowie Universität Osnabrück blicken auf zehn Jahre der Kooperation mit dem Landesarchiv zurück (S.7-10); Thomas Brakmann: Johann Carl Bertram Stüve (1798-1872). VGH-Stiftung unterstützt die Erschließung der Korrespondenzakten in der Abteilung Osnabrück (S.41-43); Thomas Brakmann: Ein Graffito für die Abteilung Osnabrück. Trennwand des Osnabrücker Archivs eröffnet Einblicke ins Magazin (S.60, 61).

- **NLA Magazin.** Nachrichten aus dem Niedersächsischen Landesarchiv. Jg. 2023:
Darin: Martin Schürrer: Erfolgreicher Abtransport der Grundakten des Amtsgerichts Meppen. Grundakten aus dem Magazin der Abteilung Osnabrück werden wieder von der Justiz verwahrt (S.15, 16); Isabelle Guerreau: Bestand „Rep 100" der Abteilung Osnabrück vollständig online. 1,8 Millionen Scans zur Geschichte des frühneuzeitlichen Osnabrücker Landes

LITERATUR

sind in Archinsys verfügbar (S.31-33); Thomas Brakmann: Meilenstein für den Kulturgutschutz in Osnabrück. Der Notfallverbund Osnabrück beschafft gemeinsame Notfallausrüstung (S.36, 37); Thomas Brakmann: Johann Carl Bertram Stüve 1798-1872 - Politiker, Jurist, Publizist und Historiker. Im Museumsquartier Osnabrück fand eine Tagung des Landesarchivs statt (S.53-55).

- **Nortruper Höfe im Wandel der Zeit. Gewachsen - lebendig - naturverbunden. Band 1.** Bearbeitung: Karl Bange, Heiner Beselbecke, Helmut Brunneke, Georg Frye, Heinz-Josef Helle, Georg Geers. Nortrup: Heimatverein Nortrup e. V. 2020. 100 S., 16,50 €.

- **Nortruper Höfe im Wandel der Zeit. Gewachsen - lebendig - naturverbunden. Band 2.** Bearbeitung: Karl Bange, Heiner Beselbecke, Helmut Brunneke, Heinz-Josef Helle, Georg Geers. Nortrup: Heimatverein Nortrup e. V. 2021. 108 S., 16,50 €.

- **Osnabrücker Mitteilungen.** Bielefeld: Verlag für Regionalgeschichte. Band 127 (2022). 340 S.

- **Profil eines Denkmals. Geschichtliches, Gedankliches und Dönkes rund um das Geburtshaus von Hermann Bonnus.** Quakenbrück: Trägerverein Hermann-Bonnus-Geburtshaus e. v. 2021. 128 S.,14,95 €.

- Osthus, Wolfgang: **Rund um den Quakenbrücker Hauptbahnhof.** Gestern-Heute-Morgen. Quakenbrück: Oelkers, Druckhaus im Artland 2022. 112 S., 19,80 €.

- Osthus, Wolfgang: **Stadt im Wandel. Quakenbrück 1971-2021.** Namen mit Geschichte - Wo sind sie geblieben. Quakenbrück: Oelkers, Druckhaus im Artland 2022. 80 S.,18,80 €.

- **Quakenbrücker Zeitreise 22. Jahrbuch für die Stadt Quakenbrück. Band 1 (2022).** Redaktionsteam: Heiko Bockstiegel, Detlef Stefan Bülow, Peter Hohnhorst, Bernard Middendorf, Claus Peter Poppe. Quakenbrück: Heimatverein Quakenbrück e. V. 2023. 121 S., 15 €.

- Reitemeier, Arnd (Hg.): **Klosterlandschaft Niedersachsen** (Veröffentlichungen des Instituts für Historische Landesforschung der Universität Göttingen. Band 63). Bielefeld: Verlag für Regionalgeschichte 2021. 608 S., 39 €.
Dieses Sammelwerk betrifft auch häufiger das Osnabrücker Land und seine Klöster, so etwa in den Beiträgen: Christian Hoffmann: Landsässiger Adel und Klöster in den frühneuzeitlichen Territorien Niedersachsens (S.369-392), und: Karsten Igel: Beginen in Niedersachsen und Bremen (S.447-465).

- Reuss, Carl-Ludwig: **Dark Shadows. Die Schatten der Vergangenheit.** Zeitgeschichtlicher Roman mit biografischen Zügen. Neckenmarkt: novum pro Verlag 2022. 348 S., 19,40 €.
Der Verfasser berichtet in diesem Roman über das Schicksal seines Vaters Lutz Reuss, der nach dem Zweiten Weltkrieg als Veterinärrat in Bad Essen lebte.

- Schneider, Uwe (Hg.): **Fliegerhorst Quakenbrück 1935-1945.** Der Aufbau, die Gebäude, die Soldaten und das Personal, das Leben und Treiben, auch außerhalb des Fliegerhorstes und die Teilzerstörung des Fliegerhorstes. Quakenbrück: ArtPrint - Digitaldruck 2022. Zweite Auflage 2023.136 S., 39 €.

- Schoppmeyer, Heinrich: **Städte in Westfalen. Geschichte vom Mittelalter bis zum Ende des Alten Reiches** (Studien und Quellen zur westfälischen Geschichte. Band 90. Veröffentlichungen der Historischen Kommission für Westfalen. Neue Folge 71). Paderborn: Brill/Ferdinand Schöningh 2021. 658 S., 58 €.
Dieses umfassende Werk beschreibt auch oft die Geschichte der Stadt Osnabrück.

- Schwartz, Wolfgang: **Rund um Osnabrück. Osnabrücker und Tecklenburger Land. 50 ausgewählte Touren mit GPS-Tracks** (Rother Wanderführer). Oberhaching: Rother Bergverlag 2022. 216 S.,16,90 €.
- Schulz, Willem: Töne um Vergebung. Das Französische Cello. Sons pour une demande le violoncelle française. Melle: Kulturzentrum Wilde Rose e. V. 2019. 68 S., 14 €.
  Das Cello des Verfassers war eine Kriegsbeute und gelangte nach über 50 Jahren wieder in die Hände der Kinder des einstigen Besitzers zurück.
- **Spezialausgabe Bürgerbrücke Wüste**. Eine Broschüre der Wüsteninitiative e. V. Osnabrück: Wüsteninitiative e. V. 2022. 12 S., kostenlos.
- Ströbel, Dietmar: **Notizen zur »Hofmusik« des Osnabrücker Bischofs Philipp Sigismund (1591-1623)**. Anmerkungen zu Kompositionen von Nikolaus Zangius, Ott Siegfried Harnisch und Daniel Selich (Selichius). Norderstedt: Books on Demand 2021. 259 S., 20,99 € (auch als Online-Ausgabe erschienen).
- Thöle-Ehlhardt, Ursula; Tepe, Annegret: **Mitgenommen. Aufgewachsen zwischen zwei Welten. Ein Projekt mit Jugendlichen.** Melle: Netzwerk Jugendhaus Buer e. V. 2022. 218 S., 22 €.
- Triphaus, Reinhard: **PAROCHIA BERGENSIS DESCRIPSA per DOMOS sive FAMILIAS. KIRCHSPIEL BERGE. BESCHREIBUNG nach HÄUSERN oder FAMILIEN [im Jahre] 1658.** Berge: Selbstverlag des Verfassers 2019., 31 S..
- **Varus-Kurier. Informationen für Freunde und Förderer der Varus-Gesellschaft. Heft 24** (Dezember 2022). Hg.: Varus-Gesellschaft zur Förderung der vor- und frühgeschichtlichen Ausgrabungen im Osnabrücker Land e. V.. 36 S., 2,95 €.
- Vogel, Ulli: **Osnabrücker Land. 24 wunderschöne Rundwanderungen im Natur- und Geopark TERRA.vita.** Belm: Meinders & Elstermann GmbH & Co. KG 2022.106 S., 14,80 €.
- **Vogelkundliche Berichte aus Niedersachsen. Band 49. Heft 1** (Dezember 2022). Hg.: Niedersächsische Ornithologische Vereinigung e. V. (NOV), Pollhagen.
  Darin: Gerhard Kooiker: Bestandsgröße, Lebensraum und Ökologie des Uhu Bubo bubo im Osnabrücker Raum (S.126-137).
- **Wi in Schliärsen.** Eine Informationsschrift für Mitglieder und Förderer. Hg.: Heimat- und Verkehrsverein Schledehausen. Jg. 29 (2022). Heft II: 28 S., Jg. 30 (2023): Heft I. 32 S..
  Diese Zeitschrift erscheint zwei Mal im Jahr und wird kostenlos an die Haushalte in Schledehausen verteilt. Sie ist zugleich im Internet einsehbar.
- Wüppen, Heinz: **Mit dem Auto nach Indien - 70er Jahre Hippie Trail. Die Reise meines Lebens:** 2023. Osnabrück: Selbstverlag des Verfassers 2022. 216 S., 15,90 € (auch als Online-Ausgabe erschienen).
  Ein pensionierter Osnabrücker Lehrer berichtet in diesem Buch über seine Autofahrt nach Indien im Jahr 1971.

LITERATUR

„Nachkriegsjahre im Landkreis Osnabrück" als Schwerpunktthema des Heimatjahrbuches Osnabrücker Land 2025

2025 jährt sich das Ende des Zweiten Weltkrieges zum 80. Mal. Seit der sogenannten „Stunde Null" hat sich nicht nur Deutschland, sondern auch Europa drastisch gewandelt. Mittlerweile kann man auch bei uns am 8. Mai von einem Tag der Befreiung sprechen, ohne dabei das schwere Erbe des Nationalsozialismus und des furchtbaren Krieges, welcher von deutschem Boden aus entfesselt wurde, außer Acht zu lassen.

Daher möchte sich das kommende Heimatjahrbuch mit diesem Wandel beschäftigen und die Nachkriegsjahre im Landkreis Osnabrück in ihren unterschiedlichen Facetten schwerpunktmäßig beleuchten. Hierbei soll es sich nicht nur um den mühsamen Wiederaufbau, die Besatzungszeit, die Probleme bei der Aufarbeitung der NS-Zeit drehen, sondern auch um positiven Seiten wie die Überwindung von Feindschaft, die Wirtschaftswunderjahre und der sich einsetzende kulturelle, wirtschaftliche und gesellschaftliche Wandel in unserer Region, auch vor dem Hintergrund des sich abzeichnenden Kalten Krieges der Supermächte USA und UDSSR. Dieses Thema ist für uns ebenfalls ein wichtiges Anliegen, da insbesondere für die 1950er Jahre es immer weniger, damals Erwachsene als Zeitzeugen gibt, sodass dieses Schwerpunktthema auch einen Versuch darstellt, deren Erinnerung nicht in Vergessenheit geraten zu lassen.

Selbstverständlich sind Beiträge zu den anderen üblichen Kategorien ebenfalls willkommen. Wir bitten aber darum, eine kurze Absprache im Vorfeld mit der Redaktion zu tätigen. Die Beiträge sollten nicht mehr als zehn Seiten umfassen und mit aussagekräftigem Bildmaterial bestückt sein. Bitte beachten Sie die redaktionellen Vorgaben. Einsendeschluss ist der 30.4.2024.

Autorinnen und Autoren dieses Buches

Elisabeth Benne
Am Pagenkamp 17
49214 Bad Rothenfelde

Heiko Bockstiegel
Memeler Straße 14
49214 Quakenbrück

Johannes Brand
Antonius-Tappehorn-Straße 15
49170 Hagen a.T.W.

Martin Bruns
Auf der Eislage 4
49626 Berge

Franz Buitmann
Greifenhagener Straße 20
49593 Bersenbrück

Dr. Rainer Drewes
Am Quebbebach 24
49565 Bramsche

Jürgen Espenhorst
Villigster Straße 32
58239 Schwerte

Axel Friedrichs
Stadt- und Kreisarchäologie im Osnabrücker Land, Lotter Straße 2
49078 Osnabrück

Georg Geers
Buchenallee 8
49577 Eggermühlen

Ferdinand Joseph Gösmann
Nidaugasse 37
CH-2502 Biel

Gövert Ulrich
Bippener Straße 11
49577 Eggermühlen-Döthen

Silke Grade M. A.
Mörikestraße 4
49565 Bramsche

Horst Grebing
Schloerstraße 14
33790 Halle/Westfalen

Helga Grzonka
Rosenstraße 4
49186 Bad Iburg

Franz-Josef Hawighorst
Uhlandstraße 58a
49134 Wallenhorst

Peter Hohnhorst
Große Kirchstraße 8
49610 Quakenbrück

Monika Hölmer
Alte Bundesstraße 2
49626 Fürstenau-Lonnerbecke

Maia Kohrmann-Unfeld
Lütkeberge 18
49584 Fürstenau

Johanna Kollorz
Melanchthonstraße 8
49143 Bissendorf-Schledehausen

Jens Kotte

Jürgen Krämer
Rodenbrockstraße 13
49328 Melle-Buer

Elisabeth Kreimer-Selberg
Eichendorffweg 3
49170 Hagen a. T. W.

Carsten Linden
Schwatte Damm 111
49448 Lemförde

Andreas Mölder
Nordwestdeutsche Forstliche Versuchsanstalt (NW-FVA)
Prof.-Oelkers-Straße 6
34346 Hannover Münden

Jürgen Eberhard Niewedde
Tölkhaus 49179
Ostercappeln-Venne

Norbert Ortsmanns
Magnolienweg 15
49124 Georgsmarienhütte

Dr. Wilfried Pabst
Elfriede-Scholz-Straße 36
49078 Osnabrück

Dr. Gerd Ulrich Piesch
Geschwister-Scholl-Straße 3
49131 Belm

Uwe Plaß
Helgolandstraße 14
49324 Melle

Lothar Schmalen
Bödefür 5
49186 Bad Iburg

Martin Schmitz
Rosenweg 5
49577 Eggermühlen

Jürgen Schwarz
Elfriede-Scholz-Straße 15
49078 Osnabrück

Jürgen Schwietert
Segelfortstraße 64
49584 Fürstenau

Agnes Varding

Tim Wagemester
Schorfteichstraße 31
49584 Fürstenau

NACHSPANN

Kreisheimatbund Bersenbrück e. V.

Vorsitzender:	Franz Buitmann, Bersenbrück
Stellvertreter:	zurzeit vakant
Geschäftsführer:	Manfred Kalmlage, Bersenbrück
Schriftführerin:	Gisela Krieger, Schwagstorf
Kassenwartin:	Carla Markus, Bersenbrück
Weitere Vorstandsmitglieder:	Hermann-Josef Bollmann, Alfhausen
	Marcus Bruns, Alfhausen
	Dr. Rainer Drewes, Bramsche
	Maria Kohrmann-Unfeld, Fürstenau-Schwagstorf
	Jürgen Schwietert, Ibbenbüren
	Tim Wagemester, Fürstenau
	Stefan Walter, Rieste
Ehrenmitglieder:	Heinz Böning, Quakenbrück
	Walter Brockmann, Bramsche
	Franz Feldkamp, Ankum
	Udo Hafferkamp, Berge
	Werner Hollermann, Bippen
	Winfried Meyer, Bersenbrück
	Herbert Schuckmann, Badbergen

Heimatbund Osnabrücker Land e. V.

Vorsitzender:	Jürgen Eberhard Niewedde, Ostercappeln-Venne
Stellvertreter und Geschäftsführer:	Ulrich Wienke, Bissendorf-Grambergen
Vorstandsmitglieder:	Marlies Albers, Wallenhorst
	Ulrike Bösemann, Melle
	Michael Hein, Wallenhorst
	Jürgen Krämer, Melle-Buer
	Rolf Lange, Bad Essen
	Frank Niermann, Glandorf
	Hartmut Nümann, Dissen
	Barbara Schmitter, Georgsmarienhütte
Ehrenmitglieder:	Martin Bäumer, Glandorf
	Elisabeth Benne, Bad Rothenfelde
	Werner Beermann, Georgsmarienhütte
	Johannes Frankenberg, Hagen a.T.W.